U0507613

四川大学

中国俗文化

研究所丛书

李祥林｜著

神话·民俗·性别·美学

——中国文化的多面考察与深层识读

中国社会科学出版社

图书在版编目(CIP)数据

神话·民俗·性别·美学:中国文化的多面考察与深层识读/李祥林
著. —北京:中国社会科学出版社,2015.12
ISBN 978-7-5161-6783-0

Ⅰ.①神…　Ⅱ.①李…　Ⅲ.①中华文化—文集　Ⅳ.①K203-53

中国版本图书馆 CIP 数据核字(2015)第 283247 号

出 版 人	赵剑英
选题策划	郭晓鸿
责任编辑	慈明亮
责任校对	韩海超
责任印制	戴　宽

出　　版	中国社会科学出版社
社　　址	北京鼓楼西大街甲 158 号
邮　　编	100720
网　　址	http://www.csspw.cn
发 行 部	010-84083685
门 市 部	010-84029450
经　　销	新华书店及其他书店

印　　刷	北京君升印刷有限公司
装　　订	廊坊市广阳区广增装订厂
版　　次	2015 年 12 月第 1 版
印　　次	2015 年 12 月第 1 次印刷

开　　本	710×1000　1/16
印　　张	22.25
插　　页	2
字　　数	356 千字
定　　价	82.00 元

凡购买中国社会科学出版社图书,如有质量问题请与本社营销中心联系调换
电话:010-84083683

版权所有　侵权必究

总　序

这套丛书是四川大学中国俗文化研究所部分同仁的学术论文自选集。

四川大学中国俗文化研究所成立于 1999 年 6 月，2000 年 9 月被批准成为教育部人文社会科学重点研究基地，是"985 工程"文化遗产与文化互动创新基地的主要依托机构，也是"211 工程"重点学科建设项目的重要组成部分。研究所下设俗语言、俗文学、俗信仰、文化遗产与文化认同四个研究方向，涵盖文学、语言学、历史学、宗教学、民俗学、人类学等多个学科，现有专、兼职研究人员 20 馀人。

多年来，所内研究人员已出版专著百馀种；研究所成立以来，也已先后出版"俗文化研究"、"宋代佛教文学研究"等丛书，但学者们在专著之外发表的论文则散见各处，不利于翻检与参考。为此，我们决定出版此套丛书，以个人为单位，主要收集学者们著作之外已公开发表的单篇论文。入选者既有学界的领军人物，亦不乏青年才俊；研究内容以中国俗文化为主，也旁及其他一些领域；方法上既注重文献梳理，亦注重田野考察；行文或谨重严密，或议论生新；在一定程度上展示出了我所的治学特色与学术实力。

希望这套丛书能得到广大读者和学界同仁的关注与批评！

四川大学中国俗文化研究所

目　录

下编　艺术与美学

前　言

　　参加学术会议或面对媒体记者，常常有人问我是做什么研究的。这看来简单的问题，在我回答起来容易也不容易，往往根据场合随机应之。在民俗学领域，我回答是做民俗学和文化人类学研究的，因为我已完成的课题有"民俗事象与族群生活——人类学视野中的羌族民间文化研究"，出版过立足田野的《城镇村寨和民俗符号——羌文化走访笔记》，目前在做的科研项目有女娲神话及信仰研究，带着文学人类学研究生，亦担任着中国艺术人类学学会常务理事等；在戏剧学领域，我回答是做戏剧研究的，因为我曾在某戏剧研究机构工作，出版过《中国戏曲的多维审视和当代思考》、《戏曲文化中的性别研究与原型分析》等多部专著，以致迄今仍有人以为我是仅仅研究戏剧的；在美学领域，我回答是做美学研究的，因为当年我读研究生时专业为文艺美学，毕业论文选题涉及中国美学理论，参与过《中国美学范畴辞典》的撰写，也出版过几本如《中国书画名家画语图解·顾恺之》之类的书，现在仍时不时写这方面文章。

　　除此之外，在性别研究方面，迄今仍有同道向我约稿，因为我是国内运用性别理论研究中国戏曲文化的较早倡导者和实践者；在杜甫研究方面，我围绕老杜诗歌发表过若干学术论文，前不久还有老朋友希望我继续参加学会的活动；在饮食文化方面，我算是一个"老饕"，多年田野行走中，寻访地方民间美食是我不衰的乐趣，且常常在课堂上把个人经历和感受讲给学生们听，也为海内外报刊写过好些长短文章；在高校教学方面，我为研究生及本科生讲授的课程有"民俗学"、"民间文学"、"中国文化概论"、"戏剧审美心理研究"、"文学人类学专题研究"……跟有幸从学校到学校乃至终生在学校的人不同，我的求学与工作经历要曲折、复杂得多，这大概也是使我在治学中有多方面兴趣的原因吧。如今，回头看看自己走过的道路，总结和梳理曾经撰写的东西，猛然觉得前述问题回答起来其实没那么复杂。倘若现在有人问我是做什么研究的，我想，或可简答四个字——"中国文化"。1978 年读本科时我学的是外语，毕业后工作了数年，再入高校考上的是中文系文艺美学研究生，导师问我打算把三年的阅读重心放在何处，我回答"中国"。眼下这本书，即是我多年来从多层面和多角度考察以及解读中国文化的心得。

本书辑录我研究中国文化的论文 28 篇，分上、中、下三编排列，主题分别定为"神话与民俗"、"文化与性别"、"艺术与美学"。上编 10 篇文章，有的重新解读古老神话传说，有的深入考察民俗事象及民俗艺术；中编 8 篇文章，有的是对中国文化根源及特质的透视，有的是对戏曲艺术的独到析说；下编 10 篇文章，有的集中论述艺术美学中的形神理论，有的侧重反思中国美学及文论中的族群、性别问题，等等。辑入书中之文，文字做了订正，格式稍加调整，个别地方根据成书需要略有增减。这些文章，有近期撰写及发表的，有刊于 20 世纪 90 年代的，前后时间跨度较大，涉及文学艺术多种类和文化事象多方面，或以理性思辨为主，或以文献研读见长，或以田野考察取胜，皆追求言之有物，见从己出，是我就本土话题真诚思考的结果。总而言之，本书若能为从事相关研究的学界同仁提供某些参考，对我来说，也就很知足了。

同一学院的前辈王世德教授八十寿辰时，我曾撰写《穿行在美学与戏剧之间》一文，其中言及学者身份的多重性时说：王教授是美学家为大家熟悉，但他是戏剧研究家则知者不多。"由此想到当今愈演愈烈的学科人为划界的问题，其实，无论着眼具体对象的戏剧研究还是侧重理论思辨的美学研究，彼此间是多有学理相通之处的，我们大可不必目光拘囿、锁闭自己。对于一个学者来说，所谓自我身份的学科归属未必真正要紧；脚踏实地，放宽眼界，以钱锺书先生提倡的'打通'精神从事自己感兴趣的课题研究，真正做出独具心得的成果来，才是最最重要的。"不妨将这段话转录在此，作为本书开篇之语的结尾吧。

——2015 年元月于四川大学中国俗文化研究所——

上　编

神话与民俗

女娲神话的女权文化解读

女娲是华夏上古神话中的女神。对其身世之谜，时人见仁见智，猜读不一。笔者认为，解读女娲神话当立足女权文化视角，女娲是象征人类伟大母亲的女神，在华夏神谱中，她是一位先于诸神又高于诸神的始祖神。

一

探讨女娲之谜，不能不先从伏羲说起。因为，在数千年岁月中被染上强烈男权文化意识的现存中国神话体系里，男性的伏羲与女性的女娲是同被作为始祖神来崇拜的。伏羲、女娲以兄妹身份婚配而繁衍人类的故事在历史上非常流行，其实，这神话产生得很迟。二者之名虽然在先秦典籍中已见提及，但起初彼此似乎并无什么瓜葛。及至汉代，他们才被绘入帛画中或刻在砖石上，成为两个互有关联的人首蛇身的神话造型。这时，其关系或是兄妹（如《路史·后纪二》注引《风俗通》："女娲，伏羲之妹。"）或是君臣（如《淮南子·览冥训》高诱注："女娲，阴帝，佐宓戏（伏羲）治者也。"）。到了后来，二位方摇身一变为夫妻（如卢仝《与马异结交》诗："女娲本是伏羲妇。"），并在唐末李冗《独异志》卷下留下了"昔宇宙初开之时"、"天下未有人民"而伏羲、女娲兄妹"议以为夫妻"的完整神话。显然，仅仅根据中国文化史上这一迟生的神话，如有的学者指出，顶多只能说明"女娲只是重新调整世界秩序或再生人类的神或超人"的"再生始祖"性质。[①] 但是，若单纯凭此晚出的神话就臆断中国上古神话体系中"缺乏始祖神话"，那也未必妥当，因为，能够为我们确立女娲作为人类大祖母之女神地位的，应该是在发生学意义上远比"伏羲、

---

① 谢选骏：《空寂的神殿——中国文化之源》，四川人民出版社 1987 年版，第 122 页。

女娲婚配生殖"神话更古老、更原始，也更接近初民社会生活真相的"女娲抟土造人"神话。

促使我们不得不先从伏羲切入探讨女娲之谜的另一个重要原因是目前学界有此观点：女娲是从伏羲分化而来的。何新的《诸神的起源——中国远古神话与历史》自1986年由生活·读书·新知三联书店推出后，在国内文化界是一部颇有影响的著作。该书是以日神中心（实际上是"菲勒斯"也就是男权中心）立论的，书中不仅详细考察和论证了伏羲、女娲分别作为日神和月神的身份，且在探索女娲真相时进一步指出："女娲别名女希，与羲实际上同名"，羲即羲和即伏羲即黄帝即太阳神，由此名之相通便可悟出一个"淹昧千古的大谜"，即"月亮神女娥以及华夏民族的母神女娲，其实都是从太阳神'羲'的名号中分化出来的"。为了强化这一论断，作者继而写道："日神与月神相分化的神话，实际上可能还投射了古人的这样一种宇宙天文学观念——认为月亮是太阳的分化物。在汉代纬书中，称太阳为曜魄宝。而月亮则被称作'附宝'（副宝）或'灵附宝'。一正、一副，似乎可印证这一点。"①

以上论述中使我们感兴趣的不是伏羲、女娲作为日神、月神的地位，而是他俩作为男性神和女性神的相互关系。对伏羲、女娲性别的认定，今天学界是没有多少争议的。对何氏所谓月神自日神分化而来也就是"从同一位太阳神（黄帝、伏羲）中又分化出男日神（羲）和女月神（娥）"的观点，我们却有些不同的看法。也许，在后世人类头脑中可以产生月亮是太阳的分化物的联想（科学证明，月光正是反射日光而来），但在几乎不具备什么宇宙天文学知识的原始初民那里，恐怕是很难出现这类神话的。常言道："天道远，人道迩。"倘从"近取诸身"的角度看，初民从自身性别入手创造伏羲、女娲的神话并由此确认其关系和地位的可能性更大。将男神伏羲的神格置于女神女娲之上并认定后者自前者分身而来，这种观点恐怕只能诞生在父权中心取代母权中心的社会里，而在作为人类发展更早（最早）阶段的母系制时代，此观念得颠倒过来才合乎事实。也就是说，笔者认为，女娲又名女希而与羲和（伏羲）之名相通这一例证，亦可提供

---

① 何新：《诸神的起源——中国远古神话与历史》，生活·读书·新知三联书店1986年版，第44—45页。

与何新相反的结论，其所透露的当是男神伏羲自女神女娲分化而来这更古老的原始神话信息。再说，有一事实为何氏不愿多谈，传说中的羲和乃帝俊之妻，本是女性，见《山海经·大荒南经》："东海之外，甘水之间，有羲和之国。有女子名曰羲和，方浴日于甘渊。羲和者，帝俊之妻，生十日。"这生日的羲和与生月的常羲（也是帝俊妻，见《大荒西经》），据郭沫若考证，当系"一事化为二事，一人化为二人"，也就是说，"其为一人之娥皇者则女娲传说，其为羲和、常羲二女者则为二女传说"①。吴晗亦认为常羲即羲和，因从"常羲与羲和之羲字相同可知，由常羲衍为羲和。由羲和复衍为《大荒南经》之娥皇。和娥同音，古人名原无定字，由古老传说及地方神话再间接成为文字的记载，每每容易将一名衍为数名，或数名合成一人"②。袁珂之言更直截了当："作为大祖母的女神，则当统一在如《归藏·启筮》（《大荒南经》郭璞注引）所记的'是主日月'的羲和身上才是"，或曰"生日生月的工作，最初或者只是一个叫做羲和的女神，和帝俊并没有直接关系，后来由母系社会到父系社会，传说演变，这个女神才化身为二，分别做了帝俊的妻子，各担负一项生日月的重要工作"③。

二

或以为日、月二神是从男神伏羲（黄帝）分化而来，或以为日、月二神是从女神羲和（女娲）分化而来，孰是孰非呢？本文赞同后者，并认为两者异途同归地指向同一原型（archetype），前者所代表的神话实为后者所代表的神话的"置换变形"（displacement）。

女娲作为太古神话中的著名女神，毕生干了两桩惊天动地的大事，一是造人，二是补天。关于造人，古籍所载又有二说，一是女娲与男性神祇共同造人说，如《淮南子·说林训》云："黄帝生阴阳，上骈生耳目，桑林生臂手，此女娲所以七十化也。"高诱注："上骈、桑林皆神名。"这里尽管已隐含后世女娲与伏羲对偶生殖神话的滥觞，但它因折射出母系社会中以女性为中心的非血缘群婚信息（即女娲与诸神群婚生殖神话）而更具原始色彩。另一说则是女娲独立造人神话，见应劭《风俗通义》（《太平御

---

① 郭沫若：《中国古代社会研究》，人民出版社 1964 年版，第 198 页。
② 《吴晗史学论著选集》第 1 卷，人民出版社 1984 年版，第 5 页。
③ 袁珂：《中国神话通论》，巴蜀书社 1993 年版，第 4、182 页。

览》卷七八引）："俗说天地开辟，未有人民，女娲抟黄土作人，剧务，力不暇供，乃引绳于泥中，举以为人。"值得注意的是，女娲造人在此神话中凭借的仅仅是黄土，而土所表征的也就是大地。大地生长出植物，人类社会中母亲生养子女现象正与之相似，由于"类比"这神话思维的基本逻辑使然，"以地为阴性名词，图像作女人身"①，并由此产生地母崇拜的现象在世界各民族中普遍有见。事实上，女娲在国人的观念中正是作为"地母"偶像的原型。《论衡·顺鼓》记载汉代风俗："久雨不霁，则攻社，祭女娲。"按"社"即桑社，是古人祈生殖、祭地母的标志。《礼记·郊特牲》："社，祭土而主阴气也。"《淮南子·说山训》高诱注："江淮谓母为社。"《抱朴子·释滞》则干脆一语道断："女娲地出。"今之学者亦肯定，"女娲既是地出，就带着庄稼神兼土地神、泥土神的性质"②。既然如此，"女娲抟土造人"神话的实质无非是说：女娲作为人类的大祖母，她仅仅依靠自身便生殖出了人类。至于《山海经·大荒西经》所载女娲之肠化生十神，又是一证。这里，既无作为对偶的伏羲，也无作为群偶的诸神，难怪《说文解字》释"娲"这"古之神圣女"时也直接肯定其是"化生万物者"。

　　神话是原始初民解释自然和社会现象的产物。从历史上有关女娲造人的种种神话中，显然可以梳理出如下演变轨迹：女娲独立生殖——女娲与诸神群婚生殖——伏羲与女娲对偶生殖。第一阶段上，女娲作为人类始祖的至上地位毋庸置疑，神话反映出母系社会生殖观念中女性被视为第一位也是唯一者的现实；第三阶段上，伏羲虽与女娲共同生养人类，但前者居主、后者居次则显而易见，神话反映着父权取代母权而成为社会主角的历史；第二阶段可谓第一、三阶段之间的过渡，此时女娲居主的地位虽未改变，但男性辅助女性参与人类生殖的作用开始被社会承认。而以上三个阶段，又恰好反映出先民对性与生育之间因果关系的认识从无知到有知的发展过程。当我们让目光穿过茫茫远古就会发现，在人类生殖文化史上，"阴阳构精，万物化生"作为生理事实是客观存在的，但作为心理观念却产生甚迟。原始文化研究的诸多事实证明，处于母系阶段的原始人，尽管在性成熟之前早就加入了杂乱的性生活（这是动物本能所致），但并不清楚性交

---

① 钱锺书：《管锥编》第 1 册，中华书局 1979 年版，第 56 页。
② 萧兵：《楚辞与神话》，江苏古籍出版社 1986 年版，第 364 页。

和妊娠这两种现象之间的内在因果关系。英国人类学家马林诺夫斯基即指出："野蛮人很多是不知道性交会生出孩子来，吃饭是营养身体的。"① 法国学者列维-布留尔在《原始思维》中谈及原始土著总是把不妊的原因单方面归咎于女人时也写道："这些土人知道性交的生理作用，但是因为他们并不认为怀孕实际上是取决于性交，所以他们连想也没有想到有时也应当把不受胎的原因归在受孕的参加者的另一方——男人身上。"② 当然，只有两性生理上成熟后的性交才会导致妊娠，但在原始人那里，性交行为的开始并不受制于两性成熟与否，所以，他们猜不透"阴阳构精"是因而"万物化生"为果这因果连环的人类生殖之谜。于是，生理上原本实际在场的男性，很长时间都被蒙昧的先民从观念上放逐在人类生殖王国之外。生殖观念上男性缺席必然伴随女性地位独尊，这是一枚硬币的两面。正如女子不孕被认定与男子无关一样，母亲生养子女在初民心目中也就仅仅是女性自身独具的能力和行为（因为他们凭肉眼只能直观地接收到子女从母体分娩而来这一表层信息）。因此，"神话所述的始祖群永远都是藉着妇人出现"，其怀孕生子往往又被臆想为"大自然开发"的结果，要么是裸露山洞被石刺伤，要么是水中浴身被鱼咬破，反正"神话所显示的，不是父亲的创造能力，乃是女祖自然的生育能力"③。这种先于"两性对偶生殖"意识的"女性独体生殖"观念（也是人类最古老最原始的生殖观），恰恰是"女娲抟土造人"神话的精神内核。唯此，女娲作为人类大祖母之女神、"女娲抟土造人"作为始祖神话的地位当无可怀疑。

　　"玄牝之门，是谓天地根。"（《老子》第六章）道家哲学的这一命题，即是上古社会极具权威性和统摄力的"女性独体生殖"这原始生殖文化观念在后世的折射。母亲虽然是女性（阴），但她既能生儿（阳）又能生女（阴），这才是老子学说"一生二"的正解（关于"道生一"也就是"道生阴"，见下文）。这又多少使人想起古希腊人的一种观念："阴阳人则是月亮生出来的，因为月亮自己也同时具备太阳和大地的性格。"④ 母生子女或阴生阴阳观念，在崇尚女性的原始人心目中，又具象化为"羲和生日生

---

① ［英］马林诺夫斯基：《文化论》，费孝通等译，中国民间文艺出版社 1987 年版，第 29 页。
② ［法］列维-布留尔：《原始思维》，丁由译，商务印书馆 1987 年版，第 421 页。
③ ［英］马林诺夫斯基：《两性社会学》，李安宅译，四川人民出版社 1991 年版，第 96 页。
④ ［古希腊］柏拉图：《文艺对话集》，朱光潜译，人民文学出版社 1983 年版，第 238 页。

月"的美丽神话。按照神话思维的规律,我们未尝不可把"羲和生日生月"视为"女娲抟土造人"的某种引申。(由此引申,又隐约可睹先民将女娲崇拜从人类大祖母推向宇宙缔造者所做的努力。只不过,这种崇拜演化由于父系社会取代母系社会而湮没无闻或未能成熟,随着后世神话中开天辟地的男神盘古登场,古老的女娲仅仅被定位成了"炼五色石"补天的女神,犹如她在男性皇权神话系统中只能是辅佐羲皇治理天下的"阴帝"一样。)母系社会中,生养子女的伟大神圣职能决定了女权的中心地位,那是女性作为社会主角的能力证明和理由所在。随着父系社会取代母系社会,作为传统的"母生子女"原型的置换变形又附会出了"父生子女"的种种神话。如《山海经·海内经》载"鲧复生禹"(屈原《天问》作"伯禹腹鲧"),复通腹,意思说大禹是从其父鲧的肚子里生出来的。《全上古三代秦汉三国六朝文》辑《归藏·启筮》云:"鲧殛死,三岁不腐;副(剖)之以吴刀,是用出禹。"古希腊神话中,也有天父宙斯头颅劈开生出女神雅典娜的故事。显然,这是一个有跨文化意味的古老神话意象,它指证着人类历史上某种具有普遍性的文化事实。"母生子女"在母系氏族时代受到普遍尊敬,父系社会里尽管取代女性而居社会主角地位的男性并无自然赋予的怀孕分娩能力,但为了证明父亲也同母亲一样能干伟大以树立其权威,才编造出了父亲亦能生养子女的神话。这神话,今人看来或许荒诞可笑,但可能在先民心中却有着十分明确的实用功利目的。表面看,"父生子女"是对"母生子女"在观念上的逆反,实际上,前者只是后者在不同社会环境中的一种翻版。从母系转向父系时代的人们偏偏编造出这种神话而不是其他,一方面固然表现出长期受制于母权话语下的男权渴望自主自立的强烈意识,另一方面又说明了命定耳濡目染于母权文化语境里的人们一条腿虽已迈向观念的新天地,但另一条腿仍留在传统的门槛内。正如马克思所言:"人们自己创造自己的历史,但是他们并不是随心所欲地创造,并不是在他们自己选定的条件下创造,而是在直接碰到的、既定的、从过去承继下来的条件下创造。"① 马林诺夫斯基关于原始土著"产翁"风俗的析说,亦有助于读者理解上述问题。按此习俗,妻子分娩后,丈夫要在产褥上表现种种生产的痛苦并遵守相关禁忌,妻子反而若无其事

---

① 《马克思主义文艺论著选》,四川人民出版社 1983 年版,第 82 页。

地料理家务，并照顾起丈夫来。用中国老百姓的话说，可谓"女人生子，男人坐月"。马林诺夫斯基指出，该习俗实质上涉及一种"已消失的情境，就是从母权转变为父权的设想的阶段。在这阶段中'产翁'是被认为靠了它象征的托辞来肯定父亲的地位"。通过这种丈夫仿效妻子生子的象征性仪式，原本从观念上被放逐在生殖王国外的父道方"赖传统而成立"①。这种模仿，在母系制时代可能是被动的，在父权制时代则可能是主动的。从"产妇"到"产翁"，如马林诺夫斯基所言，是一种"生物需要的文化转变"；而从"产翁"风俗到"鲧腹生子"神话，又不难看出精神上的一脉相通。

行文至此，我们可以就中国古代生殖文化原型的演变作一小结："双性对偶生殖"原型迟于"单性独体生殖"原型，而作为"单性独体生殖"原型的两种表现形式，"男性独体生殖"又晚于"女性独体生殖"。明乎此，对于我们正确认识女娲与伏羲的主从关系、准确把握华夏诸多神话中孰为真正的始祖神话，很有必要且大有裨益。

三

确认了女娲作为人类大祖母的女神地位，接下来不可回避的问题便是理性觉醒时代三闾大夫对天所发之问："女娲有体，孰制匠之？"（屈原《天问》）女娲造人神话虽自汉代以来始见明确记载，但从屈大夫此问可以推知，该神话在先秦时期已见流行。不然，《天问》中涉及诸神事迹，何以唯独女娲偏偏问其"体"是由谁创造的呢？关于女娲来历，现存中国神话里乃告阙如，我们不妨借鉴西方神话作一些合理推测。这推测之所以可能，是因为各民族心理原本具有共通性，在受神话思维支配的先民原始世界里尤其如此。就神话思维的发生、发展而言，由于不同地区、不同种族生产力和智力水平的近似，因此在创造种种反映人的生活与意愿的原始神话时，完全有可能产生不谋而合的思维形态。正如 1929 年郭沫若在《中国古代社会·自序》里提醒的，"只要是一个人体，他的发展，无论是红黄黑白，大抵相通。由人所组成的社会也正是一样"。恩格斯在《爱尔兰

---

① ［英］马林诺夫斯基：《文化论》，费孝通等译，中国民间文艺出版社 1987 年版，第 34—35 页。

史》中亦指出:"我们越是深入地追溯历史,同出一源的各民族之间的差异之点,也就越来越消失。一方面这是由于史料本身的性质,——时代越远,史料也越少,只包括最重要之点;另一方面这是由这些民族本身的发展所决定的。同一种族的一些分支距他们最初的根源越近,他们相互之间就越接近,共同之处也就越多……这一种或那一种特点,可能只有地方性的意义,但是它所反映的那种特征却是整个种族所共同具有的,而史料的年代越是久远,这种地方性的差别就越是少见。"①

中国与希腊同属世界文明古国,中国步入母系制社会约在四五万年以前,古希腊则迟一些。但是,二者母系制社会结束的时间相去甚远:中国约在公元前5000多年②,古希腊及西亚、北非各国则在公元前2000年—前1000年③,后者较前者至少晚3000年。在中国,三千年岁月执着而无可辩驳地把作为主流文化的男权意识深深地植入世人心中,将远古一度辉煌的母系时代神话湮没得支离破碎、所剩无几。与此同时,古希腊社会还沉醉在母性崇拜的文化氛围之中。因此,从系统古老原始的希腊神话中的地母盖娅身上,我们或可推知有关女娲身世之谜。宇宙之初,在黑暗与混沌之中首先诞生了地母、天父,此乃世界许多民族神话都有的内容。据赫西俄德《神谱》记载:"最先产生的是卡俄斯(混沌),其次便产生了盖娅——宽胸的大地……大地盖娅首先生了乌兰诺斯——繁星似锦的皇天,他与她大小一样,覆盖着她,周边衔接……"跟被男权意识化了的现存中国神话不同,在此神话中,天父虽高踞大地之上,但他终究是地母所生,女性才是先于又高于一切的。而作为生养人类的大祖母或者说是宇宙间第一个人,盖娅的来历为先民所无法说清,于是只好遵循"简化"这人类思维的共同规律,将其归诸"混沌"。这实际上是一种不答之答(见下文),你可以认为原始初民在此终极提问面前耍了滑头,但他们也是出于无奈。须知,即使聪明如今人,面对"先有鸡还是先有蛋"的问题亦只能顾左右而言他。天父(阳)系地母(阴)所生,地母(阴)自混沌(无阴无阳)而来,中国道家哲学所谓"道生一,一生二"正与此神话模式暗合。"万物所由,性命所以,无有所名者谓之道。"(严君平《老子指归》

---

① 《马克思恩格斯全集》第16卷,人民出版社1964年版,第570—571页。
② 朱绍侯主编:《中国古代史》,福建人民出版社1979年版,第9、27页。
③ 朱寰主编:《世界上古中古史》,高等教育出版社1986年版,第15—20页。

卷二）从某种意义上说，"道"即太一，即元气，即混沌，它"先天地生，寂兮寥兮"、"恍兮惚兮"，"可以为天下母"（《老子》二十一、二十五章）。这"有物混成"之道，又被更形象地喻为号称"天地之根"的"玄牝之门"。宇宙起源于混沌的完整原始神话在屈原所处时代虽已无从得见（至于三国时期徐整《三五历纪》所谓"天地浑沌如鸡子，盘古生其中"而开天辟地的神话是晚了好几百年才出现的，兹不论），但从道家哲学或可推知这种神话在中国是有过的（况且"浑沌"之名在《庄子》中已见，尽管被具体化为"中央之帝"，但从无"七窍"不难推想其原始特征），而初民对女娲身世之谜的臆想当不会脱此轨辙。

有如父系制时代"父生子女"神话是母系制时代"母生子女"原型的置换变形，对诞生于父权社会中的"混沌生盘古而盘古开天地"的传说，我们也不妨颠倒过来加以认识。或许，上古神话的真相本是"混沌生女娲而女娲创世造人"，只是因为中国过早地步入了父权社会，母系时代的神话才不是被排挤就是被置换而所剩无几。因此，在经过数千年"菲勒斯中心"文化传统筛网过滤的现存中国古代神话里，时时处处都感觉到强烈的父权意识（受此思维定式影响，今人解读古代神话时也常常不自觉地站在男权中心立场上）。尽管如此，哑然失声于后世的女性崇拜在人类历史上毕竟率先拥有过辉煌时代，它在人类童年记忆中打下的第一烙印终归难以彻底抹去。透过残留下来的若干远古神话片段，我们仍依稀可睹女性在原始先民心目中曾经具有的创世者身份。古希腊神话里的地母盖娅有生育天父的能力，在中国，《述异记》中那"虎头龙足，蟒眉蛟目"的鬼姑神也是"能产天、地、鬼，一产十鬼"。就神力而言，"能产天地"当然盖过"开天辟地"，前者无疑很有做造物主的资格。古之神话中，"鬼"、"神"义通，这"一产十鬼"的鬼姑神跟《山海经》记载的其肠化为"十神"的女娲有无瓜葛呢？此外，如上所述，"羲和生日生月"不妨视为"女娲抟土造人"的一种引申，该神话提供的信息也有助于我们认识中国的女娲与西方的盖娅在神格上当有着不相上下的能力、身份和地位。又，女娲补天故事见《淮南子·览冥训》："往古之时，四极废，九州裂……于是女娲炼五色石以补苍天……导鬼神，登九天，朝帝于灵门。"后人多将此与《天文训》中共工和颛顼争而怒触不周山导致"天柱折，地维缺"的故事扯在一起。于是，女娲补天之功再伟大，她也只能"朝帝"即臣服于男权而居于助手地位。然而，该神话在晋代张华《博物志》卷一的记载略有不同："天地初不足，故女娲氏炼五色石以补其阙，断鳌足以立四极。其后共工氏与颛顼争帝……"在此，共工触山神话与女娲补天神话了不相涉，后者发生在天地初开而构造尚未圆满时，具有更古朴和更原始的色彩。这个故事中，亦未见有男权意识染指痕迹，女娲补天同她造人一样是不依靠且无关于男性的独立行为，难怪后来郭沫若会选取女娲作为《女神》的原型，"是女娲者，诚天地初辟摩肩盘古之大神"①。

从发生学角度看，女性先于男性是人类始祖神崇拜史上不争的事实。将作为人类始祖的女神的来源又归诸"混沌"，这实为先民处理他们无法解答的终极提问时将问题悬搁起来而采用的一种不答之答。因为，混沌即囫囵即糊涂即一团谁也说不清楚是什么的东西，如庄子所言，它既无"七窍"也无性别（《庄子·应帝王》）。透过这种不答之答，我们获得的仍然只有人类生殖文化史上最古老也最原始的女性第一即女权独尊信息。这是我们从世人业已习惯的男权传统樊篱跳出而站在女权文化视角解读中国古代神话尤其是女娲神话得出的必然结论。明乎此，我们也就没有必要将"玄之又玄"的"混沌"坐实成什么帝江或帝鸿也就是黄帝乃至太阳神，因那终归是男权中心的思维模式制约下对远古华夏神话的释读。诚然，作为一种学术探讨，从男权文化视角解释中国古代神话未尝不可以，但绝不能就此认定这是唯一的解读视角。郭沫若在《中国古代社会研究》一书中，曾把中国古代神话传说划分为"人为的"和"自然发生的"两类，而将什么都统归在黄帝这祖先名下的传说即属前者。事实上，现存中国神话的"人为痕迹"多系男权中心话语改造而致，为了还原出这些神话背后"自然发生"的事实真相，女权文化视角对于今之研究者恰恰是必不可少的，因为，生殖崇拜上女权中心先于男权中心终归是人类社会发展史上不可移易的事实。此外，还须说明，原始先民用浑整一团的"混沌"来回答他们所无法解答的终极提问，这又是符合各民族共通也就是人类固有的知觉简化法则的。对视知觉简化规律深有研究的美国格式塔心理学家鲁道夫·阿恩海姆指出："当某一知觉特征还没有被区别开来的时候，就会以最简单的式样被描绘出来，而在绘画中可以找到的最简单的形状便是圆。"比

---

① 袁珂：《山海经校注》，上海古籍出版社 1980 年版，第 39 页。

如，在低幼儿童的绘画中，圆形构图被自发用来代表各种现实事物，而该年龄段上的儿童实则连辨别圆与方的几何认知能力尚不具备。类似情况亦见于成年人，当其不了解事物的真实形状时，"他就干脆用斑点、圆圈或球形来代替这些事物。这种情况，同样也符合原子物理学中人们关于微粒子形状的概念以及古希腊原子学派关于原子的概念。在古人所作的那些有关地球和宇宙的论述中，也总是把地球和宇宙描写成球形、圆面形或环形。这些描写其实并不是基于观察而作，而是由于人们在描绘那些不可知的形状或空间关系的时候，总是尽量以一种最简单的形状和关系去描写它们"①。人类将他们所"不可知"的自身起源乃至宇宙起源归诸一团"混沌"，不也是同理使然么？

四

盘古开天辟地是现存中国神话体系中唯一完整的创世神话，但盘古之名及事迹，先秦及东汉中叶以前著述无载，也不见于《天问》、《山海经》、《帝王世纪》之类专门搜集古今怪异的神话性质典籍。如顾颉刚所指出，战国秦汉是中国历史上伪造古事和古人风气炽盛的时代，但诸子及秦汉人绝口不提盘古，可见他们确实不知道这位神通广大开天辟地的神祇。尽管男神盘古亮相在中国神话舞台上比女娲迟了好几百年，然而，由于追究女娲来历势必涉及创世问题，所以，我们也不妨就女娲、盘古神话联系起来做一番语义上的考察。

"绵绵瓜瓞，民之初生。"（《诗·大雅·绵》）文化学研究发现，在中华民族这个大家庭里，许多成员的先民都曾崇拜葫芦，时至今日，诸如汉、彝、怒、白、苗、侗、水、佤、壮、哈尼、布依、纳西、拉祜、基诺、仡佬、崩龙、高山等民族，仍有关于各族出自葫芦的传说。在中国第一部诗歌总集《诗经》里，葫芦意象屡见，其字作"壶"（《七月》）或"瓠"（《瓠叶》）。据闻一多考证，女娲之名即与葫芦有关，他说："女娲之娲，《大荒西经注》、《汉书·古今人表注》、《列子·黄帝篇·释文》、《广韵》、《集韵》皆音瓜。《路史·后纪》二注引《唐文集》称女娲为

---

① ［美］鲁道夫·阿恩海姆：《艺术与视知觉》，滕守尧等译，中国社会科学出版社1984年版，第240页。

'炮娲'，以音求之，实即瓠瓜。包戏与炮娲，匏瓠与匏瓜皆一语之转（包戏转为伏希，女娲转为女希，亦可见戏娲二音有可转之道）。然则伏羲与女娲，名虽有二，义实只一。二人本皆谓葫芦的化身，所不同者，仅性别而已。"[1] 略须补充的是，女娲之"女"与葫芦之"芦"亦仅一音之转，从发生学角度看，作为葫芦的化身，华夏民族最早的始祖应是女娲一人，与之名义相通的伏羲不过是其后起的"分身"而已。盘古传说在西南少数民族神话中有见，其名又作"盘瓠"（《后汉书·南蛮列传》）、"槃瓠"（《搜神记》等）。《说文解字》以"瓠"、"匏"互训。又据胡小石考证，伏羲、女娲神话及盘古神话皆起源于我国西南或南方，"如果从语根来说，'庖犧'即'盘古'的变称；因为从这两个名词的音来说，盘之与庖，古之与犧，与犧，声根是相同的，盘古庖犧是一声之转。又《后汉书》记西南蛮族以'盘瓠'为始祖，同时我以为如果仍以语根相同来说，则盘瓠为亦即'盘古''伏羲'之异称"[2]。既然如此，这自混沌而生的开天辟地大神盘古，其身世之谜同女娲一样，亦当溯及古老的葫芦原型。刘尧汉在《中华民族的原始葫芦文化》一文里即写道："盘古、槃瓠、葫芦是三位一体的东西，多被人格化为伏羲、女娲。各地汉、彝、白、苗、瑶、畲、黎、侗、水、壮、布依、仡佬、崩龙、佤等等各族，语言有别，但都以表征女娲、伏羲的葫芦为原始共祖。由此连同《诗经》'绵绵瓜瓞，民之初生'所表达：以汉族为主体的中华民族渊源于以瓜瓞为象征的共同母体。这都反映了葫芦崇拜的广泛性和源远流长。"[3]

闻一多、胡小石等学者从声训角度确认了三位神祇都跟原始先民的葫芦崇拜有关，由此可知，女娲、伏羲和盘古本是"三位一体"，其中盘古自伏羲"分身"而来，伏羲自女娲"分身"而来，女娲作为先于诸神又高于诸神的始祖神地位是无可怀疑的。厘清以上关系，我们方能大胆推测见载于后的盘古创世神话或许正是早出于前的女娲创世神话在男权话语中心时代的一种"置换变形"（犹如"父生子女"之于"母生子女"一样），后者虽已被岁月无情地湮没，但仍将某种原始信息通过"天地初不足"而

---

① 闻一多：《神话与诗·伏羲考》，古籍出版社1954年版，第60页。

② 《胡小石论文集》，上海古籍出版社1982年版，第8页。

③ 刘尧汉：《中华民族的原始葫芦文化》，《中南民族学院学报》（人文社会科学版）1983年第3期。

女娲炼石补天的传说暗示给后人。同理，从盘古自混沌诞生神话我们也未必不可以做女娲同地母盖娅一样生自混沌的合理推想。这从女娲与葫芦的瓜葛亦可觅得旁证。女娲崇拜的实质是对女性生殖神格的顶礼膜拜，将人类生殖始祖神拟物为葫芦，此乃神话思维"互渗律"使然。闻一多指出，瓜类多子象征着子孙繁盛氏族兴旺，故而先民取相比拟；萧兵认为，葫芦作为一种"生命的容器"，其造型"能与'子宫'发生类似联想"①；也有的研究者说，"在西方，妊娠期的妇女被尊为巨腹豪乳的女神；在我国的汉、傣等二十几个民族中，巨腹豪乳女神雕像，与葫芦的形状正好吻合"②。在古代神话里，女娲与葫芦的密切关联既体现在女娲之名上也体现在其事迹中，如《博雅》引《世本》云："女娲作笙簧。笙，生也，象物贯地而生，以匏为之，其中空而受簧也。"女娲以葫芦作笙，取义仍未脱离人类生殖繁衍。从生殖文化角度剖析葫芦意象固然不错，但是，鉴于葫芦那浑圆的结构和外形，我们又不妨换一角度释读之。古代俗语有"胡芦提"，就是"糊涂之义"③，亦可拆开来用，如《雍熙乐府》十三："从今葫芦大家提，再不辨是和非。"又写作"葫芦题"、"葫芦蹄"、"鹘露蹄"、"胡卢蹄"等，似"无定字"④。我认为，该语当以"葫芦"为正写（"提"或"题"本是可分可合的后缀，无关紧要），因其取义"糊涂"正跟植物葫芦那浑圆未分之外形有关。"糊涂"又写作"糊突"、"胡突"或"鹘突"，而"鹘突"在古书中常常用于两种食物的代称：一是"杂众味而为之"的"骨董羹"（《正字通》）；二是"馄饨，本浑沌之转，近时又名鹘突"（《通雅·饮食》）。无论彼还是此，皆取义"混揉杂合"、"未分晓貌"是明显的。而据《通雅·饮食》引《释埤》，鹘突与浑沌又系一声之转。由此字音字义上的复杂勾连关系，不难得出下述等式：葫芦＝糊涂＝鹘突＝浑沌。这就是说，"混沌，在汉语中有各种音变，分别用以命名不同的事物，如：昆仑、馄饨、糊涂、囫囵、温敦、混蛋、葫芦等"⑤。至

① 萧兵：《楚辞与神话·女娲考》，江苏古籍出版社 1986 年版。
② 李子贤：《傣族葫芦神话溯源》，《民间文艺集刊》第 3 辑，上海文艺出版社 1982 年版，第 61 页。
③ 张相：《诗词曲语辞汇释》下册，中华书局 1979 年版，第 560—561 页。
④ 《许政扬文存》，中华书局 1984 年版，第 2 页。
⑤ 庞朴：《黄帝与混沌：中华文明的起源》，《文汇报》1992 年 3 月 10 日第 6 版。

此，我们恍然大悟，生殖女神女娲之名脱胎于神秘互渗的圆圆葫芦这一事实，正从某种意义上暗寓着女娲自混沌而生这久已被人遗忘的远古神话。

（原载《民族艺术》1997 年第 4 期，人大复印报刊资料《中国古代、近代文学研究》1998 年第 4 期转载）

"伯禹腹鲧":孤雌生殖神话的换位阐释

　　英雄人物治理滔滔洪水的神话在世界各民族当中广泛流传，它叙说着远古人类祖先所经历的一段重要史实，是一个铭刻着原始胎记又代代相传的古老母题。在泱泱华夏，一说起远古神话里的治水英雄，人们首先就会想起禹，但也不应忘了鲧。因为，鲧不仅是大禹治水的先导者，而且他就是禹的生身父亲。"生身"二字，在此具有实指性特定内涵。须知，中华历史上夏王朝的奠基者禹在神话文本中有着非同寻常的来历，按古代文献记载，他正是从其父鲧的腹中剖生而出的。《山海经·海内经》即云："洪水滔天。鲧窃帝之息壤以埋洪水，不待帝命。帝令祝融杀鲧于羽郊。鲧复生禹。"在《楚辞·天问》中又作"伯禹腹鲧"[①]。复、腹相通，意思是大禹是从他的父亲鲧的肚子里生出来的。《全上古三代秦汉三国六朝文》辑《归藏·启筮》又曰："鲧殛死，三岁不腐，副（剖）之以吴刀，是用出禹。"更将今人所谓"剖腹产"之义言说甚明。然而，鲧明明是禹的父亲，作为男子汉大丈夫，他又怎么可能怀孕生子呢？这里，鲧、禹神话把一个偌大的谜团留给了后世，让一代又一代研究者见仁见智，猜读不辍。

　　鲧之性别身份，是中国神话史上一个颇有争议的话题。今有巴蜀文化研究者考察古蜀王柏灌氏的身世，从音训角度推测"'柏灌'很可能就是'伯鲧'的隐音"，并根据"鲧腹生禹"传说断言"伯鲧或柏灌氏族乃母系制"而"伯鲧是一位伟大的母亲"，因为，"从历史发展阶段来认真研究，公鸡不会下蛋，男人不可能生孩子"[②]。以鲧为女性的观点并非今天才有，学界早就有人提出"鲧在这个神话诞生之初，显然并不是一位男性

---

　　① 又据闻一多考证，"伯禹腹鲧"实当作"伯鲧腹禹"，见袁珂《山海经校注》，上海古籍出版社1980年版，第473页。

　　② 李盛铨：《早蜀柏灌及其文化》，《文史杂志》1998年第2期。

神，而是一个女性神"，因为"鲧禹神话的产生很可能是在图腾制时期，也就是说在母系社会的初期阶段"。持此见者不同意把鲧视为男性和把鲧禹神话视为父系社会的产物，指出女性神的出现乃是"母权制社会的一个重要标志"，"只有到母权衰亡、父权确立之后，男性才相应地在神话中逐步代替女性神而占据主要的、统治的地位"，而"鲧从女性神到被确认为是男性神，那已经是鲧禹神话经过演变的结果"①，也就是经过了从女权中心的母系社会到男权中心的父系社会的历史演变的结果。诚然，作为一种学术观点，此说自有其道理，但也不必因此就排除其他解读的可能。况且，就现存古籍有关鲧的种种记载来看，除"怀孕生子"这一条，要做出鲧是女性神祇的断语似乎也不太容易。

首先，根据《山海经·海内经》所载"黄帝生骆明，骆明生白马，白马是为鲧"，他乃是男性部落首领黄帝的后代，可见早在他出生前其部落已是男权居主而以父系确认血缘关系。②《墨子·尚贤》更是言之凿凿："昔者伯鲧，帝之元子。"《吕氏春秋·行论》亦曰："尧以天下让舜，鲧为诸侯。"

再看《尚书·尧典》，鲧治洪水乃是四岳之神向帝推荐的，此说虽与《山海经》不同，但顺其思路，当洪水滔天万民忧虑之时，男权世界的统治者指派一个女子去为国为民担当治理洪水使命显然不大可能。此外，又据《吴越春秋·越王无余外传》载，鲧娶有嬉，有嬉吞薏苡怀孕后"剖胁而产高密"（高密乃禹之封地，见《世本》宋衷注）。以上材料，或早出或晚出，无一例外地向我们指证着鲧为男性神祇的身份。唯其如此，《史记·夏本纪》开篇才写道："夏禹，名曰文命。禹之父曰鲧，鲧之父曰颛顼，颛顼之父曰昌意，昌意之父曰黄帝。禹者，黄帝之玄孙而帝颛顼之孙也。"当然，鲧的真实身份究竟是男是女的问题可另立专题加以讨论，这

①　程蔷：《鲧禹治水神话的产生和演变》，载《民间文学论文选》，中国民间文艺研究会编，湖南人民出版社1982年版。这位研究者在其1997年出版的《女人话题》（上海文艺出版社列入"民俗随笔丛书"）中，再次断言："从神话学的角度说，鲧本来乃是一位具有生育能力的女性神，假如她果真与禹有血缘关系，那么她也应该是禹的母亲，可是史书上却非要说鲧是禹的父亲，这就把鲧硬是变成了男性神。"（第15页）

②　母系制时代在中国约始于四五万年前，终于公元前五千多年（见朱强侯主编《中国古代史》，福建人民出版社1979年版，第9、27页），而禹之子也就是鲧之孙启建立的夏王朝是在公元前3000年末，对此事实我们当然不能置之不顾。

里仅仅问的是：在认同鲧为男性这一传统说法的前提下，对"伯禹腹鲧"也就是"鲧腹生禹"的神话可否另辟蹊径做出文化学上的合理解释？我想，答案应该是肯定的。

既然鲧的性别确认为男，"鲧腹生禹"属于男性独体生殖神话当无疑问。究其由来，该神话又应是父系社会或至少是父权上扬时期的产物，其中纠葛着说来复杂，其实并不十分复杂的社会心理情结。欲探究这一神话的内核，识读这一情结的真相，我们依然得让目光从"男人时代"回溯到"女人时代"，并将研究的视角先调整到女权文化角度。按照加拿大学者N. 弗莱的原型理论，首先我们可以肯定，相对于母系制时代原生的女性独体生殖神话，这充满父权色彩的男性独体生殖神话实为衍生性神话；二者指向同一生殖文化原型，后者不过是前者的一种"置换变形"（displacement）。"独体生殖"也就是"单性生殖"，其实质是指"非性交生育"。这是一种非常古老、非常原始的人类生殖观念，它曾有着跨地域、跨民族和跨文化的普遍性。对于理性发达的现代人来说，"非性交生育（Lucina sine concubitu）也许被认为是特殊现象，然而，这个现象本身对原始人来说是没有任何特殊之点的"①。

原始文化研究发现，这种漠视两性交合的独体生殖观念，其初始阶段又总是以排斥或忽略男性即父亲一方为发端的，这便是所谓"孤雌生殖"。英国人类学家马林诺夫斯基在 1926 年出版的《原始心理与神话》中，就给我们提供了一个有趣的例证，他写道：一个偶然闯入原始土著部落的欧洲人，去询问该部落女祖谁是其丈夫以及她怎样有孩子时，马上就"会碰见一套完全眼生的观念：那就是，在土人看来，父亲是不相干的；生理上的造育，没有那一回事……"② 这是一个曾经让人费解的问题。"食、色，性也。"处于母系氏族阶段的原始人，尽管在性成熟之前老早就加入了群体杂乱的性生活，但科学知识贫乏的他们并不清楚性交和妊娠这两种生理现象间的内在因果关系。在初民的原始生殖观念中，生理上原本实际在场的男性往往被放逐在人类生殖王国之外，生儿育女在他们蒙昧的双眼看来也就仅仅是女性自身独具的能力和行为。生殖观念上男性缺席自然会导致

① ［法］列维-布留尔：《原始思维》，丁由译，商务印书馆 1987 年版，第 422 页。
② 见《巫术的分析》，《李安宅社会学遗著选》，四川人民出版社 1991 年版，第 190 页。

女性地位独尊，于是，"民知有母，而不知有父"（《商君书·开塞》）便成为太古社会的普遍现象。这便是人类生殖文化史上远远早于"两性对偶生殖"意识的"单性独体生殖"观念。从跨文化角度看，有如"鲧腹生禹"，希腊神话中地母盖娅独自生育天父，中国神话里母神女娲独自抟土造人，还有迦太基神话中母亲女神特尼特在没有男伴帮助下生了宇宙，诸如此类其实都是"单性独体生殖"这人类最古老最原始的生殖观的体现，只不过其主角是女性而非男性罢了[①]。

作为"单性独体生殖"原型的两种表现形式，女性独体生殖神话无疑比男性独体生殖神话更古韵悠然，因为生殖崇拜上女权独尊早于男权独尊乃是人类社会演进史上不争的事实。在充满柔性光辉的母系制时代也就是人类童年时期，"世系一般均以女性为本位；凡是在这种地方，氏族是由一个假定的女性祖先和她的子女及其女性后代的子女组成的，一直由女系流传下去"[②]。而天然确认女性本位和决定女权中心地位的，恰恰是生育子女繁衍种族的神圣伟大职能（如上所述，初民认为此乃跟男性无关的行为），那是上古女性作为家庭乃至社会主角的首要能力证明和充足理由所在（以作为原始生殖崇拜具体表征的生殖器崇拜为例，女阴崇拜即远远早于男根崇拜，这已为考古发现所证实）。岁月流逝，斗转星移，随着生产力发展和人类历史车轮向前推进，当男性在家庭经济与社会活动中越来越发挥出重要作用时，父权也就取代母权而兴起。于是，来自先前母系氏族时代的遥远神话开始渐渐被颠覆、扭曲和消解（女娲从上古生养人类的大母神退位成辅佐伏羲治理天下的"阴帝"即是突出例子）；作为传统的"母生子女"原型的置换变形，又附会出了"父生子女"的种种衍生性神话，而"鲧腹生禹"即是其一（见诸文物的资料亦可作旁证，如在新疆呼图壁县天山岩壁图中，其最左侧面的狂欢图里，就画有两个挺着巨大生殖器的男子，其胸腹间便各绘有一个小儿的头像，显系男人怀孕的幻想）。有趣的是，类似"父生子女"神话中国有，西方也有。在古希腊神话里，智慧女神雅典娜不就是从天父宙斯劈开的头颅中诞生出来的吗？毫无疑

---

① 女娲抟土造人神话的实质是女性独体生殖神话，它是远比女娲、伏羲对偶生殖神话更古老的人类始祖神话，对此的详细论述参见拙文《女娲神话的女权文化解读》，载《民族艺术》1997年第4期。

② ［美］摩尔根：《古代社会》上册，杨东莼等译，商务印书馆1986年版，第62页。

问，此乃一个具跨文化意味的古老神话意象，它反映着人类社会发展史上某种有普遍性和共通性的文化事实。今人对之也许会感到莫明其妙乃至好笑，但在先民那里，炮制诸如此类神话却有着显然可见的实用功利目的。

"母生子女"奠定了母系氏族时代女性广受崇敬的社会地位，这事实人人共睹，尤其为地位相对较低的男性所刻骨铭心；一旦跨入父系社会或在从母权转向父权时期，尽管逐步取代女性而登上社会主角宝座的男性并无自然赋予的怀孕分娩能力，但为了张扬父道，鼓吹父亲也同母亲一样能干伟大，方编造出了父亲也就是男性亦能生育子女繁殖后代的神话。也就是说，为了树立父亲的权威，男人首先需要子女确认自己不容置疑的父亲身份，因而他们必须进入原来母亲所居的神祇位置，强迫人们崇拜自己，以图最终在此神秘的信仰圣地将妇女驱赶出去，取而代之。在此看似荒诞的舆论操作背后，正站立着雄心勃勃跃跃欲试的父权也就是西方人所谓"菲勒斯中心"（phallocentrism）。这一事实，从文化人类学角度不难指证。在人类生殖崇拜史上，父道与母道之间当初这场争夺权力的"性别之战"，甚至从传世的巴比伦创世神话中犹依稀可睹：宇宙之初，世界一片黑暗混沌，女怪和水怪在兴风作浪。随着女怪所生的天神繁衍增多，海洋怪物与天空诸神终于爆发大战。神族中有一晚辈叫马都克站出来，要求众神召开会议，他在这次会上显示了自己的神力，被诸神拥戴为世界之王。嗣后，马都克率领大军与女怪提亚玛决一死战，终于杀死了对方，将其尸体一半造成苍穹，一半造成大地……毫无疑问，此乃一个相当男权化的神话故事，"成者为王败者为寇"的价值模式将寓含其中的性别倾向宣示得一目了然。对其内核，当代著名心理分析学家弗洛姆在《被遗忘的语言——梦的精神分析》中有精到论说，他指出："非常明显的，巴比伦的神话记载了父系与母系的社会组织，及宗教倾向原理间的冲突。大母的统治遭受男性众神的挑战。可是他们如何能够胜利，当他们在一项基本方面上绝对无法凌驾之上呢？女人有自然创造的禀赋，她们能生育子女……为了打败母亲，男性必须证明他们并不低下无能，他也有生产的天赋。由于他无法以子宫生产，他就必须以另一方法生产：他以嘴巴，语言，思想来生产、创造。"神话里众神让马都克仅凭口发指令就使一件长袍毁坏和恢复原状的情节便指证着此，"马都克只有在他能证明他也能创造时……才能打败提亚玛。这试验告诉我们，那根深蒂固的男性和女性的对立，是提亚玛与马都克间战争的基本原因，也是两性间的战争的基本要点。随着马都克的胜利，男性统治制度遂建立了……"①

随着人类社会穿越"女人时代"走向"男人时代"，随着权力崇拜移位，曾卑躬于女权面前的社会配角从此摇身一变，成了昂首天下能呼风唤雨的男子汉。就这样，在"菲勒斯中心"的强大舆论导向下，人们渐渐信而不疑地认定一切主权如今都操纵在男性手中，以致在生育观上"把'生民'的主权也移归给男人"了（闻一多《高唐神女传说之分析》）。就这样，男性一反常态登上了人类生命生产主宰者的宝座，他们以主人的姿态积极确证着自己在生殖中的优势地位，把自己描述成人类生命生产的主体，而女性在男权"他者"（the other）话语描述中，则蜕变为"简单的生育工具"。"不仅是一般人持有这种观念，而且中古时期的哲人们也是这样认为的。从毕达哥拉斯时代开始，不少人就认为在男性的精液中已经包含着微小的但却已成形的生命体，而女性只不过是接受它并在体内'哺育'而已。"② 女性的生殖地位已被架空，男性才是生命的唯一赋予者；有此观念作温床，彻底撤开女性的"父生子女"神话当然也就不难产生。以研究女性主义神学著名的当代德国学者伊丽莎白·温德尔根据社会学和人类学分析也指出，父权制社会中，在男式的观念、思想、行为、伦理、价值的霸权话语统治下，非唯被奴化的女性丧失了自己的身份，连来自遥远母系时代的神话传说也难逃其厄而遭到侵略、颠覆和篡改。她发现，基督教的起源原本含有母性文化基因，上帝本是我们的母亲而非仅仅是"天父"，可这一切后来都被男性神学和教会按父权制的需要清除和修改了。比如，乳汁作为养育生命之物乃是母性的产品，此时此刻也"被转换成了男性的神；'神在喂奶'，'神那充满着爱的乳房给我们哺乳'（克雷芒）。古老的象征按照男性的模式被收了进来，同时还改变了功能"。也就是说，由于男性原则对女性宇宙的强行介入，如今"男人——正如奥古斯霍尔恩所说的那样——在多神论的宗教中，不依赖女神也同样可以体现生育"③。

---

① 郑凡：《震撼心灵的古旋律——西方神话学引论》，四川人民出版社1987年版，第146页。

② 时蓉华主编：《两性世界：男女性别差异的心理剖析》，华东师范大学出版社1992年版，第7—8页。

③ ［德］E. M. 温德尔：《女性主义神学景观》，刁承俊译，生活·读书·新知三联书店1995年版，第5、53页。

不仅父亲在生养子女的权力上同母亲展开了激烈争夺战，而且自负又狂妄的男性竟然还把自己吹捧成了派生女性的主体：在经过男权意识整合的《圣经》故事里，人类的始祖是亚当，而天地间第一个女人夏娃则是上帝从亚当身上取下的肋骨所造成，以至于英文里的"woman"（女人）是由"man"（男人）这词根派生而来。作为树立父（男）权的手段之一，"父生子女"神话无疑是对"母生子女"在观念上的悖逆和反拨。不过，从原型层面究其实质，前者又只是后者在不同社会文化语境中的一种翻版。从母系氏族转向父系社会的人们偏偏炮制这类神话而非其他，一方面固然表现出长期受制于母权下的男权渴求自主自立的强烈愿望；另一方面又说明耳濡目染于母权语境里的男人们多多少少患有"失语症"，他们的一条腿虽已迈向观念的新天地，但另一条腿仍留在传统的门槛内。倘借解释学术语言之，正是不以个人主观意志为转移的历史性形成的先入之见或曰"前理解"（preunderstand），天然铸就了男权世界的领主们为树立自身权威、巩固自身地位而苦心编造男性生殖神话的文化心理坐标。正如伟大的马克思所指出："人们自己创造自己的历史，但是他们并不是随心所欲地创造……而且是在直接碰到的、既定的、从过去承继下来的条件下创造。"① 历史如此，神话亦然。搞清楚这一点，对于"伯禹腹鲧"或"鲧腹生禹"之谜，我们也许就不再会感到那么茫然费解了。

在母系向父系过渡的原始氏族时期，男性将女权时代的神话和习俗加以置换变形以达到确立和巩固自身话语权威的目的，这非唯直接体现在模仿"母生子女"而编造"父生子女"的神话上，甚至从男子仿效女性乔装生子的所谓"产翁"风俗上亦隐约可睹。按此风俗，丈夫在他的妻子分娩之后，要学其妻在产褥上表演种种生产的痛苦，并得恪守"产期"的种种禁忌，抱着孩子卧床几十天，而妻子本人反倒若无其事地像往常一样料理家务，照顾丈夫。该风俗在西方谓之"库瓦德"，由法文 couvada 音译而来，见于原始土著民族；中国古代南方少数民族，亦向有此俗。据苏联学者考察，这是曾"盛行于旧大陆与新大陆各个民族的风俗"，其初始发生当在中石器时代的晚期②。但也有人认为此乃新石器时代之后母权向父权

① 《马克思主义文艺论著选》，四川人民出版社 1983 年版，第 82 页。
② ［苏联］B. K. 尼科尔斯基：《原始社会史》，庞龙译，上海作家书屋 1952 年版，第 80 页。

过渡后父权制初期的产物，如法国学者写道："从父权制一开始就产生了一种使许多旅行者感到莫名其妙的有趣风俗——'产翁'。这种典礼是和父系氏族同时产生的，不久以前在巴斯克人的国家里还奉行这种典礼，而且在火地岛的土著居民中也还能看到这种典礼。"① 当年，马可波罗旅行到中国云南西部傣族地区就见到过这种风俗，并在他那著名的游记里留下记载，但他认为此俗产生是因男子同情女性怀孕之苦而做设身处地的"替代"性体验，则未必正确。考诸中国古籍，《太平广记》卷四八三引《南楚新闻》即有载："越俗，妇人诞子，经三日，便澡身于溪河，返，具糜以饷婿。婿则拥衾抱雏，坐于寝榻，称为产翁。"这种阴阳错位式的习俗，用汉族民间老百姓的口头话讲，就是所谓"女人生子，男人坐月"。不仅如此，人们甚至认为"坐月"的男子倘不注意保养身体还可能得"月子病"，如《岭外代答》"獠俗"条引房千里《异物志》所言："獠妇生子即出，夫惫卧如乳妇，不谨则病，其妻乃无苦。"其认真程度，由此可见一斑。及至清代，大诗人袁子才在《新齐谐》卷二十一"产公"条中亦为我们记载了这烙有远古文化胎记的民风民俗："广西太平府（今大新县——引者），獠妇生子，经三日，便澡身于溪河。其夫乃拥衾抱子，坐于寝榻。卧起饮食，皆须其妇扶持之。稍不卫护，生疾，一如孕妇。名曰产公，而妻反无所苦。"

人类学告诉我们，在今人看来不免奇奇怪怪的上述风俗，实际上是一种意味深长的象征性仪式。究其由来，它显然联结着某种相当古老和相当原始的文化情境，这"就是从母权转变为父权的设想的阶段。在这阶段中'产翁'是被认为靠了它象征的托辞来肯定父亲的地位"。在崇尚母道的社会里，养育子女的特权奠定了女性不可置疑的至高无上的社会地位，无论在物质生活还是在精神生活层面上，母道总是被积极地赋予有创造作用的文化解释，人们依照传统并通过种种仪式化举动"使生理上的母亲成为文化上的母亲"；相反，"很多地方对于生理方面的父道是不加承认的，由是父道大部分须赖传统而成立……在这种种风俗中，父亲常有赖于母亲，甚至大部分只是她的替身。产翁是这种举动中最能表现且最显明的一种，但

① ［法］沙利·安什林：《宗教的起源》，杨永等译，生活·读书·新知三联书店1964年版，第94页。

并不是一独立的，'古怪'的风俗"。归根到底，"'产翁'的功能，和其他的举动一般，是在用象征的方法把父亲同化于母亲，以确立社会性的父道"①。以上文字出自马林诺夫基所著《文化论》一书。毫无疑问，该书作者天才地为我们揭示出了一个秘密，这就是在母权光辉笼罩下父权是如何巧妙地借袭母权外衣来达到让社会认可自身的目的。表面上，"产翁"风俗是父亲认同于母亲；实际上，却是父亲争权于母亲，尽管这"争权"或"认同"在先民那里未必一开始就有十分明确的理性自觉。对此，保加利亚学者瓦西列夫亦指出："这种习俗显然是象征性地体现男子愿望的一种仪式，企图破坏妇女做母亲的权威，剥夺妇女天经地义的荣誉，赋予男子强行建立主宰权利以更大的说服力，使人们相信男子不仅能创造生命，而且能支配生命。虽然这种风俗滑稽可笑，但是从现代的观点来看，它无疑在确立父权制方面起过重要的社会心理作用。"② 就此而论，"产翁"习俗和"父生子女"（男性独体生殖神话）无疑具有同一功能指向，在这似乎可笑的文化现象背后隐藏着具有必然性的并无任何玩笑性质的社会心理动因。倘再进而言之，我们又未尝不可把这颇具原始意味的"产翁"习俗看作"父生子女"神话的一个前奏，也就是从原生性"母生子女"神话转向衍生性"父生子女"神话之间的一个过渡环节，它在两者间似具有牵线搭桥的中介作用。

曾有一种观点视女性独体生殖神话晚出而男性独体生殖神话早出，以前者为后者的翻版，这恐怕是有悖常理和颠倒史实的。如拉法格在《关于贞洁和受孕的神话》中即持此见，他认为诸如此类神话的形成是由于进入父权社会后，男子为了突出自己便创造出男性神生育神话以否认妇女在生育中的作用，其目的是"在这里强迫人们崇拜自己，最后从这里把妇女的神赶出去"；与之针锋相对，"妇女为了报复对她的权利和对她的职务的侵害行为因此断定说她在没有男人协作之下能怀孕"③。也许，单就某一时期

_____

① ［英］马林诺夫斯基：《文化论》，费孝通等译，中国民间文艺出版社 1987 年版，第 34—35 页。

② ［保加利亚］基·瓦西列夫：《情爱论》，赵永穆等译，生活·读书·新知三联书店 1984 年版，第 64 页。

③ ［法］拉法格：《宗教与资本》，王子野译，生活·读书·新知三联书店 1963 年版，第 42、44 页。

某一个别神话故事的具体产生而言，此说或可成立，但是，如果我们的着眼点是整个神话在整个人类社会历史上的发生和演变过程，该论之跛足就显而易见了。因为，在"非性交生育"的神话系统中，"父生子女"神话迟于"母生子女"神话已是被原始文化研究所指证的事实，对此我们不能视而不见。当然，拉法格有一点还是正确的并对我们识读"伯禹腹鲧"或"鲧腹生禹"神话真相有所帮助，这就是男性生育神话实为男权向女权争地位树威信的一种功利性手段，其中"性别之战"的色彩十分明显。至于先民为何偏偏选中大禹的父亲鲧而非其他人来编造这样的神话，大概又跟禹在华夏文明史上特定的角色和身份有关。须知，禹是中国明确有史可考的第一个王朝夏之基业的开创者（人称"夏禹"），而夏又恰恰是中国历史上父权制社会形态最终确定下来的朝代。

诚然，父权制在华夏大地上早就产生了，但其最终定型，则经历了一个漫长又曲折的过程。众所周知，尧、舜、禹时代的帝位是实行"禅让"也就是传贤不传子的。据《尚书·尧典》记载，唐尧老了，帝位并未传给儿子丹朱，而是在征求四岳的意见之后，将虞舜定为继承人；舜上了年岁后，照样没传位给儿子商均，而是选拔禹来摄行政事。禹在位时，本来也不传位给儿子启。当时，众人推举的继承者是皋陶，不久皋陶死，又推皋陶的儿子伯益作为继承人（这似乎已露父死子继的迹象）。禹死后，其子启夺伯益位自立，是为夏朝。尧、舜、禹之间的"禅让"，曾被儒家美化得不得了，归根结底，仍受制于社会发展水平。人类历史早期，随着血缘婚被伙婚（普那路亚婚）取代，就某一群团来说，就必然因外婚制的需要而划分为两个性别集团，从而导致氏族的建立。氏族制度大多是从伙婚家族发生的。母系氏族社会中，儿子属于母亲，跟父亲属于不同的氏族，自然而然，他不能继承父亲的财产，更不能继承王位。另外，当时的首领皆通过公众选举来产生，也不可能传子。尧、舜、禹的"禅让"，实际上正体现出这种原始氏族选举制度。尽管那时的社会已转向父系，但先前母系氏族传统的"禅让"习俗仍在延续，一直到禹的独生子启方才废止。《孟子·万章上》曾载时人语说"至于禹而德衰，不传于贤，而传于子"，正涉及这一重要史实。既然启是这样一个关键人物，我们再来看编造在他爷爷和他父亲之间的那个奇异神话，有些问题也就容易理解了。"鲧腹生禹"神话的内核恰恰对应着早期父权树立的社会需要。这个神话究竟是何人别有用心编造的呢？会不会就是夏朝的开国君主以及他那些热衷于张扬父道的下属们呢？有兴趣者不妨再做探讨。

总而言之，"伯禹腹鲧"是一个地地道道的以树立"菲勒斯中心"为目标的男权神话，而要真正从底蕴上读懂它，转变性别文化视角对于我们是多有助益的。

（原载《东方丛刊》1999 年第 4 期）

哪吒神话和莲花母题

说起"哪吒闹海",华土百姓无人不晓,哪吒正是中国神话史上最受民众喜爱的艺术形象之一。从小说到戏曲,从传统木偶表演到现代影视动画,他的身影时时晃动在世人眼前,让男女老少着迷。看看 2003 年 6 月中央电视台"大风车"栏目播出的国产大型动画片《哪吒传奇》(52 集)以及据此改编且销路甚好的同名动画图书,你就知道哪吒形象至今依然人气指数很高。这个哪吒,长得孩童模样,聪明伶俐,特别招人疼爱;拥有广大神通,扶正除邪,历来受人崇敬;尤其是传说中他那借莲花作身体而再生(也是永生)的离奇故事,更是从审美上给天下百姓带来不尽的神秘感,激发着无穷的好奇心。

一

对于从小耳濡目染于古代神话和民间传说中的华夏百姓来说,天庭地界的神灵可谓是见得多了,威严的玉帝,慈祥的观音,掌生死的阎罗王,主文运的文昌帝,大额头的老寿星,三只眼的二郎神,懂兵法的九天玄女,炼金丹的太上老君,呼风唤雨的雷公电母,兴风作浪的虾兵蟹将,形象不同,神格各异,他们当中,偏偏手持乾坤圈、脚踏风火轮、头上扎着双髻、以莲花作身躯的哪吒最讨人喜欢。想想看,一个长着孩童样貌的天界神灵,他稚气调皮又本领超凡,心地单纯且性情爽利,他腾云驾雾,搅海翻江,天不怕地不怕。茫茫宇宙,荡荡乾坤,神仙世界中有此"赤子",足以表明国人别致的心意寄托和审美情趣。

哪吒的故事,在古代神魔小说《封神演义》、《西游记》里多有描写。《西游记》说他是玉皇大帝麾下托塔天王李靖的第三子,形似少年,曾参与讨伐大闹天宫的孙悟空。"哪吒现莲花化身"是《封神演义》中描写精彩的篇章之一，书中写哪吒乃是灵珠子转世，投生在陈塘关总兵李靖家中，其母怀孕三年零六个月才生下他。这个哪吒，生时红光四射，异香满屋，一生下来就遍地跑，玩乾坤弓，射震天箭，神勇非凡，不久因故打死东海龙王的三太子敖丙及巡海夜叉，四海龙王齐上灵霄殿向玉帝告状，前来拿他父母问罪。哪吒不愿祸及父母，为了表明自己的所作所为跟父母无关，"一人行事一人当"，毅然提剑自剖其腹、刳肠剔骨，还骨肉于双亲而死。乾元山上，哪吒的师父太乙真人从五莲池中摘来莲花、荷叶，使其借之为躯体而得以复生，并且赐予风火二轮，传授火尖枪法。后来，周王兴兵伐纣，"两朵莲花现化身，灵珠二世出凡尘"的哪吒又下山辅助斩将封神的姜子牙征战沙场，以其神勇屡立战功。《封神演义》第十四回开篇有诗，对哪吒事迹作了如此概括："仙家法力妙难量，起死回生有异方。一粒丹砂归命宝，几根荷叶续魂汤。超凡不用肮脏骨，入圣须寻返魄香。从此开疆归圣主，岐周事业藉匡襄。"

记录宋元民间神道的《三教搜神大全》卷七，对其事迹载之甚详："哪吒本是玉皇驾下大罗仙，身长六丈，首带金轮，三头九眼八臂，口吐青云，足踏盘石，手持法律，大喊一声，云降雨从，乾坤烁动。因世间多魔王，玉帝命降凡，以故托胎于托塔天王李靖。母素知夫人，生下长子军吒，次木吒，帅三胎。哪吒生五日，化身浴于东海，脚踏水晶殿，翻身直上宝塔宫。龙王以踏殿故，怒而索战，帅时七日，即能战，杀九龙。老龙无奈何而哀帝，帅知之，截战于天门之下而龙死焉。不意时上帝坛，手搭如来弓箭，射死石记娘娘之子，而石记兴兵，帅取父坛降魔杵，西战而戮之。父以石记为诸魔之领袖，怒其杀之惹诸魔之兵也，帅遂割肉剔骨还父，而抱真灵求全于世尊之侧。世尊亦以其能降魔，故遂折荷茎为骨、藕为肉、丝为胫、叶为衣而生之，授以法轮密旨，亲受木长子三字，遂能大能小，透河入海，移星转斗……故诸魔若牛魔王、狮子魔王、大象魔王、马头魔王、吞世界魔王、鬼子母魔王、九头魔王、多利魔王、番天魔王、五百夜叉、七十二火鸦，尽为所降，以至于击赤猴、降孽龙。盖魔有尽而帅之灵通广大变化无穷。故灵山会上以为通天太师，威灵显赫大将军。玉帝封为三十六员第一总领使，天帅元领袖，永镇天门也。"关于哪吒的形象及故事，尽管明初出版的《三教搜神大全》所述跟《封神演义》有出入，但莲花化身这一点基本无二。

《封神演义》和《三教搜神大全》皆写哪吒是天界降生凡世的神灵，但有别于前书，后书故事中以莲荷使哪吒复生的并非道教的太乙真人，而是佛教的"世尊"，也就是佛祖释迦牟尼。事实可证，定型于中国传统小说戏曲中的哪吒形象，乃是佛教和道教两种文化在民间意识中混融的产物。尽管哪吒被列入道教神系（《夷坚志》中有道士持"哪吒火球咒"降妖的故事），但从根本上讲，该神的身世还是跟佛门有着更深层也更直接的血缘关系。哪吒又作那吒，源于佛教，是佛经中记载的护法神，长着三头八臂，梵文全名为那罗鸠婆（Nalakuvara 或 Nalakubala），一译那吒俱伐罗、那吒矩韈罗，亦称那吒太子或那拏天，相传他是北方毗沙门天王的第三子。据《佛所行赞·第一生品》载："毗沙门天王，生那罗鸠婆，一切诸天众，皆悉大欢喜。"又据《北方毗沙门天王随军护法仪轨》："尔时那吒太子……白佛言：'我护持佛法。'"此外，唐代郑綮《开天传信记》写长安西明寺僧宣律持戒甚严，"精苦之至，常夜行道，临阶坠堕，忽觉有人捧承其足。宣律顾视之，乃少年也。宣律遽问：'弟子何人，中夜在此？'少年曰：'某非常人也，即毗沙王之子哪吒太子也。护法之故，拥护和尚久矣。'"毗沙门天王即佛教四大天王中的北方多闻天王，梵语名叫Vais'ramana（音译"毗沙门"），据说他就是古代印度教里的天神俱毗罗（kubera），别名施财天（Dhanada，即"财富的赠予者"），其在印度古代史诗《玛哈帕拉达》等书中出现过。他是北方的守护神，左手持供奉释迦牟尼的宝塔，右手执三叉戟，脚踏三夜叉鬼，相传吉祥天女是他的妻子。毗沙门天王在盛唐至晚唐五代香火极盛，人们相信他神通广大、可灭魔障，其形象在敦煌石窟中多见，大足石刻中也有他头戴平定高方冠、身着七宝铠甲、足踏莲花座的造像。

宋代以降，随着汉地佛教的进一步中国化，哪吒"析骨还父，析肉还母"传说在华夏民间家喻户晓，喜欢借禅喻诗的诗论家严羽尝言："我论诗，若那吒太子析骨还父，析肉还母。"（见《沧浪诗话》附《答吴景仙书》）禅门名著《五灯会元》卷二有"那吒太子"条，云："那吒太子析肉还母，析骨还父，然后现本身，运大神力，为父母说法。"这段文字，亦见于明代禅书《指月录》。值得注意的是，这些记载仅仅说了哪吒的"现本身"，但"本身"所指为何则语焉未详，并没有什么莲花化身故事，可见这故事是晚起的。

二

从植物学看，莲属（Nelumbo Adans）植物是被子植物中起源最早的种属之一。据古植物学家研究化石证实，一亿三千五百万年以前，在北半球的许多水域都有莲属植物分布，其在地球上生长的时间比人类祖先的出现（200万年前）还要早得多。经历了冰川期（Ice Age）劫难之后，莲属植物有两种幸存下来，分布在亚洲、大洋洲北部者为中国莲（Nelumbo nucifera），漂迁至北美洲者为美洲莲（N. lutea）。莲花产于中华有悠久历史，西北地区柴达木盆地曾发掘出一千万年前的荷叶化石，其名又称"荷花"、"藕花"、"芙蓉"、"芙蕖"等，先秦诗歌里有"山有扶苏，隰有荷华"（《诗经》）、"制芰荷以为衣兮，集芙蓉以为裳"（《离骚》），北京故宫博物院藏有春秋时期青铜工艺品"莲鹤方壶"，从中可见国人对此花的喜爱。莲花在本土民间宗教里亦被视为神圣之物，如唐代道士杜光庭诗"自然生七宝，人人坐莲花"（《七真赞》，见《全唐诗续拾》卷五一）。《封神演义》中，五龙山玉霄洞文殊广法天尊用来降服哪吒的宝物"遁龙桩"又名"七宝金莲"，每每有他出场时，所作歌谣也咏唱莲花："野水清风拂柳，池中水面飘花。借问安居何处，白云深处为家。"

诚然，莲花是中国名花，以开放的莲花（荷花）、桃花之类比喻女性美貌在本土文学史上也由来已久，但与此同时，中国民间把莲花作为神圣对象来普遍崇拜（尤其是把它跟生殖崇拜联系起来），又无疑受到来自佛教文化的影响。佛教起源于印度，莲花是印度的国花，"印度古代有莲花的信仰，梵文中对于红白青黄莲花各有它的专用的名词"[①]。瑜伽术在印度起源古老，诸如"莲花坐式"、"足关莲花"、"莲花掌"等练功的基本体位式，众所周知。作为印度文化的代表，佛教在全盛时代便由南、北两系向国外传布，进入中国的属于北传一系。外来佛教对中国文化的影响可谓深及骨髓，佛经里有不少植物意象也随佛教东传而进入了中国人的精神文化领域，圣洁的莲花即是其中典型之一。文殊全称文殊师利，乃梵文 Manjusri 之音译，他本是与普贤、观音并称"三大士"的佛门菩萨，如今虽然

---

① 傅天正：《佛教对中国幻术的影响初探》，载张曼涛主编《佛教与中国文化》，上海书店1987年影印版，第242页。

成为华土小说《封神演义》中的"广法天尊",但从相关故事中时时把他跟莲花联系起来,其佛门神灵之根仍不难看出。至于哪吒这位源于佛教的神,其事迹和形象尽管被大大地中国化了,但上述神话中将他跟莲花挂起钩来,其深层缘由亦不脱此。追溯宗教文化史可知,莲花本是佛家所尊奉的至洁、至妙、至神、至圣之物。

首先,莲花与佛祖本人瓜葛甚深。公元前565年,佛教创始人释迦牟尼出生在北印度恒河流域的迦毗罗卫国,是净饭王的太子,姓乔达摩,名悉达多。相传这位释迦族的圣人原本是天上的神,在其降生之前,净饭王的宫廷里呈现出八种瑞祥,王宫顶上百鸟鸣唱,花园里四季花木吐艳,水池中突然开放出大如华盖的莲花。释迦牟尼初生之时,其脚下也是步步生莲花,对此美妙情景,《佛本行集经》卷十有描述:"童子初生,无人扶持,住立于地,各行七步,凡所履处,皆生莲花,顾视四方,目不曾瞬,不畏不惊。"又,《指月录》卷一:"(佛祖)生时方大智光明,照十方世界。地涌金莲花,自然捧双足。"而在《瑞应本起经》中,又有释迦牟尼前世向燃灯佛献青莲花,被燃灯佛"授记"(预言将来成佛的事)的神奇故事。得道之后,释迦牟尼是坐在莲花宝座上向弟子传教说法的,连坐姿也是"莲花坐姿",即两腿交叠,足心向上。灵山会上,世尊拈花示众,迦叶微笑得悟,这花相传就是莲花。佛经描写佛陀,亦有"世尊喜悦微笑,清静犹如初秋莲华始开"(《大宝积经》)、"如来行所至处,于足迹下地自然生千叶金色莲华"云云,莲花成为佛陀的象征。中国洛阳龙门石窟有"莲花洞",建于北魏晚期,洞里供奉着头戴莲花宝冠的佛祖像,该窟以洞顶饰有精美、巨大的莲花藻井图案而得名。

其次,佛门菩萨跟莲花有不解之缘。莲花出淤泥而不染,佛祖以之喻说人心,《中阿含经》卷二十三载其语曰:"以此人心不生恶欲、恶见而住,犹如青莲华,红、赤、白莲华,水生木长,出水上,不著水。"莲花是天国圣物,据《佛说阿弥陀经》:"极乐国土,有七宝池,八功德水,充满其中,池底纯以金沙布地……池中莲华,大如车轮,青色青光,黄色黄光,赤色赤光,白色白光,微妙香洁"。正因莲花高洁、神圣,从佛祖到菩萨,他们的座下都少不了莲花宝座。能接引念佛者往生"西方净土"的阿弥陀佛,其塑像常作接引众生的姿态:右手垂下,作与愿印;左手当胸,掌托金莲台。这金莲台就是众生往生极乐世界后的座位,净土宗将它分为九等，称"九品莲台"。佛门以莲为座，盖在莲花香净坦大，如《大智度论》卷八云："又以莲华软净，欲现神力，能坐其上令花不坏故。又以庄严妙法座故。又以诸华皆小，无如此华香净大者。人中莲华大不过尺，漫陀耆泥池及阿那婆达多池中莲华，大如车盖。天上宝莲华复大于此，是则可容结跏趺坐。佛所坐华复胜于此百千万倍。"《西游记》中写收服红孩儿，观音菩萨就坐在千叶莲台上。观音有多种化身和多种形态，除了世人常见的手持净瓶杨柳的形象外，尚有多罗观音，其像为中年女人状，身着白衣，高髻，微笑，合掌手持青莲；青头观音，其像坐断崖上，一臂下垂，五指皆伸，一臂屈肘，手当左胸，拈青莲花。有如柳枝，莲花也是这位大慈大悲、普度众生的菩萨的标志之一。

最后，莲花意象在佛教世界中运用广泛。佛教称佛国为"莲界"、寺庙为"莲舍"而袈裟为"莲服"，法帽的边缘是莲花形状，做法事用的是莲灯，僧徒行法手印是"莲华合掌"，以莲花喻示接引众生的大乘妙法的有《妙法莲华经》，《华严经》赞誉莲花"一香、二净、三柔软、四可爱，譬真如四德，谓常、乐、我、净"，《长阿含经》把超脱污染世间的圣者比喻为水面清纯的莲花，佛门信徒也以"莲友"相称。东晋高僧慧远曾在庐山东林寺创立"白莲社"，奉其为初祖的净土宗是中国佛教八大宗派之一，又称"莲宗"。公元 8 世纪，应吐蕃赞普赤松德赞之邀请，到中国西藏传播密教、后来被尊为喇嘛教宁玛派祖师的乌苌国僧人叫"莲华生"，至今藏传佛教寺庙中仍供奉着他的尊容。放眼神州大地，长城内外，大江南北，大大小小寺庙里的檐前梁上、壁间柱头，处处都画着或雕刻着莲花作为装饰图案，莲花是佛教艺术中的重要母题之一。圣洁的莲花象征着佛教的神灵，在广大信众的心目中占有至尊地位，与莲结缘是他们孜孜以求的福分。既然哪吒有更深的佛门血缘，既然莲花本是佛教世界的圣物，民间传说中佛祖让"析骨还父，析肉还母"的哪吒以莲花为身，正意味着使其彻底脱凡去俗，走向神圣，走向永生。凭借莲花，哪吒从世俗到神圣、从凡人到天神的身份转换得以圆满完成。

作为佛教宝物，莲花乃至跟莲花沾边之物，在信徒们眼中是有大神力的。据有关资料，在佛教北传入华的丝绸之路上，敦煌遗存中曾发现和尚学道士所画的符印若干，如伯三八三五背面《佛说大轮金刚总持陀罗尼法》后有六枚符印，其二乃是"波头摩印"，其说明文字为："世尊，此波头摩印，有大神力，以白檀木尅印，印身即放大光明，大地六重震动，将印印于大地，变成金玉，一切立之处，以印照四方，皆作宝成（城）。若欲见我者，用印印眼上即见我真身，欲见十方净园土，惣（总）在目前，唯须洁净，不得散乱，若散乱心者，其印不成，唯须念佛。"所谓"波头摩"，乃梵语，又译"钵昙摩"，即是佛教中常说的红莲花，见《一切经音义》卷三。① 归根结底，这以白檀为材、神力非凡的"波头摩印"，也就是"红莲花印"。

莲花意象被佛门奉为神圣象征，也因为这种植物独具品格的自然特性跟佛教宣讲倡导的基本精神有吻合之处。作为佛教诞生地的印度，地处南亚次大陆，大部分地区属于热带季风气候，每逢夏天，烈日炎炎，热浪炙人，气温高达40多摄氏度。此时此刻，也正是水中莲荷盛开的季节。当你漫步碧波荡漾的湖畔池边，沐浴着徐徐清风，望着一张张绿荷，嗅着沁人的芳香，欣赏着粉红、淡紫、雪白的莲花，心境会不由自主地由躁转静，使人顿生忘却周围世界炎热之感。从佛家教义看，池中莲花出淤泥而不染，亭亭玉立，中通外直，品性高洁，不也象征着广大信徒所孜孜追求的拔俗超尘、清静无虑、圣洁高雅的至上佛性么?! 当然，就本文论题而言，仅仅指出以上这些，尚不足以说明为什么以莲花作身体能使哪吒获得再生和永生的终极秘密。下面，就让我们从文学的人类学解读出发，把目光投向东方民族民间信仰世界，投向南亚次大陆佛教的诞生地，去透视人类文化史隐藏奥秘的深处，从古老的生殖崇拜层面探究莲花意象的原始底蕴。

三

东方文化史上，莲花作为印度的国花，向来被视为神的象征。古印度婆罗门教即崇尚莲花，吠陀文献中有关于莲花女神的记载。印度史诗《罗摩衍那》、《摩诃婆罗多》中，以莲花比喻女子之美屡见，诸如"莲花眼睛"、"艳若莲花的女郎"等。在印度，创造之神梵天从莲花中诞生的神奇故事自古流传。梵天是公元前7世纪左右形成的婆罗门教的主神之一，是宇宙间的造物主，人类以及万物皆由他而生，他自身的来历也很神奇，据《提婆菩萨师楞经·外道小乘涅槃论》："从那罗延天脐中生大莲花，从莲

---

① 高国藩：《敦煌古俗与民俗流变》，河海大学出版社1989年版，第152—156页。

花生梵天祖公。"相传宇宙之初，有毗湿奴（梵文 Vianu）神在大水中出现，其脐中现千叶金色莲花，于是梵天由此而生。梵天从莲花中诞生的神话古今传诵，法国学者赛奈《佛陀神话论文》记释迦诞生时亦写道："有奇妙莲花，在释迦受孕之后，上长至梵界。此即金莲，光如日，梵天由此金莲而生。"① 印度人崇拜的这位创造大神，形态奇异，神力非凡，他有四张脸和四只手，手中分别持有法器、念珠、莲花和书册，出行时骑天鹅，平时则坐在莲花座上。

莲花中诞生神人的奥秘何在？从根本上讲，"一切宗教的基础是性"②。莲花作为生殖器（生命之源）象征在东方由来甚古，其原型可追溯到遥远的以女性为中心的原始生殖崇拜。史前印度最重要文化遗存是在印度河流域与恒河流域。印度本土有莲花信仰也有女神崇拜，据考古发现，公元前3000 年至公元前 1500 年居住在印度河流域的达罗毗荼人创造了印度早期文明，他们主要从事农业与手工业生产。印度河文明（成熟期在公元前2000 年左右，以城市哈拉帕和摩亨佐·达罗为中心，亦称"哈拉帕文化"）遗址出土的象征农业丰收的裸体女神陶像，以及刻在印章上的头上长角、戴着项圈手镯的裸体女神像，便向我们提供了相关信息。"印度先民以莲花象征女阴"③，莲花象征着女性生殖力，代表多产、力量和生命的创造，同时也是丰熟、神圣、不死的象征。从形态上看，莲花的花瓣跟女阴外形相似；从词义上看，多籽的莲蓬在梵文中也与女性子宫共用一词（garbha），二者在初民心目中具有神秘互渗关系。神话传说中的"莲花生人"或"莲花产子"，正是人类文化史上古老的"大母神"（the Great Mother）崇拜的体现之一。德国学者诺伊曼对大母神多有研究，他在谈及植物作为东西方女神崇拜的象征时写道："大女神常常与一种植物象征联系在一起：在印度和埃及是莲花；对于伊西斯、得墨忒耳或后来的圣母玛利亚是玫瑰。"又说："女人与植物之间的关联可以在人类象征的全部阶段中去寻找。灵魂作为花朵，作为莲花、百合花和玫瑰，在厄琉西斯，处女作为花朵，都象征着花朵般绽放的心理与精神的最高发展。因此从女性花朵中的诞生是神圣诞生的一种原型形式，无论埃及的太阳神拉或

---

① ［美］戴维·利明等：《神话学》，李培莱等译，上海人民出版社 1990 年版，第 93 页。

② ［美］O. A. 魏勒：《性崇拜》，史频译，中国文联出版公司 1988 年版，第 2 页。

③ 赵国华：《生殖崇拜文化论》，中国社会科学出版社 1990 年版，第 153 页。

奈弗特姆（Nerfertem），佛教的‘莲花中的神圣珍宝’，还是像在中国和现代西方那样，自性从金花中诞生，都是如此。"① 由于形态及习性相近（二者同为睡莲科植物），莲属（Nelumbo）的荷花与睡莲属的睡莲（Nymphaea）在民间莲花信仰中往往混融不分，共同指向该信仰所表达的生殖崇拜主题。

在东方世界，莲花也是埃及人心中的圣花，当今号称世界第四高塔的开罗塔即取莲花造型。"以睡莲为国花的埃及，视睡莲的开合，为不可思议的生命力，统治尼罗河上下游的古埃及帝国，期望生命的不朽，将肉身制成木乃伊，幻想生命可以‘如睡莲的开合’，因此睡莲常被用在葬礼，祈祝死者只是如睡莲暂时闭合，仍有复活希望。"1922 年发掘的埃及但克哈门王陵墓，"仿佛睡莲王国：莲形的神殿柱头；死者航行于幽冥大海的模型船，摇桨亦是支半开的睡莲；墙壁上，作埃及艳后般打扮的美丽女子，手执含苞半放的睡莲，回头往坐其后方的女伴鼻上递送过去，被视为线条僵硬严谨的埃及雕刻，因为这样的动作，仿佛传出了柔软的睡莲香味。特别的是，大部分睡莲造型都含羞半开，是在特意强调睡莲开合的能力"②。太阳神崇拜在埃及很有名，他被奉为世界的主宰和众神的父亲，但是，"从母权的观点看，白昼和太阳是女性的孩子，她作为黑夜和清晨，是光明之母"③。按照古老的神话传说，穆赫特（Mehurt）作为伟大的埃及牛女神的变形之一，是她生育了太阳神。就其神像造型而言，"有时穆赫特表现为一个‘乳房高耸的怀孕妇女’，而‘有时她长着女人的身体和牛的头，右手持宝杖，宝杖上缠绕着荷花的花柄，她看上去像在闻荷花；荷花是南方的象征也是北方的象征，用以表现伟大的世界荷花。创世之初，太阳即从荷花中升起’"④。这世界荷花即伟大女神的象征，具有无限的创生功能。正因为莲花与生命创造有关，古埃及《亡灵书》中有首诗"宛若莲花"，便借莲花表达了亡灵渴望再生的美好愿望："我是纯洁的荷花，喇

---

① ［德］埃利希·诺伊曼：《大母神：原型分析》，李以洪译，东方出版社 1998 年版，第 270、273—274 页。

② 禅心独语：《莲花在佛教中的意义和隐意》，见 http://blog.sina.com.cn，2006-5-31。

③ ［德］埃利希·诺伊曼：《大母神：原型分析》，李以洪译，东方出版社 1998 年版，第 55 页。

④ 同上书，第 223 页。

神的气息养育我，让我再次辉煌地发芽。我从黑暗的地下，升入阳光世界，在田野中开出新花。"①

　　"伟大母亲的宗教将原始人的粗犷与精神向往很怪地结合在一起"②，弗雷泽爵士说。其实，当你明白莲花信仰的原始底蕴和弄清莲花意象和女性生殖崇拜之间的神秘关联之后，也就不觉得奇怪了。佛教所谓"莲花中的神圣珍宝"，即藏传佛教信徒常诵的六字真言"om mani padme hum"，汉语音译为"唵、嘛、呢、叭、咪、吽"，其实际语义为："神圣呵！红莲花上的宝珠，吉祥！"示以图解，便是一朵灼灼开放的红莲花，内含一丰硕多籽的莲蓬，上有一颗光焰闪烁的宝珠（请注意，小说《封神演义》即称哪吒是灵珠子转世）。六字真言中，"叭咪"即梵文莲花，表示"莲花部心"，比喻法性如莲花般纯洁无瑕。究其实质，为佛门信徒所虔诚口诵的这六字真言，如研究者指出，乃是以红莲花象征女阴而以宝珠象征促进生殖功能的阴蒂③，以女性为中心的生殖崇拜是其原始内涵所在，其中融注着女性是生命力源泉的浓浓意识。追溯古史，"女神是早期印度极为醉心的主题"，卡莫迪指出，早期印度宗教似是哈拉帕人和雅利安人的宗教的混合，"就哈拉帕人而言，其兴趣也许相当注重女性，因为早期印度河流域的文明是定居的农业形式的文明"。谈及吠陀女神时，卡莫迪又写道："作为地母神，她生育了一切创造物。作为莲花女神（Lotus）、室利（Sri）和拉克希米（Laksmi），她拥有美丽、力量和财富并可以将这些东西恩赐于人。"④ 事实上，对女神乃至对神圣的女性生殖器的崇拜在古印度相当突出，据有关资料，"古代印度人崇拜女性始祖的主要仪式，是要求一个年轻貌美裸体女子作为阴门女神的代表，她要坐在祭坛上，两腿叉开，僧侣们亲吻她的阴门，并用叫做'阿格哈'的神圣器皿献上食品和祭酒，这个器皿的形状也像阴门。当这些祭品碰触过这个姑娘的阴门以后，就分发给崇拜者们吃，接着是唱圣经、姑娘跳舞，这些舞类似埃及的'肚皮舞'"⑤。

----

　　① 陈宗道、顾茂才、杨猛：《外国的荷文化》，见 http：//www. byagri. gov. cn，2005 - 4 - 27。

　　② ［英］詹姆斯·乔治·弗雷泽：《金枝》，徐育新等译，大众文艺出版社 1998 年版，第516 页。

　　③ 赵橹：《藏传佛教"六字真言"考释》，《西藏研究》1992 年第 3 期。

　　④ ［美］D. L. 卡莫迪：《妇女与世界宗教》，徐均尧译，四川人民出版社 1989 年版，第37—38 页。

　　⑤ 刘达临：《世界古代性文化》，上海三联书店 1998 年版，第 45 页。

作为古老传统的文化心理积淀，诸如此类民间信仰无疑会影响到包括佛教在内的印度本土宗教。也就是说，由于不以人的主观意志为转移的文化传承性使然，连同来自远古的女性崇拜，"前佛教印度的种种神话形式，也附属于佛陀"①，也被整合进了佛门世界。而在公元前 800 年的梵书中，莲花已被用来象征孕育生命的子宫，后来又演化为荷花女神（世界之母）、宇宙莲（创造之源），成为母性生殖崇拜的伟大象征。正因为如此，莲花作为神性的标志，当其以莲花宝座、手持莲花等造型形式出现在寺庙中神灵身边时，也总是象征着繁衍和创造。

"东方所强调和崇敬的往往是自然界的普遍的生命力，不是思想意识的精神性和威力而是生殖方面的创造力。"②黑格尔谈到古代东方宗教艺术时指出："印度人所描绘的最平凡的事情之一就是生殖，正如希腊人把爱神奉作最古的神一样。生殖这种神圣的活动在许多描绘的形象里是很感性的，男女生殖器是看作最神圣的东西。"③在印度宗教里，对于以生殖为原始底蕴的创造力的崇尚是普遍的，除了女性生殖器以及作为其象征的莲花，还有著名的"林迦"（linga，男性生殖器）崇拜。值得注意的是，印度人描绘"林迦"时，通常把它置于莲花瓣上，或者以莲花瓣饰边，以莲花梗缠绕，从而象征着赋予生命的男女蓬勃的性活力。1980 年，在中国福建泉州市郊东海乡下围村曾发现婆罗门教石刻，四方形，整体雕成龛形屋宇，龛内正中竖立着与磨状女阴（由尼）结合在一起的塔状林迦，下有盛开的莲花承托。显然，此乃印度教生殖崇拜的遗迹。这种和合阴阳的生命意象，使人不免联想到藏传佛教中那象征至高修炼境界的"欢喜佛"，借弗洛姆的话可谓"一切创造力的基础"④，它是人类文化史上又一古老的原型或母题。莲花作为生殖崇拜象征，在中国文化的方方面面有生动体现。华土民间婚俗中常见"鱼咬莲"、"鱼吻莲藕"、"双鱼戏莲"等寓意吉祥的剪纸图案，以鱼代男根而莲喻女阴，也是在阴阳结合中反映出祈盼早生

---

① [美] C. H. 朗：《神话学》，王炽文译，载《民间文学理论译丛》第 1 集，中国民间文艺出版社 1986 年版。

② [德] 黑格尔：《美学》第 3 卷上册，朱光潜译，商务印书馆 1979 年版，第 40 页。

③ [德] 黑格尔：《美学》第 2 卷，朱光潜译，商务印书馆 1979 年版，第 49 页。

④ [美] 埃·弗洛姆：《为自己的人》，孙依依译，生活·读书·新知三联书店 1988 年版，第 257 页。

子、多生子的民俗心理，其跟印度文化中将林迦与莲花结合有不谋而合之处。汉乐府《相和曲》中男女对唱"江南可采莲，莲叶何田田。鱼戏莲叶东，鱼戏莲叶西。鱼戏莲叶南，鱼戏莲叶北"，其中鱼、莲在深层语义上也指向此，如闻一多指出："这里是鱼喻男，莲喻女，说鱼与莲戏，实等于说男与女戏。"[①] 在广西民间，"武宣壮人尤信风水，称形似女阴的山为'莲花山'，认为将祖坟葬于'莲花地'，人丁必定兴旺。因此，在莲花山一带，很多形像女阴的'莲花地'上都葬有坟墓"[②]。以莲花喻示女阴之例亦屡见于中国古代俗文学作品，如明杂剧《玉禅师翠乡一梦》里，府尹大人柳宣教遣妓女红莲引诱玉通禅师破了色戒后写诗相讥："可怜数点菩提水，倾入红莲两瓣中。"从植物本身特性看，莲花之所以成为生殖（生殖器）崇拜的象征，当和它非凡的生命力有关。20 世纪 50 年代，在我国辽宁普兰店的泥炭土地层中曾出土古莲子，经 C^{14} 测定，距今已有千年以上，当时中国及苏联、日本等国的科学家以之做发芽试验，获得了成功。[③]

　　民间道教传说里，有"十里荷花出陈抟"的故事。陈抟，字图南，五代宋初道士，隐居华山，曾借算卦为赵匡胤等人指点迷津。赵匡胤登基后，迎他下山。陈抟来到京城，接受了皇上所赐"希夷先生"称号，但不肯做官，于是朝廷在宫中为其建起道观。元杂剧《陈抟高卧》即述其故事。根据民间传说，佛教传入后，道教的地位渐渐衰落。李老君为了振兴道教，骑着青牛，到处寻找有道骨的人。他来到安徽亳州，在长满碧荷、开着莲花的湖畔见一姑娘，遂投下一粒仙丹。仙丹入水，化作盆大的莲花，姑娘捞花嗅闻，谁知咕噜一声，花芯入嘴，吞入腹中。结果，姑娘有了身孕，家里人不容，投水未死的她，得神灵庇佑，住在湖中心的荷叶船上，十月怀胎，产下一子，这就是陈抟。陈抟生于荷花的故事广为流传，直到近代，每逢十月十五日（陈抟生日），当地百姓还在陈抟庙里举办庙会。[④] 通过这个故事，我们看见的依然是"莲花产子"、"处女生殖"的神

　　① 闻一多：《神话与诗》，上海人民出版社 2006 年版，第 101 页。

　　② 谭茂同、黎子君、张廷兴：《武宣壮族翡翠鸟舞及其文化内涵》，《民间文化论坛》2007 年第 2 期。

　　③ 陈俊愉、程绪珂编著：《中国花经》，上海文化出版社 1999 年版，第 154 页。

　　④ 祁连休、冯志华编：《道教传说大观》，百花洲文艺出版社 1996 年版，第 439—441 页。

话母题。哪吒信仰在华夏民间屡见，如四川、河南乃至澳门等地。在地处川北的江油市，不但有关于哪吒的民间传说，与之相关的民俗还有"抢童子"。据当地人介绍，过去该地城塘关每年农历三月二十日（送子娘娘圣诞日）要举办庙会，"抢童子"是少不了的民间仪式。"城塘关道庙每年都要为'抢童子'做精心准备。先用黄泥捏做无数的泥人儿，晾干后画上彩釉放入窑中烧制而成，其中每十个泥人中有一名状元。到了三月二十日举行庙会这一天，每个童子都用红布包了起来，先由道长率众道士举办隆重的法事，随着一阵鼓乐鞭炮响起，道长手持法尺将点化了的童子撒出，善男信女们便都蜂拥前去抢童子。有丈夫为妻子抢，有老夫妇为儿媳抢，有母亲为女儿抢，其场面热烈而虔诚。人们把抢得的童子带回家，以为哪吒会投胎转世到家，相信家中女人怀胎生下的孩子都能象哪吒那样有本事。"① 在神州大地上，"抢童子"习俗不止见于此地，也不只是跟哪吒神话有关，但无论怎样，该民间叙事中"求子"的生殖崇拜底蕴始终如一，人们把它跟神话里因莲藕再生的哪吒联系起来，实乃顺理成章。

总而言之，作为中国俗文学所创造的艺术意象，混融三教的《封神演义》写剔骨割肉的哪吒太子因莲藕作躯体而得再生，从根底上看，除了有华夏本土固有的喜爱莲花的民族民间文化心理积淀其中，也包含着来自南亚次大陆乃至东方民间信仰圈的原始基因；从母题上看，则是东方文化史上以女性生殖崇拜为实质的古老的莲花崇拜的神话复演。换言之，正是在横跨中外、纵贯古今的多民族文化基因的有机交融中，成就了哪吒非凡的神话形象和永恒的艺术魅力。

（原载《民族艺术》2008 年第 1 期）

---

① 王文德：《城塘关"抢童子"》，载江油市文史资料第 19 辑《哪吒故里江油》，江油市政协文史资料委员会 2004 年 12 月编印，第 24—25 页。

亡灵奠祭中的生命祈盼

——"烧纸钱"民俗别解

"有一类仪式，由于在原始人的生活中占有重要地位，同时又由于它们特别能解释原始人的思维，所以我们把它们抽出来单独研究。这就是有关死人的仪式，或者更正确地说，有关活人与死人的联系的仪式。这些仪式无处不有：几乎在任何社会集体中，不管它是什么类型，观察者都发现了在人死的时刻和在死后或短或长的一段时期中必须遵守的风俗、禁忌、仪式。"① 致力于原始文化研究的法国学者列维-布留尔在其著作中这样写道。

人类丧葬活动作为一种社会文化现象，凝聚着古老的信仰和原始的心理，是每一个民族对灵魂、来生、鬼神、冥世等观念的综合反映。无论在东方还是在西方，对身后之事的操心，对丧葬仪式的看重，自古以来都被作为人类社会生活中的大事。所以，孔子在回答弟子提问时说："生，事之以礼；死，葬之以礼，祭之以礼。"（《论语·为政》）纵观华夏丧葬习俗史，所使用的种种"明器"当中，"纸钱"可以说是最普通又最经久不衰的，广泛见于长城内外、大江南北，迄今犹存于清明时节的民间扫墓活动中。作为民俗事象，"烧纸钱"（四川人又谓之"烧钱纸"）当然是奠祭亡灵的，但为什么要给死去的人烧化纸钱呢？其中究竟包含着怎样的心理动机呢？这种丧葬习俗的原始发生又如何呢？本文就从文化人类学出发，在流行说法之外对此别作识读。

根据生者的世界去设想死者的世界，是人类丧葬习俗史上的普遍现象，这实际上反映出活着的人对已死的亲戚朋友不已的怀念心理。按照民

---

① ［法］列维-布留尔：《原始思维》，丁由译，商务印书馆1981年版，第293页。

间最流行的说法，烧化纸钱是为了让死去之人在阴间仍然不缺钱钞使用，比如，"苗族按照活人的世界想象死人所在的阴间，他们相信死者到了另一个地方也要用钱买田买地，于是便在为其送行的时候象征性地准备钱财"①。今天，有人便戏称此乃经由"冥通银行"向死者"汇款"，甚至有开玩笑说这是给死者"打麻将用的"。所以，《辞海》对"纸钱"的定义是："旧时祭祀时烧化给死人当钱用的纸锭之类。"② 除此之外，老百姓中还有一些说法也是以阳间的人情世故去推想冥世的情形，如在北方，"当人病危，即备好'纸钱'，待死者弥留之际，急急在屋外焚化，意在贿赂阎王，买通小鬼，放死者回来"；又如在南方，"人初死，家属恐遭野鬼戏弄，有用棉帛、银锭等物，向附近庙宇焚烧之俗。烧钱之灰，沿路撒扬，谓之'撒金钱'，乃行贿野鬼之意"③。后者又称撒"买路钱"，此俗至今在农村的出丧仪式中犹能见到。

究其历史，"烧纸钱"是从古代丧葬中的"瘗钱"演变来的。对此，宋代高承《事物纪原·吉凶典制部》言之甚明："寓钱：今楮镪也。《唐书·王玙传》曰：玄宗时，玙为祠祭使，专以祠解中帝意，有所禳祓，大抵类巫觋。汉以来，葬者皆有瘗钱，后世里俗稍以纸寓钱为鬼事，至是玙乃用之。则是丧祭之焚纸钱，起于汉世之瘗钱也。其祷神而用寓钱，则自王玙始耳。今巫家有焚奏禳谢之事，亦自此始也。注云：汉葬者有昏寓钱，谓昏晚埋于圹中，为死者之用，至唐王玙乃于丧祭焚纸钱以代之也。"考诸史籍，《汉书·张汤传》有"会人有盗发孝文园瘗钱"的记载，颜师古注引如淳曰："瘗，埋也。埋钱于园陵以送死也。"原来，"瘗钱"就是将金钱随死者埋入墓圹中，就是用于殉葬的钱。1982年，考古工作者在北京朝阳区小红门镇南三台山发掘了两座东汉墓，便发现了随葬的五铢钱400余枚。

这种实物性"瘗钱"习俗，后世犹能见到，如广西壮族丧俗，"随葬品一般不多，多为生活用品，手中放一些铜钱，以供死者在阴间使用；有的还随葬一个盛有谷种的小罐，以供死者到阴间耕种"④。此外，民间亦有

---

① 吴仁：《苗族文化风情》，新华出版社1992年版，第89页。

② 《辞海》缩印本，上海辞书出版社1980年版，第1156页。

③ 郭春梅、张庆捷：《世俗迷信与中国社会》，宗教文化出版社2001年版，第268页。

④ 陆建松：《魂归何处——中国古代丧葬文化》，四川人民出版社1999年版，第354页。

将纸钱直接埋入墓中的例子，比如在四川地区，"扯勒支系的彝族实行土葬。老人辞世……送葬时，由毕摩念彝经……此后，众人将棺木送至坟场，毕摩在墓坑四角铺上纸钱，放下棺木"①。又如贵州的布依族办丧事，"入殓时，首先在棺材底铺上一层冥钱纸和灯草，然后将尸体放进棺材，再盖上白布单或夹被"。有的地方，还"让其子女向死者口中放进一些碎银片，表示给死者带到'天上'去的路上买水喝的费用"；至于居住在湘、黔、桂地区和鄂西南一带的侗族，"有的给捏一团糯饭，或几张纸钱，表示给死者返回故地途中吃用"，到了"入棺时，给死者垫以棉枕，或将纸钱烧成灰，装入三角布袋为枕"②。

尽管唐诗中已有"寒食家家送纸钱"（张籍《北邙行》）的描写，但以焚烧纸钱代替葬埋金钱实物的风俗并非始于唐代，而是从魏晋六朝以来即有之。南齐东昏侯好事鬼神，曾剪纸为钱，以代束帛。又，《法苑珠林》引《冥报记》："岑文本将设食饷鬼，眭仁倩请有金帛以赠之。文本问是何等物，旧云鬼所用皆与人异，唯黄金及绢为得通用，然亦不如假者以黄色，涂大锡作金以纸为帛最为贵上，文本如言作之。"民间流行的纸钱，大致有以下几种类型：有的是用白纸或黄纸直接剪成铜钱的形状，有的是以专门工具将铜钱之形做成串状凿刻在一张张长方形的纸上（蜀地民间俗称"打钱纸"），有的是用金纸或锡纸折成金元宝、银元宝的形状，有的是仿照生活中流通使用的真实钞票式样（比如美元之类）印制的冥币。

"楮"本植物名，其皮可制纸，因此成为纸的代称，刘知几《史通·暗惑》："无礼如彼，至性如此，猖狂生态，正复跃见楮墨间。"楮墨即纸墨。"镪"指钱串，左思《蜀都赋》："货殖私庭，藏镪百万。"因此，"楮镪"就是纸钱的别称，又叫"楮钱"，有时也单称"楮"，如李昌祺《剪灯馀话·两川都辖院志》："牲牢酒楮，祭无虚日。"一般来说，纸钱是奠祭死者时使用的，但民俗中也有例外。浏览笔记类古籍，从宋人笔下见到有在婚礼中"焚楮钱"的记载，如："礼文亡阙，无若近时，而婚丧尤为乖舛……南方之俗，尤异于中原故习。如近日车驾在越，尝有一执政家娶

---

① 冯敏：《万户千门入图画——巴蜀少数民族文化》，四川人民出版社2001年版，第228页。
② 陆建松：《魂归何处——中国古代丧葬文化》，四川人民出版社1999年版，第359、361页。

妇，本吴人也，用其乡法。以灰和蛤粉，用红纸作数百包，令妇自登舆，手不掇掷于道中，名曰'护姑粉'。妇既至门，以酒馔迎祭，使巫祝焚楮钱禳祝……"（庄绰《鸡肋编》卷上）死了人烧纸钱，娶新妇也烧纸钱，如此行为按常规的确很费解，难怪记载此事的前人感觉"乖舛"。在笔者看来，欲明个中奥妙，就须透视丧葬的原始内涵，了解钱币在先民心目中的原型象征意义。

要了解"死"，先得从"生"（生殖崇拜）切入，因为灵魂不死是原始思维的执着信念，生与死在初民眼中不过是周而复始的圆圈，而丧葬习俗的原始发生与此信仰密切相关。追溯人类生殖崇拜原型演变史可知，"单性独体生殖"远远早于"双性对偶生殖"，而"单性独体生殖"又分为"女性独体生殖"和"男性独体生殖"，其中"女性独体生殖"才是人类历史上最古老的生殖崇拜观念①。以养育子女的母亲为原型的"大母神"（the Great Mother），如埃利希·诺伊曼所指出，是父系社会出现以前人类所崇拜的最大神灵，其产生比文明时代所熟悉的天父神要早两万年左右，母亲原型从古到今贯穿人类历史，有着巨大的原型威力。母系社会在远古的产生，除了跟原始采集中妇女的重要作用有关，更多取决于生殖意义上的选择。彼时，"世系一般均以女性为本位"，而"氏族是由一个假定的女性祖先和她的子女及其女性后代组成的，一直由女系流传下去"②。在此观念下，"民知有母，不知有父"成为太古社会的普遍现象，初民所供奉的始祖神也总是以母亲面目出现，正如一则非洲神话所言："混沌初开的时候，只有诸神的母亲一个人。"③

大地产出植物，母亲生育子女，二者是多么类似，受神话思维"互渗律"和"类比律"支配，将大地和母亲合一的"地母"崇拜也就由此而生。希腊神话中，生养了天父的大地女神盖娅（Gaea），其名字在希腊语中即是"地"的意思。中国神话史上，《抱朴子·释滞》称"女娲地出"，而"地"字是"土"旁加"也"，《说文》释"也"："女阴也，象形。"抟土造人、炼石补天的女娲，也是一位先于诸神又高于诸神的"化万物"

---

① 有关论述，请参阅拙文《女娲神话的女权文化解读》，载《民族艺术》1997年第4期；《"伯禹腹鲧"：孤雌生殖神话的换位阐释》，载《东方丛刊》1999年第4期。

② ［美］摩尔根：《古代社会》上册，杨东莼等译，商务印书馆1986年版，第62页。

③ 宁骚主编：《非洲黑人文化》，浙江人民出版社1993年版，第312页。

（《说文》）的大地女神。古罗马哲学家卢克莱修在《物性论》中说："大地获得了/母亲的称号，是完全恰当的，/因为一切东西都从大地生长出来。"① 民间以山谷、洞穴、洼地、水池、湖泊代表养育生命的子宫或牝器，亦跟地母崇拜相联系。在滇、川交界的泸沽湖地区，居住着尚保留母系制度的摩梭人，他们"认为女性生殖器是生命的来源，具有繁殖人口的神力，因而对于各种具有女性生殖器特征的自然物都顶礼膜拜。永宁区的摩梭人把格姆山山腰的山洼视为女性生殖器，左所区的摩梭人把泸沽湖西部的一泓水视为女性生殖器，乌角区的摩梭人把喇孜岩穴内的钟乳石凹坑视为女性生殖器"②。

"大母神"作为人类崇拜的对象，"除了她有创造生命的能力之外，恐怕人们还希望她有使死者再生的能力。女性作为生命的起点，让人们自然而然把她与死亡联系起来"，也就是说，"有谁比给予生命的女性更有权力能使死者再生呢？"③ 女性掌握着生命创造秘密，"大母神"是生命诞生的泉源，她想必也能使熄灭的生命之火复燃，这是初民在其原始思维中不难做出的推论。俗话说："太阳每天都是新的。"按照原始神话的解释，日出日落犹如人之有生有死，太阳之能死而复生就因为它每天都经母亲女神的生育而获得新生命。古埃及新王国时代拉姆西斯六世墓壁画中，有一幅描绘宇宙主神纳特的画作非常壮观，也非常有意思。纳特是主宰着整个宇宙的天空女神，传说中她每天晚上都把太阳吞入腹内，第二天早晨又将它生出来。画面上，纳特被描绘成一个躬着身的裸体女子形象，其身体比例被拉得长长的并处理成舞台框架式，在她身体下面站立着一排排大大小小的神、半神半人以及活在世上的神（法老）等。六个代表太阳的棕色圆盘从女神嘴巴前面经过体内一直到小腹前依次排列，象征着太阳经母体天天复生的循环，生命复活的主题在此得到了生动的展现。

按照原始思维，"任何一次出生都是转生"④，同理，任何一次下葬也就是投生。大地是母性的象征，坟茔作为母腹或子宫的模拟当然就是灵

---

① ［古罗马］卢克莱修：《物性论》，方书春译，商务印书馆1981年版，第312页。

② 赵国华：《生殖崇拜文化论》，中国社会科学出版社1990年版，第160页。

③ ［法］伊丽莎白·巴丹特尔：《男女论》，陈伏保等译，湖南文艺出版社1988年版，第32页。

④ ［法国］列维-布留尔：《原始思维》，丁由译，商务印书馆1981年版，第330页。

魂再生之地，死者"入土为安"也就意味着"返回子宫"（regressusad uterum），返回母亲的怀抱以求如同胎儿般重获新生。归根结底，土葬不仅仅是为了以土掩埋死者躯体，更重要的是旨在借助这种"复归初始"（ruterum to the origin）的象征性仪式促使亡灵再生，其中反映出对死者生命归来的强烈祈盼。不必怀疑，"古代生殖力观念的另一方面是关心死后的存在……人们在安葬死人时，也把死人摆弄成胎中婴孩的姿势，似乎暗示出坟墓便是子宫"①。非洲的"布须曼人实行土葬，尸体是侧放着的，两膝弯曲，摆成卧姿"，而"南非祖鲁人死后要修圆形坟墓，还要从侧面凹进去，尸体为胎儿状，以期待来世脱胎换骨"②。在我国西南少数民族地区，"苗族的'烧灵'，白马人死者捆成屈肢胎儿，望早日投胎转世，莫不是死孕育着生"③。由此推衍，"总是与通过女人的子宫而再生联系在一起"的尚有形形色色的墓地石砌纪念物，"在马勒库拉，这种石砌墓地遗址的名称与'出自，诞生'的词根联系在一起"④。

"你本是尘土，仍要归于尘土。"（《旧约·创世记》）犹如谷种撒入地里能生长出禾苗（前述壮族以谷种随葬，实含有祈盼灵魂再生之意），死者葬入墓中也能获得新生。坟墓象征着母腹，埋葬死者的过程就是祈求灵魂再生或转生的神圣仪式，"大母神"创造生命的原则执着地投射在丧葬中。顺此逻辑推想，在丧葬中随死者葬入钱币（"瘗钱"）或烧化纸钱，当然就该属于同类的巫术化行为，所包含的心理动机也应无二。事实上，民间习俗可以为证，钱币自古以来都跟人类祈求生殖的原始意念息息相关。譬如，伊斯兰女子嫁到夫家的时候，要将一枚金钱投入泉水中，表示"这是为了唤起泉水中的灵以求受胎的意思"，这女子只要"浴了潜着这种灵的泉水，便会怀孕"⑤。对送子娘娘的崇拜在华夏民间广泛存在，在北京的蟠桃宫，"求子者往宫中拜神烧香，从桌台上偷盗男孩或女孩，并以五彩线拴住。号称'拴娃娃'。当求子妇女一出门，第一道门旁道士祝：'愿你

---

① ［美］D. L. 卡莫迪：《妇女与世界宗教》，徐均尧译，四川人民出版社1989年版，第15页。

② 宁骚主编：《非洲黑人文化》，浙江人民出版社1993年版，第108页。

③ 冯敏：《万户千门人图画——巴蜀少数民族文化》，四川人民出版社2001年版，第244页。

④ ［德］埃利希·诺伊曼：《大母神——原型分析》，李以洪译，东方出版社1998年版，第159页。

⑤ 朱云影：《人类性生活史》，上海文化出版社1989年版，第186页。

早生贵子！'妇人必付钱致谢，而且'多钱多生子'"①。宋代风俗，妇人产子后要举行"洗儿会"，亲戚朋友都要前来祝贺，并"以金钱、银钗撒于盆中，谓之'添盆'"（吴自牧《梦粱录·育子》）。

既然"多钱"意味着"多子"，既然钱币具有求生殖的意义，其被广泛使用在民间婚礼中也就不足为奇。屡屡见载于古籍的"撒帐"婚俗，古今流传，指的是婚礼上将瓜果、金钱之类撒在新床上，意在祝愿新婚夫妇多生子女。在扬州民间，"撒帐，是喝完交杯酒后举行的仪式。此时，早已守候在一旁的'全福太太'便托着一只盘子来到床边，托盘里有枣子、栗子、花生、金钱等各种喜物，善于言辞的全福太太一边唱着'撒帐歌'，一边把盘中的喜物撒到床上"②。婚礼上"撒帐"有一整套规矩，要边撒边唱，整个过程充满着"闹房"的喜乐色彩，被明代人收入《清平山堂话本》的《快嘴李翠莲记》对此曾有生动的描述，其中"撒帐歌"唱道："撒帐上，交颈鸳鸯成两两；从今好梦叶维熊，行见玭珠来入掌。撒帐中，一双月里玉芙蓉；恍若今宵遇神女，红云簇拥下巫峰。撒帐下，见说黄金光照社；今宵吉梦便相随，来岁生男定声价。"

又据清代学者赵翼考证，"撒帐实始于汉武帝。李夫人初至，帝迎入帐中，预戒宫人遥撒五色同心花果，帝与李夫人以衣裾盛之，云多得子多也。事见《戊辰杂抄》。唐中宗嫁睿宗公主，铸撒帐钱重六铢，文曰'长命富贵'，每十文系一彩缕。今俗婚姻衾具内，多镌'长命富贵'等字，亦本于此"（《陔余丛考》）。这种"撒帐钱"，将祈求"多得子"的心理期盼直接表达出来。宋朝也有专门铸造的"男钱"、"永安五男钱"、"五男二女钱"之类，利用钱币厌胜，意在促进人口繁衍，譬如"男钱"，世人相信"佩之则生男也"（洪遵《泉品·套胜品》）。明代北京有悬钱求子之风俗，"东岳庙帝妃前悬一金钱，道士称中者得子，入者辄投以钱，不中不止，中者喜"（《帝京景物略》）。民国年间《奉天通志》引《沈阳百咏》云："焚香拜起情花扶，阿嫂轻轻问阿姑：一个金钱凭乱掷，不知能保子孙无。"由此来看上述宋人娶妇时"焚楮钱"一俗，也就不那么怪异了。也许，该习俗的产生，跟"撒帐"正有着同样的心

---

① 王晓丽：《中国民间的生育信仰》，社会科学文献出版社 1999 年版，第 42 页。

② 曹永森：《扬州风俗》，苏州大学出版社 2001 年版，第 127 页。

理基因。

钱币何以会跟求子有瓜葛呢？或者说，它是怎么跟人类的生殖崇拜意识挂起钩来的呢？其实，看看古代铜钱中常见的"天圆地方"的造型就明白，那外呈圆形而中间有孔的形态很容易使人把它跟养育生命的雌性产门类比。追溯历史，你会发现，这种类比其实在金属货币使用前老早就出现了。史前时代，铜、铁之类金属尚未进入人类的视野，造纸技术也没有发明之前，天然的贝壳曾是先民们做交易时使用的货币，而以贝壳随葬在石器时代已见。作货币用的贝壳在我国殷商时期遗址中多有发现（河南安阳殷墟妇好墓中曾出土小型殉贝 6800 多枚，四川广汉三星堆"祭祀坑"中也出土了大量的海贝），称为"货贝"，其名亦见于古籍："臣如致金玉货贝于君，则曰致马资有司。"（《礼记·少仪》）上古以贝为币，计量单位为"朋"（犹如后世铜钱称"贯"），相传五贝或十贝为一朋，《诗经·小雅·菁菁者莪》："既见君子，锡我百朋。"汉语"货"字又指货币，《后汉书·五行志》："五铢，汉家货，明当复也。"这"货"之表意的形旁从"贝"，亦透露出古老的信息。在相当于夏、商时期的"二里头文化"中，除了海贝，还曾发现用蚌壳、石片仿制的贝；至于铜贝，至迟在商代晚期已有之。贝壳天生跟养育生命的雌性生殖器形似，用贝壳喻示牝器在东西方考古及神话中多多有见。一则北美海达人起源的传说也讲到：大乌鸦酋长从海滨拾得一枚海贝，与它结了婚，海贝生下一雌海贝，酋长又娶她为妻，从此便产生了印第安人[1]。

法国学者巴丹特尔指出："从旧石器时代前期起，坟墓里就放置一些贝壳，主要是作为女性器官的象征。安放它们可能适应某种巫术—宗教仪式的需要，旨在使死者复生。"[2] 的确，在史前时代葬礼中，"我们可以发现女性和创造生命的力量的联系。例如，在法国莱塞西的克罗马农岩棚中，1868 年首次发现了我们的后期旧石器时代的骨骸，尸骨的周围和上面精心排列了许多当货币用的贝壳。这些贝壳被排列成詹姆斯谨慎地称之为'小孩通过它进入世界的门'的形状，它们似乎和某种对女性神灵的早期崇拜有关。正如他所写的那样，这种贝壳是一种创造生命的力量"；即是

---

[1] 岑家梧：《图腾艺术史》，学林出版社 1986 年版，第 22 页。

[2] ［法］伊丽莎白·巴丹特尔：《男女论》，陈伏保等译，湖南文艺出版社 1988 年版，第 32 页。

说，"在尸体的周围和身上把贝壳摆成阴道形状的仪式，以及给这些贝壳和尸体涂上赭石颜料（象征血液的生命力）的习俗，似乎都是企图通过轮回而复活的葬礼的组成部分……这些仪式和习俗'表明具有创造生命仪式性质的葬礼与女性雕像及女神崇拜的其他象征密切相关'"①。在我国青海柳湾齐家文化墓葬中也曾发现放在年轻女性两股骨间的贝壳，"可以肯定，放置在女性下身这一特定的海贝，只具有象征女阴的意义，或者还含有祝福死者来世多生女儿的愿望"②。将死者安放在象征母腹的坟墓中，再放入代表牝器的贝壳或金钱，这颇费心思的双重仪式，归根结底是为了更大程度地沟通和调动起女性生殖神力，给灵魂再生主题套上"双保险"，从而完成对死亡的巫术化超越。

来自考古发现的"葬贝"，跟后世丧葬仪式中的"瘗钱"正异曲同工，前者实乃后者之滥觞。由此可见，"烧纸钱"这看似普通的民俗事象，在原始底蕴上并不平凡，其跟盼望生命复活祈求灵魂转生的人类信仰直接相关，前述北方民间所谓"意在贿赂阎王，买通小鬼，放死者回来"的说法，即是这种原始信仰的孑遗及变形；至于什么"让死者在阴间不缺花销"之类说法，实际上应是后起而非原生的观念，也就是后来人们根据阳世的生活经验而不断附加上去的。总之，"烧纸钱"不仅仅是奠祭亡灵寄托哀思，其中更包含着祈盼生命的伟大主题，体现着人类生殖崇拜的"集体无意识"。明白这层底蕴，我们对此习俗在民间长久流传的秘密，也就容易理解了。

（原载《民族艺术》2005 年第 2 期）

---

① ［美］理安·艾斯勒：《圣杯与剑——男女之间的战争》，程志民译，社会科学文献出版社1995 年第 2 版，第 2—3 页。

② 赵国华：《生殖崇拜文化论》，中国社会科学出版社 1990 年版，第 248 页。

语言民俗和戏曲创作

"言语材料是民俗，无论究竟是在哪里发现的。"① 一位民俗学家如是说。瑞士语言学家索绪尔将语言定义为表达观念的符号系统，他指出："一个民族的风俗习惯常会在它的语言中有所反映，另一方面，在很大程度上，构成民族的也正是语言。"② 语言是民俗的载体，民间语言是民间习俗、民间文化的一部分，以"俗"著称的中华戏曲与之多有瓜葛。胡适在《吾国文学史上的文学革命》中有"文学革命，至元代而登峰造极"之说，在他看来，"其时，词也，曲也，剧本也，小说也，皆一流之文学，而皆以俚语为之。其时吾国真可谓有一种'活文学'出世"③。本文即以元明戏曲为主，拟从三个方面考察民间语言或语言民俗在戏曲文本中的呈现及使用，借以窥视戏曲家笔下鲜活的"俗"文化特征。

古典戏曲和民间熟语

或以为，元曲是使用方言俗语的艺术。许政扬不以为然，他指出："世谓元曲语汇为'方言俗语'，这种提法是很不恰当的。方言者，一个地区的语言；俗语者，口头习语，与书面语相对而言，二者都带有很大的地区、阶层的局限性。然而，元曲的语汇并不如此。一方面，它并不局限于某一地区。这些语汇或流行于大都（北京地区）或流行于杭州，都带有普遍性。杂剧的作者，籍贯尽有南北之分，但曲文用语并无区别，比如'唱

---

① ［美］阿兰·邓迪斯：《民俗解析》，户晓辉译，广西师范大学出版社 2005 年版，第 35 页。

② ［瑞士］费尔南迪·德·索绪尔：《普通语言学教程》，高名凯译，商务印书馆 1985 年版，第 43 页。

③ 《胡适古典文学研究论集》，上海古籍出版社 1988 年版，第 12 页。

喏'、'叉手'，北京是这么说，四川也是这么讲。所以，把元曲语汇称之为'方言'，纯为想当然的事。另一方面，这些语汇又不是俗语，因为并不存在着与之对立的书面语言。如'玉兔鹘'系腰带，'盆吊'系狱卒置犯人于死地之法，或口头，或文字，说法上都是一样的，只是看似俗语罢了。"这提醒有道理，因为，若先入为主地以某种褊狭的地区方言观去考察元曲语言，容易走入误区。许先生持见虽激烈，但其并未全盘否定借助方言俗语研究戏曲的合理性，当年他给学生开列的工具书便有《蜀语》、《方言藻》、《通俗编》、《乡言解颐》、《江湖切要》等。否定了那种简单化的方言俗语说，许先生认定"元曲作家是使用全民语言进行艺术创作的"，他的观点是："一般说来，元曲使用的是当时的口语，和经史传释关系不大。元曲语汇，作为元代人民生活的生动用语，涉及的社会生活面是相当广的，对于当时风俗习惯、建筑风格、典章制度等方面的了解，都足供参考之用。"① 在他看来，跟民风民俗多有瓜葛的元曲语汇，具有偏向口头、避雅就俗的特征。

郑振铎说："我们觉得元曲是'俗'则佳，趋'雅'则要变成恹恹无生气的了。"② 朱星《中国文学语言发展史略》谈到戏曲语言时也说："曲词与诗词风格不同处可用三个字来说明，即杂、俗、露，但是杂而好，俗而美，露而真。"③ 的确，有别于优雅的唐诗宋词，今人读元曲，常常有听讲大白话的感觉。在元曲中，读者会遇到许多极其通俗的民间熟语，如"人勤地不懒"、"家丑不可外扬"、"天下无难事，只怕有心人"等。这种熟语，乃指"人民大众长期习用、熟悉定型的民间语汇，是在民众中口头流传、具有民俗文化内涵的通俗性语句"④，其言简意赅，生动鲜活，活跃在口边唇间，有很强的生命力。这些口头化的常言熟语，流传在市井间，传播在大众中，有的形象，有的说理，有的精妙，有的俏皮，只言片语中透射出丰富的民间知识和民间智慧，的确有"杂而好，俗而美"之特点。它们被熟悉民众生活的剧作家频频运用在笔下，尤其是在洋溢着世俗气息的元杂剧中。这类语句，你说我说大家说，"著作权"大多并不仅仅归属

① 《许政扬文存》，中华书局1984年版，第132—133页。
② 郑振铎：《中国俗文学史》下册，作家出版社1954年版，第231页。
③ 朱星：《中国文学语言发展史略》，新华出版社1988年版，第111页。
④ 钟敬文主编：《民俗学概论》，上海文艺出版社1998年版，第308—309页。

哪一个人，属于累积型世代相传的产物。譬如，"一日夫妻百日恩"既见于《救风尘》又见于《忍字记》；"人到中年万事休"既见于《蝴蝶梦》又见于《陈州粜米》。论其句型，有五言、六言、七言等，有单句式、双句式和多句式，既出现在杂剧中，也出现在散曲中。请看："酒量宽似海。"（《㑇梅香》第四折）"君子不夺人之好。"（《任风子》第四折）"水里来，火里去。"（《杀狗劝夫》第三折）"成也萧何，败也萧何。"（马致远【双调·蟾宫曲】《叹世》）"人无千日好，花无百日红。"（《儿女团圆》楔子）"先下手为强，后下手遭殃。"（《赵氏孤儿》第四折）"天有不测风云，人有旦夕祸福。"（《合同文字》第四折）"从来好事天生俭，自古瓜儿苦后甜。"（白朴【中吕·喜春来】《题情》）"一事精，百事精；一无成，百无成。"（《西厢记》第二本第三折）①类似语句，在明清戏曲以及后世各地方戏中也使用普遍，透露出浓浓的俗文化气息。

定型化的民间熟语在戏曲中使用时，往往带有"大凡"、"始知"、"正是"、"常言道"、"俗话说"、"自古道"、"道不得"、"岂不闻"、"一了说"、"大古里"、"这的是"之类提示性字眼，显示出浓厚的口语化色彩，如元曲："常言道女大不中留。"（《碧桃花》楔子）"这的是心病还从心上医。"（《风花雪月》第二折）"可不道一言既出，便有驷马难追。"（《魔合罗》第四折）"一了说明枪好躲，暗箭难防。"（《独角牛》第二折）"道不得他人弓莫挽，他人马休骑。"（马致远【般涉调·耍孩儿】《借马》）"大古里家不合邻欺，人贫贱也亲子离。"（《贬夜郎》第三折）"古语有云：凡人不可貌相，海水不可斗量。"（《小尉迟》第二折）又如明清戏曲："大凡女子无才便是德。"（《琥珀匙》第二出）"自古道四海之内皆兄弟也。"（《风筝误》第二出）"正是：暂通禽兽语，终是犬羊心。"（《牡丹亭》第四十七出）"不见俗语云：良田万顷，不如日进分文。"（《绣襦记》第二十四出）这种语言形式，原本就广泛见于中国老百姓口头，比如我年近九十岁的母亲，她没念过什么书（仅在新中国成立初期上过几天扫盲班），在教导子女时也常常会讲"古原话说……"；而我们同院子的一位已过世的老汉，时常挂在嘴边的则是"世间说……"。戏曲中人物如此讲话，

---

① 本文引用元曲例子较多，均见《元曲选》（臧晋叔编，中华书局1958年版）、《元曲选外编》（隋树森编，中华书局1958年版）、《全元散曲》（隋树森编，中华书局1964年版），恕不一一加注。

正是百姓生活的投影。有意识地向民间语言汲取养分，无疑是奠定元代戏曲写作朴直、率真、通俗之风格美的重要因素之一。对于这类从一般辞书中不太好查找的民间熟语，古今亦不乏有心者搜集、整理，如杨慎的《古今谚》和《古今谣》，杜文澜的《古谣谚》，钱大昭的《迩言》，陈鳣的《恒言广证》，郑志鸿的《常语寻源》，孙锦标的《通俗常言疏证》，胡韫玉的《俗语典》，等等。

从表达功能看，这些熟语常言往往构成剧作中独特的叙事层次，可以提示正文、点明问题，还可以表达作者倾向、体现文笔情趣，使用上颇为灵活。这类熟语，被创作者反复运用在不同的戏剧文本和舞台叙事中，给读者、观众造成某种条件反射式的接受反应，实际上已成为代表某种意象、传递某种意义的程式化符号。一方面，它给创作者带来了写戏的轻松；另一方面，它又给接受者带来了看戏的方便。市井常言，民间俚语，随手拈来，人人都懂，这正是贴近大众的戏曲艺术所需要的。究其内容，涉及三教九流、五花八门，涵盖宽广又来源多样。如"知其一不知其二"（《单鞭夺槊》），源自《庄子·天地》；"山东宰相山西将，彼丈夫兮我丈夫"（《千里独行》），见于《后汉书·虞诩传》。元继宋兴，元曲中存留的宋人俗语不少，如"只敬衣衫不敬人"（《蝴蝶梦》、《黄粱梦》、《忍字记》等剧），语源见《通俗编·服饰》引《五灯会元》："五陵公子争夸富，百衲高僧不压贫；近来世俗多颠倒，只重衣衫不重人。"又如，"成也萧何，败也萧何"见《容斋随笔》，"成人不自在，自在不成人"见《鹤林玉露》。诸如此类，不胜枚举。大凡俚语、巷谈、俗谚、民谣、格言、古语等，在这种程式化的言语库藏中皆可纳入。除了直接来自生活、来自民众创造，前朝文人雅士笔下的某些词句流传久了，也会进入民间口头行列而成为"下里巴人"圈子中的熟语，若不从语源角度追究之，恐怕还不知道它的出典。譬如，"世事云千变"（《三夺槊》）、"医的眼前疮，剜却心头肉"（《陈州粜米》），即分别出自唐诗《书西斋壁》（温庭筠）、《咏田家》（聂夷中）；汉代乐府《君子行》有"瓜田不纳履，李下不整冠"（见《文选》卷二十九），此在元杂剧《东堂老》中便作为口头常语。明代郎瑛《七修类稿·续稿卷五·诗文类》之"俗语本诗句"条云"今世所道俗语多诗歌也"，并列举"以色事他人，能得几时好"（李白诗）、"一朝权在手，看取令来时"（朱湾诗）等，即道及此。

清代戏曲家李渔尝言:"元人非不读书,而所制之曲,绝无一毫书本气……若论填词家宜用之书,则无论经传子史以及诗赋古文,无一不当熟读,即道家、佛氏、九流百工之书,下至孩童所习《千字文》、《百家姓》,无一不在所用之中。"(《闲情偶寄·词曲部》)笠翁此语可借来说明戏曲作品用语的来源之广。当然,以"俗"著称的元曲用语不仅仅来自书本,大多数读了书却偏偏被时代断了功名之路而终日混迹于市井的"书会才人",恰恰是从鄙杂又鲜活的民间语言中得到了写作的诸多滋养,以致三教九流的口头化熟语在他们笔下可谓是无剧不用、无剧作家不用,而元杂剧那种不避俚俗、冲口而出的俗文化特征也因此表现得极鲜明。这些生动、形象、精彩的民间熟语,有不少至今还活跃在国人口头上。

元曲词语和巴蜀方言

方言作为区别于通用语的"在地性"(localization)产物,是语言民俗研究的重要方面之一。以狭隘的方言观去给古典戏曲定位固然不妥,但并不意味着就不能借助方言去研究戏曲。下面,拟从四川话出发,谈谈元曲中的若干词语。

说来有趣,四川人读元曲作品,会有某种亲切感,因为其中不少词句似乎都能理解。"人心不足蛇吞象"比喻贪婪,元代人说(《冤家债主》楔子:"得失荣枯总在天,机关用尽也徒然。人心不足蛇吞象,世事到头螳捕蝉。"),今天四川人也说。四川话讲人前不露财为"不露白",元杂剧《朱砂担》第四折中人物后悔在强盗面前露了财而招来祸事时也说"自古道出外做客,不要露白",后者宛然今天蜀人的口吻。蜀地民间称人或动物的下巴为"下嗑子",此在元代戏剧作家笔下有见,纪君祥《赵氏孤儿》楔子:"……殿前太尉提弥明,一瓜槌打倒神獒。一手揪住脑构皮,一手搬住下嗑子,只一劈将那神獒分为两半。"这里,下嗑子即指恶犬神獒的下巴。"咱"在川话中读 za,表示怎样、为什么;或单用"咱",或"咱个"二字连用,词义无别。如熟人相见,甲问乙:"今天天气这么好,你咱(个)不出来到公园走走?"元代戏曲家笔下用例,有李文蔚《燕青博鱼》楔子:"(宋江云)你知道我的军令,误了我一日假限该咱处?(正末云)答四十。"重阳节梁山泊好汉放假下山,以三十日为限,燕青(正末扮演)却玩了四十天才回来,所以宋头领问他该如何处置。当今出版的

《元曲鉴赏辞典》附录《元曲释词简编》，收有"咱"的三种解释①，却不见有此义。

"侧"（zhe）是个动词，四川民间用来指将汤汁类东西倾倒一些出来分入其他容器中，比如餐桌上，看见碗里的汤盛得满满的，就说"把这碗里的汤侧点儿到那个碗里"。元杂剧《酷寒亭》第四折："兄弟每，满满的休推莫侧，直吃的醉醺醺东倒西歪。"这"莫侧"，即指莫要将自己杯中的酒倒（分）出去，要满杯饮下。相同用法在元人散曲里亦见，如曾瑞【中吕·喜春来】《寻乐》小令云："村醪满酌劝吾侪。杯莫侧，听唱喜春来。"川东人把骂人叫做"决"，这种用法从何而来，无从考究，但在元杂剧中已有之，如秦简夫《剪发待宾》第二折："婆婆，请家里来。我问你咱：你孩儿拿的个'信'字来，我当与他五贯长钱，你怎生将他痛决了一场？"该剧写书生陶侃家贫，为招待太学来的范学士，他写了"钱"、"信"两幅字拿到刘夫人家的典当铺去当了五贯钱，回到家中，遭到母亲责骂。刘夫人这话，就是后来问陶母的。"痛决"也就是"痛骂"的意思。蜀人口头上常用"好生"，表示用心、留心、注意等。比如小孩子上楼梯，大人在一旁提醒"好生走"。川剧《煤山记》（又名《铁冠图》）第二场，巡守京城的官员叮嘱众兵："好生看守着！（唱）休轻忽，莫疏虞，巡城放哨须仔细。"类似用法，从元代才女管道升的家书中可见，这封家书全用白话写成（见明·陈继儒《泥古录》卷四），书面写"平安家书付三哥长寿收拆，娘押封"，内文有云："九月间沈山主周年……可怜此人多与我家出力，且须报答他。书到便与哥哥每说知：分付福和万六道徐庆一等，好生与我安排，供养为好。"又见元杂剧《连环计》第三折："夫人，我浑身跌得疼痛，你好生扶着我回后堂中去。"

"一合（ha）儿"在成都人口语中是个常用词，表示时间很短、一会儿。类似用法在元代以来屡见，无名氏杂剧《神奴儿》写老院公带员外家孩子上街玩耍，他去给孩子买玩具傀儡，叫孩子站在桥边等他，谁知转眼间孩子就被人拐走，老院公惊慌万分地唱道："一合儿使碎我心，半霎儿忧成我病……怎生转回头就不知个踪影？"（第二折）散曲中，有宋方壶【南吕·一枝花】《妓女》："有一等强风情迷魂子弟，初出帐笋嫩勤儿。起

---

① 蒋星煜主编：《元曲鉴赏辞典》，上海辞书出版社1990年版，第1395页。

初儿待要成欢会，教那厮一合儿昏睡，半霎儿着迷。"巴蜀方言中把模糊、不清晰称为"麻查"或"麻麻查查"（查音 zha），比如人喝醉了，看起东西来就是麻麻查查的。这"麻查"又写作"麻杂"，如川剧《易胆大》："昏昏浊浊之年，渺渺茫茫之月，麻麻杂杂之时。"元曲中，陈草庵小令【中吕·山坡羊】有道："笑喧哗，醉麻查，闷来闲访渔樵话，高卧绿阴清味雅。"正用的是此义。"麻查"又写作"麻茶"，读音不变，如《诗词曲语辞例释》指出，"'麻茶'的这种用法在今四川等地的方言中一直沿袭下来"①。四川人说的"打整房间"，指打扫房间。这"打整"，有打扫、收拾、整理之义，又写作"打挣"②。元杂剧《金凤钗》第三折，店小二收下房钱后对住店书生说："我道你不是受贫的人，我还打挣头间房你安下。我看茶与你吃，你便搬过来。"引申开来，"打挣"又有对付义，蜀地民间说某人某事"难打挣"或"难打整"，即指这人这事不好对付。元代文人侯正卿【黄钟·醉花阴】套曲有云："槛竹筛酒又醒，塞雁归愁越添，檐马劣梦难成，早是可惯孤眠，则这些最难打挣。"

"行头"对巴蜀民众不陌生，是戏曲装扮中服装靴帽的总称。引申开来，各行各业的用具也可称"行头"。元曲中，有王和卿【越调·拨不断】《绿毛龟》："卖卦的先生把你脊骨彪，十长生里伴定个仙鹤走，白大夫的行头。"指卖卦先生算命时使用的龟壳。又有张可久【中吕·普天乐】《收心》："旧行头，家常扮，鸳鸯被冷，燕子楼拴。"指女人的衣服及化妆品。直到今天，四川话中仍用该词指物品，如"朽行头"是说某物烂朽不可用了。蜀地民间口语中称孵蛋的母鸡为"抱鸡婆"。元杂剧《渔樵记》第二折，朱买臣之妻讥讽丈夫终身不得贵显时说："投到你做官，直等的炕点头，人摆尾，老鼠跌脚笑，骆驼上架儿，麻雀抱鹅弹，木拌哥生娃娃，那其间你还不得做官哩。"其中，"鹅弹"即鹅蛋，明末清初四川遂宁人李实所著《蜀语》言之甚明："禽卵曰弹……言卵形之圆如弹也。"许政扬解释"麻雀抱鹅弹"时指出，"抱，犹孵"，并引《方言》："北燕、朝鲜洌水之间，谓伏鸡曰抱。"又引《蜀语》："鸡伏卵曰菢，菢音抱。"鹅蛋大而麻雀小，让麻雀来抱鹅蛋，显然是不可能的事。所以，许氏说："是宋元间，

---

①　王瑛：《诗词曲语辞例释》（增订本），中华书局 1986 年版，第 157 页。
②　黄尚军：《四川方言与民俗》，四川人民出版社 1996 年版，第 266 页。

此语普遍流行，已不限于朔北。雀孵鹅蛋，喻事之荒唐诞妄，子虚乌有，与'木拌哥生娃'之类一意。"① 元代戏曲家笔下中使用的此类词语颇多，尚有"希"（很）、"怪"（极）、"紧"（老是）、"坐"（居住）、"乍"（张开）、"煞"（完结）、"不好"（生病）、"添饭"（盛饭）、"短路"（抢劫）、"把把"（粪便）、"大清早"（清晨）等，囿于篇幅，不再举例。

今人能根据四川话去读懂元明戏曲中某些词语，不无缘故。纵观汉语言发展史，"汉语共同语形成的历史很悠久，并且一直是以北方方言为基础的"②。这共同语，明清时期称为"官话"，辛亥革命后称为"国语"，今之"普通话"即以此为基石。何乐士《元杂剧语法特点研究》对比唐以来变文语言和元曲语言时指出："'戏曲'语言与'变文'语言相比，语言面貌从整体上有了改观，'剧曲'极大程度地摆脱了书面语的束缚，尤其是'戏曲'中的对白，几乎是当时纯粹的口语。关汉卿是大都（北京）人，他的作品主要反映当时北京口语，现代汉语普通话也是以北京方言为基础的，可以看出，虽然'戏曲'语言与现代汉语还有一些重大差别……但现代汉语的大致面貌在元代已经具备了。"③ 尽管不必将元曲语言狭隘地指认为仅仅是某地区某城市的，但是仍应看到，从北方兴起并主要使用北曲创作的元曲，作为新兴的文学，尤其在1279年（元灭南宋）南移之前，整体上跟北方语系多有关联。在宋杂剧和金院本基础上发展起来的元杂剧，至元初或者说13世纪前半叶成熟并发达流行于以元大都为中心的北方。根据《录鬼簿》记载，元杂剧作家十分之九是在中书省所属的地方，即今北京及河北、山西、山东三省，尤以大都、真定、平阳、东平居多。

对此问题，有更简明扼要的述说："中华文明产生于黄河流域，在春秋时期中原的国家都称为'诸夏'，在'诸夏'成为政治中心的同时也形成了一种共同语言——'雅言'。孔子在《论语·述而》中说：'子所雅言，诗、书、执礼皆雅言也。'就是说孔子在诵读诗书和执行礼仪时都讲雅言。至今《诗经》仍然是语言学家研究上古语音的主要文献。汉魏以后，随着中国的统一，在所谓标准语音'正言'的问题上也有过南北之争。由于中国首都始终在北方的长安、开封、洛阳，中国的政治文化中心

---

① 《许政扬文存》，中华书局1984年版，第47—48页。

② 张岱年、方克立主编：《中国文化概论》，北京师范大学出版社2004年版，第121页。

③ 程湘清：《宋元明汉语研究》，山东教育出版社1992年版，第19—22页。

也始终在北方，这种情况促进了北方方言作为民族共同语的地位。唐宋时期的白话变文、话本小说、元代杂剧等都是当时民间广泛流行的标准语音。元明清三代建都北京，北京话成为官方通用的'官话'。'官话'与近代民国时期推行的'国语'，以及解放后推行的'普通话'在语音上是一脉相承的。标准语的存在反映了中华民族共同的文化基础。"① 当然，近百年来的考古成果表明，中华文明不仅仅产生在黄河流域，但在"东、南、西、北、中"的文化方位意识中，也就是国家政治地理观念中，视黄河流域中原文化为华夏文明中心则是长久的历史传统。

　　巴蜀地处中国西南，但按照语言学界的规范说法，四川话则是"汉语北方方言西南官话的一个分支"。北方方言又称官话，主要分布在长江以北广大地区、长江南岸从镇江到九江的沿江地带以及川、滇、黔、鄂大部、湖南西部、广西北部和西北部等。诚然，"周失纲纪，蜀先称王"（《华阳国志·蜀志》），历蚕丛、柏灌、鱼凫、杜宇、开明诸代，上古蜀国居民也曾有自己的语言，即古籍所谓"蜀左言"（《蜀王本纪》），但自从秦灭蜀后，一批批北地移民不断迁入四川，带来了北方语言，而蜀地固有的"左言"渐渐不复存在，消失在历史记忆深处。今天我们使用的四川话，实际上是移民文化的产物，学界对此早有认定。"巴蜀方言的形成和发展，一直受到历次北民南迁的影响，从秦汉到元代，它都处于北方话的氛围之中。"② 元明之际，长期战乱和自然灾害曾使四川人口急剧下降，但到了明洪武十四年（1381），四川的户口猛增为 214900 户、1464515 口，这除了人口的自然增长外，当然跟较大规模的移民有关③。而明清时期，正"是四川方言的形成时期，此时的四川方言与现代四川方言大体相同"④。再说，"蜀道难，难于上青天"，几面环山的地理条件使然，"天府之国"四川盆地长期处在相对安定也相对锁闭的历史地理环境中，这对于古语保存无疑是有利的。既然如此，今天我们从活跃在巴蜀父老乡亲口头上的语言去反观元明戏曲作品中的某些字词，也就没什么好奇怪的。

　　正是由于"北方方言"这一中介，使元曲写作和四川方言之间产生了

---

①　陈克：《中国语言民俗》，天津人民出版社 1993 年版，第 5—6 页。

②　崔荣昌：《四川方言与巴蜀文化》，四川大学出版社 1996 年版，第 9 页。

③　黄尚军：《四川方言与民俗》，四川人民出版社 1996 年版，第 250 页。

④　蒙默等：《四川古代史稿》，四川人民出版社 1988 年版，第 374—375 页。

某种联系。当然，不是元代人在说四川话，而是元代戏曲中某些词语及其意义，迄今在四川民间语言中犹有孑遗。

汉语文本和外来借词

当今时代，国门开放，外来文化涌入，以音译方式在本土汉语中夹杂一二句外来词语如"哈罗"、"古得拜"等，成为国人口头上的一种时髦。读元明戏曲，我们发现，古代剧作家早有此"时髦"之举。

中国是多民族国家，而汉语作为跨民族、跨地区的国家通用语，是历史形成的。元曲作家多为汉族，元曲作品也是用汉文写作的，但元朝则是北方少数民族入主中国，不同民族语言交汇在此时期非常明显，并生动地投射在民间语言和文艺作品中。从多民族文化视角研读元曲，务必留心其中"宋、金、元三朝遗语"，正如王国维提醒的。戴望舒指出："研究元曲中的方言俗语，愚意应从两方面入手：一是从宋元人笔记语录等书中研究宋元的方言市语，尤其是宋代的俗语，因为在元曲中，宋代的俗语是大量地保留着；二是研究蒙古语。"① 他甚至推测，当时可能有《蒙汉字汇》之类工具书流行民间，供元曲作者们参考。宋代以来，北方少数民族兴起，先后出现了契丹族的辽朝、党项族的西夏、女真族的金朝。元朝以蒙古族入主中国百年左右，北方少数民族文化在吸收中原汉族文化的同时，也给后者以深刻影响。这是中国历史上又一个不同民族、不同文化相互碰撞、交汇、磨合的时期，少数民族语言在汉语中留痕甚多，成为汉语词汇的一个重要来源。当时，北方人士多通习蒙古文，除了江浙、福建等南方省份外，朝廷降诏均以蒙古文书写。许多汉族文人也学习各民族语言文字，元朝中央的蒙古国子学和回回国子学亦招收百官子弟之俊秀者入学，攻习以蒙古文字、回族文字为主。因此，考察汉语写作的元曲，对来自北地的蒙古语，以及借自女真、契丹、波斯等民族的词语，不可不关注。

元曲擅胜一代，"多染胡语"（王骥德《曲律·论曲源》），乃时风使然。当年，王国维就曾举例："爷老二字，中国夙未闻有此，疑是契丹语。《唐书·房琯传》：'彼曳落河虽多，岂能当我刘秩等。'愚谓曳落河即《辽史》屡见之拽剌。《辽史·百官志》云：'走卒谓之拽剌'，元马致远《荐

---

① 戴望舒：《谈元曲的蒙古方言》，收入其《小说戏曲论集》，作家出版社1958年版。

福碑》杂剧，尚有曳剌，为傔从之属。爷老二字，当亦曳剌之同音异译，此必北宋与辽盟聘时输入之语。"（《宋元戏曲考》）非汉语的外来词汇之于元曲，常常出现在少数民族作家笔下，以及描写少数民族故事的作品中。比如人称"蒲察李五大金族"的李直夫，本姓蒲察，女直（女真族）人，杂剧《虎头牌》是其代表作。该剧讲述女真族大将"金牌上千户"山寿马公私分明、执法严明的故事，有不少关于女真族生活习俗的描写，且采用了由【阿那忽】、【风流体】等女真族曲调组成的乐曲，全剧带有浓郁的民族风情。剧中，女真语便不时有见。《虎头牌》第二折，老千户银住马听他哥哥金住马唱道："我可也不想今朝，常记的往年，到处里追陪下些亲眷。我也会吹弹那管弦，快活了万千，可便是大拜门撒敦家的筵宴。"末句"撒敦"系女真语，指"亲戚"。大拜门是女真人的礼节，"撒敦家的筵宴"即亲戚家的宴席。此语亦见于其他作家笔下，如关汉卿《调风月》第四折："双撒敦是部尚书，女婿是世袭千户。"（剧中用女真语处还有首折"这书房存得阿马"，阿马指父亲）又，《虎头牌》第三折写老千户"恋酒贪杯，透漏贼兵，失误军期"，被责打一百军棍，元帅山寿马问打了多少棍时说："才打到三十，赤瓦不剌海，你也试官不威牙爪威。"所谓"赤瓦不剌海"，据解释："赤，女真语：你。瓦不剌海，或作洼勃辣骇，女真语：敲杀；就是打死的意思。这里是骂人该挨打该杀的意思。"[1] 简言之，即"该死的"、"该杀的"。在这些作品中，少数民族语言可谓是表现少数民族的生活、习俗、性格等所不可缺少的要素。或曰，成为一种民风民俗的识别标志。

除了反映民族风情、彰显民族特色，外来词语也被剧作家借用来刻画人物，成为戏曲创作中一种有助于增强舞台演出效果的艺术手段。且看元杂剧《哭存孝》第一折，剧中反面人物李存信走上场来自报家门，便吐出一连串让今人搞不懂的词语："米罕整斤吞，抹邻不会骑，弩门并速门，弓箭怎的射？撒因答剌孙，见了抢着吃；喝的莎塔八，跌倒就是睡。若说我姓名，家将不能记；一对忽剌孩，都是狗养的。"这些费解的字眼，都是外来语的音译词。其中，"米罕"是肉，"抹邻"是马，"弩门"是弓，"速门"是箭，"撒因答剌孙"是好酒，"莎塔八"是醉，"忽剌孩"是贼。

---

① 陈俊山：《元代杂剧赏析》，天津人民出版社 1983 年版，第 327 页注引顾肇仓语。

一连串汉语和外来语夹杂的道白，无非说的是：肉整斤的吞食，马是不会骑的，弓箭也射不来，见了好酒就抢着吃，喝醉了跌到便睡，若说我的姓名，自家也记不住，我们是一对贼，都是狗养的。不难看出，这是剧作家故意替这家伙安排的科诨，意在给其鼻梁上抹白而丑化之。《哭存孝》，全名为《邓夫人苦痛哭存孝》，是一出以历史传说为题材的悲剧，写武艺高强的、屡立战功的飞虎将军李存孝，被整天吃喝、贪图安逸的李存信和康君立陷害而死的故事。剧中，二李一康都是沙陀部李克用的义儿家将。该剧开场，一番插科打诨式的自报家门，便把陷害存孝的两个坏家伙"不会开弓蹬弩"只知吃喝玩乐的丑恶嘴脸刻画得活灵活现，由此表现出创作者的爱憎情感。类似这种以满口胡语刻画番将的例子，也屡见于明清戏曲，典型者如汤显祖的《牡丹亭·围释》一折。

外来词汇进入汉语，由于是借字表音，所用汉字往往不那么固定，有较大随意性，所谓"番语对音，无定字也"（福格《听雨丛谈》卷二）。如源于蒙古语 bagatur 的"拔都"，意为健儿、勇士、好汉、英雄，译成汉语竟有二十多种写法，如八都、拔突、霸都、八都鲁、拔都鲁、巴图鲁、巴都儿、巴图尔、波豆儿、把突儿、拔秃儿、拔阿都儿、把阿秃里，等等。元明戏剧之例，有"巴都儿来报大王呼唤，不知有何将令，小学生跑一遭去"（郑光祖《老君堂》楔子）、"把都们，一齐杀过关南转西以擒唐将"（汤显祖《邯郸记》第十二出），等等。"巴图鲁"在京剧舞台上犹存，吴晓铃指出："京剧和一些地方剧种里每当'番邦'主师或将领号令进军的时候，差不多总有一句官中台词：'巴图鲁，杀！'最为人所熟知的例子是《挑滑车》里金邦四太子完颜宗弼（兀术）在奠酒祭旗后的发布总攻牛头山军令：'巴图鲁，催军！'"① 蒙古人甚至以之为贵族称号，成吉思汗的父亲即称也速该把阿秃儿，后者又是把儿坛把阿秃儿之子②。再如译自蒙语 gudum 的"胡同"，又作"衙衙"，本意是"井"，因行走取水，渐渐形成两边筑有房屋的小巷，后来即以之称小巷，如李好古《张生煮海》第一折："你去那兀羊市角头砖塔儿胡同总铺门前来寻我。"该词也用来比喻像街巷一样的情势，关汉卿《单刀会》第三折："你孩儿到那江东，旱

---

① 吴晓铃：《巴图鲁——京剧零札之八》，《戏剧电影报》1983 年第 15 期。
② ［法］雷纳·格鲁塞：《蒙古帝国史》，龚钺译，商务印书馆 1989 年版，第 39 页。

路里摆着马军，水路里摆着战船，直杀一个血胡同。"由于翻译用字不固定，在同一作家笔下，也会出现一词多写。张可久散曲中，时而写作"胡洞"，如："客留情春更多情，月下金觥，膝上瑶筝。口口声声，风风韵韵，袅袅亭亭，锦胡洞莺招燕请。"（【双调·折桂令】《酒边分得卿字韵》）时而写作"湖洞"，如："紫箫声冷彩云空，十载扬州梦，一点红香锦湖洞。"（【越调·小桃红】《寄春谷王千户》）这"锦湖洞"，在王实甫《丽春园》首折则写作"锦胡同"。

"借词"折射出不同族群、不同地域文化的传播和交流，是语言民俗研究不可忽视的。元明戏曲中借自蒙古语的不少，如："牙不"（走）、"赛银"（好）、"把酥"（跪拜）、"搭连"（褡裢）、"撒袋"（箭袋）、"站赤"（驿站）、"怯薛"（护卫）、"扎撒"（法令）、"兀剌"（乌拉草）、"撒和"（应酬、打点）、"哈答"（坚硬、坚强）、"哈巴狗"（狮子狗）、"大厮八"（大模大样）、"必赤赤"（掌文书的人）、"荆棘律"（惊慌的样子）、"歪剌骨"（不正经的女子）、"怯烈司"（停放马匹的地方），等等。前人所著《蒙鞑备录》、《黑鞑事略》、《元朝秘史》、《至元译语》、《蒙古字韵》、《华夷译语》、《女真释语》、《回回馆杂字》、《元史语解》、《蒙古杂字》和《辽金元三史国语解》，当今出版的《金元戏曲方言考》、《元剧俗语方言例释》、《元明戏曲中的蒙古语》、《诗词曲语词汇释》以及《蒙汉词典》、《汉蒙词典》、《女真文辞典》、《八思巴字与古汉语》，等等，对今人了解元明以来小说戏曲中的外来借词可做参考。由于是文艺创作，在元曲作家笔下，蒙古语不仅仅出现在蒙古人口中，说蒙古语的除了汉人，还有女真、突厥、沙陀等部族的人。再说，某些词汇在蒙古语中有，也见于突厥语、女真语乃至波斯语、阿拉伯语等，实乃通用之词。对此，接受者需要灵活把握，切忌钻牛角尖。

总而言之，其他民族词汇进入汉语写作文本，这正是多民族中国多元文化融合的积极成果。此外，若单单从创作角度看，用汉语写作的古典戏曲借用非汉语的外来词汇，犹如今天在台上某些场合说句洋文或土话，旨在塑造人物、推进剧情乃至彰显某种民俗色彩、营造某种文化情境、达到某种艺术效果。对于观众，知晓这点也是有必要的。

（原载《文学与文化》2011 年第 3 期）

戏台·会馆·移民文化

地处中国西南部的四川是移民大省,四川历史上有过多次大规模移民潮,其中以明末清初所谓"湖广填四川"最有名。"广东湖广与江西,客籍人多未易稽。吾处土音听不得,一乡风俗最难齐。"清人王正谊《达县竹枝词》中所言,正是巴蜀地区实情。入川的移民多,他们修建的会馆也多。大大小小的移民会馆分布在巴山蜀水,扎根巴蜀的移民文化也与巴蜀戏剧结下不解之缘。从我国剧场发展史看,在独立的戏园出现之前,以及在独立的戏园出现后与之并存,会馆、神庙戏台正是戏剧演出的极重要场所。有鉴于此,本文以移民会馆及戏台为切入点,结合历史文献与田野考察两方面,就巴蜀戏剧与移民文化的关联指说二三,以供同仁参考。

一

对于既研究戏剧又研究民俗的笔者来说,移民会馆是留心已久的对象。尤其是近年来,在东行西走的田野经历中,不管是城市还是乡镇,每到一处,访查会馆戏台、神庙戏台成了我的习惯。馆者,客舍也,乃是接待宾客的房舍。《诗·郑风·缁衣》:"适子之馆兮。"孔颖达疏:"馆者,人所之舍,古为舍也。"《左传·襄公三十一年》:"……是以令吏人完客所馆,高其闬闳,厚其墙垣,以无忧客使。"杜预注:"馆,舍也。"会馆又称公所,是同省、同府、同县或同业的人设立的机构,主要以馆址房屋供同乡、同业聚会或寄寓,具有同乡及行业的特点。按照《辞海》的说法,其起源甚早,汉代京师已有外地同郡人的邸舍,南宋杭州有为同乡谋公益的组织。"会馆"之称始见于明代,据刘侗、于奕正《帝京景物略》卷四"嵇山会馆唐大士像"条载:"尝考会馆之设于都中,古未有也,始嘉、隆间……用建会馆,士绅是主,凡入出都门者,藉有稽,游有业,困有归也。"（该馆即后来的浙绍会馆，位于京城北虎坊桥东）及至清代中期，会馆在各地出现很多，相当兴盛。由同乡或行会（同业公会）建立的会馆，主要有同乡会馆和行业会馆两种类型，或二者兼具。尤其是同乡会馆，是为了同乡人来到异地有个落脚之处以及对外办事便利，遇到什么问题还可以来此寻求乡人帮助。在这里，老乡见老乡，彼此"敦亲睦之谊"、"叙桑梓之乐"，其乐融融。会馆建筑形式以四合院为主，神殿、戏楼是其重要组成部分。建筑布局上，按照北屋为尊、南座为宾、两厢为次、杂屋为附的传统礼制，戏楼位于会馆中轴线上最前端，正面向北，朝着供奉主神的正殿。戏楼一层架空，作为会馆的入口，二层即为演戏之舞台。这种戏楼，又称乐楼，多见于会馆、神庙。清代蜀地文人李调元谈及家乡的牛王庙戏楼时尝言："乐楼者何？每岁祀牛王必演剧，剧必有楼，所以悦神而共乐之也。"（《童山文集》卷八《略平牛王庙乐楼碑记》）会馆戏楼，飞檐翘角，形体高大，建筑气派，进门来，台前天井内空阔的院坝，是民众看戏或集会的场地，而戏台左右两侧廊楼或厢房，亦可供观戏安座，类似今天的包厢。总之，从巴蜀地区来看，具规模的会馆"必皆有戏楼，高七八尺，空其下，为山门进出之路，两旁则为看楼，高与戏楼等"（周询《芙蓉话旧录》卷三）。作为昔日戏剧传播的重要场所，会馆带戏楼的建筑在巴蜀地区多见，如自贡西秦会馆、成都洛带广东会馆以及宜宾李庄的禹王宫、遂宁市区的天上宫等，为大家所熟悉。

移民会馆，规模或大或小，市井喧闹的都市中有，民风朴实的乡场上亦见，在蜀水巴山有广泛的分布。地处四川盆地北部的三台县，即是"五方杂处，习俗不同"（民国《三台县志》卷二十五）。清人陈谦《三台县竹枝词》有云："五方杂处密如罗，开先楚人来更多。闽人栽蔫住平地，粤人种芋住山坡。"2008 年 4 月中旬，也就是"5·12"汶川大地震发生前夕，承蒙友人联系及当地文化部门帮助，笔者来到三台县西平镇，考察地方民俗文化。有"小三台"之称的西平，位于三台县城西 33 公里处，距离成都 120 公里，地处涪江支流凯江之滨，原名观音场，兴场于清康熙十年（1671），是一个民风淳朴又颇具规模的古老场镇。据镇政府同志介绍，该乡镇面积 77.31 平方公里，人口 5.6 万，其中 85% 以上是清初"湖广填四川"时，从福建、广东、江西、湖北等地迁入的移民。场镇城区 2.5 平方公里，分新城、老城两部分。老城格局跟三台老县城（潼川镇）颇相似，有建于清嘉庆年间的古城墙，有四方大小 7 道城门，有陈年的旧民居和斑驳的石板路，还有作为客家文化标志的福建、广东、江西、湖广四大会馆遗址。诸会馆中，保存最好的是广东街上的广东会馆。馆内戏楼迄今犹存，尽管早已青砖砌墙改作民居，但朱红色的高大立柱、飞檐翘角的歇山式大屋顶，以及不偏不斜的穿斗木结构建筑整体，依然保留完好。西平老城，乃依凯江走势沿江而建，因此城门及街道在方位上较之实地有些出入，譬如东门，其实际朝向应是东偏北。（城区与实地方位相错的例子，省府成都就是典型。）尽管如此，这座广东会馆戏楼仍大致循守北向而建的规则，与之相对的是面阔三间的神殿（唯左侧临街一间因扩街后新建楼房而被拆除），从褪色的大红柱头尚可想见当年景象。院内有棵年轮古老的大树，躯干粗壮，绿叶满枝，长得相当茂盛，向来客诉说着场镇的悠悠历史。戏楼右侧房屋，也就是我们进门之处，若按照该会馆的结构复原，应是厢房所在，真正的入口当在戏楼下面。这临街的厢房，建筑基本完好，青碧筒瓦覆顶，可窥当年气派。今为镇文化中心，老年协会也在这里。临街挂着"广东馆茶园"的匾牌，有不少老人在此喝茶休闲。此外，还悬挂着"玩友之家"的红色横幅，相当醒目，另一横幅上写着"西平玩友川剧团精彩演出"，是"云同禅寂院"赠送的贺旗。看来，凝结着古老记忆的会馆及戏台，还有锣鼓声声的民间演剧，迄今在乡民们心中割舍不去。

西平老城西街，有江西会馆遗址，建筑物所存不多。江西馆又称万寿宫，所祀即为江西地方保护神许真君。古时有江西人聚居的地方，就有万寿宫，鼎盛时全国各地有万寿宫上千处。昔有"江西填湖广，湖广填四川"之说。从地域上看，楚、赣相邻，由于长江交通便利，在汇入四川的移民中，来自赣地者不少，清代蜀中竹枝词所谓"磁器店皆湖州老，银钱铺尽江西人"（定晋岩樵叟《成都竹枝词》）、"大姨嫁陕二姨苏，大嫂江西二嫂湖。戚友初逢问原籍，现无十世老成都"（六对山人《锦城竹枝词百首》），反映出该事实。方志文献方面，清乾隆《广元县志》卷七载："献逆蹂躏后，土著者少，其四方侨寓，率皆秦、楚、吴、粤之人"；清同治《仪陇县志》卷三载："邑中湖南、北人最多，江西、广东次之，率皆康熙、雍正间入籍"；民国《泸县志》卷三载："泸人自明末遭流寇之乱，死亡转徙，孑然无多。自外省移实者十之六七为湖广籍，广东、江西、福建次之"。有人统计，"万寿宫建得最多的是在四川省，共有 300 多个"①。成都市区内的金玉街，清代有浙江会馆、江西会馆和广西会馆，人称"三道会馆"。金堂县位于成都东北部，是川籍秦腔名伶魏长生的家乡，该县土桥镇距离县城 68 公里，当年为客商汇聚之地，修建了不少会馆，迄今犹存湖广会馆、广东会馆，江西会馆则位于该镇第二小学内，主体建筑虽湮毁，但其屋基及古树尚存，犹能想见当年殿堂规模。2005 年 5 月初，笔者前往实地考察，拍了若干照片，见学校门前道路侧有路标写着：前行 2.2 公里处为"江西村"。以"江西"命名的村子，在成都龙潭寺北去的木兰乡亦有，从村名上不难窥视外来移民保留祖籍和族群记忆的执着心态。郫县位于成都西郊，迄 20 世纪 20 年代末，该县郫筒镇东街有建于乾隆十四年（1749）的万寿宫，唐昌镇南街有建于雍正四年（1726）的万寿宫。今乐山市所辖犍为县，据地方史志材料，该县清溪镇和怀安镇均有清代建筑万寿宫及戏楼，后者建于乾隆三十年（1765），前者建于雍正年间。又如这三台县，据统计，其主要场镇如潼川镇、西平镇、芦溪镇、刘营镇、乐安镇、金石镇都有江西会馆，此外，潼川镇、刘营镇、景福镇还有江西移民修建的五显庙、江西庙，等等。

二

会馆内有戏台，平日也常有戏剧演出，前人所谓"会馆戏多看不难"（六对山人《锦城竹枝词》），当是实情。定晋岩樵叟的《成都竹枝词》刊于清嘉庆十年（1805），自称"风土人情皆纪实"，其中为我们留下了蜀地移民会馆演剧的情况："会馆虽多数陕西，秦腔梆子响高低。观场人多坐板凳，炮响酬神散一齐。"又写到蜀地民间过元宵灯节："元宵处处耍龙灯，舞爪张牙却也能。鞭炮连声灯烛亮，黄州会馆果堪称。""过罢元宵尚唱灯，胡琴拉得是淫声。《回门》《送妹》皆堪赏，一折《广东人上京》。"从演剧内容来看，跟来川移民的兴趣和选择当不无瓜葛。光绪二十三年（1897），有名叫丁治棠（合江人）的仪陇县学训导来省城述职，住在成都南打金街荣隆店，一个半月时间里屡屡看戏，在其留下的《丁治棠纪行四

---

① 《赣商的标志性建筑——万寿宫》，http：//gs.jxnews.com.cn/system/2007/12/12/002631557.shtml。

种》中，就有四月二十日在湖广馆看文星班演出《挂画》和《调叔》、五月二十九日在江西馆看该班演出《胭脂乳》等的记载。蜀地有文星班，咸丰年间兴起在崇庆县，常在成都和川北一带活动，会馆正为其提供了频频亮相的场所。长江边上，重庆市中区东水门街的湖广会馆，相传当年原有很多座戏台（今天仅存其一），曾有"戏台九重，台台不见面"之说。该会馆作为目前地方政府修葺后隆重推出的民俗文化景观，每天下午特意为游客们安排一出川剧折子戏（类似情况如今在北京的湖广会馆亦能见到，当然，看似传统的这种会馆演戏已不再具有往日那种民俗功能，现在它是作为民俗符号被运用在旅游经济中，但客观上仍在传播着戏剧）。前述金堂土桥的广东、湖广二馆，戏台均保存完好，笔者实地考察时从馆内以志愿者身份担当日常事务管理的老人口中得知，湖广馆如今在春节等传统节日期间，仍然会有戏班登台唱戏，而且观者甚众。从会馆布局看，除了在入口处修建高大气派的戏楼，也有在会馆庭院内设置小戏台的。位于成都东山的洛带镇是客家人聚居地（占全镇人口的90%左右），有"西部客家第一镇"之称，该镇的会馆群如今闻名遐迩，除了广东会馆、湖广会馆，尚有清代乾隆年间修建的江西会馆，尽管该会馆建筑在新中国成立后因街道扩建而有所拆除，但其过厅、中厅和后堂，以及厅堂之间天井内的一座精巧的小戏台迄今保存完整。这种庭院中的小戏台，三面凸出，面对厅堂，过去在江南地区当不鲜见，主要是家庭休闲或待客时看戏之用，或者是有钱人家所养家班演戏的场所。中国古典文学作品里，关于这种有私家空间性质的戏台上的演出，不乏描写。如今洛带江西会馆前广场上，又有宽大的重檐歇山式万年台，虽系现代打造的仿古建筑，但放在与坐北朝南的会馆遥遥相对的位置上，倒也符合传统规则。

从民间信仰看，会馆戏楼或戏台在建筑方位上是面朝着供奉神灵之正殿的，演戏以酬神娱神的功能在此显而易见。移民来自四面八方，他们信奉的神灵也多种多样，犹如郭沫若在《少年时代》中谈到客家时说的，"各省人有各省人独特的祀神、独特的会馆"。蜀地移民会馆，正是各有其祀，如湖广籍祀禹王、山陕籍祀关帝、福建籍祀天后、江西籍祀许真君、广东籍祀南华老祖等。与此相应，祭祀神灵、聚集乡民的会馆在民间也兼有了宗教宫庙之称，如天上宫（天后宫）、禹王宫、南华宫、万寿宫、武圣宫等。地处沱江上游、龙泉山脉中段的金堂县五凤镇，又称五凤溪，依山临水，俗语有云："运不完的五凤溪，搬不空的甄子场（洛带），装不满的成都府。"2005 年 6 月笔者曾在此做田野考察，当地人告诉我，这里过去是进出成都的商业门户，货物到此卸下后，随即运往邻近的洛带，也就是进入了成都的东大门。镇上有关圣宫（陕西会馆），位于玉凤街的山坡上，其院落、戏楼、正殿、回廊等规模尚在，入口处尤见气势。另有刻着"乾隆四十八年"字样的"禹王会两次募化碑"（当是其侧湖广馆的）亦存于此。立柱高大的正殿内，塑有红脸绿袍、威风凛凛的关公神像。2008年 5 月 31 日，笔者再来五凤了解地震后古建筑情况时（曾有报纸报道其受损，但就笔者实地考察所见，构造结实的古建筑如来凤楼、南华宫、关圣宫等基本上安然无恙），从一生守护此宫的八旬老人吴婆婆处得知，神像在极"左"年代一度被毁，现有神像是她筹集资金请工匠重塑的。天后指妈祖，沿海地区民众尤其信奉，澳门的妈祖阁就香火极盛。天后宫在川北地区屡见，三台老县城亦有之，系清乾隆十八年（1753）由福建人捐建，四合院格局，坐北朝南，前殿曾塑观音、文殊、普贤三大士像，后改塑哪吒、千里眼和顺风耳，正殿塑天后像（壁后还塑有天后的父母像），其重檐歇山顶的戏楼，台面长宽超过 10 米，规模不算小。遂宁地处涪江中游，有着丰富的民间文化资源。去那里考察或旅游，拜谒了广德寺，游览了观音湖，观赏了国宝宋瓷，还别忘了看看附近的天上宫，那是祀奉天妃娘娘妈祖的地方，乃闽籍移民心中的圣地，其巍峨的戏楼、大殿以及侧门处依壁而立的半边形字库塔，让人赞叹。成都洛带镇东有古刹瑞应院，俗称燃灯寺，寺内原有清乾隆十一年（1746）六月二十四日镌刻的《重修燃灯寺碑记》（该碑因故毁于 1987 年，但有照片尚存），其碑额刻有《重修古刹·助咏古八景诗》，末尾二句云："尤增禹万南宫俨，一路烟霞睹二王。"诗中，禹即禹王宫，指湖广会馆；万即万寿宫，指江西会馆；南指南华宫，指广东会馆。由此可知，洛带这三家会馆都是在乾隆年间修建的。对于客居异乡的移民来说，每逢神灵生日、酬神赛会以及其他重大活动，这些都是维持祖先记忆和强化族群认同的重要时机，而请戏班子来会馆登台演戏自是不可缺少的项目，如地方志书所载："八月一日许真君会，凡城市建有万寿宫者，是日必酬神演戏。"（清嘉庆《南充县志》）又，"清乾隆二年酉阳龙潭禹王宫新建万年台落成，有当地绅商邀请辰河戏班前来踩台庆贺，演唱《目连戏》四十八本"（《涪陵地区戏曲志·剧种》）。归根结底，给神演戏也就是给人演戏，娱神和娱人相表里，宗教祭祀和大众狂欢相结合，两种功能在民间会馆演戏中往往合二为一。

来自四面八方的移民，带来了自己家乡的习俗，也带来了家乡的戏剧。家乡情结在迁居异乡的移民心中挥之不去，他们在生活中努力保持着祖辈传下来的风俗习惯，以乡谊团结同人的会馆戏台上，也时时奏响着他们家乡戏剧的锣鼓丝弦。文化记忆使然，移民对家乡戏往往情有独钟，如广东客家人非常喜爱汉剧。汉剧本流行于湖北境内的长江和汉水流域，实际上，又称"外江戏"的广东汉剧，来自皮黄合流后的徽戏，以西皮二黄为主要声腔，是用中州官话演唱的剧种，清雍正至乾隆间传入粤地后形成。"汉剧之大受客家人喜爱并在岭南站稳了脚跟，同客家先人曾在江淮地区长期生活，存在明显的渊源关系，当是没有疑问的。"粤地客家人把汉剧视为自己的戏剧，盖在"它能慰藉客家人的乡愁乡绪"①。这种认同，又从客观上促进了戏剧文化的跨地域传播和交流。作为巴蜀地方戏，川剧号称"昆、高、胡、弹、灯"五腔共和，是多声腔剧种，除了活泼欢快的灯调为巴蜀民间原有，其他声腔或来自吴地，或来自赣地，或来自秦地，不一而足。譬如弋阳腔，又称高腔，起自江西弋阳，是对包括川剧在内的全国诸多地方剧种产生了重要影响的戏曲声腔②。分布巴蜀各地的移民连同他们修建的会馆，也从客观上推动了外来声腔在四川境内的落地生根和扩散播布。聚集着同乡或同业者的会馆，尤其是商帮行会组织的常设机构与活动场所。江西商人在历史上是很有知名度的，"明代以来，江西的茶业，造纸业和陶瓷业的贸易繁荣发展，可谓遍及全国，远销海外，在徽商崛起之前，江右商人是南方最先驰名于全国的大商帮。在明代由江右商人所建的万寿宫几遍全国，这种万寿宫亦称'江西会馆'，既是江西商人集会之地，又为弋阳腔的传播演出提供了绝佳场所。而民间的弋阳腔戏班，有赖于商业繁荣的城镇为基础，同时，又循着江右商人的贸易之路向四处流布，完全称得上是'弋阳腔之路'，江右商人的生意做到哪，弋阳腔的声音就传到哪"③。商路即戏路，移民之路也是戏曲流播之路。形形色色的商帮，大大小小的会馆，客观上正为戏曲的传播交流提供了便利。

---

① 张卫东：《客家文化》，新华出版社1993年版，第109页。
② 李祥林：《弋阳腔的历史足迹和现代启示》，《上饶师范学院学报》2005年第1期。
③ 涂新华、吴月华：《铿锵古韵弋阳腔》，《上饶日报》2004年10月10日第4版。

三

　　"《竹枝》原是蜀中词"（六对山人《锦城竹枝词》），跟移民会馆相关的戏剧文化信息，也留迹于蜀地竹枝词中。成都是四川的省会，笔者当年家住陕西街，天府广场西南侧。街名陕西，盖在其地有陕西会馆。该馆始建于清康熙二年（1663），是旅川陕人祭祖、聚会、谈商务、叙乡情、观戏剧的场所。尽管其建筑现在仅存大殿（今蓉城饭店内，为市级文物保护单位），但从当时人记载来看，清代地处省府的陕西会馆内的演剧活动，不能不说是相当火爆的。清初移民入川，来自秦地者不少，当时成都，"经商半是秦人集"（《蜀雅》卷四）。前述定晋岩樵叟的《成都竹枝词》，据其自序，乃是"暇日偶阅六对山人成都竹枝词百首，洋洋大观，不觉技痒，亦效颦作五十首"[①]。蜀地产蜀锦，成都旧称锦城。六对山人杨燮，成都人氏，其《锦城竹枝词》作于清嘉庆八年（1803）七月，其中屡屡写到各方移民的生活及习俗，也有多首咏及民间演艺活动，如："戏演春台总喜欢，沿街妇女两旁观。蝶鬖鸦鬓楼檐下，便益优人高处看。"这里说的是春日街头百戏。又如："见说高腔有苟连，万头攒看万家传。生夸彭四旦双彩，可怜斯文张士贤。"此处说的是几位梨园名角以及高腔戏演唱。六对山人笔下，不止一次写到陕西街，如："傍陕西街回子窠，中间水达满城河。三交界处音尤杂，京话秦腔默德那。"注云："正阳门前名'回回窠'。成都人呼回回为'回子'。'默德那'即回回祖国，回人每称之。"[②]陕西街跟驻扎旗人的满城相邻，以半边桥为界；又距离老皇城（明蜀王宫城）附近回民聚居地（金家坝一带）不远，所谓"三交界"即指满、汉、回多民族居住在此的状态。关于陕西会馆的演剧习俗，六对山人记载如此："戏班最怕陕西馆，纸爆三声要出台。算学京都戏园子，迎台吹罢两通来。"何以如此呢？大概跟来自北地的秦人性情爽快及看戏习惯有关，据该诗注释："省城演戏，俱不限以时，独陕西会馆约放纸爆为节，头爆二爆三爆，三爆后不开场，下次即不复再召其班。京都戏园子，必先打头通鼓，次打二通，又次打三通，三通打则人齐开场矣。又本京人以打头通为吹迎合。"[③]清

---

① 《中华竹枝词》，北京古籍出版社1997年版，第3196页。
② 同上书，第3183页。
③ 同上书，第3194页。

光绪年间，吴好山《成都竹枝词》亦写道："秦人会馆铁桅杆，福建山西少者般。更有堂哉难及处，千余台戏一年看。"（陕西会馆曾在嘉庆年间扩建，据同治《成都县志》记载，"嘉庆二年，铸铁桅杆二，竖正殿前"，这高高的铁桅杆成为陕西会馆的标志。）由此看来，旅川陕人对戏台上锣鼓声声的演出，热情不但很高，而且长久。

"争修会馆斗奢华，不惜金银亿万花。"（吴好山《成都竹枝词》）由于舍得花钱，移民会馆大都修建得房屋高大，围墙厚实，而且雕梁画柱，装饰华美。成都洛带湖广会馆，建于清乾隆十一年（1746），民国元年毁于火灾，次年复建，其戏台沿口鎏金戏曲人物雕刻，是今天游客们所熟悉的。重庆市区的湖广会馆，建于乾隆二十四年（1759），道光二十六年（1846）扩建，连同广东会馆、江西会馆为一庞大的古建筑群，现存会馆戏楼4座。整个建筑群雕梁画栋、涂朱鎏金，有取材于《西厢记》、《西游记》、《封神演义》、八仙传说、二十四孝等的人物故事雕刻，以及代表祥瑞的龙、凤、蝙蝠等动物和各种奇花异草图案，工艺精美，造型生动。大禹是古代治水英雄，地处长江两岸的湖南、湖北，江水之患尤甚，民众祀奉禹王，意在祈之保佑平安。湖广移民入川，自然也带着他们崇拜的尊神。在号称"万里长江第一城"的宜宾，禹王宫是李庄现存最大的清代建筑，建于道光十一年（1831），由两个四合院组成，主院有山门、戏楼、正殿、后殿、魁星阁及厢房等，其山门、戏楼均为重檐歇山顶，檐下饰如意斗拱，整个建筑气势恢宏。其戏台堪称蜀地保存最完整的古戏台之一，台基上的戏曲故事浮雕，引人注目。又有天上宫，位于李庄线子市，由福建移民建于道光二十五年（1845），以木刻艺术见长，后殿正前方的四根承檐斜撑上刻有龙凤，戏楼横梁上有彩绘二龙戏珠雕刻，昔日上面还贴了真金。戏台正面雕刻的是戏剧故事，情态各异的人物身后有山水楼阁作背景，戏台两侧图案则刻有书籍、花瓶、荷花等。金堂土桥的禹王宫，始建于乾隆二十九年（1764），占地约3000平方米，四合院结构规整有序，装饰华美。戏楼为九脊歇山式，通高10米，上作戏台，下为通道；左右两侧有六角重檐攒尖顶式钟鼓楼，以廊庑与戏楼相连；正殿宽敞明亮，前有卷棚拜台，以筒瓦覆顶，供奉大禹金身像。装饰艺术方面，殿庑额枋、撑拱、天花板、沿口栏板上有《西游记》、《封神演义》、列国故事等木雕鎏金人物像，其雕刻技艺，相当细腻精美。据笔者实地考察，这些木雕故事中的人物，或男或女，或老或少，或武将或文官，或身扎靠旗，或颔挂髯口，或骑马横枪披铠甲，或据案展书着官袍，乃至人物动作的一招一式，莫不是传统戏曲舞台上人物装扮及造型的照搬。图案中的人物，大小不过10来厘米，但武将战衣上的片片铠甲，文官袍服上的团花纹饰，竟然都中规中矩地一一雕刻出来，布局讲究，线条清晰，刀工利落，在笔者拍摄的照片上，其细部无不历历可辨。以产夏布知名的四川隆昌，县城北边道观坪有禹王宫，惜庙宇及戏楼毁于"文革"期间，但山门石坊犹存，匾书"蜀楚承灵"四字，其上刻有《甘露寺》、《虎牢关》、《四望亭》、《群仙会》、《水漫金山》、《金精戏仪》、《八仙过海》等小说、戏剧、神话故事，镂空透雕，技艺亦高。

有清一代，"盐都"自贡汇聚了大批陕西盐商，他们于清乾隆元年（1736）集资修建了同乡会所——西秦会馆。由于工程浩大，整整历时16年方告完成，耗资达白银六万两。被誉为"千古忠义第一人"的关云长是山西解州人，民间又奉之为武财神，山陕商帮所祀神灵即是关羽，如山东聊城、湖南长沙的山陕会馆以及河南开封的山陕甘会馆，乃"叙乡谊、通商情、敬关爷"的神圣兼世俗的社交性公共场所。自贡西秦会馆亦供奉关公神位，又称关帝庙，民间俗称陕西庙。道光年间，西秦会馆又进行大规模扩建，费金数万，所占面积约为3000平方米，其建筑瑰丽宏伟，堪称四川境内同类建筑之冠。会馆布局，遵循我国古代建筑群的传统方式，沿中轴线对称地按南北方向纵深构筑，以殿宇、厅堂为主体，周围以廊楼、阁轩等建筑环绕、衔接、呼应，形成一个有层次、有变化的环状方形四合院。作为会馆入口的武圣宫大门，建筑样式别致奇妙、气派堂皇，雕梁画柱的戏台即在第二层。戏楼台口左右，是形制相同的两座阁楼，东为金镛阁，西为贲鼓阁，二阁相向而立。西秦会馆在建筑装饰上亦匠心巧运，这些装饰分别由木雕、石刻、泥塑、彩绘等组成，散布在会馆建筑的不同部位，内容包括神话传说、历史故事、戏剧场面、社会风情、奇禽异兽、花草静物等。就拿木雕来说，仅在戏楼以及钟鼓二阁前面22.3米长、60厘米宽的楼沿上，就刻有栩栩如生的各种人物350个。木雕分为上、中、下三层，划分为大小不等的208个画面。下层画面较大，用高浮雕生动地展示了近20出戏的演出场景，计有《游月宫》、《忠义堂》、《失代州》、《陈姑赶潘》、《李逵负荆》、《截江夺斗》、《天官赐福》、《八仙祝寿》等。地处川南、接壤云贵的叙永县春秋祠（陕西会馆），奉祀关羽，也是由盐商们斥巨资建于清光绪二十六年（1900），犹如西秦会馆，如今亦为国家级重点文物保护单位，主要建筑有大厅、正殿、三官殿、乐楼等。春秋祠建筑精巧，木、石雕刻尤其精美，所存五层四面的镂空石雕香炉上，刻有戏曲故事《挑袍辞曹》（三国戏）、《三调芭蕉扇》（西游戏）等，相当传神。在春秋祠的门枋、撑拱、石缸等上面，《三义图》、《引凤楼》、《二进宫》、《点将责夫》、《仙姬送子》等剧目雕刻也历历可见。据笔者历年田野考察，诸如此类雕刻在四川的会馆及寺庙中多见，内容丰富，造型生动，其中不乏妙品佳作。总而言之，从传播学角度看，移民会馆无疑也是向大众传播戏剧文化的重要场所，除了会馆戏台上艺人唱、做、念、打的动态演出，这些作为会馆建筑装饰的静态雕刻，借用李笠翁的说法，亦可谓是绝妙传神的"无声戏"。

［原载《东南大学学报》（哲学社会科学版）2014 年第 1 期］

"戏中餐":中国目连文化的一个特例

　　以搬演"目连救母"故事为主体的传统目连戏,号称华夏戏曲的"活化石"。研究目连戏,有一重要关目不可忽视,那就是"吃"。中国自古"以农立国",在此泱泱农业大国里,饮食文化高度发达,素有"民以食为天"之说。目连戏是佛教故事入华后被"中国化"的典型产物,它深受华夏传统文化的陶冶,其中,也包括饮食文化的濡染。毫无疑问,"吃"是传统目连戏尤其是四川目连戏中一重要关目,且看傅相由吃素而升天国,刘氏因吃荤而入地狱,整个故事情节的展开都离不开"吃"这一契机。本文无意就目连戏中之"吃"作全面探讨,仅就川目连里独具特色的"戏中餐"作一审视,权作引玉之砖。

一

　　一般来说,中国传统戏曲无论"国剧"京戏还是其他各地方戏,都是重写意讲虚拟的艺术。"写意传神",此乃华夏古典戏曲有别于以肖实为重的西方传统话剧之处。犹如绘画中的水墨写意,它不汲汲于形似而是一往情深地追求神似,无意诉诸逼真肖实的舞台环境,而是尽可能让出时空让演员去表演,景随人走,境由人迁,从而调动观众积极投入再创作,"各以其情而自得"。在此原则规定下,"吃"这一人类基本生活行为搬上梨园舞台后,经过艺术的提炼,由演员用虚拟化的程式动作来加以表现。如大家熟悉的现代京剧《红灯记》中,李玉和被捕时"临行喝妈一碗酒","喝酒"是通过表演者一系列程式化的舞台动作完成的。唯因戏曲是重虚拟讲写意的假定性艺术,这一本质规定便致使生活中的真吃真喝到了戏台上则处理成假吃假喝。

　　然而,中国戏曲妙就妙在既有严格的程式规范又有灵活的操作运用,它在明确倡导舞台上假吃假喝的同时偶尔也不拒斥表演中的真吃真喝，因那是特殊的剧目和情景规定使然。为四川目连戏所独有的"戏中餐"，即是这方面显例。旧时蜀中民间，老百姓办喜事、丧事都讲究摆"九大碗"宴请客人。传统目连戏中有目连之母刘氏开荤的戏，在巴蜀民间演出时，所上菜肴便是四川乡村筵席上通行的"九大碗"。据有关资料，过去川南地区目连戏中有《李狗上菜》一折，由开荤的主人刘氏、监厨的管家李狗、上菜的伙房及劝酒的刘贾、金奴等几个主要角色表演，很有特色。戏中先由刘氏道出她"识破佛门虚假，意欲戒斋开斋"的打算后，便是吩咐李狗等摆出席桌，开始上菜。通常是按川南农村设宴规矩，先摆出 12 个干碟（有核桃、板栗、瓜子、桂圆、荔枝、樱桃等），然后再端上九大碗蒸菜（有肘子、烧白、杂烩、鸡、鱼等）。菜肴皆是实物，便于表演起见，没有汤水。由武丑扮演的伙房头扎帕子，肩搭毛巾，光着上身，随着锣鼓声翻跟头出场，一个个地转出干碟后再将九大碗一一抛出。伙房抛，李狗接，而且，每上一个碟子，后者问是何菜，前者就念一诗如"嘴对嘴，对嘴开，轻轻抬出美人来；美人到口多滋味，雪里梅花满地开——瓜子"，或展一句谚子（四川歇后语）如"闺门旦的嘴唇——樱桃"；每上一碗大菜，李狗问是何菜，伙房就既念（或唱）诗句又展谚子，如先唱"红粉佳人身无骨，雪白江豚眼口殊；寄语天公与河伯，何妨试以火煮沸"，道出菜式特点再报菜名"长江边上会袍哥——江团（鱼）"，或仅展谚子如"光屁股坐在沙滩上——夹沙肉"①。川北地区搬目连，也有类似真吃真喝的"大开五荤"演出，略有不同的是将厨师和李狗两个角色合二为一了。

值得注意的是，传统川剧目连戏的"戏中餐"，不单单是为台上人准备的，也供台下观众品尝。旧时蜀中农村搬演目连戏，本身即是一种大型的糅合戏剧、宗教、民俗诸多因素于一体的多功能娱乐活动。1993 年秋季，在绵阳市举办了四川目连戏国际学术研讨会。其间，由该市川剧团为代表们演出按传统路子排演的正目连四本时，就复现了有台下观众共进"戏中餐"的热闹场面。其中《刘氏出嫁》和《刘氏四娘开五荤》两场戏，先后有素席和荤席各一餐，共计 50 余桌，摆在市郊古三国遗址富乐堂前。在剧中傅家迎亲的喜宴上，夫妻拜堂一结束，二傧相就大声宣布：

① 见《目连戏与巴蜀文化》，《四川戏剧》1993 年增刊。

"富乐堂前设喜宴,诸亲百客请用餐!"随即,那用各种新鲜蔬菜烹制、由凉菜9盘和热菜15道构成的素席便摆在既是来宾又是观众的面前。喜乐声中,剧中人、戏外人共进素餐。新郎、新娘及新郎的父母还从台上走到台下,向进"戏中餐"的观众们敬酒,既看戏又进餐的台下人也进入戏中,拿出备好的喜钱、喜礼以示祝贺。而在刘氏开荤的戏里,为开荤推波助澜的李狗在台上高喊上什么菜,台下数十张大圆桌就摆出什么菜。只听见诸如"滚龙抱柱——黄鳝烧蒜薹"、"大雁落在油锅头——炸全鸭"、"和尚脑壳用梳子——酥肉"、"蚂蚁上树——烂肉粉条"之类俚俗而风趣的歇后语式报菜名声响起,热腾腾、香喷喷的菜肴一下子陈列满桌,观众们吃得喜笑颜开,赞语不绝。这别开生面的"戏中餐",把台上和台下有机地融为一体,将"搬目连"的民间娱乐活动推向高潮。据悉,为办这次研究演出的"戏中餐",仅进餐用具就有30余张桌子、200把座椅及上千件餐具,而从8月中旬开始彩排到9月初正式演出,由某饭店派出事厨的职工就有30余人,还配有一辆专车运菜、煤等。如此大规模的"戏中餐",实在令人咋舌,叹为观止。这种台上人摆席请客、台下人赴宴进餐的热闹场面,构成了中国戏曲文化史上一大奇异景观。这种情形何以产生?其内涵何在?当然值得艺术研究者探讨。

二

《刘氏开荤》为传统目连戏固有,就表演特点论,其他剧种多使这场戏杂技化,唯蜀中艺人又进而把它处理成真吃真喝的"戏中餐"。杂技化表演在四川亦见,如资阳河搬目连时,演这场戏就是让演员"变戏法"出场,当众从身上变出杯盘菜肴,陈列满桌,甚至有满满一坛酒,启封后舀出酒来香气四溢,观众们莫不称奇叫绝。这里,表演技巧就是一套古典堂彩,所谓"大搬运"是也。清末民初内江金泰班的黄花客和同兴班的黄泰武均擅此道。但值得注意的是,这里变出的仍是真食物而非假道具。事实上,对"真"的看重或"假戏真做"正是川目连有别于兄弟剧种的个性特征之一。关于这点,清人徐珂在《清稗类钞·新戏》中有详细记述:"蜀中春时,好演《捉刘氏》一剧,即《目连救母·陆殿滑油》之全本是也。其剧自刘青提初生演起,家人琐事,色色毕具。未几刘氏扶床矣,未几刘氏及笄矣,未几议媒议嫁矣……嫁之日,一贴扮刘,冠帔与人家新嫁娘等，乘舆鼓吹，遍游城村。若者为新郎，若者为亲族，披红著锦，乘舆跨马以从，过处任人揭观。沿途仪仗导前，多人随后，凡风俗宜忌及礼节威仪，无不与真者相似。尽历所宜路线，乃复登台，交拜同牢，亦事事从俗……此剧虽亦有唱有做，而大半以肖真为主，若与台下人往还酬酢，嫁时有宴，生子有宴，既死有吊，看戏与作戏人合而为一……具老妪能解之功，有现身说法之妙也"。由此可见，打破戏内戏外的时空界隔，消除台上人和台下人的心理距离，"看戏与作戏合而为一"，事事从俗，"肖真为主"，这在川目连中是全方位体现，而真吃真喝的"戏中餐"正是此创造原则的具体贯彻与落实。即是说，将"戏中餐"处理成真吃真喝，在外人看来是不可思议，在内行眼中却是理所当然，因它归根结底是服从川目连"肖真为主"的表演美学法则的。如前所述，中国传统戏曲在表演上是重虚拟讲写意的假定性艺术，川目连在"以歌舞演故事"这根本点上虽大体符合此义，但它时时有意识地插入由虚而实的处理又显然是个例外，究其缘由，这又跟川目连在世俗化娱乐性道路上较其他剧种走得更远的审美特征不无瓜葛。

四川目连戏和福建目连戏在故事情节上大致无二，可能同宗同源，有甚为密切的血缘关系。然而，在各自的历史发展过程中，由于地域文化的熏染，二者又呈现出各不相同的个性特征。闽目连偏重于宗教信仰、心理补偿，搬目连过程中突出的是祭祀孤魂、超度亡灵，具有浓厚的宗教迷信氛围；川目连侧重于民俗游戏、娱乐观赏，搬目连尽管原有"以袚不祥"的本意，但在此过程中则揉进大量世俗娱乐活动，从而在强化民俗色彩的同时也就必然淡化了宗教意味，使本具高台教化之严肃意味的搬演目连戏蜕变为一种调动观众参与意识、洋溢游戏娱乐光彩的民俗文化活动。这一点，在蜀中艺人为传统目连戏添加《娶刘氏四娘》一场戏上体现得尤其鲜明。这场为川剧各条河道搬目连时必演的重头戏，却为其他剧种所无，亦不见于佛经、变文、宝卷，乃巴蜀艺人的独创。

清代雍、乾时期资阳河老金玉箱传本《目连戏文》十卷，即自"娶刘氏四娘"起而至"变吼菩萨"止。在川目连中，《娶刘氏四娘》可谓最喜庆热闹也最有轰动效应的一场戏，且自清代以来已见，如前引《清稗类钞·新戏》所载。这场戏主要是在舞台下戏场外展开的，完全是蜀中迎亲风俗和礼仪的生动展现。其过程一般如此：迎亲前一天，扮刘氏的演员要先住到"刘府"（当地会首处或庙里），次日晨，傅家迎亲队伍便从剧场出发，在乡镇上穿街走巷来到刘氏"娘家"迎亲。而由演员扮演的媒婆、舅子及娘家的亲戚朋友，则帮忙张罗嫁女事宜。扮刘氏的演员还要拜当地会首为"保保"（干爹），由干爹备嫁妆打发姑娘。随后，新娘披红着锦，乘上四抬无顶大轿，众人簇拥新人，妆奁抬盒，一路吹吹打打，遍游大街小巷。观者还要议论嫁妆办得多不多、好不好，像真看邻家嫁女一样。轿子抬至红烛高烧、张灯结彩的戏场（即喜堂），台上傅家亦"俨然备六礼，由玄天观以缘舆舁刘氏上台，如世俗结婚状"①。会首在戏场上要摆宴席，请地方父老官绅光临贺喜……凡此种种排场，皆假戏真做，戏中人跨出演戏介入世俗生活，戏外人参与娱乐介入戏剧演出，整个乡镇地方皆成戏场，演员和观众合二为一，这融洽无间的全民性娱乐氛围多少使人联想到那种他娱和自娱无分的原始戏剧场面。由是观之，喜宴上真吃真喝的"戏中餐"，恰是目连戏在四川民间蜕变为全民性世俗娱乐活动的必然结果。

　　肖实求真性和世俗娱乐化是川目连的两个基本特征，真吃真喝的"戏中餐"不过是其具体体现而已。若再进一步追究其形成原因，这又显然跟下述两点有关：一是演员的谋生意识。"要吃饭，搬目连"，此乃蜀地艺人中流行的一句话。据重庆川剧院胡裕华回忆，"搬目连要敲会首"②。怎么敲法？如刘氏出嫁，会首得出嫁妆，合川退休艺人陈世全回忆昔日演刘氏，演一次龙头大爷给的嫁妆（很多软缎），就"可做六、七套褶子"③；刘氏挨叉，还要给演员买副棺材放在台上。这些东西，事后都归饰演者。刘氏大开五荤，就得备好真酒真肉。刘氏夫妇拜堂后下台来拜在座的贵客，客人要给红包，叙府民国年间一次搬目连，刘氏夫妻拜百客时，"先请贵客受拜……一个红包十元银毫子拜礼送上戏台，接着是某太太、某老爷，拜个不停，红包也送个不歇，台上台下都乐呵了"，以致有旁观者叹曰"这下刘氏四娘两口子不缺钱用啦"④。至于叉手、寒林等，皆因拼命亮艺而有高额赏金，甚至"寒林和小鬼可以沿街抓吃糖果……谁要收钱或加

---

① 周询：《芙蓉话旧录》卷四，四川人民出版社 1987 年版。
② 见《目连戏与巴蜀文化》，《四川戏剧》1993 年增刊。
③ 同上。
④ 严树培：《故园六十二年前——宜宾搬目连盛况》，《四川戏剧》1992 年第 5 期。

阻拦，袍哥码头必将干预，谓之'不落教'，故穷家小儿或欲祈福家的孩子，争着装扮小鬼"①。显然，艺人们搬目连时一再"假戏真做"，正是出于生存需要，欲借宗教戏的威力让有钱者不得不言听计从而"出血"，从而为自己多谋些钱财和实物。二是观众的祈福心理。目连戏是用于"祓除不祥"的有浓厚宗教迷信色彩的戏，因而观戏者多是怀着消灾祈福心理要求搬演此戏的（富人如此，贫家亦然）。由于这种心理的挪移，人们进而将目连戏中的一切都奉之若神，认为有幸沾上它会给自己带来好运气。有钱人在喜宴上舍得给红包，其中一个原因就是他们也认为受剧中人一拜会给自己带来福运。犹如信神的老太太常把供神的食品在事后分给儿孙们吃并相信这会给后者带来福佑一样，观众们看目连戏也希望从中拾得一点东西（如假叉）或尝到一点东西（如宴席上的食品）。因此，针对接受者的这种心理，演戏者投其所好的假戏真做，乃是顺理成章之事。

三

从以上角度解释川目连之"戏中餐"的缘起，大体说得过去，但仅限于此，似乎还不够。须知，目连戏终归是一出宗教题材戏，所宣传的主要是佛家所讲的清规戒律、因果轮回，刘氏因大开五荤而堕入地狱这故事本身即是从反面提醒世人，要守佛门食素戒规，以免遭受报应。然而，在《刘氏开荤》一场戏，台上人不但极尽宴席铺张之能事，台下人也开怀大嚼，诚如有人所言，"人们吃得津津有味，谁也不怕下地狱了"②。此外，作为反面教材的《刘氏开荤》剧目，跟热热闹闹大吃大喝的场面本应是格格不入的，可是，两者居然合二为一，这不能不说是川目连独有的一种奇怪的文化现象。在《刘氏出嫁》一戏中，观众们参与吃喝可以说是受祈福心理的驱动，但《开荤》这场戏里，则不能如此说，因按常理，观众若联想到刘氏开荤的后果，应该对开荤食肉避而远之，持惧祸心理才是。究竟是什么原因促使随同刘氏开荤的观众们"明知山有虎，偏向虎山行"呢？显而易见，研究川目连"戏中餐"的成因，对此关键是不能回避的。

笔者认为，要解答这个问题，首先务必了解刘氏形象在川目连中也就

---

① 邓亚曾：《三台县马壕戏与搬目连》，《四川戏剧》1992 年第 3 期。
② 陈培仲：《整旧与翻新——喜看两种川目连》，《戏曲艺术》1994 年第 1 期。

是在巴蜀民众心目中的角色定位。跟外剧种以目连形象为核心不同，刘氏形象在川目连中是居中心地位的，这种角色重心的偏移表明巴蜀民众对后者怀有更多的兴趣和同情。一般来说，因破戒开荤而被无情打入阿鼻地狱的刘氏四娘是目连戏中一反面角色，一个否定性形象。然而，在世人心目中，却对这个妇女的遭遇投寄了很大的同情。清代嘉庆十八年内江举人刘钢成为戏台撰有如下一副目连戏对联："坠血河苦海，只为些冷肉残鱼，刘氏冤矣！是岂睡魔阎君，这公案还须重新断过；走地狱天堂，忽现出慈云宝月，佛果灵哉！为问仁人孝子，此件事却于何处得来？"叙永县城隍庙联亦云："傅员外无非有几个臭钱，就有那金童玉女迎上天去；刘四娘不过吃两片肥肉，竟被这牛头马面抓进殿来。"公开为刘氏喊冤，要求重断此"公案"。诚然，刘氏曾破戒开荤，可她为何要这样做呢？刘氏一家虔诚事佛、吃斋把素、怜孤偿贫、广结善缘，换来的却是傅相暴病而亡的结果，此时此刻，难怪处于极度悲痛中的刘氏要对讲因果报应的佛教规诫产生幻灭感："笑佛门天良昧了，是与非黑白混淆，三代人信佛信教，末降福尽把祸招，凡夫子都知道恩将恩报，佛中人假慈悲撞骗招摇！"① 既然吃斋念佛都换不回傅家主人之命，又怎能让刘氏再对此信而不疑呢？既然刘氏破戒开荤就得下地狱，那么，老天无眼，对傅家以恶报善，又该作何处置呢？显然，巴蜀民众同情刘氏，当是基于这更深层也更实际的思考。由于拿刘氏的所作所为跟老天的所作所为这么一比较，于是，人们对刘氏开荤不但不认为是一种罪孽，反而视之为一种顺理成章之事，自然而然，看重现世享受而不重来世报应（这恰是传统中国文化的固有精神）的老百姓们也就不再忌惮"开荤"而要随同刘氏一道大吃大喝了。而从深层文化心理角度看，观众参与开荤这一行为本身，恰是对刘氏所作所为的同情、认可乃至支持，也就是对"开荤"公案的实际重断。总之，观众参与刘氏开荤，是真实的世俗观念战胜了虚幻的宗教观念，是活生生的同情感盖过了神秘的惧罪心理，而对刘氏的这种同情又显然是不无理由的。

说到这里，我们不难体会出川目连在传统中国文化影响下所形成的一种明显的非宗教情绪。目连戏是宗教题材戏剧，可是，在其搬演过程中，我们却看到大量与之对立的非宗教意识渗透其中。对此，欧阳友徽在《目

---

① 见《目连救母》剧本，四川省中江县天顺班老艺人李箐林收藏。

连戏的反宗教意识》一文里有较详述说，但他是从观戏者接受跟作戏者意图错位看待此问题的，文中写道："目连戏原本是宗教剧，主要任务是图解、宣传宗教教义……但是作为戏剧，单有正面的宗教楷模不行，还要有宗教的反面教员来陪衬，才能出现冲突，促进矛盾发展，才能曲折跌宕、好戏连台、观者倍增。于是桂枝罗汉、刘青堤、刘贾、李狗儿、金奴等便粉墨登场，形成一个对立群体，他们就是'反宗教意识'的代表们。为了彻底、真实、形象地揭露反面教员的种种'丑恶'，反宗教意识便在舞台上得到了长足表现的机会。谁知物极必反，其结果竟违背了作者的主观意愿，使不少观众对'反宗教意识'者产生了同情。"[1] 以蜀中观众敢于同破戒开荤的刘氏同坐一席吃喝的事实证之，该论确实不无道理。不过，我们也未尝不可再进一步，说目连戏本文即是一个矛盾结构体。因为，其中既明写了刘氏堕入地狱是由于她抛弃了佛规（一朝破戒开荤便永罹苦海），又暗示了刘氏叛佛破戒是由于神灵先抛弃了她（长日吃斋奉佛却未得善报）；写前者明显是从反面入手对佛门教义的宣扬，写后者则恐怕是对佛门学说的直接违逆。按佛家宣扬的因果报应理论，刘氏破戒开荤该下地狱，同样，她吃素念佛也该得善报，可是结果相反。于是，我们发现，在同一目连戏当中，同样的因果学说体现在刘氏身上，时而很灵验，时而又不灵验，这就出现了一个"二律背反"。即是说，围绕"开荤"这一中心事件，宗教意识和非宗教意识便在刘氏的前后遭遇上都体现出来了。而这种矛盾，显然是作为中外文化碰撞的产物之目连戏与生俱来的，其答案当从重现实人生的中国文化与重来世报应的佛教文化的对峙、分歧中去寻找。唯因目连戏本文有此矛盾，也就难怪观众要同情刘氏而以世俗情感排挤或淡化宗教意识了，而"不怕下地狱"的真吃真喝的"戏中餐"恰是一个明证。

（原载《民族艺术》1997 年第 1 期）

---

① 欧阳友徽：《目连戏的反宗教意识》，《艺海》1993 年第 3 期。

亮相在民间美术中的戏曲身影

作为"小传统",戏曲跟民众生活结下不解之缘。过去多数中国百姓对历史文化的了解,与其说是得自官学、私塾等正规学堂的学习,不如说是通过庙会戏曲、茶馆评书之类通俗文艺的熏染。民间美术在民众生活中也占有重要位置,检视种类多样的民间美术世界,不能不看到传统戏曲的深深影响。从民间美术对戏曲题材的广泛借取和表现中,不难窥见传统戏曲艺术深受中国民众喜爱的社会心理。纵观本土民间绘画、民间雕塑等造型艺术,其中戏装人物占有相当比重,引人注目。诚然,民间美术中的造型,常常取材于神话传说、民间故事等,未必都是来自戏曲,但是,仔细瞧瞧作品中那些着戏装、挂长髯、插翎子、扎靠旗、扯式口的形形色色的人物形象,就容易明白这正是民间艺人从他们自幼耳熟能详的戏台上照搬下来的。再说,以家喻户晓的年画为例,"在农耕时代,戏曲艺术的魅力不小于今天的电影电视,木版年画描绘过的戏出多不胜数,各地的戏曲年画所表现的又多是自己的地方戏,不少在年画上绘声绘色出现过的剧目如今早已不存"①。因此,考察广泛亮相在民间美术中的戏曲身影,对于我们研究华夏戏曲的剧目、表演、传播等,不无裨益。

一

年画源自民间岁时张贴神灵画像以避凶逐疫的习俗,门神年画是中国年画的古老形式。长城内外,大江南北,逢年过节,辞旧迎新,家家户户总是要张贴门画,上面画着把守家门、镇鬼驱邪的保护神。这种古老习俗,体现着大众百姓对美好生活的向往,犹如现代歌剧《白毛女》中喜儿

---

① 冯骥才序,见《中国木版年画集成·绵竹卷》,中华书局 2008 年版。

在大年三十贴门神时所唱："门神门神骑红马，贴在门上守住家；门神门神扛大刀，大鬼小鬼进不来，哎，进呀进不来……"就年画中人物形象看，从上古神怪模样的神荼、郁垒到后来武将姿态的秦叔宝、尉迟恭，表现形式多种多样，而尤其为广大民众熟悉的，当数仿照戏台上那头上戴盔、身着铠甲的武将打扮者。"门神年画与戏曲年画是年画中品种最多、印量最大的两类。"① 戏曲门画中，门神的穿着打扮有如戏中人物，手中兵器亦属舞台上的"花架子"，并且呈舞台"亮相"姿态。如山东潍县的门神，左边的秦叔宝和右边的尉迟恭皆身着铠甲、背扎四面"令"字靠旗，前者双手执锏，后者双手执鞭，如此造型正是借鉴了戏曲舞台上人物模样。又如河南朱仙镇年画《双锁山》，画面上刘金定身着铠甲背扎靠旗，头上插着翎子，正欲从高君保手中夺枪；高君保亦是身穿铠甲，背扎靠旗，脚上蹬着一双跟戏台上演员相同的白底靴，整个人物姿态及服饰都是仿照戏中来的，让人观画犹如看戏。《荔枝记》是潮剧经典剧目，讲述书生陈三与五娘历经周折的爱情婚姻故事，福建漳州年画艺人取之入画，遂有《五娘看灯》、《陈三磨镜》、《小七送书》、《潮州府三审陈三》、《陈三五娘成亲》等两张 18 幅画面展现。走访民间可知，年画艺人中不乏戏迷，身居乡村常去万年台看戏的绵竹年画老艺人陈兴才同采访者谈到《穆桂英》时就说："还有梁红玉嘛，她们穿的戏袍，我还刻有一张版。"② 放眼中华大地，诸如天津杨柳青年画、苏州桃花坞年画、四川绵竹年画和夹江年画之中，戏曲故事及戏装人物屡屡出现，莫不神采飞扬，为老百姓所喜闻乐见。

"蜀戏冠天下"，巴蜀戏剧文化投射在巴蜀民众生活的方方面面。绵竹年画兴盛于清代，乾隆、嘉庆年间已有作坊 300 余家，年画艺人逾千人，作品种类有门神、神案、斗方、画条等。被定为一级文物的《迎春图》是绵竹年画馆的镇馆之宝，作者黄瑞鹄以长达 6 米的画卷生动地再现了清代当地立春习俗。立春是正月里首个节日，迎春对于"以农立国"的华夏来说格外重要。每逢此时，要举行盛大仪式，官民参与，上下同乐。迎春仪式中，除了迎春牛、鞭春牛等民俗活动，还有人物身着戏装、在街头表演

---

① 金梅：《戏曲与年画》，《文艺报》2005 年 11 月 3 日。
② 冯骥才主编：《中国木版年画集成·绵竹卷》，中华书局 2008 年版，第 19 页。

戏曲故事，蜀地民间谓之"抬阁"、"高装"等。《迎春图》的内容，包括四部分：首先是迎春，其次是报春，再次是游城，最后是打春。第三部分，除了狮灯、龙灯表演，有桌式抬阁六架，以活人着戏装扮《秋江》、《踏伞》等折子戏。绵竹年画清代老版中不乏取材于戏曲的，人物刻画细腻，场景表现生动。诸如《借东风》、《打黄盖》、《双旗门》、《送京娘》、《龙虎斗》、《翠香记》、《五子告母》、《钟馗送妹》、《萧方杀船》、《三顾茅庐》等戏台上常见剧目，以及关公、岳飞、财神、灶神、八仙、三官大帝、四大天王、十六罗汉、西游故事、水浒人物等，历来是年画艺人青睐的题材。1994年秋，文化部在京举办中国民间艺术一绝大赛，绵竹年画9件作品参展，除了姚春荣的《西厢记》取材于同名戏曲，其余如陈兴才的《双扬鞭》、李芳福的《立锤武将》、马忠义的《刀锤武将》和金平定、侯世武的《副扬鞭》，还有老版拓片《赵公镇宅》、《紫微高照》和《寿天武将》，人物造型也莫不含有明显的戏曲化元素。"填水脚"又称"行门神"，是绵竹年画艺人手中绝活，那在涂抹挥洒的大笔写意中勾画出活灵活现的剧装武将形象，令人惊叹。在四川，绵竹与茂县、汶川等羌族地区相邻，来自绵竹的剧装门神，也是羌族民间喜爱之物。

　　《老戏曲年画》是1999年上海画报出版社推出的，由张道一主编，图、文相配，除了《封神榜》、《西游记》、《水浒传》、《三国演义》题材外，还有白蛇传、天河配、蝴蝶杯、忠心报国、韩湘子出家、王定保借当、梁山伯与祝英台、孟姜女故事、杨家将故事、呼家将故事、二十四孝图以及其他单出戏文，以"老"定名的该书所收图版多为清代或民国时期的。2007年北京大学出版社出版了王树村编著的《戏出年画》，"出"为"齣"之简化字，指一个独立剧目，"戏出年画"即是以表现舞台上的戏曲故事、戏曲人物、演出场面等，以描绘舞台演出实况、刻画演员真容等为题材和内容的年画。戏出年画中，影响最大、留存最多的是京戏年画，为我们研究京剧艺术提供了值得重视的图像资料。这本《戏出年画》中，经过编著者细心搜求，辑入了江苏、安徽、福建、四川、山西、河南、陕西、天津、河北、山东等十省市诸多精美的戏出年画，将各地戏曲演出的剧目、风格以及表演特色鲜活地展示在我们面前，表现出中国戏曲文化的丰富内涵。不仅如此，编著者还在编辑方式上以"说戏"、"说图"、"细部欣赏"三种文字相配，深入浅出地带领读者领悟戏曲年画的动人精髓。《戏出年画》分上、下卷，下卷着重介绍了天津杨柳青、河北武强、河北芦台以及山东的戏出年画，上卷综述了戏出年画的渊源和盛衰、戏曲对戏出年画的启发、戏出年画风格的形成等，中间图谱部分涉及江苏苏州戏出年画、安徽临泉戏出年画、河南开封戏出年画、福建戏出年画、山西戏出年画、陕西戏出年画、四川戏出年画。观看这无声画，能使我们产生听有声戏的幻觉。

此外，2005 年花山文艺出版社出版了《清宫戏出人物画》（黄克主编）。这些戏出人物画原藏于清代宫廷，是由清朝内务府"造办处"依据剧本专门为宫中，尤其是为慈禧太后绘制的供其"养眼"的"御赏物"，以"乱弹"剧目为主，后来大部分流散到民间。该书从民间收录了 200 多幅作品，几乎囊括了国内能收集到的所有流散出宫的戏画，可谓是目前同类图书收录幅数最多者。这些戏出人物画，大量是带肖像性质的，也就是替名演员某出戏留影的写真画，从民俗学角度看，可谓是一种关于戏曲艺人及表演的"图像民俗志"。彼时，有不少知名画家画了许多戏曲的写真画，画中每个人的面貌神情以及服饰、头饰、化装的式样、色彩、图案等相当准确逼真，比如《渭水河》中的姜子牙、《定军山》中的诸葛亮、《樊城》中的伍子胥、《诉功》中的李渊，等等。又根据《穿戴提纲》等文献资料，编者还将画中人物的装扮、穿戴、服饰等一一注明，并且对相关剧情作了考订说明，个但大大丰富了该图书的知识含量，也为从事戏曲表演、舞美等的行中人提供了颇具专业性的信息。值得注意的是，《清宫戏出人物画》中所收戏画俱以"乱弹"剧目为主，足见道光以后源自民间的花部乱弹已取代了雅部昆曲的统治地位，这些画作对于学人考察戏曲"花雅之争"历史无疑有参考价值。又经考证，这一巨大工程是由画士沈振麟主持"画院外"的画工集体完成，其中凝聚着民间智慧。大而言之，这些戏画还为我们研究清廷末期文化建制提供了不可多得的资料。

河北武强是中国北方最大的木版年画产地之一。武强年画起初是手工描绘，后来改为半印半画，清初则采用木版套色水印。康熙年间有北方民谣曰："山东六府半边天，比不上四川半个川。都说天津人烟密，比不上武强一南关。每天唱上千台戏，找不到戏台在哪边。"① 所谓"千台戏"，

---

① 《明清时期的戏曲年画》，http：//www.showchina.org/nianhua/nhyxj/t20070629＿263750.htm。

即指戏曲年画。实事求是地讲，每天这纸上唱出的"千台戏"，对于传播戏曲的作用不可小觑。有趣的是，民间美术也会反过来影响戏曲表演。例如，传统川剧《玉祖寿》写玉皇大帝寿诞，各路神仙前来祝贺，其中有哑剧式表演"跳画"，即源于年末岁首民间张贴年画风俗，用戏曲舞蹈语汇再现画中人物及故事，包括"刘海戏蟾"、"张仙打弹"、"钟馗送妹"、"麻姑献寿"、"魁星点斗"等。被玉帝封为驱魔帝君的钟馗，在民间传说中有怒目圆睁、凶猛可畏的鬼王像，也有和颜悦色、一团和气的祈福像。"跳画"表演的"钟馗送妹"，舞台扮相上取后者，以丑角应工，用风趣、幽默的舞蹈身段来表现兄妹无拘无束、戏谑玩耍的童心，其形象招人喜欢。"魁星点斗"是"跳画"的大轴，表演上就更是精彩①。《玉祖寿》这类传统戏，既可作为替人祝寿演出的贺戏，也有利于戏班子亮演员、亮技艺、亮行头，展示自身艺术实力。这种戏、画合一的"跳画"，来自跑江湖的戏班艺人别具匠心的创造。

二

雕塑在中国古代，大多依附建筑而存在。传统建筑雕塑中，无论木雕、石雕还是泥塑，从戏曲人物及故事取材的例子随处可见。如在 2008 年"5·12"地震重灾区都江堰市（灌县），其古色古香的南桥、二王庙等建筑的屋顶、撑拱上，不难见到此类造型。位于锦江畔的望江公园跟四川大学一墙之隔，园中那高高矗立的崇丽阁（当地人习惯称"望江楼"），乃成都的标志性建筑之一。"既崇且丽，实号成都"，古书上有此说法。崇丽阁建于清光绪十五年（1889），高 30 多米，上下四层，飞檐翘角，雕梁画栋，建筑伟丽。阁底四方石台，有立柱十二，柱上刻有十二生肖，而且每柱撑拱上刻有一戏曲故事，如《陈姑赶潘》、《杀狗惊妻》、《凤仪亭》、《海神庙》、《送京娘》、《抢伞》等，皆着彩色，雕刻精细，造型生动，正是清末蜀地戏曲演出的投影。比如《抢伞》（即《蒋世隆抢伞》，后易名《踏伞》），源于明传奇《幽闺记》，迄今仍是川剧舞台上常演的折子戏。剧写北宋时金兵入侵汴梁，逃难途中，尚书之女王瑞兰与母亲、书生蒋世隆与妹妹失散，蒋、王二人相遇，结伴而行，风雨共伞，最终产生情爱，定

---

① 《重庆戏曲志》，文化艺术出版社 1991 年版，第 346—347 页。

下终身。蒋公子憨厚、热情，王姑娘美丽、聪明，一路上二人斗嘴、调侃又相互关心，使这折戏充满了人情味和喜剧色彩。在望江楼雕刻中，经过雕刻艺人对舞台表演的瞬间镜头抓取，采用圆雕形式表现戏中这对青年男女，王世隆（小生装扮）左手捧雨伞，王瑞兰（小旦装扮）双手牵裙作飞蛾状（既是行路时的装束打扮，也是舞台上的舞蹈姿态），二人长途跋涉的情形被塑造得活灵活现。雕刻中人物的装扮和姿态，对照今天川剧演出，可谓仍无大异。

关羽崇拜遍布民间，在多民族的中国，亦见于西部少数民族地区。羌族以白石象征神灵，汶川雁门羌人房顶上供奉的白石之一即代表关老爷。走访藏区可知，关羽崇拜在藏民中甚至与他们的民族英雄格萨尔叠合，他们将二人同塑一殿，称关庙为"格萨尔康"。藏区庙宇里的关羽神像，也是我们通过戏曲舞台所熟悉的模样。在四川，"盐都"自贡的西秦会馆，又称关帝庙、陕西庙，由来川的陕西盐商建于清乾隆初年，耗银达六万两。道光年间，又进行大规模扩建。所占面积约为3000平方米，其建筑瑰丽宏伟，堪称川内同类建筑之冠。整个会馆，沿中轴线对称地按南北方向纵深构筑，以殿宇、厅堂为主体，周围以廊楼、阁轩等建筑环绕、衔接、呼应，形成一个有层次、有变化的四合院。会馆的入口武圣宫大门，实为戏楼，其建筑样式别致奇妙，雕梁画柱，气派堂皇。戏楼台口左右，东为金镛阁，西为贲鼓阁，相向而立。建筑装饰也是颇具匠心，分别由木雕、石刻、泥塑、彩绘等组成，散布在不同部位，内容包括神话传说、历史故事、戏剧场面、社会风情、奇禽异兽、花草静物等。譬如木雕，在戏楼以及钟鼓二阁前面22.3米长、60厘米宽的楼沿栏板上，就刻有各种人物350个，场面生动。栏板木雕分为上、中、下三层，划分为大小不等的208个画面。下层画面较大，用高浮雕巧妙地展示了近20出戏，计有《游月宫》、《郭府寿》、《陈姑赶潘》、《李逵负荆》、《截江夺斗》、《天官赐福》、《八仙祝寿》等。地处川南的叙永县春秋祠（陕西会馆），也是由盐商们斥巨资建于清光绪年间，其所存镂空石雕香炉上亦刻有三国戏《挑袍辞曹》、封神戏《双旗门》、西游戏《三调芭蕉扇》等，传神写照，为人称道。据笔者历年田野考察，诸如此类雕刻在四川的会馆及寺庙中甚多，不乏精品。

金堂县位于成都东北部，是川籍秦腔名伶魏长生的家乡。该县土桥镇距离县城 68 公里，昔日地处交通要道，为客商汇聚之地，修建了不少会馆，迄今犹存湖广会馆、广东会馆。2005 年 5 月，笔者前往该地做田野调查，从口碑到照片都收获颇丰。土桥的广东、湖广二馆，戏台均保存完好，笔者从馆内担当日常事务管理的老人口中得知，又称禹王宫的湖广馆如今在春节等节日期间，依然是地方集会活动的重要场所，届时会有戏班来登台唱戏，观者甚众。该镇禹王宫始建于清朝乾隆年间，占地约 3000 平方米，四合院结构规整有序，装饰华美。戏楼为九脊歇山式，通高 10 米，上作戏台，下为通道；左右两侧有六角重檐攒尖顶式钟鼓楼，以廊庑与戏楼相连；正殿宽敞明亮，前有卷棚拜台，以筒瓦覆顶，供奉大禹金身像。建筑装饰方面，殿庑额枋、撑拱、天花板、沿口栏板上有西游、封神、列国故事等木雕鎏金人物像，其雕刻技艺细腻精美。据笔者实地观察，这些木雕故事中的人物，有男女老少，有武将文官，或身扎靠旗，或颔挂髯口，或骑马横枪披铠甲，或据案展书着官袍，乃至人物动作的一招一式，莫不是传统戏曲舞台上人物造型及表演的照搬。图案中的人物，大小不过 10 来厘米，但武将战衣上的片片铠甲，文官袍服上的团花纹饰，皆中规中矩地雕刻出来，布局讲究，线条清晰，刀工利落，形态生动，其细部历历可辨，令人赞叹。

位于"雨城"雅安市北 27 公里处的上里镇，如今是八方客人看好的旅游热点，笔者也多次前往该地考察民间文化。上里古镇处在古南方丝绸之路上，也是临邛古道进入雅安的重要驿站。古镇建筑以民居为主，这些青瓦木结构的房屋保存较完好，且大多沿袭明清时期的风格。该地世代居住着韩、陈、吴、许、张五姓大家族，民间称为"杨家的顶子，韩家的银子，陈家的谷子，许家的女子，张家的碇子（骨科习武）"。以富有"银子"著称的韩家自清初从晋南入川，定居在此，经商致富，广有田产，其主人酷爱戏曲，曾于清光绪初年在当地办有戏班"顺宁班"。民国初期，族人韩少微又聘名伶枪招艺员，办起了"群玉科社"和"安庆科社"。不仅如此，韩家主人的戏曲爱好还在其房屋建筑雕刻中得到鲜明体现。近 5000 平方米的韩家大院，位于上里镇中央，古香古色，系穿斗木结构青瓦房，包括 7 个四合天井和两道龙门，人称"七星抱月"，如今是四川省重点文物保护单位。据统计，韩家大院门、窗等上面有上千幅刻工精美的镶嵌木雕（浮雕），其中不少是戏曲故事画面。如嵌刻在祠堂中的《卸甲封王》，画面人物或长须飘胸，或背扎靠旗，宛然舞台上戏曲演出的复制。该剧故事写唐时郭子仪奉旨勤王，剿灭安禄山后班师回朝。唐肃宗在金殿听郭子仪奏报平乱经过后大喜，亲自为其卸去盔甲，封他为汾阳王。雕刻所展示的正是金殿封王的场面，肃宗皇帝长髯飘胸，郭子仪身着铠甲、背插靠旗的装束，乃是戏曲舞台上观众常见的人物形象。

三

在多民族聚居的四川，羌人地处汉、藏之间，川西北的汶川、理县、茂县、北川是羌区重镇。族源古老的羌人有丰富多彩的文化艺术，也有独具特色的民间戏剧①。在川西北羌族聚居区，不难见到来自汉族戏曲文化的影响，如民国时期便有京剧、评剧、川剧、花鼓戏班子活动在此。1931年，国民党二十九路军中校团副姜振奎任北川县长，他上任时把京剧班带到该地演出一年；1948年，茂县曾经成立业余"友联平剧社"；1951年，茂县的京剧票友又组织成立了"机关业余京剧社"……作为地方性知识，大禹崇拜亦见于羌族地区，羌人尊其为本民族的"先祖"②，民间有关"禹生西羌"的口碑很多，汶川、北川等地不乏"禹迹"。汶川绵虒有禹王宫，位于镇政府驻地中街，建于清道光年间，坐东朝西，占地485平方米，包括止殿、戏楼等，经历了2008年"5·12"地震后，其建筑主体尚存。岷江上游羌区这座禹王宫，正殿为石木结构，单檐歇山式，顶覆小青瓦，雕梁画栋，对面有戏台，两侧有长廊。戏台结构为抬梁式，通高8.97米，飞檐翘角，气势不凡，其台沿上有戏曲人物木质浮雕，造型生动。距离都江堰不远，汶川水磨如今是以藏羌文化为特色进行灾后重建的典范，该镇"万年台"三星壁上那戏装人物造型的福、禄、寿三星，以及戏台建筑上取材戏曲故事的绘画、雕刻，也引人瞩目。水磨的戏台并非今天才建造的，考察当地历史可知，戏台名为"万寿台"，系

---

① 关于羌族民间戏剧文化，请参阅李祥林《羌族戏剧文化遗产亟待抢救保护》（收入《羌去何处——紧急保护羌族文化遗产专家建言录》，冯骥才主编，中国文联出版社2008年版）、《羌族释比戏：当下审视和学术反思》（《民族文学研究》2009年第1期）、《川西北羌族地区的唱灯跳灯及其多元观照》（《民族艺术研究》2010年第6期），等等。

② 羌人尊奉大禹，有其深层的族群意识在焉，笔者在《民间叙事和身份表达——羌区大禹传说的文学人类学探视》［《西南民族大学学报》（人文社会科学版）2010年第10期］中对此有探讨，读者可参考。

清代建筑，面阔 5 间，进深 4 间，通高约 8 米，过去逢年过节，会有戏
班来此演唱。作为地方文化遗产，蜀锦、蜀绣是蜀地传统工艺，画面造
型向小说戏曲取材的产品在其艺人手下不时有见，比如蜀锦所织脸谱
"桃园三结义"，即是将四川地区的三国文化、川剧艺术同传统民间工艺
品结合起来，具有浓郁的地域性特色，被人们作为收藏、送礼的佳品。
四川亦有羌绣，"5·12"地震后正被有关方面作为帮扶灾区羌族妇女就
业的重要工作在实施。近来有创作者尝试着汲取羌绣元素来表现戏曲脸
谱，如 2010 年 11 月第六届四川旅游纪念品设计大赛暨四川大学生旅游
艺术设计大赛作品展在川北绵阳某艺术院校举行，其中获得金奖的有羌
绣肌理画《羌绣脸谱》。

　　剪纸是运用剪刀（或刻刀）和彩纸进行造型的民间艺术。京剧脸谱
剪纸就是人们喜爱的艺术品，在陕西、河北等传统戏曲和民间剪纸发达
地区，这方面的作品屡屡有见。追溯历史，民间剪纸多出于女子之手，
而明清戏曲发达，"由于明清时期戏曲娱乐几乎可以说是农村女子唯一的
娱乐样式，因此她们对于生活的理解，进而对于生活的描绘，自然就有
很多是出之于戏曲。于是，她们为后人留下了众多的民间戏曲工艺
品"[1]。各地民间，不乏擅剪戏曲人物的名艺人。以中原河南为例，灵宝县
地处豫、陕、晋三省交界，位于黄河中游，该县剪纸历史悠久，流传甚
广，风格接近陕北。县内知名艺人有张健吾、杨仰溪等，后者尤其擅长剪
各种戏曲人物，如《三娘教子》、《打焦赞》、《芦花荡》、《破金门》、《挡
马》、《打店》[2]，这些都是脍炙人口的折子戏。再如河南安阳民间的木版灯
笼画，也就是裱糊在灯笼上的木版年画，其特点之一亦是"类似折子戏，
每盏灯笼上的画面相互联系，四面形成一个有机的整体。一出出有情节的
戏曲故事，既有看头，又有说头，所以老少都喜爱。如《古城会》、《黄鹤
楼》、《华容道》、《三叫门》、《豹头山》、《秦琼夺印》、《对花枪》、《吵
宫》、《反西唐》、《下燕京》、《战洛阳》、《三打白骨精》等。20 世纪 70
年代，木版灯笼画中还出现了现代戏曲，如《智取威虎山》、《红灯记》、

---

① 《明清时期的戏曲剪纸》，http：//www. liantianhong. com/html/chuantong/jianzhi/201008/26_
31801. html.

② 倪宝诚：《河南民间美术的历史和现状》，载《美的源泉——中国民间工艺美术学术论文
集》，中国工艺美术学会民间工艺美术委员会编，中国旅游出版社 1993 年版，第 311 页。

《沙家浜》等"①。在华夏传统根基深厚的中原大地上，扎根民间的戏曲文化自古发达而且至今不衰（河南电视台主办的戏曲专栏"梨园春"火爆多年，便是证明），其在当地民间美术艺人手中有着多姿多彩的表现，的确是"冰冻三尺，非一日之寒"。

泥人、面人、糖人、糖画、瓶画等民俗艺术，也不时从传统戏曲取材。无锡惠山泥人闻名遐迩，除了众所周知的大阿福，其手捏戏文亦堪称一绝，诸如《白蛇传》、《天仙配》、《贵妃醉酒》、《霸王别姬》等，造型生动，色彩艳丽，给人愉悦的视觉感受。"可食可观"的糖画是中国民俗艺术的奇葩，今被列入国家级非物质文化遗产名录的四川糖画，其作品除了龙、凤、花、鸟、虫、鱼等，也擅长表现戏曲人物故事，有悲壮缠绵的《霸王别姬》，有忧国忧民的《貂蝉拜月》，有风趣幽默的《陈姑赶潘》，有为爱奋战的《水漫金山》，还有《凤仪亭》、《战马超》等，栩栩如生的人物，惟妙惟肖的画面，一一呈现面前，让人宛如置身剧场欣赏舞台上一出出折子戏，只是没有声声入耳的锣鼓丝弦罢了。面人又称面塑，其作为民间工艺品，看似制作简单，实则艺术性甚高。从新疆吐鲁番阿斯塔那唐墓出土的面制人俑和小猪来推断，距今少说已有 1300 多年。宋代笔记《东京梦华录》对捏面人有记载："以油面糖蜜造如笑魇儿"。这面人是可食的，谓之"果食"。陕西、河北等地民间又称面塑为"面花"或"年馍"，从大年三十到正月十五，乡村里随处可见蒸制并互送礼馍的欢快场面。这种能食的"面花"中，戏剧人物造型亦常见。2007 年年初，成都举办美食文化节，傍晚来到城西主会场"一品天下"，笔者在街头艺人的挑担上曾拍摄下一组面塑戏曲人物"五虎上将"，红脸关羽，黑脸张飞，须发皆白的老将黄忠，还有勇赵云、锦马超，个个威风凛凛，生动逼真。五人中，前三者各自外形特征明显，塑造不难；赵、马二人皆是相貌英俊、手持长枪的年轻将军，面塑艺人抓住了戏曲舞台上表现西北少数民族人物时常用的顺耳双垂的白狐皮帽饰，一下子就将两个角色区分开来。正因为对戏台上角色及表演有细致观察，民间艺人手中这"活"便鲜活起来。

"画中要有戏，百看才不腻。"这是绵竹年画艺人的口头禅。当然，不

① 倪宝诚：《河南民间美术的历史和现状》，载《美的源泉——中国民间工艺美术学术论文集》，中国工艺美术学会民间工艺美术委员会编，中国旅游出版社 1993 年版，第 313 页。

仅仅谈的是戏曲，而是指画面内容的巧妙构思和安排。怎样才能使笔下"有戏"，就人物形象塑造而言，"传神"是关键。"传神"是中国艺术的美学追求，具体来说，或强调"以形写神"，或标举"离形得似"①。作为中国艺术，戏曲表演重传神达意，民间美术也讲达意传神。绵竹年画向戏曲取材的作品中，从表演形体描绘到角色眼神捕捉，从场面主次安排到人物呼应关系，都处理得相当细致，给人呼之欲出的感觉。武强戏文故事年画多打斗场面，诸如三国、杨家将、呼家将等以连环画形式表现，让我们有听"唱"戏的连贯之感。"金盔银甲刀剑矛，仰首挺腹绿战袍；怒发冲冠红脸汉，红黄令旗插背肩。"朱仙镇年画有关武门神绘制的这程式化艺诀，兼及形神，亦未必不可供台上戏曲演员参考。三国戏《空城记》是梨园名作，自京剧界"小叫天"以来盛传不衰，脍炙人口。河北艺人张树梅和山西艺人苏兰花都创作过戏曲剪纸《空城记》②，却各有千秋：前者构图稍复杂，有诸葛亮、司马懿和两兵卒，重点突出人物长髯飘胸的脸谱；后者构图趋简单，仅有诸葛亮和两兵卒，重点突出人物侧面头像的眼睛……二人的剪纸，迁想妙得，各具匠心，不但皆属艺术创作中遗貌取神的佳作，而且深得戏曲写意传神的精髓。一般来说，美术是静态造型的空间艺术，戏曲是流动演示的时间艺术。上述种种投射在民间美术作品里的戏曲身影，若借用清代戏剧家李渔的说法，未尝不可以说是一出出绝妙的"无声戏"，它们定格着戏曲表演中一个个传神的瞬间，为我们留下了不可多得的戏曲写照。古往今来，传统戏曲和民间美术结缘深厚，一方面是传统戏曲丰富了民间美术题材，另一方面是民间美术扩大了戏曲传播空间，彼此促进，共同发展。正是在民间美术与传统戏曲的携手中，我们得以更深切地感受到深厚博大的中国文化的动人魅力。

（原载《戏曲艺术》2011 年第 2 期）

---

① 李祥林：《写形·传神·体道——中国古典美学形神论述要》，《学术论坛》1997 年第 2 期。
② 二幅剪纸作品见《中国乡土艺术》，杨先让、杨阳编著，新世界出版社 2000 年版，第 59、66 页。

大禹崇拜在川西北羌族地区

2010 年 5 月，中国政府公示第三批国家级非物质文化遗产名录，民间文学类共 40 项，其中有"禹的传说"，由"四川省汶川县、北川羌族自治县"申报。这是 2009 年四川省非物质文化遗产评审会上经过我们大力推荐的项目，该项目能得到上上下下重视，盖在有其地域性和民族性的独特价值。在此，笔者拟从多角度切入，对四川西北部羌族地区的大禹崇拜及相关事象进行学术考察。

上篇：民间信仰及多样呈现

（一）屡屡打造的当代景观

"禹兴于西羌"，中华历史上向来有此说法。为夏王朝奠定基业的大禹是上古治水英雄，他跟巴山蜀水的关联，从古籍记载的"岷山导江，东别为沱"（《尚书·禹贡》）可窥豹一斑，所谓"天一浚灵，多源于西。岷山导江，禹绩可稽"①。从蜀地民间信仰看，川西北地处汉、藏之间的羌人也崇拜大禹，视之为治水救难、护佑羌民的"先祖"，由此形成了颇有民族性、"在地性"特色的叙事及符号系统。在川西北岷江上游地区，作为羌区重镇的茂县、汶川自不待言，紧邻汶川的都江堰市也曾举办"大禹文化与江源文明研讨会"，当地有《大禹治青城山》的民间传说，称"大禹的老家就在上游的汶山，他从小就跟岷江打交道"，掌握了治水技术，后来"被中原盟主虞舜请去制服黄河去了"②。

---

① （元）揭傒斯：《蜀堰颂》，见《灌县都江堰水利志》，灌县县志编辑部 1983 年 5 月编印，第 86 页。

② 《中国民间文学集成·成都灌县卷》，灌县民间文学集成办公室 1987 年 12 月编印，第 15—17 页。

　　"5·12"地震之前，2006 年 6 月 29 日，北川羌族自治县举行以"大禹故里·西羌之夜"为主题的盛大祭祀活动，纪念大禹诞辰 4133 周年，并且举办首届国际禹羌文化旅游节，向世人展示大禹故里的风采。"5·12"地震之后，随着羌族文化抢救和保护的升温，蜀地大禹文化研究呼声更高。2008 年 6 月初，阿坝州羌学学会向有关部门报送了《保护羌族文化的报告》，其中提出的保护项目有十，第三即是"西羌大禹文化的保护"。2009 年 4 月底，"中国禹羌文化论坛"在北川举行，有关方面的专家、学者齐聚震后北川，就禹羌文化的保护与发展、灾区文化重建与传承进行研讨。2010 年 7 月 17 日，首届中国汶川大禹文化旅游节在汶川绵虒大禹故里景区开幕。此节主题为"永恒大禹·崛起汶川"，旨在弘扬大禹精神，展示汶川灾后恢复重建的新形象，打造地方文化旅游品牌。该地景区新塑的高高矗立的大禹像，成为汶川醒目的文化标志。

　　《羌魂》是"5·12"地震后茂县着力打造的舞台剧，以羌文化符号的集中展演为重点，将羌笛、羌绣、萨朗、铠甲舞、羊皮鼓舞、多声部民歌以及先祖崇拜、祭山仪式、瓦尔俄足、石砌碉楼、婚俗、推杆等元素汇聚一台，演员队伍由近 120 名羌族百姓组成，经过一年多的准备，于 2010 年 3 月亮相于成都的锦城艺术宫，拉开了巡演国内的序幕。对此，有关报道云："《羌魂》的定位是原生态歌舞，这样一台一个半小时的节目缘起于茂县灾后精神家园重建项目。震后半年，文化部授牌成立'羌族文化生态保护试验区'，作为核心地的茂县自然肩负起了抢救、保护和传承羌文化的历史使命。"① 大禹形象通过《羌魂》展示在舞台上，他被羌人奉为先祖，是其标志性的族群代码之一。类似情况，亦见于地震后舞台上打造的《羌风》、《大北川》等。

　　（二）随处可见的文化遗迹

　　川西北羌族地区，有关大禹的文化遗迹不少。在汶川，有石纽山、刳儿坪、涂禹山、禹碑岭、禹王宫等。古代诗人笔下即为我们留下了种种信息。清代吴棠曾为汶川石纽山圣母祠题诗："共传大禹产西羌，明德千秋

---

　　① 王可：《原生态歌舞〈羌魂〉探索"非遗"生产性保护》，http：//ent. sina. com. cn/c/2010－03－09/15282892784. shtml。

颂莫望。江水发源神肇迹，休将石纽比荒唐。"明代周洪谟《雪山天下高诗》亦曰："此去石纽无几许，昔钟灵秀生大禹。当时自此导江流，至今名垂千万古。"① 当地羌人视石纽山为圣地，在其眼中，此山连接着天与地，天神木比塔及众神上下于天地时必经此，"这里的一草一木、一石一土都有我们的祖先——大禹的灵魂"②。在川西北羌区，"石纽"所在，除了北川、汶川，还有理县。理县通化乡汶山寨亦有石纽山，山上有禹王庙（"文革"时期被毁），庙后石壁有刻字"石纽山"。据有关信息，目前通化乡正把加大人文旅游资源开发作为支柱产业之一，其中项目就有汶山寨禹王庙风景区建设。

北川羌族自治县禹里乡，面积 81 平方公里，乡治禹王庙，今辖庙坪、禹里、禹穴、庙坝、云安等 7 村。相传，唐以前该地石纽山麓即建有禹庙，每逢农历六月六日大禹诞辰，人们要来此祭拜。祭祀规格甚高，据当地研究者讲，"六月六日禹生日，用帝王、诸侯祭祀社稷时的太牢（牛、羊、猪三牲齐备）之礼仪致祭大禹；在县衙两旁设置只有州、府以上才能有的鼓楼、乐楼在致祭大禹及重大礼仪时使用"③。尽管屡遭兵祸灾害损毁，但维修或重建禹庙成为地方官的职责，祭祀禹王活动亦相沿成俗。1935 年，石纽山前禹庙被烧毁，庙祭活动又集中到禹穴沟口之禹王庙。庙会期间，如潮人流来自四面八方，若遇水旱灾牟，祭祀规模更大。关于北川"禹穴"，清乾隆时曾任当地知县的浙人姜炳章《题神禹故里坊》写道："石纽之村，笃生圣人；皇皇史册，古迹常新；刳儿之坪，产子如血；青莲好古，大书'禹穴'。"④ 相传这"禹穴"二字乃诗仙李白所书。

大禹王来历不凡，在川西北羌区还有跟禹迹相关的民俗故事。清代乾隆时蜀中举人刘沅有《禹穴》诗（见《国朝全蜀诗钞》卷三十二），曰："神圣钟灵原不偶，刳儿儿出岂伤母？至今血石赭如珠，生生之气年年有。"自注："九龙山第五峰下，地稍平，有迹偃如人坐卧状，为刳儿坪，禹生于此。上有石穴，即禹穴。穴下有石，皮如血染，以煎水沃之，

① 《古人游历川西北诗词选萃》，西南交通大学出版社 1992 年版，第 59、24 页。
② 《羌族词典》，巴蜀书社 2004 年版，第 262 页。
③ 谢兴鹏：《大禹祭祀贯古今》，http：//www.zgxqs.cn/dfwh/2007/0715/content_ 1299. htm。
④ 《绵阳市风光名胜诗选》，巴蜀书社 1990 年版，第 254 页。

气腥。俗传能催生。人凿取之，明年复长如故。孕妇握之利产。"位于北川禹里羌族乡的九龙山又名九连山，该地禹穴有石呈血色，相传为禹母生大禹时流血所染。凿取血石为产妇催生，是当地人特有的习俗。在川西北羌区，诸如此类有别于中原汉区大禹传说的例子随手可拾。毋庸置疑，作为"地方性知识"，羌区大禹传说是华夏大禹传说系统中的重要个案之一，就其文化学意义言，不能不说是羌民族对中国文化的一桩独特贡献。

（三）多姿多彩的民间文艺

文化人类学重视"口头传统"（oral traditions），尤其是研究像羌族这种族源古老而至今仍是有语言无文字的族群的文化。"口头传统是指文化中非书面的故事、信仰和习俗。口头艺术包括叙事、戏剧、诗歌、咒语、谚语、谜语和文字游戏。"[①] 口头文学有比书面文学更远更古老的历史，可以说它跟人类与生俱来，口口相传，体现着民众的心音。就其实质言，口头文学不仅仅是一种单纯的文学，它往往兼具文学、哲学、历史、宗教等多方面因素，以某种意识形态综合体的面貌存在并出现，有待我们不只是从纯文学层面去加以解读和把握。古往今来，羌民族有相当丰富的口述传统，其中大禹传说自成体系。据我所知，大禹传说在川西北羌族地区作为"地方性知识"，以多种形式在民间口头流传。

仪式诗歌。人称羌族四大史诗之一的《颂神禹》，出自羌族释比的唱经，乃叙事性长篇仪式歌。羌人信奉"万物有灵"（animism）的原始宗教，释比又称"许"、"诗谷"等，是羌民社会中以巫术沟通人、神、鬼并且熟知本民族历史和文化、通晓多种知识及技能者。作为古老的羌文化的重要掌握者，释比在羌民社会中享有甚高威望，从村寨到家庭，人们生产生活中每逢大事，诸如请神还愿、驱邪治病、婚礼丧仪等，都会把他们请来唱经、跳皮鼓、做法事。释比们在诸如此类仪式活动中诵唱的经文，从民间文学角度看，可谓是带有韵律性的诗歌。释比唱经，内容丰富，是重要的羌文化遗产。目前根据释比唱经整理出来的《颂神禹》版本，共包括"石纽投胎"、"出世不凡"、"涂山联姻"、"背岭导江"、"化猪拱山"、"功德

---

① ［美］哈维兰：《文化人类学》（第10版），瞿铁鹏等译，上海社会科学院出版社2006年版，第449页。

永垂"六个部分，其开篇唱道："在这良辰佳节里/在这吉运高照时/释比我要诵唱经/诵唱先祖大禹根/诵唱先祖大禹源/先祖圣禹生羌地/羌人大禹名传播/他的好事说不完/好事多如天上星/他的故事说不完/犹如凡间之沙石。"①由释比诵唱的这部 640 多行的长诗，内容翔实，结构完整，意象鲜明，词句生动，感染力强，有相当鲜明的民族色彩，体现出羌族民间创作的诗性智慧和不凡技巧。

神话传说。在羌区内部，作为大禹传说再地方化的支系，北川和汶川又同中有异，前者的大禹故事包括跟大禹出生有关的"石纽投胎"、"甘泉"、"刳儿坪出世"、"洗儿池"、"血石流光"等，以及跟其治水业绩有关的"誓水柱的传说"、"禹治湔江"等，流传区域主要为禹里、片口、坝底、曲山、陈家坝、通口等乡镇②；后者的大禹故事，从 20 世纪 80 年代在汶川威州搜集的《大禹王的传说》来看，则包括"石纽出世"、"涂山联姻"、"背岭导江"、"九顶镇龙"和"化猪拱山"五个部分，其开篇云："在岷江河上游羌族居住的地方，出了一个了不起的人物。他生下来三天就会说话，三个月就会走路，三岁就成了一壮实的汉子，他就是羌族人感激不尽的大禹王。"汶川和北川，今天一属阿坝州，一属绵阳市，彼此有关大禹的民间叙事出现"异文"，正是该传说深入百姓生活而地方化的结果，它们共存互补，　道丰富着华夏神州古老的大禹传说体系。在川西北羌区，关于大禹王的传说在茂县、理县乃至松潘、平武等地亦有，如平武羌族口述的《"巫教"的来历》、松潘黄龙流传的《暗海鱼》等。

民间戏剧。羌族有自具特色的民间戏剧，"5·12"汶川地震后笔者屡有文章论及此③。2002 年 9 月，四川省人大及有关部门邀请专家学者赴岷江上游调研民族民间文化，依次考察了阿坝州的九寨沟县、松潘县、茂县、理县和汶川县。归来后，由笔者执笔撰写出《岷江上游民族民间文化

① 《羌族释比经典》，四川民族出版社 2008 年版，第 217 页。

② 有关材料见非物质文化遗产项目申报书《大禹的传说》，北川羌族自治县文化旅游局 2008 年 7 月编制。

③ 有关情况请参阅拙文《羌族戏剧文化遗产亟待抢救保护》（载冯骥才主编《羌去何处——紧急保护羌族文化遗产专家建言录》，中国文联出版社 2008 年版）、《释比·羌戏·文化遗产》（载《中外文化与文论》第 18 辑，四川大学出版社 2009 年版；中国人民大学复印报刊资料《舞台艺术》2010 年第 1 期转载），等等。

考察报告》，上报给四川省委、省政府，"为有关方面的决策提供了参考的依据"①。该报告谈及羌族民间戏剧，并且说："羌戏和藏戏都属于具有原始艺术魅力的戏剧。"羌族民间戏剧包括释比戏和花灯戏。前者在笔者20世纪末参与编纂及统稿的《四川傩戏志》中有多个条目介绍，后者如北川的许家湾十二花灯戏，已被列入第二批四川省非物质文化遗产名录。羌区花灯戏中，也有颂唱大禹的，如研究者指出，过去流行于茂县土门、凤仪等地的竹马花灯（以竹子编扎并用彩纸糊成竹马作为道具）的剧目中有《大禹治水》，其中唱道："在这喜庆的日子里，歌唱我们的民族，歌唱我们的祖先。山有树，树有根，我们来唱羌族的根。最能干的'耶格西'，是他疏通了九条河，时间用了八年整⋯⋯"②唱词中的"耶格西"，乃是羌人对大禹的称呼。

下篇：族群心理和地方资源

（一）历史学关注点：史实真伪

大禹的生平事迹在《史记·夏本纪》里有较详记述，但是未曾言及其出生地。不过，从《史记·六国年表》中，可以见到"禹兴于西羌"之说，云："夫作事者必于东南，收功实者常于西北。故禹兴于西羌，汤起于亳，周之王也，以丰镐⋯⋯"汉初陆贾《新语·术事》亦云："文王生于东夷，大禹出于西羌，世殊而地绝，法合而度同。"类似说法，又见于桓宽《盐铁论》等。

进而言之，大禹生于西羌的地点又在哪里呢？《太平御览》卷八十二引扬雄《蜀王本纪》："禹本汶山郡广柔县人也，生于石纽。"郦道元《水经注·沫水》："禹生于蜀之广柔县石纽村。"《三国志·秦宓传》："禹生石纽，今之汶山郡是也。"汉代的广柔县，大致相当于今天阿坝藏族羌族自治州的汶川、茂县和绵阳市的北川，范围较广。《吴越春秋·越王无余外传》称大禹"家于西羌，地曰石纽。石纽在蜀西川也"。《华阳国志·蜀志》载："石纽，古汶山郡也"，大禹出生在"石纽刳儿坪"。谯周《蜀本纪》亦云："禹本汶山广柔人，生于石纽，其地名刳儿坪。"

① 《四川省非物质文化遗产保护工作大事记》，《四川非物质文化遗产》2007年第1期。
② 马成富：《羌族戏剧的源流沿革及艺术特色》，载《改革开放三十周年四川戏剧选》第12卷，巴蜀书社2009年版。

石纽所在，除了汶川说，也有北川说（《新唐书·地理志》），等等。诚然，这些历史记忆在疑古派史学家们看来是"层累地造成的"，从诸如此类书面记载中亦未必能抠出百分之百的信史，但至少提醒我们，"禹兴于西羌"作为民间信念由来已久，羌人关于大禹的种种民间叙事亦非空穴来风，这是今天我们立足"口头传统"研究羌族文化遗产不可忽视的。

"禹兴于西羌"、"禹生石纽"，诸如此类说法的真相如何，这在史学界争议不已，迄今难有定论。转换角度看，作为具有地方民族特色的文化遗产，大禹传说在羌区流传广泛，其故事版本丰富多样，各具特色又彼此互补，共同建构着羌人心目中的大禹形象，也共同成就了羌人有关这位上古人物的"集体记忆"。诚然，传说不是历史，传说的内容不等于历史的事实，但在人类学家眼中，一个故事被某个族群代代相传的过程本身亦是值得研究的历史。从文化人类学角度研究羌区有关大禹事迹的口述史，不可不深入其背后隐藏的族群文化心理，去透视该民间叙事底层有关族群自我身份表达的"集体无意识"。也就是说，我们无意追究羌人所讲大禹故事的内容是否属于历史真实（这是历史学的目标所在），而是要去探视一代代羌人如何讲此故事与为何讲此故事以及他们讲此故事的背后隐含着怎样的族群意念（此乃人类学的关注所在）。研究后者，既是为了对羌区大禹传说的解读去表层化，也是为了更深刻地认识羌民族。

（二）人类学关注点：族群心理

从族群内部的自我认同和身份表达看，羌区大禹传说包含着先祖敬奉和英雄叙事的要素，其为羌人强化族群认同、提升族群声望、拒绝他者讹指提供着民间文学资源。大禹作为治水英雄名扬天下，既然"禹兴于西羌"，一代代羌人通过对此关涉灾难拯救主题的英雄故事的不断讲述，正可获得和增强自我族群的荣耀感，从而促进族群成员的内部认同。

追溯历史，"西南的四川古称巴蜀，本为少数民族地区……迄至东汉末，四川仍为少数民族地区"①。古代中国，相对于中原这华夏政治地理观念中的腹心，地处西南的巴蜀向来被视为边缘，尤其是汉文化域界之外的

---

① 钱安靖：《试论西南少数民族与道教的关系》，《贵州民族研究》1983年第4期。

少数民族地区。秦国伐巴蜀，汉廷开发西南夷，乃至一次次大规模移民入川，说到底都是在历代当政者的武功文治中彰显着中原与边地、"我族"与"异族"、文明与蛮夷的二元区分。羌族口头文学中，释比唱经《赤吉格补》讲赤吉为报父仇发兵依多（成都）的故事，其中关于川西坝子上羌、汉之间战争的叙述，即多多少少折射出中心与边缘之间的紧张关系。大禹传说在川西北羌区始于何时无从考证，但从人类学的族群理论透视，处于中原之"西"的羌人世世代代对大禹故事的讲述，一方面是在表达他们对上古英雄人物的崇拜并借此神圣叙事强化自我族群的内在凝聚力；另一方面也未必不是在某种族群身份焦虑的驱动下表明对华夏大家庭的一种认祖归宗意念。在此，口口相传的大禹故事成为羌人身份表达的一种族群代码。

祖先崇拜在民间信仰中占有重要位置，羌人敬奉的神灵众多，天上地下无所不在，其中被他们世代尊为"先祖"的有天仙女木姐珠、神农氏炎帝、治水英雄大禹。羌语称大禹为"禹基"（前述"耶格西"乃不同译法），今人以国际音标注音为"jytɕi"。据当地研究者讲，羌人所奉始祖神有"炎帝、神农（apajen）、大禹（apajytɕi）"①，在茂县某避暑山庄的羌圣祠中亦有炎帝、大禹等的造像。中华民族自称"炎黄子孙"，羌人奉炎帝为"先祖"，其心意不言而喻。在羌文化语境中，"apa"是羌语尊称，用于指父亲以上长辈，汉语音译为"阿爸"或"阿巴"，如羌族的英雄先祖有"阿爸白构"（apapekou）、羌族释比的祖师称"阿爸木拉"（apamula）、羌人尊奉的最高天神为"阿爸木比塔"（apamupitha）。羌民在大禹（jytɕi）的名字前冠以"apa"，称为"apajytɕi"（阿爸禹基），其中隐含着微妙的族群心理。结合多民族中国语境，从族群身份表述看，视大禹为"先祖"，奉大禹为"羌族首领"，强调大禹为"羌族的根"，羌人如此这般苦心构建大禹故事的口头传统，实际上是在以话语抗争方式进行自我身份表白，努力争取自我族群在整个华夏国族中的合法席位。

中国历史上，生活在西北的羌被作为与中原腹心相对的"蛮夷"（史书所谓"生羌"、"羌夷"、"羌胡"、"羌蛮"、"蛮子"等，如《宋史·列传·蛮夷四》称"泸州西南徼外，古羌夷之地……冉駹，今茂州蛮、汶山

---

① 陈兴龙：《羌族释比文化研究》，四川民族出版社 2007 年版，第 51 页。

夷地是也"），其族群身份和地位长期被强势话语指认为非中心、非正统（甚至连俗称端公的羌族释比也被区别于汉地端公而称"蛮端公"），加之身处边地"山高皇帝远"而时有不合朝廷规矩的事情发生（如《明史·列传·西域二西番诸卫》："西番，即西羌，族种最多，自陕西历四川、云南西徼外皆是。其散处河、湟、洮、岷间者，为中国患尤剧。"），以致总是被当政者作为"伐"（如甲骨文屡载的"伐羌"、"征羌"、"灾羌"、"执羌"、"获羌"等）和"平"（如沉淀历史记忆的地名"平羌"、"宁羌[强]"，以及"肃蕃"、"威戎"、"镇岷"等古镇名）的对象，成为政治和文化上被边缘化的族群。可是，站在羌人的"主位"（emic）立场上看，他们对来自外方他者的异己化指认并不认同。从羌人再三讲述的大禹故事中，我们读出的深层密码正是他们执意要表明大禹就是自己民族的"先祖"，而大禹作为《史记·夏本纪》所言"黄帝之玄孙"和标志中原王朝史开端的夏朝的奠基者，又无疑代表华夏正宗。

（三）旅游学关注点：遗产资源

研究旅游对目的地社会、经济、文化的影响，是旅游人类学的目标之一。从此角度看，这作为民间口头文学的大禹传说，这作为地方性知识的"神话历史"，在当下不同羌区又是被当作实现某种群体目标的社会资源来使用的，是一种被用来创造社会关系、构建社会生活的可利用资源。古往今来，有关大禹王的故事在岷江上游地区广泛流传，并且通过羌民口碑形成了丰富的叙事和多样的版本，它们共同成就了羌民族有关这位上古英雄的不无族群倾向的"集体记忆"。如今，基于族群心理的这种"集体记忆"作为"立足现在而对过去的一种重构"①，在羌区又带有鲜明的服务当下生活的色彩。

当今世界，走势看好的旅游业被人们誉为"朝阳产业"。根据世界旅游组织的统计，当一个国家的人均国内生产总值达到1000美元时，旅游业就会兴旺起来，全国范围内就会形成旅游市场并刺激相关产业发展，从而壮大整体国力。旅游业作为"无烟工业"，其在国民经济增长和地域经济发展中的作用越来越突出。对于旅游业来说，其所拥有的资本不仅仅是景

---

① [法] 莫里斯·哈布瓦赫：《论集体记忆》，毕然、郭金华译，上海人民出版社2002年版，第59页。

物、金钱，更重要的是伟大的文化传统和人类历史的卓越成就。在文化为旅游注入灵魂的时代呼声中，发掘"在地性"人文资源对于促进地方旅游业的积极作用，不容忽视。归根结底，旅游发展牵动着地方经济、文化发展的神经，正是在当今文化遗产保护、旅游经济发展等的驱动下，前述汶川、北川诸地都试图通过遗产申报、景点打造乃至禹乡命名将大禹出生地落实在自己的地界之内并在此基点上进行着各式各样的符号化建构（诸如博物馆、风情园、山庄、庙宇以及祭仪、庙会、庆典之类景观与活动打造，以及产品标牌设计等），既能对内强化和升华自我群体认同，又能对外提升本地作为旅游目的地的含金量和知名度。其实，当地人这种做法和心情是可以理解的，凭什么该受到外人说三道四呢？

包括大禹崇拜在内的羌文化的有效保护与合理利用，是"5·12"地震后羌族地区面临的重要问题。以茂县着力打造的《羌魂》为例，尽管当事人讲"《羌魂》的这次全国展演还是想将目标落在羌文化的传承，至于商业的部分还只是一种尝试，希望能将非遗的保护推进一步"，但是，他们依然不讳言，"据茂县政府的规划，这台节目将在今后落脚正在建设中的羌文化旅游目的地'羌城'，成为羌族文化旅游产品。'在灾后重建中，我们选取了当地最有特色的羌族文化作为主体进行旅游项目的建设，这种选择也在最大程度上给羌族人带来了直接的经济收益，同时也促进了非遗保护工作的开展'"①。应当看到，大禹传说对于今天的羌人，已不仅仅是一种民俗传统，也是一种文化资源，某种程度上甚至是一种可向资本转化的资源。在非物质文化遗产保护兴起的中国，"生产性保护"是人们热议的话题。对于川西北羌区，如何在保护文化遗产和发展地方旅游两方面取得共赢，这是需要在实践过程中不断探索的。

大禹传说在中华大地上广泛存在，此乃不争的民俗学事实，但大禹故里问题，古书言之欠详，后人争讼不已，向来是史学界悬案。这场名人出生地之争，连羌区内部也一度未能免俗，陷身其中，耗费了许多精力……经历了"5·12"地震之后，面对灾后恢复重建的实际，如今在羌区内部，县与县已抛开所谓"故里"之争，而是本着弘扬大禹精神、保护大禹文化

---

① 王可:《原生态歌舞〈羌魂〉探索"非遗"生产性保护》，http://ent.sina.com.cn/c/2010-03-09/15282892784.shtml。

的主旨提出携手共同打造"大禹品牌"进行当代文化建设的口号。也就是说，不管北川还是汶川乃至其他地方，大禹传说作为地方文化遗产是川西北羌民所共同创造和共同拥有的，是他们通过旅游推动地方发展所可依赖的不可多得的民间文化资源。

（原载韩国《中国地域文化研究》第 9 辑，祥明大学韩中文化信息研究所 2010 年版。发表时有若干配图，此处略去）

川西北尔玛人祭神驱邪的民间仪式戏剧

"在少数民族戏剧领域里，还有不少是刚被开垦的处女地和尚待开垦的处女地"①，1984 年 5 月在青海召开的全国少数民族题材戏剧创作座谈会上曲六乙有此言。会上，曲先生从作者、题材、剧种等多方面谈及中华本土的少数民族戏剧。他指出，目前已知有藏剧、壮剧、侗剧、傣剧、苗剧、彝剧、门巴剧、毛南剧等隶属 13 个少数民族的 22 个剧种（舞剧未计），但不见有羌族、水族、怒族等 32 个民族的戏剧，对此他感慨良多。的确，长城内外，大江南北，多民族中国拥有丰富的戏剧文化资源。在此国度，除了以昆曲、京剧为代表的汉族传统戏曲，还有多姿多彩的其他民族戏剧。纵观中华大地，汉族以外民族中确实还存在这种有待我们深化认识的"处女地"，比如川西北地区尔玛人祭神驱邪的民间仪式戏剧。

一

"尔玛"是羌人自称，乃羌语之汉文译音。历史上，"羌"是华夏族的主要族源之一，除其大部分已融入汉以及其他民族中以外，如今主要聚居在山高谷深的四川西北部。川西北尔玛人的民间戏剧遗产，以释比戏（从释比诵唱经文衍生）为核心，多年来不在主流学界视野中。看看 20 世纪80 年代出版的《中国大百科全书·戏曲曲艺》，该书"中国戏曲剧种"条目之后附有"中国戏曲剧种表"，列出的全国各地区及各民族剧种共有 300多种，但是，不见有羌戏的条目。从收入书中的戏剧类型看，有民间歌舞

---

① 曲六乙：《漫谈少数民族戏剧的发展问题——在全国少数民族题材戏剧创作座谈会上的讲话》，见《中国少数民族戏剧丛书·青海卷》，中国戏剧出版社 1989 年版，第 508 页。

小戏，有少数民族戏剧，还有跟民间巫傩文化相关的区域性剧种，却没有载入既有演出剧目又有表演艺人的释比戏、花灯戏等羌族民间戏剧。类似情形，亦见于《民族艺术与审美》（青海人民出版社 1994 年版）、《少数民族与中华文化》（上海人民出版社 1996 年版）、《民族戏剧学》（民族出版社 2003 年版）、《全国剧种剧团现状调查报告集》（中国戏剧出版社 2005 年版）等书，并非偶然现象。即使是十大文艺集成志书之一《中国戏曲志》，也因学界认识局限，未将川西北尔玛人的释比戏作为少数民族剧种纳入书中，以致多年后当事人在反思中对此深感遗憾。此外，国内首部《羌族文学史》初版于 1994 年，再版于 2009 年，其中涉及神话、传说、故事、歌谣等，不见有关于羌族戏剧文学的篇章，仅仅在介绍羌族小说家时提及："1998 年，叶星光整理编写出第一部羌族神话剧《木姐珠剪纸救百兽》。"① 可见，由于种种缘故，长期以来主流学界尤其是四川以外学界对羌族民间戏剧的知晓几乎是空白。事实上，在新中国成立不久的 20 世纪 50 年代后期，阿坝州汶川县已有根据羌族民间戏剧样式新编的剧目在刷经寺参加首届州文艺调演，只是亮相在州内而不为外界所知罢了。就这样，羌戏存在的事实和羌戏研究的缺乏，成为多年悖论。

目前供职于高校的刘志荣是笔者的羌族朋友，在他与人合著的《羌族》一书中，介绍了尔玛民间歌舞之后述及羌笛和羌戏，该章节题目亦为"著名的羌笛和尚待振兴的羌戏"。《羌族》作为民族知识丛书之一，1993 年民族出版社出版，其中关于羌戏的文字叙述不多，但"尚待振兴"四字透露出该遗产的危机状况。作为省内傩学成果，20 世纪 90 年代笔者参与编纂的《四川傩戏志》中为羌戏立有专条，云："释比戏是羌族傩戏剧种，流传于阿坝藏族羌族自治州的茂县、汶川、理县和绵阳市北川等羌族地区，羌语叫'刺喇'或'俞哦'，习称羌戏。由于羌族祭神、祈吉等祭仪与戏剧表演均由释比主持并扮演，故以释比戏相称。"或者说，"释比戏是一种集祭祀礼仪与戏剧表演于一体的民间宗教色彩相当浓厚的'神戏'"②。大致来说，与释比戏有关的羌戏作品有《木姐珠与斗安珠》、《羌戈大战》、《赤吉格补》，以及《婚嫁》、《送鬼》、《斗旱魃》、《木姐珠剪纸救

---

① 李明主编：《羌族文学史》，四川民族出版社 2009 年第 2 版，第 380 页。
② 《四川傩戏志》，四川文艺出版社 2004 年版，第 54 页。

百兽》，等等。2003 年出版的于一（汉族）、李家骥（藏族）、罗永康（羌族）等合著的《羌族释比文化探秘》，书中附录既有论文《释比戏考述》又有"释比戏剧本选"，后者包括《送鬼》、《赤吉格补》等剧目。在 2004 年问世的《羌族词典》里，也收入"羌戏"、"花灯戏"等条目。对于一、罗永康等人合著之书，民族学家李绍明序赞其有"新的资料"和"新的看法"，傩学专家曲六乙序亦肯定该书"对专门演唱羌族诗史的释比戏的内容及其古朴、稚拙而独具原始戏剧的风格，进行了详细的描述和诠释"。可见，在四川本地，有见识的研究者对羌族民间戏剧遗产并未盲视。

从民俗艺术角度将尔玛人的释比戏纳入傩文化研究视野，盖在其原本属于仪式戏剧范畴。释比是羌族民间社会中沟通人、神、鬼关系的民间宗教人士，但并不脱离日常生产生活，他们也如常人般娶妻生子、下地劳动，主持仪式时是神圣的法师，平常生活中是世俗的乡民，其身份在"圣"、"俗"转换之间。释比主持的仪式多有较强的傩戏色彩，如旧时汶川绵虒正月间"迎春"，县衙要请释比来大堂、二堂、三堂跳皮鼓，撵"傲门儿"（用木雕成鬼头），将其从大堂撵到一里之外的三官庙，撕去"傲门儿"的衣衫，表示捉住了鬼，再将衣衫拿回县衙交给县官，后者要奖赏释比。"撵傲门儿"这仪式，便有"捉鬼看戏"之意。对于有语言无文字的羌人来说，释比熟知本民族社会历史与神话传说、主持春祈秋报的重大祭祀活动、进行驱鬼治病除邪镇祟，他们实际上是羌族传统文化的极重要掌握者和传承者，某种程度上堪称是羌民社会中的"精神领袖"，人们在生产生活中每逢大事要请他们到场唱经做法事。走访岷江上游羌族村寨，笔者常常听见乡民讲释比不是任何人都能做的，对一个人的品德、行为、才智都要求甚高，"记忆力强，心无恶念"是最起码的标准。有自称家传九代的释比对我讲其收徒传艺注重人品并恪守"传内不传外"的规矩时就强调："传内不传外的意思呢……你这个学了，搞不好要去整人害人的嘛。这么个意思。"① 释比会法术，但这法术是不能随便使用的。一般来说，根据所做法事性质及适用场合不同，释比唱经有三坛之分：上坛为神

---

① 讲述人：杨芝德，64 岁，茂县永和人。采访者：李祥林，四川大学教授。时间：2012 年 4 月 30 日下午。地点：茂县坪头村。

事，即向神灵许愿还愿，以村寨为单位，春播时许愿，秋收后还愿；以家庭为单位，因稀儿少女、爹娘生病、修房造屋而许愿还愿，向神灵祈求或答谢人寿年丰，合家安乐，地方太平。中坛为人事，以家庭或村寨为单位，做法事以解秽、驱邪、治病，或是在婚丧嫁娶时敬神祈禳等，主要是向神灵祈求人兴财发，林茂粮丰，人畜两旺，家庭或村寨无灾无难。下坛为鬼事，一般以家庭为单位，驱鬼治病，为凶死者招魂超度，打扫山场，等等。至于不久前成书的《羌族释比经典》，则是按照史诗、创世纪、敬神解秽、婚姻丧葬、天文历算、科技工艺、乡规民约等来划分篇章的。

人类学的文化研究特别重视"口头传统"（oral traditions），因为归根结底，其远比书面文献有更悠久历史和更丰富内涵。对羌族这种迄今仍属有语言无文字的民族来说，更是如此。"口头传统是指文化中非书面的故事、信仰和习俗。口头艺术包括叙事、戏剧、诗歌、咒语、谚语、谜语和文字游戏。"[1] 古往今来，尔玛人有发达的口述传统，体现在神话、传说、故事、歌谣、谚语、戏剧等方面，尤其通过堪称其社会中"知识分子"的释比传承下来。据调查，依靠释比口述而流传下来的经文有数十部之多。从茂县羌族朋友向我提供的他们搜集整理的《西羌古唱经》来看，其上坛经为：（1）得为；（2）勿邪；（3）日堵；（4）莫河而格；（5）木姐珠；（6）索初；（7）啊日耶；（8）兹；（9）嗟波刹格；（10）阿吧白耶。中坛经为：（1）植；（2）咭；（3）耶；（4）迷啊；（5）择吉格驳；（6）罗；（7）如姑；（8）格扭；（9）别；（10）养蜂酿酒。下坛经为：（1）咄；（2）独；（3）而目；（4）壳；（5）拾八；（6）白莫及苦；（7）石；（8）垮；（9）格觉；（10）耶；（11）嗡；（12）哦。各部经文名称为羌语译音，如"植"是请神开坛、"咄"是解秽驱邪、"索初"是启亮神、"勿邪"是分万物、"啊日耶"是排神位、"莫河而格"是修房造屋，等等。古往今来，释比唱经作为民间口头作品，尽管因流行地域、传承版本有别而出现多种异文，从总体上看，其内容皆跟尔玛人的社会历史、生产生活、精神信仰、文学艺术、风土人情密切相关。神奇

---

① ［美］哈维兰：《文化人类学》（第10版），瞿铁鹏等译，上海社会科学院出版社2006年版，第449页。

的羌族民间戏剧，就孕育和生长在此厚实的社会文化土壤中，具有独特的价值和意义。

二

"以歌舞演故事"是华土传统戏剧的特征所在。较之汉区成熟的"代言体"戏剧，川西北尔玛人中洋溢着民俗气息的释比戏无论从表演形式还是从艺术风格看都古朴原始。释比戏表演未必像汉族戏曲那样分行当，释比作为表演主体，他一人可以扮演多个角色，或唱男角，或饰女子，或扮神灵，或演魔怪，在角色的往来穿插中，全凭其语音语调、身段动作的变化来演绎故事。从表演看，释比的腿部动作尤其突出，多以双腿跳跃或单腿、单脚跳跃，前后左右交替进行，人称"禹步"。古有"禹兴于西羌"之说，羌人也崇拜大禹，称为"阿爸禹基"（apajytçi），视为"先祖"，由此形成了"在地性"特色鲜明的叙事及符号系统①。在川西北羌区，如汶川、茂县、理县、北川，至今仍多有禹迹及传说且为人们津津乐道。以"5·12"地震后笔者赴岷江上游羌区做田野调查所见，对大禹的崇拜在今天尔玛人当中可谓有增无减。2011年5月，笔者在理县桃坪寨读到地方学者为大禹像撰写的赋文，其开篇即称"西羌圣地，神禹故里"，继而曰："紫气东来，广柔神禹，光耀华夏，一代圣王，彰显人杰地灵；霞光西照，文山古庙，石纽岩刻，一脉圣迹，堪谓物华天宝。"2012年4月，笔者赴茂县在岷江西岸的村寨走访，见当地人提及禹、羌、巫、傩关系时亦云："大禹，古羌统帅，一代君王，也是羌族首巫——释比的开山鼻祖。因长期治水，足腿有疾，在祭祀时，形成曲腿蹲胯的'禹步'，一直是羌族巫师——释比世代相传的独特步态。"如此表述，反映出当地人对此传说历史的"主位"（emic）看法，以及对大禹信仰的族群认同。

关于羌区释比的"禹步"，有日本学者撰写文章《从中国周缘地区看中国文明》，从文献与田野对应角度作了如下论述："这是端公祭祀时敲打羊皮鼓跳起的舞步。这种舞步在羌语中称为'布药检'或禹步。根据近年

① 李祥林：《大禹崇拜在川西北羌族地区》，韩国《中国地域文化研究》第9辑，祥明大学韩中文化信息研究所2010年版。

出土的《日书》——写在竹简上的占书可以看到，战国时代的人们外出或归来时，都会到城门祭祀禹神，保佑平安。禹步是在地面上划的五道线或四纵五横的九字格中起舞。汉代巫祝把这种步伐称为'禹步'。这被以后的道教所吸收，道士作法时踏出的舞步成步罡踏斗。中国神话研究大家袁珂这样说道：东汉末年，张陵在四川创立道教时，他融合吸收了羌人巫教的因素。另一方面，后世羌族端公礼仪中也大量吸收了道教的因素。"该学者指出，"端公和道士共同的祖师便是神话传说中的大禹"①。这位异邦研究者曾经深入川西北羌族地区调查，他说的"端公"在此指释比，乃羌族释比的汉语俗称，至于"道士"则是就汉区道教而言的。关于道教跟包括羌人在内的西南少数民族原始宗教之间的瓜葛，学界不乏论说。例如，向达在《南诏史论略》中以天师道初创之中心信仰为天地水三官，联系历史上巴賨李雄、氐族苻坚、羌族姚苌等皆信天师道及三官，他怀疑创立五斗米道的张陵入蜀地鹤鸣山所学之道"是氐羌民族的宗教信仰，而缘饰以《老子》之五千文"，钱安靖引此后指出："此论颇有助于揭开张陵入蜀鹤鸣山学道之谜。"② 由此看来，尔玛人传统社会中释比唱经跳皮鼓的这种奇特步子，有着古老的起源。而从艺术人类学解读，由大禹王开创的这"禹步"，实际上是他"祭祀天地、山川、神祇、祖先和求神问卜时所跳的一种舞步"③，后世巫师效法之，并在民间演艺活动中加以发挥。

作为祭神驱邪的仪式戏剧，释比戏有别于人们熟悉的舞台剧，其在尔玛人村寨中是随地作场的。神山、神林、草坪、庭院、堂屋，大凡有仪式活动举行之地，便有其亮相的"舞台"。如《送鬼》，是在主家的屋里；《斗旱魃》，是在村外的山上。从音乐构成看，释比戏唱腔音律起伏较大，节奏偏缓慢，每句唱腔的终结有延音，唱段与唱段之间、章节与章节之间夹有音调夸张的道白，民间把这种声腔称为"神歌"。至于伴奏的乐器，主要有羊皮鼓、盘铃、唢呐、锣、钹、镲等。服装道具方面，有猴皮帽、羊皮鼓、铠甲、竹帽、神杖、法印、铜镜、令牌、骨珠等。根据仪式活动

---

① 卢丁、工藤元男主编：《中国四川西北人文历史文化综合研究》，四川大学出版社2003年版，第200页。

② 钱安靖：《试论西南少数民族与道教的关系》，《贵州民族研究》1983年第4期。

③ 周冰：《巫·舞·八卦》，新华出版社1991年版，第80页。

需要，其在使用上自有讲究。羌人尊奉猴头祖师，相关的神话传说甚多。猴皮帽尤为释比的身份象征，它作为神圣之物平时要供在神龛上，只有在举行仪式时才请出使用。猴皮帽用金丝猴皮缝制，无檐，呈山字形，帽顶从左至右有三个凸峰，一般认为分别代表黑白分明、天、地（或曰代表天神木比塔、地神日布泽和祖师爷神）。帽子上装饰有贝壳，有的还饰以银牌等。表演中，若是扮演先圣神灵时，戴猴皮帽；若表演驱邪逐妖时，则戴竹帽；若是表现战斗场面或演唱英雄时，要披挂铠甲；若是表演一般人物时，则穿上日常服装，多为白衣、白羊皮褂和白围裙。如此安排，多多少少有程式化趋向。以上道具和乐器，诸如猴皮帽、羊皮鼓、盘铃等更是重要的仪式法器，具有民间宗教的神圣性，此乃从整体上研究尔玛民间仪式戏剧时务必注意的。

从根本上讲，有的释比戏剧目本身即是村寨里的祀神驱鬼仪式，如汶川流传的《斗旱魃》。在岷江上游，尔玛人大多居住在偏干旱的高半山上，雨水对农耕生活意义重大。仪式分为几段：首先，由释比挑选某人扮作旱魃，让他去山林中躲藏起来；其次，释比指点村寨民众说天旱是因旱魃作祟，于是男女老少鸣锣执棍上山去捉拿之；再次，扮旱魃者被发现后拼命奔跑，释比率众人追赶；最后，精疲力竭的奔跑者被捉住，象征旱魃已被降服，甘霖即将降临。整个过程，既有角色扮演又有情景展演，既有仪式的神圣性又有游戏的狂欢性，从中可见戏剧性扮演与宗教性仪式合一，也可看到村寨百姓既是观众又是演员的身份重叠，体现出民间演剧的双重性特征。

曾为"西戎牧羊人"的羌族，如今主要聚居在川西北岷江、涪江上游，以及陕西宁强、甘肃文县等，处于民族文化交流频繁的汉、藏之间。20 世纪 90 年代，笔者在一次戏剧研讨会上遇见羌族友人罗永康，我们谈到羌族民间戏剧，彼此兴致甚高。会议结束后，时任阿坝藏族羌族自治州创作室主任的他给我寄来了他的文章《开发民族戏剧 丰富巴蜀戏剧舞台》，其中述及释比戏等羌族民间戏剧时有道："从现在搜集到'释比戏'、'花灯戏'的剧目中除了大量反映羌族神灵、英雄、历史的故事如《木吉珠斗安珠》、《木吉珠剪纸救百兽》外，还有不少从汉地移植的剧目，如《关公保皇娘》、《赵匡胤千里送京娘》、《钟馗嫁妹》等等。"从剧目名称上，即不难看出文化上的羌汉交融以及汉地戏曲对羌族戏剧的影响，尤其是唱灯、跳灯这种民间演艺。

三

按照文化人类学理论，"释比戏"实为来自研究者的"客位"（etic）叫法。那么，在尔玛人当中，他们对之的"主位"（emic）称呼如何呢？据羌族友人告知，羌语中对释比戏的称呼除了前述"刺喇"或"俞哦"，还有称为"比萨"（汉语译音）的。其中，"比"指释比，"比萨"即是就释比演唱而言的。羌语有南、北方言之分，由于处在山高谷深的复杂地理环境中，这条沟与那条沟、这个寨与那个寨之间的"乡谈"或"地脚话"亦往往有差异。因此，当地人对于释比唱经或演戏有多样化称呼，这并不奇怪。

从宗教人类学看，释比戏《赤吉格补》取材于羌族民间传说，属于"坛戏"。剧中，"赤吉"是人名，"格补"指孤儿，皆羌语译音。"松潘所辖若波寨，赤吉格补是英雄。"根据剧情，赤吉年幼时，依多（羌语"成都"）来兵侵扰寨子，其父母双双遇害。长大之后，"赤吉发誓雪仇恨"，率领兵马去攻打依多（类似战争叙事在西南少数民族口头文学中屡屡有见，实际上折射出过去汉族中心地带与周边民族地区的紧张关系，可供史家研究）。几经交战，"依多败退羌兵胜"。此次发兵东行，赤吉的赤子之心和英雄精神得以彰显，受到族人尊敬，如剧末众声所唱："胜利回到若波寨，羌民庆贺闹欢腾。九代猪膘拿出来，陈年咂酒才启封。犒赏兵将太辛苦，饮酒吃肉庆胜利。"这是尔玛人口碑的民族英雄颂歌，反映出他们的英雄崇拜情结。关于这位英雄，汶川民间故事中还讲述他在与戈基人的战斗中立下赫赫功勋，受到民众拥戴，成为"西沟羌王"。作为仪式戏剧，该剧跟羌族民间宗教信仰有密切关联。在村寨祭神还愿的重大活动中，主持仪式的释比演唱此剧，从宗教层面看，是通过把英雄当作神灵来请出，达到驱邪逐祟的目的；从现实层面看，是通过调动起英雄崇拜情结，以增强尔玛人的族群认同；从审美层面看，是通过唱戏看戏满足大众娱乐需求。拥有古老文化的尔玛人信奉万物有灵（animism），祭山还愿是其生活中的大事，"在还愿会上，为增加娱乐性，提高本民族的凝聚力，释比还要借聚会搬唱羌族史诗《羌戈大战》，颂扬祖先神艰难创业及英雄业绩的传统史话《木吉卓与斗安珠》、《赤吉格补》等'释比戏'"①。而将作为叙事诗的《赤吉格补》和作为释比剧的《赤吉格补》加以对比（今天搜集整理的羌族释比经典中，二者皆有收录），不难看出彼此在内容繁简及结构安排上的异同，由此庶几可悟解从前者向后者的演化。

在人类学家看来，"神话话语借助公开过程去强调和界定一个群体独特的社会规范，以此提醒该群体认识自身的身份和状态"②。尔玛人在其族群生活中有崇拜女神传统并形成诸多神话③，其中天仙女木姐珠（又作"木吉卓"）是他们世代敬奉的女祖。木姐珠神话在羌区流传广泛，如婚礼上人们会唱"开天辟地到如今，男女婚配木姐定"，认定是天仙女替尔玛人制定了婚礼规范；释比唱经《比格溜》（羌语译音，意译为"吆猪经"，讲述尔玛人自北向南迁徙到达岷江上游的历史），其版本之一讲述尔玛人与戈基人交战，也是女神木姐珠用白石化作大雪山挡住后者，帮助前者脱离了危险。除了祭山会上释比演唱的长篇经文《木姐珠》，尚有前面提到的以"羌族神话戏"定位的《木姐珠剪纸救百兽》。剧中讲述铜羊寨头人为庆贺七十大寿，决定举办百兽宴以显豪奢耍威风，逼迫打山娃子去施"黑山"法术猎取动物，限其三天内交出100条獐子。顿时，"山中遭大难，山神心如焚"。目睹此情此景，心地仁慈的天仙女木姐珠不忍心百兽惨遭杀戮，连夜赶回天庭向父王禀明情况，并且启运神力，用剪纸化为百兽作替代。最后，在众神的帮助下，打死了恶毒的头人和管家，拯救了山中百兽，铜羊寨人民重享太平日子。该剧包括"黑山"、"告状"、"除恶"等五场戏，另加序幕和尾声，有情节有人物，有表演有对白有唱腔，故事曲折起伏，人物形象鲜明，以惩恶扬善的大团圆结局告终。2010年6月，在某次羌族文学研讨会上，笔者同叶星光这位来自阿坝州的羌族作家相遇，彼此以书相赠。我向他询问昔日搜集整理该剧的情况，他说这是20世纪80年代初深入理县偏远山寨所得，这出羌戏曾在汶川、理县等地民间流传，但随着时代变迁和岁月流逝，今人对之已所知甚少。关于该戏故事的

---

① 非物质文化遗产代表作申报书《羌族释比还愿会》，中国古羌释比文化传承研究会2005年8月编制。

② ［英］奈杰尔·拉波特·乔安娜·奥弗林：《社会文化人类学的关键概念》，鲍雯妍等译，华夏出版社2005年版，第238页。

③ 李祥林：《羌族民间文学中的女神崇拜与族群意识》，《文化遗产》2012年第1期。

某些内容，他在自己的小说中还曾借用。

根据文献记载和田野考察，唱灯、跳灯也是尔玛人喜爱的文艺形式，如《羌族》一书所言："'花灯戏'，源于民间，所反映的全是羌民族向往和理想中平静安宁的生活，如萨朗舞一般的轻松自如。"① 所谓"萨朗"，乃羌语之译音，意为"唱起来，跳起来"，指尔玛人的民间歌舞。在尔玛人中，唱灯、跳灯见于涪江上游的北川，也见于岷江上游的茂县、汶川等地。譬如，汶川过去春节期间有唱灯队伍，游走于村寨间，表演时以土制胡琴伴奏，剧目有《正月去看灯》、《朝贺庙宇宴》等。又如北川县墩上乡，有"许家湾十二花灯戏"。位于大山里的墩上乡在北川县西部，与茂县接壤，是北川通往茂县、松潘地区的关口。该乡岭岗村原名许家湾，当地羌文化保存较好，木姐珠神话也在这里流传。该地花灯表演有特色，其原本是乡民庆贺丰收及春节时围灯边唱边舞的"跳灯"，后来民间艺人在此基础上将动作改编，配以山歌曲子，发展为有故事有情节的"灯戏"。表演者手持五彩灯笼，故以"花灯"名之；所谓"十二"，乃指花灯十二盏。吉祥花灯受乡民欢迎，其演唱内容也跟尔玛人的生产生活贴近，如《闹元宵》："说一子，道一子，正月里来舞狮子，二月春分孵蚕子……"许家湾花灯戏的主要内容是讲天神木比塔的七个女儿来到人间拯救受苦受难的羌族百姓的故事。立足原型批评，从中可见以女神崇拜为基础的救苦救难的"女超人"式神话母题。当然，花灯表演艺人亦可根据时间、地点、场景即兴创作唱词，灵活自由。从民间信仰看，花灯在尔玛人心目中是神的象征，能驱邪逐鬼、镇恶除祟，且听释比唱经："天上挂月地上灯，普照凡民免灾星，上照三十三天界，下照十八地狱门……"（《敬灯神》）总之，跟尔玛人生活及信仰息息相关的花灯戏表演，同样具有浓浓的仪式性色彩，对他们来说不单单是供娱乐审美的。"神灯一照，鬼魅难逃"，乐意迎接唱灯跳灯队伍上门表演的羌寨民众对此深信不疑。

四

非物质文化遗产保护，以技艺传承为头等要事。释比戏的表演主体是

---

① 周锡银、刘志荣：《羌族》，民族出版社1993年版，第120页。

释比，其技艺传承非释比莫属。释比文化的传承，或子承父业，或拜师学艺，有严格的学艺要求，不是简单容易的事。笔者曾去汶川龙溪沟深处的巴夺寨做田野调查，此地是岷江上游羌区著名的释比文化传承地。该寨有余姓"释比世家"，其传承谱系已有六代，从第一代余尚德（生卒年不详）到第五代余世荣（1949 年出生）均为本姓家族传承，第五、六代既有本姓家族传承的余正荣、余正国（1982 年出生），也有异姓师徒传承的朱金龙（1951 年出生）、杨林（1982 年出生）等。2006 年据阿坝州友人马成富告知，释比戏传人有茂县的龙国志、肖永庆，汶川的余明海、余世荣和王治升，理县的王九清、王定香和韩全保，等等。回顾本土半个多世纪历史，由于极"左"思潮冲击，释比文化长时期被粗暴地视为"封建迷信"而扫地出门。2001 年，中、日双方学人合作调查四川、甘肃的羌族文化，就指出释比"最近 30 年来，呈快速衰退的趋势"，释比唱经"也随着一代代的传承而日益不完善"[1]，让人十分担忧。岁月流逝，羌族释比文化传承者的数量在不断减少，他们中许多人年事越来越高，如王九清、龙国志、余明海这些知名度响亮的老释比已离世。村寨中，主持仪式的老释比越来越少，全面通晓释比技艺的释比更是屈指可数，尔玛人古老的释比文化遗产濒临绝境，亟待抢救保护。同样，有如释比戏，羌区灯戏受学术界的关注亦相当有限，而"5·12"地震又加大了尔玛人这份民间文化遗产的濒危度。种种缘故使然，民间灯戏传承状况今在川西北羌族地区亦不容乐观，队伍老化，人员递减，愿习此艺的后继者缺乏，这也是行内人士时常感叹的。

2008 年"5·12"地震的中心就在川西北羌区，使尔玛人的生命及文化受到重创。2012 年 6 月 16 日在香港中央图书馆，笔者应邀做关于四川文化遗产的讲座时屡屡讲到这点，香港听众对此也甚为关心。这次大地震使"40 多位羌族文化传人罹难，有些文化项目成了绝唱。汶川龙溪乡 3 位释比遇难。北川羌族自治县 6 名羌族音乐、舞蹈创编人员全部遇难。禹羌文化 7 名研究人员，其中 5 人罹难。理县的佳山寨、若达寨、西山寨；汶川的萝卜寨房屋全部倒垮，萝卜寨死亡 44 人……"[2] 该报告来自当地。再

---

① 卢丁、工藤元男主编：《中国四川西北人文历史文化综合研究》，四川大学出版社 2003 年版，第 79—80 页。

② 阿坝州羌学学会：《保护羌族文化的报告》，http://hi.baidu.com/% CE% F7% C7% BC% D6% AE% BA% F3/blog/item/86f75e132fae84d5f7039ecf.html。

看省级文件："羌族聚居区是汶川地震核心区，羌族文化赖以生存的生态环境遭到严重破坏，部分处于半山、高半山的羌族民众被迫离开了自己的家园。非物质文化遗产的载体遭受毁损，一大批传统羌族民居受到不同程度的毁坏，如汶川萝卜寨房屋全部垮塌，列入世界文化遗产预备名录的羌藏碉楼部分垮塌。以大禹文化为特色的民间传说载体、民族信仰及相关遗址受到严重毁坏。"① 羌区环境受损情况，以汶川为例，"汶川县原有耕地106500 亩，地震导致灭失土地 42000 亩，严重损毁 48000 亩，仅存 1 万多亩耕地"②。生存环境被破坏，使高山上有的尔玛人村寨不得不整体迁往异地，如笔者走访过的夕格寨③。对这次灾难，冯骥才先生有个比喻："整个震区就像受难的泰坦尼克号，船上多半是羌人。"为保护羌族文化遗产四处奔走呼吁的他指出，羌这个古老的族群跟中华民族有根脉联系，"他们的羌绣浓重而华美，他们的羊皮鼓舞雄劲又豪壮，他们的释比戏《羌戈大战》和民俗节日'瓦尔俄足节'带着文化活化石的意味"，可是，"当我们还没有来得及对羌文化进行整理的时候，这个文化就受到了迎头的摧毁性打击"④。形势严峻，对于原本就在主流学界视野外的羌族民间戏剧遗产来说，抢救保护更是迫在眉睫。

2008 年是中国改革开放的第 30 个年头。对川西北地区尔玛人戏剧文化遗产的关注，也主要见于改革开放之后。20 世纪 80 年代，在政府主持下，为编纂十大文艺集成志书而进行的民族民间文艺资源普查中，基层工作者对这方面信息渐渐留意。新时期以来，随着"傩"文化研究成为学界热点，当年在四川省傩文化研究会同仁的田野考察和学术研究中，对包括释比戏在内的羌族民间文化遗产进行了有意识的资源访查和材料搜集。相关成果，如今较为集中地反映在 2004 年四川文艺出版社出版的《四川傩戏志》里。作为文艺集成志书编纂工作的延伸，《四川傩戏志》的编纂计划在 20 世纪末即定了下来，到 2000 年完成了整部书稿，其体例基本沿袭

---

① 《四川省地震灾后非物质文化遗产抢救保护与恢复重建规划纲要》，四川省文化厅编印，2008 年 6 月。

② 《8 级羌震：4000 年禹羌文化之殇》，http://epaper.bjnews.com.cn/html/2008 - 06/18/content_ 223428. htm。

③ 李祥林：《南宝山上的羌民新村》，《羌族文学》2012 年第 1 期。

④ 冯骥才：《羌去何处》、《快向羌族伸出援手》、《担当起文化救灾的责任》，均载《羌去何处——紧急保护羌族文化遗产专家建言录》，中国文联出版社 2008 年版。

《中国戏曲志》。作为该书编撰者，我们在书中有意识地加强了涉及"释比戏"的条目及内容。如今，"羌族释比戏"和"羌族花灯戏"作为"文化活化石"已被阿坝藏族羌族自治州正式列入首批非物质文化遗产名录，2008 年四川民族出版社出版的《羌族释比经典》中亦有"释比戏"专篇并收入剧目若干。此外，北川羌族自治县的"许家湾花灯戏"目前也被列入省级非物质文化遗产名录，并向国家级名录推荐。至于羌区民间灯戏，则是笔者另文专述的话题，此处不赘言。

（原载《民族艺术研究》2012 年第 5 期）

中 编

文化与性别

中国文化与审美的雌柔特质

　　人类文明发展的长河，从过去流到现在，又从现在流向未来，波接浪连，滚滚不息。在其进程中，由于地域、国度、民族有别，"展现为文学、艺术、思想、风习、意识形态的文化现象，正是民族心灵的对应物，是他们物态化的结晶，是一种民族的智慧"[①]。从作为"民族心灵的对应物"的文化艺术和审美形态中去窥视"民族的智慧"，无疑是一个极有魅力的学术课题。立足东方语境探讨中国传统文化，不能不注意到其在数千年发展史上起源古老又传承不衰的柔性特质及其审美显现。本文拟从性别文化学视角出发，在历史与逻辑的双重把握中从宏观上就此作一正面探讨。

一

　　从地域角度看，"南、北互补"是组构中国文化的两大基本板块。一个南北划分、二元耦合的文化格局构成了中国传统文化：北方黄河流域文化与南方长江流域文化既相统一又相区别，同中有异又异中有同。在黄河流域，早在4000年前已有夏王朝建立，加之历代政治中心大多在此区域，而对长江流域文化的发掘考古工作未及时跟上，久而久之，便在中国文化研究中形成了黄河文化中心论。直到20世纪30年代以后，这局面才得以扭转。据考古发掘，在黄河流域产生早期文化、形成早期文明的时候，长江中下游地区也几乎同时形成和发展着原始文化，有力证据便是浙江余姚河姆渡遗址发现的距今6000多年的新石器时期文化，以及跟黄河流域的仰韶文化、龙山文化大致相当的大溪文化、屈家岭文化等。以长江为轴线的南方文化，兴起于江汉，发达于江南，大致上以今天的湖南、湖北为中

---

　　①　李泽厚：《中国古代思想史论》，人民出版社1986年版，第297页。

心，其地域范围西起四川，东到江浙，南达岭南和广西北部乃至珠江流域，北及河南南部和山东部分地区等。江汉地区及其周边是楚人活动的范围，楚文化作为历史上楚人所创造的物质文化与精神文化的遗存，是长江文明的中坚，也是中华文明不可缺少的组成部分，其影响面至少涵盖大半个中国。如汉代盛行黄老之学，而"帛书《黄》《老》卷子的发现，证明战国到汉代盛行的黄老之学，其来源出于楚国"①。若说黄河流域文化主要以儒家精神为特色，凝重深沉，执着于现实大地和实用理性，那么，长江流域的楚文化则在的巫、道心理的潜在作用下，向往超越，富有瑰奇的想象力和创造性。尤值得注意的是，从楚文化中不难发现一种未必不浓厚的女性崇拜意识。究其根源，是"由于楚民族在从原始社会向阶级社会过渡的过程中，较多地保留了原始社会母系氏族公社的痕迹。在《楚辞》中就常把政治上的遇合化成男女间的爱情来写，又常把自己对理想的追求化成对美女的爱慕来写。由于楚民族心目中崇拜的女性都是'小腰长袖'的女性……例如在《招魂》中就用了近四分之一的篇幅刻画入微地描写了'实满宫些'的'九侯淑女'以及歌伎、舞伎、乐伎'小腰长袖'的'姱容修态'。这种对女性的大胆崇拜，是楚民族风俗的一个特点"②。楚文学是楚文化的结晶，说到楚文学，首先就会想到屈原及楚辞。翻开《离骚》，诸如"维草木之零落兮，恐美人之迟暮"、"余既滋兰之九畹兮，又树蕙之百亩"、"众女嫉余之蛾眉兮，谣诼谓余以善淫"之类比兴和意象迭出眼前，一个荷叶为衣、芙蓉作裳、身披江离、胸佩秋兰，甚至连拭泪也用"茹蕙"的主人公形象无疑有相当女性化的色彩，究其缘由，是因屈辞有意在借"美人"自况。以致在抗战时期，竟有人误以为屈原是个"弄臣"即龙阳君之流人物，闻一多不赞成此说，但指出其中事出有因，盖在屈子辞赋的确是"男人说女人话"。在此，诗人自拟"美女"并将君王化作"男子"，从而以男女婚娶喻说君臣相契，以男子在黄昏迎亲中的突然改道、怀有他心来比况楚王的疑忌贤臣、对诗人信任而不终。这种"男女君臣之喻"，成为贯穿《离骚》前半部的比兴主线。自拟"香草美人"以托寄胸臆，作为一种话语模式，后来得到宋玉、曹植、李商隐、辛弃疾等的

---

① 李学勤：《新出简帛与楚文化》，载《楚文化新探》，湖北人民出版社 1981 年版，第 34 页。
② 徐杰舜：《汉民族发展史》，四川民族出版社 1992 年版，第 140 页。

继承发扬，成为士大夫文人津津乐道的传统，在中国古典文学艺术里得到广泛运用。如唐宋诗词中，诸如"妆罢低声问夫婿，画眉深浅入时无"（朱庆馀《近试上张水部》）、"谁分含啼掩秋扇，空悬明月待君王"（王昌龄《西宫秋怨》）、"长门事，准拟佳期又误，蛾眉曾有人妒"（辛弃疾《摸鱼儿》），便唾手可得。诚然，"香草美人"模式在中国文学史上流行有其复杂原因①，但就话语发生而言，其跟楚文化语境中固有的崇仰女性情结当不无瓜葛。

从哲学角度看，"儒、道互补"构成了数千年中国精神文化的主干。华夏传统历来讲"据于儒，依于老"、"儒治世，道治身"。从性别文化学角度看，尽管儒、道两家都讲阴阳调和，但彼此立论相去又远。一般来说，取法乎周的儒家思想更多代表着父权宗法制社会的道德观念，对女性的贬低和排斥从孔孟的"小人论"以及后儒发挥的"三纲五常"、"三从四德"等可见。孔子便是父权本位即西方人所谓"菲勒斯中心"（phallocentrism）社会的维护者，他讲阴阳和谐是有前提的，那就是阳尊阴卑、男主女从，在此前提下，女性终归不过是附属于男子的"第二性"。汉以后被官方奉为主流话语的儒家伦理虽然也讲孝母尊母，但其本意主要是在维护父系家庭的等级制，防止犯上作乱。与此鲜明对照，有着楚文化基因的道家对阴阳和谐理论的阐发更注重阴柔，大力赞美张扬虚静柔韧的女性特质，把母性尊崇为世间万物产生的根本，此所谓"贵柔守雌"。20 世纪 30年代就有学者指出，《老子》全书之要义，"女权率优于男权，与后世贵男贱女者迥别"②。的确，老子学说中藏留着许多原始文化密码，有太浓太浓的阴柔化色彩，凝结着太强太强的母性意识。作为中国哲学本体论的开创者，老子主要探讨的是宇宙生成论、世界观以及人生观这些哲学基本问题，似乎并未正面谈论过男女地位和与之相关的话题，但是，通读五千言《老子》，你会发现，书中从头至尾被作者借以说道论德的喻体和象征体，都跟女性和女性文化息息相关。"道"是老子哲学的核心，其作为宇宙之原始、万物之根本，曾再三被他喻称为"天下母"、"天地母"；不仅如此，为了将"道"创生天地万物的功能更形象地揭示出来，他干脆把"道"直

---

① 李祥林：《"男人说女人话"——中国戏曲文化现象解读之一》，《民族艺术研究》1997 年第 6 期。

② 吕思勉：《辩梁任公〈阴阳五行说之来历〉》，《东方杂志》1931 年第 20 卷第 20 号。

接具象化为"玄牝"（女性生殖器）这生命崇拜意象，所谓"谷神不死，天地玄牝。玄牝之门，是谓天地根。绵绵若存，用之不勤"（第六章）。这，恰恰植根于人类社会最古老原始的母性生殖崇拜事实。远古社会，蒙昧未开化的初民们曾"知其母而不知其父"，女性（母亲）被全社会普遍尊奉为氏族的始祖，她们是人类生殖崇拜史上的最早对象也是当时条件下的唯一对象。对此消失在今人记忆里却保存在出土的远古文物以及孑遗在若干土著民族中的事实，人类学研究早已充分指证。归根结底，"'玄牝之门，是谓天地根。'道家哲学的这一命题，即是上古社会极具权威性和统摄力的'女性独体生殖'这原始生殖文化观念在后世的折射。母亲虽然是女性（阴），但她既能生儿（阳）又能生女（阴），这才是老子学说'一生二'的正解"①。诚然，老子所处时代已是父权上扬而女权"历史性败北"、女性处于弱势地位，但与世相违的心态和对原始母道的崇尚，使道家文化哲学发出对雌弱阴柔的由衷赞美，他屡屡高扬女性"慈"、"静"、"俭"、"曲"、"贱"、"后"、"淡然"、"不争"、"守雌"的美德，并再三表述"柔弱胜刚强"、"兵强则灭，木强则折"的思想。在其朴素辩证法中，"道"的发展是呈螺旋式上升的循环运动，具有"穷则反，终则始"的周期变化特点，故世间万物也会盛极必衰强而后弱、衰极渐盛弱而后强。老子以众多类比来说明强硬之物最脆弱，唯有柔弱的东西才代表生命的开始，具无限希望："人之生也柔弱，其死也坚强。草木之生也柔脆，其死也枯槁。故坚强者死之徒，柔弱者生之徒。是以兵强则灭，木强则折。强大处下，柔弱处上。"（第七十六章）这柔弱中蕴含着柔韧的精神，"天下莫柔弱于水，而攻坚强者莫之能胜，以其无以易之"（第七十八章）。水的力量就在于执着的韧性，其可决堤穿石，再硬的东西也经不住水的长期侵蚀。水的特性被老子推崇到"几于道"的地位，他所高度赞美的水，在文化母题识读上正是女性特质的象征。而受此心理定式导航，雌柔文化尤其在民众圈里获得了广泛认同，"含而不露"、"绵里藏针"、"百炼钢化为绕指柔"成为人格诉求和处世信条；深信"天道助弱"，主张"锄强扶弱"，贬抑强者，同情弱者，亦成为方圆九州传承历久的社会风气。"守雌贵柔"、"柔能克刚"、"柔弱胜刚强"、"刚强乃惹

---

① 李祥林：《女娲神话的女权文化解读》，《民族艺术》1997 年第 4 期。

祸之胎，柔弱为立身之本"，诸如此类为国人广泛运用的格言莫不体现出这种文化精神。

二

人类学资料表明，早于父权意识的母性崇拜是远古初民中存在的事实。在中国，这种浸润原始文化血液的崇尚母道和女权的观念经先秦道家的哲学提升和张目，给数千年文化史（特别是在边缘的民间的非主流的亚文化系统中）以深刻影响。鲁迅就曾指出，渗透在中国人骨子里更多的还是道家精神；《吾国吾民》著者林语堂亦断言，"中国人的心灵的确有许多方面都是近乎女性的"。中国古典艺术对静美的参悟（如苏东坡诗有"静故了群动，空故纳万景"），对柔美的欣赏（如有识者指出，戏曲中小生的唱腔和表演就颇为女性化；近世京剧在"十伶八旦"的局面中向柔美型艺术定格，也为众所周知），以及施政治国上视"文治"高于"武功"、为人处世上以仁厚优于劲猛（看看刘备、宋江之类小说人物，不难明白这价值取向），凡此种种，都偏爱阴柔的气质。诚然，父权制统治关系的社会模式在中国远比在欧洲更强固，延续的时间也更长，但同欧洲文化相比，数千年中国文化又明显表露出更多的女性化气质。对此"悖论"，西方学者往往感到惊奇不解。其实，自具特色的中国文明演进史可以解答此疑。从人类学的比较视野来看，中国和欧洲都曾有过数万年悠久岁月的母系氏族阶段，也都曾经历从母系制向父系制的巨大历史转变，但是，如西方学者艾斯勒所言，父系制取代母系制在欧洲是凭借游牧民族库尔甘人大规模武力入侵和扫荡来实现的，女性是在刀剑与战火的驱赶下"历史性败北"的，而迄今尚无考古依据可证在公元前5000—前3000年有类似现象在中国发生。可以说，父系制在中华土地上是本民族自己逐步进化而来的，早在传说中的"五帝"时代，虽然男子在生产和战争中已占主导地位，但人的生产（婚姻与家庭）和继嗣制度依然循守着古老的母系制法则①。唯此，尽管以儒家为代表的父权制主流文化在理论和现实中都贬斥女性，却无法阻止根基悠远的母系制因子在中国人的思维方式和文化心理上的积淀

---

① 闵家胤主编：《阳刚与阴柔的变奏——两性关系和社会模式》，中国社会科学出版社1995年版，第395页。

和遗传。在"儒、道互补"的中国文化体系中，道家对母系制文化遗产的直接继承自不待言，即便是肇自远古又为先秦诸子普遍阐发的阴阳学说，亦提供着这方面的有力证词。"《易》以道阴阳"（《庄子·天下》），而《易》之卦象"—"和"--"如郭沫若等指出，正分别象征着男根和女阴，是人类"近取诸身"再推及天地万物的符号化产物。在东方，"阴阳"作为中国哲学的核心范畴，标志着"天地之大理"（《管子·四时》），被广泛运用于天文、地理、历算、兵法、医学、农学、文学、艺术等领域中。"一阴一阳之谓道。"（《周易·系辞上》）"阴阳互根"，反之则"孤阳不生，孤阴不长"。阴阳合德，刚柔有体，天地万物由此而生生不息。"和实生物，同则不继"（《国语·郑语》），从具有强大统摄力的阴阳学说中，可清楚读出中国文化那极富民族特色的和合精神。

尽管古老的阴阳理论被儒生们按照父权社会的需要而发挥成所谓"阳尊阴卑"的整套说教，但究其原始旨义，该理论对"阴"是相当看重的，至少没有以对"阴"的绝对贬低和拒斥来达到张扬和推崇"阳"的意思。须知，"道阴阳"之《易》传世有三：夏朝之易为《连山》，商朝之易为《归藏》，周朝之易为《周易》。三者不仅卜筮方法有别，连诸卦的排列次序也不同。跟《周易》以"乾"卦居首截然相异，《归藏》则以"坤"卦开头，故而后者又名《坤乾》。史料可证，"先秦，特别是春秋之前，并没有像秦汉以后那样强烈而不可移易的阳尊阴卑、阳贵阴贱的观念，相反却是重阴不重阳，阴为主导方面，阳是非主导方面，阳要受阴的制约和支配，因而，阴阳两字，阴居阳之首"①。阴阳、阴阳，说到底原来是先阴后阳（即便是在父权化的《周易》将《归藏》的"坤乾"扭转为"乾坤"之后，起源古老的"阴阳"在国人的习惯用语中迄今仍未随之转变为"阳阴"，这绝非偶然）。老子能从中读出跟儒家截然不同的阴阳刚柔原理来，《内经》称阴为"阳之守"（持守在内的物质基础）而阳为"阴之使"（运使在外的生理机能），后世中国诗歌、小说、戏曲等总是主张从阴阳互补刚柔相济中来探讨为艺之道，其缘由盖在此。

关于《归藏》的由来，《路史·黄帝纪》："黄帝有熊氏……河龙图发，洛龟书成……谓土为祥，乃重'坤'，以为首，所谓《归藏易》也。"以土

---

① 张立文：《中国哲学范畴发展史（天道篇）》，中国人民大学出版社 1988 年版，第 264 页。

为祥，这是上古时期农业崇拜的体现。从考古发现可知，中国至少在 7000 年前已产生了早期文化，即已进入新石器时代，出现了农业的定居。在那血缘上由母系居主的时代，土地和母亲在先民的原始思维中是神秘互渗的。"地为母"（《后汉书·隗嚣传》），土地生长出植物，跟人类社会中母亲生养子女正类似，受神话思维"类比"律支配，"以地为阴性名词，图像作女人身"①，并由此产生地母崇拜现象，在世界各民族中普遍有见。而据孔颖达《周易正义》："归藏者，万物莫不归藏于其中。"以"土"、"母"为万物生命由来的源泉，说"万物归藏于土"也就等于说"万物归藏于母"，农业崇拜和生殖崇拜在原始初民那里本是合二为一的。就社会形态而言，中国是"以农立国"的。中国人在原始部落解体前便选择了农业作为生存繁衍的主要依托，甲骨文可证，商代的农业已发展到相当水平。从农作物看，甲骨文中有农、禾、麦、黍、米等字；从土地名称看，甲骨文中有田、甽、井、囿、圃、疆等字；卜辞中还有商王向上帝、祖先及河神祈问天象、年成的诸多记录，从这种对农业生产丰歉的切切关心中，亦可见农业在人们经济生活中所占的重要地位（难怪《归藏》视土为祥）。在此国度里，数千年固守古朴的农业社会不变，正为助长文化的阴柔气质提供了适宜的温床。在此国度里，"耕读传家"向来被引以为自豪，农业收成的好坏从根本上决定着人们命运的优劣，他们对宇宙的反应和对人生的看法，"在本质上就是'农'的反应和看法"。儒、道虽是"彼此不同的两极，但又是同一轴杆上的两极"，归根结底，"两者都表达了农的渴望和灵感"②。就人与自然的关系而言，不像西方较多表现为人与自然的对立冲突，"靠天吃饭"的中国人因农业经济的缘故而自来看重人与土地、气候和环境的关联，从很早的时候起就对大自然有着一种亲切怀归的认同感，那"桃花源里可耕田"的理想就奠定在这"天人合一"基础上。加之农业生产相对稳定的特征，不难从平和、恬淡、安详的气氛中孕育出一种淳朴闲散的性情和人格。此外，从文化地理学角度看，中国是大陆国家，特定的地理位置从某种程度上决定了"中国文化只形成其为平原的文化"，较之富有冒险精神的海洋型文化，大陆平原型文化因"缺乏海之超越大地

---

① 钱锺书：《管锥编》（第1册），中华书局1986年版，第56页。
② 冯友兰：《中国哲学简史》，北京大学出版社1985年版，第24—25页。

的限制性的超越精神"（黑格尔语）而更多体现出平静、恬淡、中和的特征，可谓是一种"中庸的文化"①。不难想象，世世代代居住在远离大海惊涛骇浪的平静大陆上，"日出而作，日入而息，凿井而饮，耕田而食"（《击壤歌》），生活是"采采芣苢"（《诗·周南·芣苢》）和"桑者闲闲兮"（《诗·魏风·十亩之间》），如此生态环境，当然很容易使整个民族文化心理向偏爱阴柔、和谐、宁静、恬淡的一方倾斜，从而构筑出明显有别于欧洲人"外倾情感型"的"内倾情感型"民族性格。在此大背景下，贵柔守雌的道家文化哲学自不待言，若透过一层看，即使是从周文化汲取营养甚多的儒学，在人格精神上"阴柔气质也相当重"，而"孔子内向、保守、谦和的性格在很大程度上已放大成中华民族的性格"，因为"儒家文化毕竟是以农业为主的汉民族的文化"②。于史有证，周民族的祖先"弃自幼即好农耕，传说他首先种稷和麦，被周民族尊奉为农神，号称'后稷'，可见周民族的祖先一向是重农的"③。因此，这种向柔性化趋同的群体文化心理在我中华大地上，实乃"冰冻三尺，非一日之寒"。

偏爱柔美的文化气质，作为"集体无意识"甚至渗透到华夏民众的佛教信仰中。佛教自汉代入华后能逐渐被本土民众接受，除了其教义本身满足着世俗的信仰需求外，一个重要原因就是它的中国化，而这正是在具有强大整合力的本土文化语境中完成的（如对"孝道"的吸收、"亲情"的认可等）。佛教诸神中，对中国百姓最具剧场式"票房"号召力，也是他们通过艺人说书、戏曲搬演再熟悉不过的，恐怕首推手持净瓶足踏清波救苦救难的观世音，其尊名连同其慈眉善眼的白衣女子形象在神州大地可谓家喻户晓。然而，恰恰就是这位名列"西方三圣"之一的观音菩萨，这尊妙相庄严的女神，在佛经中原本并非如此模样，如在新疆境内吐鲁番火焰山的伯孜克里千佛洞里，是位留着小胡子的英俊男子；而在喇嘛教中，其绘像则是长着11颗不同肤色不同面容的脑袋的威猛怪诞造型，令人望而生畏。一个异邦男神何以会走下高高的神界化身为一个颇具人间气息的体端貌美的中国女子呢？也许，从表层上可以说，此神面目由恶变善、自刚向

---

① 冯友兰：《中国哲学简史》，北京大学出版社1985年版，第24—25页。

② 闵家胤主编：《阳刚与阴柔的变奏——两性关系和社会模式》，中国社会科学出版社1995年版，第421—422页。

③ 徐杰舜：《汉民族发展史》，四川民族出版社1992年版，第110页。

柔是为了以更平易近人的姿态争取更广泛的信徒。但为什么偏偏要转易性别呢？这，从潜意识层面就不能不说是那远古母性崇拜的精神密码在冥冥中发生作用。佛门世界，诸神皆为男性，这未免太男权沙文主义化了，在庙里供上一尊和蔼可亲的女性神祇，多少也能调节气氛，庶几可使信守中和不走极端国度的居民们感到心理平衡。况且，从来就相信多子多福的庶民百姓还打心眼儿里盼望观音娘娘能为之送来一个白白胖胖的儿子哩（当然，其中又渗入了父权社会那"不孝有三，无后为大"的伦理观念和心理企盼）。你瞧，这怀抱幼子体貌端庄的"送子观音"造像出现在佛庙中，难道不正是茫茫远古那掌握着人类生殖奥秘的"大母神"（the Great Mother）在后世的化身现相或"置换变形"（displacement）么？！此外，众所周知，道家在后世因世俗化而发展为道教，仍保持着浓厚的阴柔气质并通过道教神仙谱系体现出来。道家和道教深受历代中国女性青睐，吸收了不少女信徒。按道教教义，得道的女性亦可升天成为长生不老的女仙。东晋葛洪的《神仙传》中，就有麻姑、太玄女、程伟妻、樊夫人、西河少女、东陵圣母6个女仙的传说。唐末五代杜光庭编《墉城集仙录》，则干脆为仙境神界的女性们集体立传，收入36位女仙，包括女娲、西王母、尧帝之女舜帝之妻娥皇和女英、偷食长生不老药后飞升月宫的嫦娥、《楚辞》中的巫山神女等。一位美国文化人类学家谈到世界各地女神崇拜时说："在中国，女神妈祖和观音作为仁慈和怜悯的女神仍然受到了广泛的崇拜。"[①] 而南方人膜拜的这位妈祖女神，以及北方人供奉的碧霞元君，都是宋代以后在道教直接影响下产生的女性神祇。及至清朝王建章撰《历代仙史》，纳入道教仙谱的已多达145位女神仙了，堪称济济一堂。这一现象，在同儒门和佛教的对比中尤见显豁。

三

就审美趣味和艺术风尚言，这种对柔美的崇尚和张扬，不仅仅聚焦在先秦诸子时代；自汉至清的两千多年中国美学发展史，也在总体上从阳刚到阴柔、自浓艳向素淡、由繁复而简朴的嬗变或者说回归上，再次

---

① ［美］理安·艾斯勒：《圣杯与剑——男女之间的战争》，程志民译，社会科学文献出版社1995年第2版，"导论"第5页。

于更广泛外延上放大和张目了柔美为贵的文化意识，从而确证着上述"集体无意识"从深层制约中国文化的力量之大。"绚烂之极，归于平淡"，迄今为我们津津乐道的此语代表着富于民族特色的中国艺术辩证法。"君子之交淡如水"，这是国人的交友之道；"大羹必有淡味"，此乃食客的经验之谈。这种渗透在华夏民族性格中的不主浓重、强烈、外向、怒张而主平和、含蓄、婉雅、素静的审美趣味，无疑是富于雌柔气质的，自当划归"阴柔之美"而非"阳刚之美"范畴。我在一篇文章中曾指出，"中国古典美学以儒、道两家为主体，一般来说，以孔孟为代表的儒家美学注重人事，讲究文采藻饰之美，在审美趣味和艺术追求上偏'浓'；以老庄为代表的道家美学注重自然，崇尚素朴之美，在审美趣味和艺术追求上偏'淡'。从诗画艺术发展和审美意识嬗变的纵向角度看，中国封建社会前半期美学基本是尚'浓'的，这从两汉辞赋的'采滥忽真'（刘勰语）和六朝诗歌的'采丽竞繁'（陈子昂语）可得证；后半期美学主要是崇'淡'的，这从文人画在画界的崛起和'神韵说'在诗坛的风行可看出"。诗歌创作方面，东晋大诗人陶渊明，其田园诗用白描手法绘景写情，去浓艳色，无雕琢痕，意趣真淳高古，风格淡雅自然，被诗坛誉为"开千古平淡之宗"；人称"冲淡派"大师的唐人王维诗、画兼擅，而作诗求淡与之同调的孟浩然、韦苏州、柳子厚、贾长江等人正组成了唐诗百花园中"清淡"一派。诗歌美学方面，晚唐司空图论诗讲"浓尽必枯，淡者屡深"，宋人苏东坡提出"发纤浓于简古，寄至味于淡泊"，明人袁宏道喊出"淡"是"文之真性灵"的口号，及至清代王渔洋，就更是在以"古淡闲远"为审美标尺读诗、解诗、选诗的实践中力倡"神韵"之说。中国绘画史上，"随类赋彩，自古有能"，而"水墨晕章，兴我唐代"（荆浩《山水记》）。发达于唐代的青绿、金碧山水，标志着中国画在色彩追求上走向鼎盛。继之，便是"写意"思潮在画坛觉醒，人们开始从五色之外的水墨中发现一个更美妙的淡雅飘逸境界，文人雅士的兴趣中心也就由传统的重"色"移向新兴的重"墨"。宋元以降，随着崇尚萧疏、清淡、简朴、自然的审美意识在中国美学史上主角地位的确认，绘画领域这种取水墨淡雅而弃五彩浓丽的创作倾向更其俨然，明沈周诗"丹青隐墨墨隐水，其妙贵淡不贵浓"（《题子昂重江叠嶂卷》），即道出个中消息。上述以淡为贵的审美观，其直接哲学基石恰恰是充满着雌柔文化气息的道家学说。也就是说，"滥觞于老庄的这种尚淡思想，后来在陶潜、王维等人的创作中和司空图、苏轼等人的理论中得以发挥完善，从而在中国美学史和艺术史上铸就了特色独具的艺术风格和审美范畴——'淡'。作为一种源远流长的文化意识，它积淀在我国世世代代人民的饮食、交友和娱乐等日常生活活动中，以巨大的张力制约着人们的审美和准审美乃至非审美的价值取向"①。

雌柔文化对中华文学艺术的濡染深及思维方式。较之其他学说，主张"道法自然"的道家文化哲学更富于审美气质，其运用的概念、范畴在美学中更具普适性，因而常被后世艺术家引进和采纳。说道家文化更富于审美的、艺术的、诗意的气质，重要原因之一，盖在其从思维方式上多体现出直觉性、浑整性乃至神秘性特征，而这恰恰又可谓是女性思维所长。借《物理学之道》著者 F. 卡普拉的话说，"在思维的领域里，阴是复杂的、女性的、直觉的思维，而阳则是清晰的、男性的、理性的思维"。二者反映在中国思想流派中，大体上"儒家是理性的、男性的、积极的、占统治地位的。相反，道家强调的是直觉的、女性的、神秘的和柔性的东西……道家相信，通过显示女性的、柔软的人类本性最容易导致生活与道的完美的平衡"②。除了上述，中国传统艺术对"圆"别有偏爱，亦从更具体层面上向我们提供着这方面证明。作为人类文化史上最古老的审美原型之一，"圆是包含着世界始祖的葫芦"③。对"圆"的审美意识中，正隐藏着人类最最古老原始的母性生殖崇拜密码。如文化人类学所指证："人类最古老的一种生殖象征，便是一个简单的圆圈。它可能代表太阳，也可能是原始的玄牝的符号。"作为后者，"圆便成了母亲、女人，及'地母'的征象"④以研究大母神闻名世界的德国学者诺伊曼就再三举证："在其全部现象学中，女性基本特征表现为大圆，大圆就是、并且包含了宇宙万有。"⑤ 在中华民族的审美视域中，"圆"作为一个能指丰富的阴柔化代码，喻示着

---

① 李祥林：《说"淡"——中国古典美学范畴札记之一》，《学术论坛》1991 年第 1 期。

② 灌耕编译：《现代物理学与东方神秘主义》，四川人民出版社 1984 年第 2 版，第 83、91 页。

③ 莱奥·弗罗宾斯语，转引自朱狄《原始文化研究》，生活·读书·新知三联书店 1988 年版，第 725 页。

④ ［英］H. 卡纳：《人类的性崇拜》，方智弘译，海南人民出版社 1988 年版，第 153—154 页。

⑤ ［德］埃利希·诺伊曼：《大母神：原型分析》，李以洪译，东方出版社 1998 年版，第 215 页。

柔和、温润、流畅、婉转、和谐、完善，标志着一种美、一种心理结构和一种文化精神。在国人心目中，"天体至圆，万物做到极精妙者，无有不圆。圣人之至德、古今之至文、法帖，以至于一艺一术，必极圆而后登峰造极"（张英《聪训斋语》卷上）。在中国，以圆为美的心理定式左右着艺术家的创造和接受者的鉴赏，是他们共同奉守的价值准尺。譬如，"合歌舞以演故事"的中国戏曲以舞台表演为中心，若从几何学视之，表演者在台上的种种动作皆可抽象化为线条的规律性运用，其中形式最活跃、使用最广泛和审美价值最高的，恰恰是圆、弧线。它可分可合，灵动自由，合则为圆而分则为弧，由弧再分又可截为波浪线，加以变形又可组成S线、8字形乃至太极图线等极富流动变化之美的曲线。圆、弧及其变形组合线贯穿在"四功五法"中，以内在张力规范着表演者的一招一式，在戏曲审美中可谓无处不在。尤其是女性角色，举手投足，都离不开这"审美的圆圈"。为了体现旦角的风情万般，表演者每一手势都离不开指花与圆弧形的动势，出手时不是向内或外挽圈就是向左或右划圈，随着手的圆弧形运转之势，连接各种手姿手臂的动势也呈弧线不走直线，手向前去也非直前而要有斜度。圆成为国剧舞台上女角表演美的醒目标志。

此外，"唱腔要圆"、"编戏要圆"，此乃梨园口头禅。国人看悲剧总期待结尾处出现"希望的亮点"，这绝非偶然。有别于西方戏剧，古典戏曲悲剧中有不少作品是以喜的方式告终，即所谓"始悲终欢，始离终合，始困终亨"。翻开《中国十大古典悲剧集》，除了《汉宫秋》和《桃花扇》，其余作品皆有一大团圆式"光明的尾巴"，要么是清官或圣明君主出场为民申冤，要么是剧中主角在仙境或梦境里团圆，要么是受害者后代继起斗争报仇雪恨。论其结构，有先悲后喜，更有先喜后悲复转喜。戏曲如此偏爱大团圆，鲁迅认为是"国民性"使然，王国维以"乐天精神"目之，在笔者看来，其跟先秦老子道论中"物极必反"的环形思维模式有直接瓜葛。钱锺书谈到黑格尔辩证法时，曾引述老子"反者，道之动"的圆说，他指出："黑格尔曰矛盾乃一切事物之究竟动力与生机，曰辩证法可象以圆形，端末衔接，其往亦即其还，曰道真见诸反覆而返真。曰思维运行如圆之旋，数十百言均《老子》一句之衍义。"因为，"《老子》之'反'融贯两义，即正、反而合……故'反（返）'，于反为违反，于正为回反

（返）；黑格尔所谓'否定之否定'，理无二致也"①。（顺便说说，崇尚母道的《老子》在全书结构安排上也煞费苦心，竟以圆作为循环体系，九九八十一章是章章勾连推衍以象征"道"的生生不息、周行不止。）来自老子的这种观念，极深刻地影响了中国人看待事物解决问题的思维方式。

上述表明，雌柔化气质在中国传统文化躯体上是实实在在存在又辐射到方方面面的，以实事求是的态度从正面对之进行研究，有助于我们深入把握本土文化的特色和本质。当然，从学术上探讨这种气质，不等于就无视其负面，也不等于就否认本土文化阳刚的一维。从跨文化视野看，说重情感讲伦理更内向的中华文化在气质上偏重柔美，是同重理性讲科学更外向的西方文化相比较而言的。事实上，任何一种文化形态，不论是东方的还是西方的，都必然是阳刚和阴柔双重气质的统一体（正如人类有男有女），可以有偏重而绝对不会有偏废。中华文化，当然也不可能例外。

（原载《新余高专学报》2000 年第 4 期）

---

① 钱锺书：《管锥编》（第 2 册），中华书局 1986 年版，第 446 页。

对中国文化雌柔气质的发生学考察

着眼性别研究（gender studies），通过比较可知，"在西方文化的发展中，父权因素几乎一直占统治地位，并往往掩盖了母权因素。与此相反，东方却表现出如此鲜明的基本母权结构，而在时间的流驶中，覆盖它的父权层面或者已被消磨，或者已经非常相对化了"①。立足东方语境，从性别视角切入中国文化，不可不注意到其在历史上起源古老又传承不衰的雌柔气质及其审美显现。对这种气质，笔者曾从哲学、美学、艺术学、文化学等层面进行历史与逻辑相统一的解读。② 本文拟结合考古学、文字学、人类学及民俗学资料，从文化渊源、民族信仰和思想流派入手就此再作发生学考察，以助读者对此问题有更深入和更全面的把握。

一

从根本上讲，"生产方式是最基本的文化现象，和它比较起来，一切其他文化现象都只是派生性的、次要的"③。史前人类的原始生产方式包括采集和狩猎，由于生理原则的天然分工，前者多以女性为主而后者多以男性为主。在不同地区的不同民族中，由于初民所赖以生活的自然条件有别，生产的进展可以有两种方向，或是侧重女性方面（从采集到农耕），或是侧重男性方面（从狩猎到畜牧），从而也就影响着农耕民族和畜牧民族在个性气质上的刚柔差异，如格罗塞在《艺术的起源》中所言。从生态环境看，中国地处温带，基本属于大陆性气候，大部分地区气候温和，雨

---

① ［德］埃利希·诺伊曼：《大母神——原型分析》，李以洪译，东方出版社 1998 年版，第344 页。

② 李祥林：《中国文化与审美的雌柔特质》，《新余高专学报》2000 年第 4 期。

③ ［德］格罗塞：《艺术的起源》，蔡慕晖译，商务印书馆 1984 年版，第 29 页。

量充沛，四时有节，加上黄河、长江流域的平畴沃野，特别适宜农业自然经济的发育。而中华文化与审美的雌柔气质，跟此"以农立国"的国情正密切相关。夏是中国历史上第一个王朝，禹所开创的夏族即是纯粹的农耕民族。所谓"禹、稷躬稼而有天下"（《论语·宪问》），正指说着因农而兴的上古事实。不仅如此，我们的祖先自新石器时代起，便选择了农业作为生存繁衍的主要依托。远古时期我国的主要粮食作物是粟、稻，由于黄河流域和长江流域得天独厚的自然条件，这些农作物的栽培有着广泛分布。据考古发现，在陕西西安、临潼姜寨、宝鸡北首岭、华县泉护村、甘肃永靖大何庄以及长城内外的 20 余处新石器时代遗址及墓葬中，均出土有炭化的粟粒或粟壳；而年代尤早的有河北武安磁山遗址发现的粟粒，经中国社会科学院考古研究所进行的 C^{14} 测定，距今已有 7300 年。这说明距今6000 年前后华北和西北地区已普遍种粟，直到今天，俗称"小米"的粟仍是黄河流域黄土地带的重要农作物之一。在长江流域，距今 7000 年左右的浙江余姚河姆渡遗址，在 10 多个探方达 400 多平方米的发掘范围内，曾普遍发现由稻谷、稻壳、稻秆、稻叶以及其他禾本科植物混在一起的堆积，其平均厚度达四五十厘米，经鉴定为栽培稻中的晚籼稻。这比曾经被认为是世界上最古老的泰国奴奴克塔遗址出土的稻谷也早几百年。1999 年，考古工作者在湖南南部道县又发掘出了一万年前的碳化稻谷；在这之前，广西南宁地区已发现一万年前的稻谷加工工具。此外，还有不少新石器时代中期以后的稻粒和稻壳遗存在我国发现，如 1954 年在江苏无锡仙蠡墩遗址出土成堆的稻壳、1956 年在云南剑川县海门口发现炭化稻粒、1961 年在上海青浦崧泽遗址发现稻谷及稻叶、1972 年在云南元谋大墩子遗址发现许多炭化稻粒、1973—1976 年在广东曲江石峡及泥岭遗址掘出稻谷和炭化稻米，此外在台湾省台中县营浦遗址也发现了史前稻谷遗存，等等。这些稻谷遗存据考证最晚都在新石器时代晚期，由此可知，那时候我国长江流域及以南地区，几乎整个南中国都已栽培水稻。不仅如此，在河南郑州大河村仰韶文化遗址和山东半岛的栖霞龙山文化遗址中，也有稻谷痕迹被相继发现。① 如此早熟并从此沿袭不变的农业文明，在少险峻也少波涛的大陆

---

① 具体情况请参阅新中国成立以来《考古》、《文物》、《考古通讯》、《考古学报》等杂志上的相关发掘报告及文章，因篇幅之限，恕不一一注明。

平原上得到了超稳态发展，无疑为造就中国人的亲和自然意识、母性崇拜情结、素食为主的饮食习惯、平和淡然的民族性格以及直觉感悟的思维方式，提供了适宜土壤和温馨摇篮。

在人类历史上，农业的发生，跟原始初民采集野生植物作为食物的生活直接相关。人们为维持生存需要而从事采集，他们在长期劳动实践中逐步认识到某些植物的生长规律，经过无数次试验而摸索出栽培作物以生产粮食的方法，由此拉开了农业文明的帷幕。远古时期，担任食物采集的主要是妇女，她们是原始农业的发明者，受到至上崇敬，甚至被推举上神的宝座。如神话学家指出，"在农耕社会，神话特有的形式是庆祝播种和收获的季节仪典。其中女性象征居于突出地位，因为谷物的繁衍同妇女的生殖类似。学者认为：农耕首先是妇女开拓的，即使在比较先进的狩猎和采集社会，农事仍然由妇女承担。因此，农业共同体中呈现出许多母神、地神和谷神的现象"①。初民信仰中，"大女神在任何地方都是产生于大地的食物的统治者"②，这绝非偶然。值得注意的是，从源头上看，发达的农业文明在中国恰恰是从更古老的采集文化直接发展而来的。"考古事实表明，中国人的祖先看来没有像世界大多数民族那样经历漫长的游牧、游耕或半游牧、半游耕时期以后才进入定居农业生活，而是从最原始的'采集经济'逐步过度到了定居农业生活。这是中华文明起源的一大特点。"③从人类学比较视野看，由于地理条件和生态环境的差异，大约在公元前 5000 年至公元前 3000 年，已有相当发达的定居农业生活在我中华大地上出现，本土诸多新石器时代遗址即是明证；而在欧洲，作为西方文明发祥地的希腊半岛，濒临海洋、岭嶂峦盘，石多土少，土质瘠薄，年降雨量偏少（有雨也三分之二集中在冬季），明显不利于农作物生长，因而迟至公元前 9 世纪或公元前 8 世纪中叶才告别了漫长的游牧游耕的生产生活方式，其转入定居农耕生活要比前者晚了三四千年。原始农业在华夏大地从初民社会以女性为主的采集生活过渡而来，自然也就更多保留着慈柔温馨的母性色彩，

---

① ［美］C. H. 朗：《神话学》，见《民间文学理论译丛》第 1 集，中国民间文艺出版社 1986 年版，第 87 页。

② ［德］埃利希·诺伊曼：《大母神——原型分析》，李以洪译，东方出版社 1998 年版，第 270 页。

③ 庞卓恒：《中西古文明比较》，《社会科学战线》2001 年第 4 期。

而不像史前欧洲长期狩猎为主的生活那样充满男性的勇武刚强（这在某种程度上也可以说明母系制让位于父系制何以在我中华是自然演进的结果）。这种源头上的分野构成了东西方文化史上永恒的"童年记忆"，为民族性格上中国人的"内倾情感型"和欧洲人的"外倾情感型"的划分奠定了心理原型基础。因此，从恩格斯说的"两种生产"（生活资料的生产和人类自身的生产）角度看，原始采集活动决定了妇女的主角身份而原始生殖崇拜确立了母亲的崇高地位，这来自初民社会的双重事实正是我们从源头上考察中华文化的雌柔特质所不可忽视的。

"神农尝百草"的传说，折射出原始采集生活，也预示着农业的诞生。从采集植物到播种植物，对于谋求食物以维持生命需要的华夏先民来说是一种顺理成章的过渡，其间不存在什么文化的断裂。有学者说个性极强的中国文化"独自创发，慢慢形成，非从他受"（梁漱溟语），我想这就是证明之一。在不发达的原始农业时期，"靠天吃饭"的初民要完全依靠耕种来解决一年四季的温饱恐怕是成问题的，古老的采集活动在他们的生活中依然占有不可忽视的位置。前述河姆渡遗址中，在出土稻谷以及镰、耜等原始农业生产工具的同时，也发现了不少橡子、酸枣、菱角、芡实等富含淀粉可供食用的籽实；西安半坡遗址中，也发现有很多罐藏的榛子、松子、栗子、朴树子等可供食用的野生籽实，这反映出当时采集野生植物仍是人们解决食物来源的重要途径之一。有趣的是，汉字"菜"本身即有"采集"的意思，"菜"在远古时期完全可以理解为"被采集的植物"。作为民族心理发展史上抹不去的"种族记忆"，犹如原始母道崇拜奠定了道家"女性哲学"的文化人类学基础一样，古老的采集文化在中国历史上第一部诗歌总集《诗经》中也留下了未必不强烈的回声。纵观"诗三百"，其中有相当数量的"采集诗"，也就是以采摘某种植物为描写对象的诗歌。《诗经》开篇，不就是"参差荇菜，左右采之"（《关雎》）么？此外，诸如"采薇采薇"（《采薇》）、"采菽采菽"（《采菽》）、"采葑采菲"（《谷风》）、"薄采其茆"（《泮水》）、"薄言采芑"（《采芑》）、"言采其蕨"（《草虫》）、"言采其莫"（《汾沮洳》）、"言采其杞"（《北山》）等亦历历可见，还有什么采瓠（《瓠叶》）、采蘩（《采蘩》）、采芹（《采菽》）、采苯莒（《苯莒》）、采蘋、采藻（《采蘋》）、采苓、采苦（《采苓》）、采唐、采麦（《桑中》）、采绿、采蓝（《采绿》）、采葍、采葑（《我行其野》）、采葛、采萧、采艾

(《采葛》），等等。而像《木瓜》、《摽有梅》等诗篇，又不免使人联想到原始采集活动中求偶时的打情骂俏。洋溢着母性温柔色彩且有着巨大原型能量的人类早期文化，其超越时空的非凡穿透力在华夏大地上是如此执着、深远，让你不得不刮目相看。

二

在女性勤劳的手中，从采集植物到栽培植物是自然而然地过渡的，因此原始农业文化总是同原始母性崇拜连在一起，"我们很可以在一切以农耕为生存主业的原始社会中，找到有母权形式或有母权遗迹的家族"①。而在民间信仰中，受原始思维支配，大地生长谷物和母亲生育子女是异质同构的，由于祈求谷物丰产和祈求人丁兴旺的心理重合，农业崇拜和生育崇拜往往关联密切并通过女神崇拜体现出来。辽阔的中华大地上，众多考古发现在展示出远古农业灿烂图卷的同时，也一再把史前女性崇拜的辉煌遗迹呈现在我们面前。1983年，在河北滦平县金沟屯镇后台子遗址中，清理出石雕裸体女像6具，经鉴定为新石器时代中期赵宝沟文化遗物。6具女像均为圆雕，较完整者高32厘米左右，有5件都是裸体孕妇形象，共同造型特征为：双乳外凸，腰腹粗肥，两手曲肘抚着隆起的肚子，取蹲坐姿势，有的还用凹坑将女阴表现出来。这批原始石雕造型古朴、线条简练、格调庄重，是国内迄今为止发现的最完整也最典型的史前"维纳斯"，其对丰乳、肥臀、鼓腹之孕妇特征的刻意突出，正反映出以原始生殖崇拜为底蕴的女性崇拜事实。与此相印证的，有1989年在内蒙古林西县东南西拉木伦河北岸的白音长汗遗址出土的石雕女像，该像头顶盘发，也是隆腹鼓乳、双手抚肚、屈腿蹲坐的孕妇造型。白音长汗是距今7000年的聚落遗址，这尊35.5厘米的女性雕像是发现于一座半地穴式房子的火塘附近，可能是先民的家族保护神，兼有生育神与火神的双重神格。还有1991年在仰韶文化陕西扶风案板遗址中发现的残高仅6.8厘米的陶塑裸体女像，其头部和四肢均已残缺，但凸乳、鼓腹的"大母神"特征十分明显。随着历史演进，这种女神崇拜在红山文化中得到更具规模也更见系统化的展现。以辽宁西部和内蒙古赤峰地区为中心的红山文化，是我国长城以北地区最重

---

① ［德］格罗塞：《艺术的起源》，蔡慕晖译，商务印书馆1984年版，第30页。

要的新石器时期文化，其发展过程跟中原地区的仰韶文化大致同步。红山文化之所以成为今人格外关注的亮点，一个重要原因就是辽西地区那距今5000多年的女神庙和祭坛遗址的发现。1979—1982年，辽宁省西部喀左县东山嘴发掘出大型石砌祭坛遗址，祭坛为圆形而设在山嘴的空地中，在祭坛周围发现两件无头女性陶塑裸体立像（残高分别为5厘米和5.8厘米），均臀部肥大，腹部隆起，阴部有象征女性生殖器的三角符号，是典型的怀孕妇女形象。1983—1985年，考古工作者在辽西建平、凌源两县交界处牛河梁村发现了女神庙遗址。女神庙位于牛河梁主梁北山丘顶平台形地，由一个多室和一个单室组成，供奉的神像已被坍塌的屋顶砸得七零八落，室内堆满了断头残肢，以人像为主，还有猪、鸟等动物像。人物塑像包括头、肩、臂、手、乳房等残块，大致分属五六个个体，形体有大小之分，年龄有老少之别，肩臂线条均细腻圆润，具有女性特征，乳房因年龄差异而发育不同但都可确认是女性的，其中还有一女性头像，跟真人大小相当，带有明显的蒙古人种特征。已发现的雕像中未见有明显男性特征的人体，由此可以确定这是一群倍受先民膜拜的女神，她们可能是红山文化先民心目中的祖先神，也可能是专司繁殖的生育女神，或者是同时掌管农业和生育的地母神。①

就这样，我们的考察目光被不可抗拒地引向史前"大母神"（the Great Mother）崇拜，并由此追寻中华文明的发生学源头。作为古老的原型，这"大母神"不但养育人类而且创生万物，"最初是她生育了我们。她是所有人种和一切部族的母亲。她是雷电之母、河流之母、树木之母和一切物种之母。她是诗歌和舞蹈之母。她是老教友的墓石之母。她是谷物和万物之母"②，正如一首古老的印第安人之歌所唱。以研究"大母神"原型著称的诺伊曼提醒我们，作为生育力象征的母亲原型乃是整个原型世界中具决定性影响的象征，是一种"永恒的存在"（eternal presence），从古到今贯穿人类历史，在精神文化和物质文化领域得到多姿多彩的体现。原始生殖崇拜表明，悠悠远古，在那充满雌柔温馨光辉的母系制时代也就是人类的童年时

①　参见《试论滦平后台子出土的石雕女神》（《文物》1994年第3期）、《辽宁省喀左县东山嘴红山文化建筑群遗址发掘简报》（《文物》1984年第11期）、《辽宁牛河梁红山文化"女神庙"与积石冢群发掘简报》（《文物》1986年第8期）等文。

②　［德］埃利希·诺伊曼：《大母神——原型分析》，李以洪译，东方出版社1998年版，第83页。

期，无论单个家庭还是整个家族，"世系一般均以女性为本位：凡是这种地方，氏族是由一个假定的女性祖先和她的子女及其女性后代组成的，一直由女系流传下去"①。初民信仰中，是来自女性的神圣生殖力，保证了人类的延续。尽管人类历史经历了从"母系时代"向"父系时代"的转型而诸多远古神话遭到男权之手的删改，但这烙印着"童年记忆"的女性崇拜情结在我华夏仍顽强地遗传下来。中国是多民族国家，考察民间信仰可知，最古老的神话原本是女性神祇主宰的殿堂，奉女性为始祖神和创世神的现象在长城内外、大江南北诸多民族中可谓比比皆是。除了汉民族史上传诵至今的女娲"抟土造人"神话，大母神的强大的原型穿透力让我们惊叹：达斡尔族祭祀的先祖为"莫尔登·额托姑"，也是一位女性祖先；基诺族称造天造地造人的创世神为"阿嫫腰白"，即女始祖腰白；蒙古族称大地为"渥都干·额赫"，意思是"万物起源之母"；彝族共认的始祖是"阿卜多莫"，意为"远古的女祖先"或"尊敬的雌葫芦"；水族的创造神是被称作"伢俣"的婆婆女神，"伢俣开天"是古老的水族神话；苗族的始祖神名为"妹榜妹留"，也就是"蝴蝶妈妈"；普米族信奉的始祖"巴丁刺木"，其含义为"普米土地上的母虎神"；哈尼族崇敬金鱼女神"密乌艾西艾玛"，是她扇动鳍鳞才有了天、地、日、月诸神祇；壮族神话中的母亲神"咪六甲"，她跟女娲娘娘一样用泥土来造人；侗族的始祖母神"萨天巴"，则是用自己的身体造人造天造太阳；维吾尔族不但尊奉生育女神"乌弥"，而且有"女天神吐地球"的神话；拉祜族的创世女神"厄莎"更奇特，她居然集善、恶双重神格于一体（身为女神时行善，化身男神时作恶）；最庞大又保存最完善的女神体系，则见于满族神话中，其女神数量达 300 位之多……根系如此发达、分布如此广泛、流传如此久远的神话、信仰及民俗，千百年来以不可抗拒的魔力从深层上"濡化"（enculturation）着民族文化心理，构筑着中华文化特色。

　　纵观中国文化史，这种积淀着远古血缘基因的女性崇拜情结，非唯投射在民间宗教信仰里，也不仅仅体现在原始造型艺术上，其在语言文字中亦烙下深深印记，如索绪尔指出："一个民族的风俗习惯常会在它的语言中有所反映，另一方面，在很大程度上，构成民族的也正是语言。"② 就拿

---

　　① ［美］摩尔根：《古代社会》上册，杨东莼等译，商务印书馆 1986 年版，第 62 页。
　　② ［瑞士］费尔迪南·德·索绪尔：《普通语言学教程》，高名凯译，商务印书馆 1980 年版，第 43 页。

汉族姓氏的"姓"来说吧，一说起"姓"，人们首先联想到父系、男权，子女从父姓迄今仍被视为天经地义；不仅如此，在父权制（patriarchy）或曰"菲勒斯中心"（phallocentrism）登峰造极的封建社会时期，按照"三纲五常"、"三从四德"的道德指令，女儿们不但"在家从父"，出嫁后还得在已有姓名前再冠以夫姓，以示彻底"从夫"。然而，追溯生殖崇拜原型我们发现，正如人类历史上母系为主先于父系为主一样，这"统其祖考之所自出"（《通鉴外纪》）之"姓"，其初始意义却是指源于同一女性始祖（同一母系氏族）所共有的符号标志。也就是说，"从母"而非"从父"才是"姓"的本来面目。"姓者，生也。"（《白虎通·姓名》）你瞧，在那古色古香的甲骨文里，"生"字被像模像样地刻画成一棵在地上苗壮生长的禾苗，再让一个女子虔诚地跪拜在这禾苗前（或者说是栽培护理着这禾苗），便形意兼备地组构出了表示生命血缘的"姓"。显然，此乃上古母系氏族时代以女性为主的生殖崇拜观念的生动写照。难怪《说文解字》释曰："姓，人所生也。古之神圣人，母感天而生子，故称天子。因生以为姓，从女生，生亦声。"我们的祖先不无聪明地将代表人类生育的"女"和表示植物破土的"生"放在一块儿，使之在"天人感应"的原逻辑思维中获得内在意义的同构，从而也就替血缘划分、家族维系和部落认同定下了元初依据，同时也为吾土吾民之"姓"烙下了"从女"的原始母权胎记。唯此，像"姜"、"嬴"、"姬"、"姚"、"姒"、"妊"、"妘"、"始"、"妫"、"嫪"等起源古老的姓，都带着"女"字偏旁，折射出女性作为生养人类的伟大母亲曾享有的崇高和辉煌①。

又如汉民族审美意识中表示美好的"好"字，甲骨文、金文作"𪚲"或"𪚱"，均像妇女携抱幼儿形象，据康殷考证，"原意概以多育为好，与后世姣美之意不同……许解'美也，从女、子'误"②。其实，《说文》以"美"释"好"，恰恰向我们暗示出"好"的审美意义是从原始女性生殖崇拜发展而来。汉字"美"的本意，并非像前人说的"从羊从大"，而是"从羊从人"，即"羊人为美"，金文中的"美"作"𦍌"形，"上部以羊角代'羊'，下部的'人'为全形，上肢摊开，两腿外撇，腆着圆圆的肚

---

① 李祥林：《姓·性别·文化》，《民族艺术》1998年第4期。
② 康殷：《文字源流浅说·释例篇》，荣宝斋1979年版，第44页。

腹，宛如女子怀孕之状。这仿佛表示，似怀胎之羊的孕妇为美"①。在先民的巫术意识中，将孕妇与羊崇拜联系起来，是"因为羊的生殖顺达畅美"，"希望能像羊一样产子顺利"②。

三

儒、道、佛三家合流，从整体上成就了农耕土壤上的中国文化，在两千多年中华文明史上发挥着决定性的导航作用。对以老子为代表的道学，笔者在此前的文章中已有论述，这里再从文字学入手作些补充。有"女性哲学"之称的老子学说，其血液中灌注着古老的母系文化基因，对原始母道的崇尚构成了它的价值取向和根本特征。五千言《老子》中，"道"字的出现达70多次，可见其在老子哲学体系中的核心位置。这恍兮惚兮玄之又玄的"道"，无疑具备宇宙最高存在的形而上意义，但它偏偏又有着形而下的人类学根基，被老子形象地称为"玄牝"。"玄牝"者，大阴也，其作为道的原始意象，不单单是功能意义上的借喻，甚至可以从字源考察角度推究"道"字的初始构成，为其觅得发生学的证实。检索中国古代文献及考古资料，"道"在迄今出土的甲骨文中尚未发现，我们所能见到的"道"字最早出现在西周早期的"貉子卣"铭文中，其字形为"𧗟"。将其拆开来看，"𢖩"乃甲骨文里的"行"字，据罗振玉《殷墟书契考释》："𢖩，像四达之衢，人之所行也。"至于"𩠐"，则为"首"字，甲骨文写作"𩠐"，是人或动物头部之状写。华夏先民将二者巧妙组合起来，一个拟象兼会意、具有生殖崇拜内涵的"道"字便由此诞生，其字形使人很容易联想到妇女生子时婴儿头部先出的顺产状态。因此，研究者指出，"《老子》谓'道'：'道者，万物之奥。'《庄子·渔父》谓'道'：'道者万物之由始。'《鬼谷子·阴符》谓'道'：'道者，天地之始。'《贾子·道德说》谓'道'：'道之导始之谓道。'以研求天地万物之所由始的'形而上'的'道'，其对应物，恐怕就是能生儿生女的'形而下'之'器'——产道"③。也就是说，"常识告诉我们：女人和雌兽的生殖道即

---

① 赵国华：《生殖崇拜文化论》，中国社会科学出版社1990年版，第252页。
② 皮朝纲主编：《审美与生存——中国传统美学的人生意蕴及其现代意义》，巴蜀书社1999年版，第443页。
③ 石鹏飞：《道》，《读书》1989年第3期。

阴道是胎儿娩出所必经的唯一通道；而胎儿的正常出生一定是一个以其头部为先导的、有一定方向的运行过程……不难看出，'道'字初文所展示的不是人行走的道路，而是一幅颇为生动逼真的胎儿娩出图。由此进一步推测，'道'字的原初意义有两项：（一）女人的和雌兽的生殖道，即阴道。此为名词；（二）导引。此为动词"①。如此来说，生养万物之"道"即养育生命之女阴，后者是女性生殖崇拜的具象化和符号化，而老子"母道"哲学的全部人类学奥秘就在此。破译了这关键点，再去研读那浑身上下充满玄思妙想的《老子》一书，有好多问题、难题也就容易理解。

着眼性别批评，不难发现，中国传统文化有着明显的二重性，"一方面中国是一个男权至上的国度，而另一方面几乎所有的社会道德中人们又无不体现出对女性道德的倾慕，其中似乎也体现出女性人格的潜移默化的力量"②。这种文化性格上的二重性，甚至在与道家相抗衡的儒家身上也体现出来。诚然，取法乎周的儒家文化代表着上扬时期的父系氏族社会的文化，战国秦汉间儒生大力张扬的"天尊地卑"、"三纲五常"也流露出强烈的男尊女卑意识，但归根结底，其毕竟是在以农业为主的华夏语境中生长出来的，要全然避免被打上那由来古老的雌柔文化烙印也难。就拿儒家的"儒"字来说吧，其在语义上便跟"柔"（腬）有关。有研究者指出，"《说文·肉部》：'腬，面和也。从百从肉，读若柔。'此字经传皆以柔为之……《尔雅·释训》'戚施面柔也'释文引李曰：'和颜悦色以诱人，是谓面柔也。'凡此皆以柔为腬而训面和者也。'柔（腬）'本面和，引申之，则泛谓和矣……'儒'源出于'柔（腬）'，'柔'为'和柔'，而'和柔'正是儒家思想的本质特征"③。的确，古人正是以"柔"释"儒"的，《说文·人部》曰："儒，柔也，术士之称，从人，需声。"对于这饶有意味的原始定义，也有人不同意，认为此非其本义而是由别处窜入的，"因为在汉字中，恰有一字之形义与'儒'极为相近，此字即'偄'（今通写作'软'）。《说文·人部》：'偄，弱也。从人从耎。''偄'字只有一个义，即柔弱；而其篆形与'儒'极其相似。这就不能不使人怀疑，所谓'儒'的义训'柔弱'，是否由于古人将'儒'与'偄'形近致混、并且

① 文达三：《老子新探》，岳麓书社1995年版，第143页。
② 傅道彬：《中国生殖崇拜文化论》，湖北人民出版社1990年版，第332页。
③ 杨宝忠、任文京：《"儒"源索隐》，《孔子研究》1989年第1期。

互相讹用的结果呢?"① "儒"、"偄"是否发生混淆,对此我们暂不讨论。不过,"儒"在构字上同"需"相关是明显的,章太炎《原儒》即称"儒之名盖出于需"。古代汉语中,"需"同"软"(《周礼·考工记·弓人》:"厚其帤则木坚,薄其帤则需。"),又通"懦"(《墨子·号令》:"当术需敌,离地,斩。")。故《通雅》卷七云:"柔需,即柔耎……盖需、耎皆软字。"除了"儒",跟"需"有瓜葛的汉字迄今仍多与柔性相关,如妇孺之"孺"、糯米之"糯"、濡染之"濡"、蠕动之"蠕"、怯懦之"懦"等,这绝非偶然。而与"儒"之定义相印证的,便是《论语》中比比皆是的"和为贵"、"文质彬彬"、"非礼勿动"、"泰而不骄"、"矜而不争"、"仁者爱人"、"为政以德"、"以德报怨",以及"内省"、"中庸"、"忠恕"、"孝悌"、"温和"、"恭俭"、"谦让",等等,莫不在人格诉求上流露出内倾性、阴柔化的价值向度。至于来自儒门的"兴于诗,立于礼,成于乐"的人生修养,"己所不欲,勿施于人"的处世哲学,"怨而不怒"、"温柔敦厚"的诗教旨归,"四海之内,皆兄弟也"的道义精神,凡此种种,也都难于把人引向刚劲、怒张、雄武、猛烈的性格打造之路。

相对于土生土长的儒、道,佛教是外来的。任何一种外来文化,要想在新土壤上扎根、生长,都必须在与该土壤上固有文化的不断磨合中寻求共鸣并融为整体,这是文化交流史的规律。东西汉之交传入中华的佛教,正是在向世俗的认同和对国情的顺应中逐步完成了"中国化"历程,从而立住脚跟、获得发展。禅宗作为佛教中国化的典型产物,其浑身上下洋溢着老庄化、玄学化气息,《朱子语类》称"达摩未到中国之前,如远、肇法师之类,只是谈老庄,后来亦以庄老助禅",即道出这点。更有甚者,如东晋顾欢居然说佛是老子、老子是佛,这"亲"虽攀得离谱,但融合释、道的文化心理是实在的。礼佛诵佛者非唯"以道助禅",也"援儒入释",儒、释的瓜葛历历在目,以至佛门中竟然有"孔门禅"(元好问《李屏山挽章二首》之二有"空门名理孔门禅"语),而中国文化史上理学同禅学的"亲密接触"也是众所不讳的事实。的确,"佛教对儒道两家,自始即不取攻击态度。牟子《理惑论》早就主张三教一致。道安以老子解《般若经》,南禅一派用虚无恬淡主义说禅定,都是用道家的术语,表达释

---

① 何新:《危机与反思》下册,国际文化出版公司1997年版,第480页。

家的思想。大觉怀琏开堂演法，说'若迦叶门下，那得尧风浩荡，舜日高明，野老讴歌，渔人舞鼓'，竟似老儒口吻"①。大势若此，入华后与华土学说结合如此紧密的佛教，又怎么能超脱于雌柔化的中国农耕文化氛围呢？也许，观音菩萨在华夏民间信仰中从男身向女身的性别转换，就是一个活生生的有趣例证。菩萨本无所谓性别之分，可是，看看遍布中华大地的佛寺中的众多菩萨形象吧，从佛祖如来开始，个个容貌慈善、体态婉妙、肌肤丰润、璎珞饰体，其造型特征上的女性化倾向是一望可知的。不然，为什么唐宋以来民间会将菩萨和美女并提，有"宫娃如菩萨"之说呢？菩萨像的女性化迎合着世俗欣赏要求，取悦着凡尘众目。再看菩萨座下时时有见的莲花，这佛门中的至洁、至妙、至神、至圣之物，归根结底，其文化原型也当追溯到那遥远、古老、原始的女性崇拜。佛门多柔气，是不争的事实，从其教义中更体现出来。佛教主张苦行修炼，追求来世报应，以彼岸幻想化解此岸痛苦；提倡清心寡欲，奉行禁欲主义，以内心反省平息外向躁动；宣扬慈悲为怀，大讲逆来顺受，以自我忍让取代报怨复仇。此外，道庵中有道姑，佛门里也有女尼；不仅如此，甚至男僧人的修行目标中也纳入女性化要求，如密教《差别仪轨秘密经》说的"修女行"（vamcara），旨在"充当妇女以取悦最高阴性神力"②；而"在西藏特别有影响力的佛教金刚乘（Vajrayana）一派中，密宗信仰使妇女也成为导师或大师"③；至于那"金刚怒目，不如菩萨低眉"的民间流行语，亦是再明白不过地表露出给阳刚、阴柔排座次的价值取向。于是，"拈花微笑"成了大智大慧佛祖形象的永恒定格，大慈大悲的佛门教义到了雌柔化的中国文化语境里无疑如鱼得水，其尚柔倾向即使同儒、道两家相比，恐怕也是有过之而无不及。

（原载《东方丛刊》2003 年第 3 期）

---

① 张曼涛主编：《佛教与中国文化》，上海书店 1987 年影印版，第 84 页。
② ［印度］德·恰托巴底亚耶：《顺世论》，王世安译，商务印书馆 1992 年版，第 334 页。
③ ［美］D. L. 卡莫迪：《妇女与世界宗教》，徐均尧译，四川人民出版社 1989 年版，第 56 页。

《归藏》及其性别文化解读

　　作为中国文化源头之一，《易》自汉代以来倍受重视，被尊为"群经之首"。古有"三易"，乃指《易》之古经传本有三："一曰《连山》，二曰《归藏》，三曰《周易》。"（《周礼·春官·大卜》）除了众所周知的《周易》相传为文王所演之外，《连山》被指认为夏易，据称由神农作，《归藏》被指认为商易，相传是黄帝作。中华文化史上，商代是最早有信史可考的朝代，研究《归藏》之于中华阴阳哲学有着非同小可的价值，而从性别文化视角发掘其中奥义，对于我们从源头上认识中国传统文化特质尤其具有重要意义。

一

　　"人文之元，肇自太极。"（《文心雕龙·原道》）太极者，阴阳和合也。阴阳观念在华夏文化史上由来甚古，考古成果表明，"阴阳鱼"式旋涡纹样在属于新石器时代的屈家岭文化的陶制纺轮上已出现，还有马家窑文化陶纹中的对鸟旋飞式图案，它们作为体现华夏先民智慧的"有意味的形式"（significant form），庶几可谓是太极意象的原始模型。从文献记载看，"易有太极，是生两仪"（《周易·系辞上》），"阴阳者，二仪也"（王夫之《周易外传·说卦传》），起源古老的《易》作为中华先民智慧的文化结晶，以其"仰则观象于天，俯则观法于地"的神奇卦象述说着东方的阴阳理论。

　　《易》分经、传，经为母本，传乃阐释。《易》之卦象发生，古往今来释者多多，立足文化人类学追溯之，此可谓是远古先民"近取诸身，远取诸物"的符号化产物。"《易》以道阴阳"（《庄子·天下》），就经说《易》，这阴阳是通过卦符"—"（乾）、"--"（坤）直观地表现出来的，所谓"乾，阳物也；坤，阴物也"（《周易·系辞下》）。从"近取诸身"的人类学角度看，其当是作为万物之灵长的人类反观自身再推及天地万物的结果。1923年5月，钱玄同在《答顾颉刚先生书》中指出："我以为原始的易卦，是生殖器崇拜时代底东西；'乾'、'坤'二卦即是两性底生殖器底记号。"[①] 1927年9月，周予同撰文也肯定"《易》的—、--是最显明的生殖器崇拜时代的符号。—表示男性的性器官"而"--表示女性的性器官"。[②] 1928年，郭沫若著《中国古代社会研究》进而发挥："八卦的根柢我们很鲜明地可以看出是古代生殖器崇拜的孑遗。画一以像男根，分而为二以像女阴，所以由此而演出男女、父母、阴阳、刚柔、天地的观念。"又说："古人数字的观念以三为最多，三为最神秘（三光、三才、三纲、三宝、三元、三品、三官大帝、三身、三世、三位一体、三种神器等）。由一阴一阳的一划错综重叠而成三，刚好可以得出八种不同的方式。这和《洛书》的由一二三四五六七八九配合而成魔术方乘一样……八卦就这样得着二重的秘密性：一重是生殖器的秘密，二重是数学的秘密。"[③] 既然"乾道成男，坤道成女"（《周易·系辞上》），可见《易》之古经对天地万物的认识是以两性关系来推论的，是一种基于原始生殖崇拜的性的宇宙观。

"三易"之说，又见于《周礼·春官·簭人》："簭人掌三易，以辨九簭之名，一曰《连山》，二曰《归藏》，三曰《周易》。"《连山》、《归藏》之书久已亡佚，清代马国翰《玉函山房辑佚书》辑有逸文若干。因此，"三易"当中，真正流传后世畅行天下者仅有《周易》，对今人来说最熟悉的也莫过于《周易》。岁月流转，世事沧桑，从两性权力移位角度看，这会不会是"周礼"颁定后日益强大的父权制社会有意抑扬的结果呢？现存《周易》包括《易经》和《易传》，前者当成书于殷周之际，后者是对前者的解释发挥，包括《彖》上下、《象》上下、《文言》、《系辞》上下、《说卦》、《序卦》和《杂卦》，又称"十翼"，相传为孔子所作，但也杂入了战国秦汉间儒士之说。着眼性别文化研究，经过儒生们以"天尊地卑，乾坤定矣"观念大加阐释张扬的《周易》，有着浓厚的阳尊阴卑、男主女

① 钱玄同：《答顾颉刚先生书》，《古史辨》第1册，上海古籍出版社1982年版，第77页。
② 《周予同经学史学论著选集》，上海人民出版社1983年版，第86页。
③ 郭沫若：《中国古代社会研究》，人民出版社1964年第2版，第23—24页。

从意识而具有鲜明的男性中心即西方人所谓"菲勒斯中心"（phallocen-trism）化色彩，其作为父权制上扬时代的产物是无疑的。从《周易·说卦》中，可以看到以阳性的"乾为天、为圜、为君、为父"和以阴性的"坤为地、为母、为布、为釜"的种种借喻，而且乾先坤后、阳尊阴卑、男主女从的等级观念贯穿《周易》全书，古代中国父权制社会奉行数千年不变的人伦准则便由此奠定。古往今来，准此思维模式，汉语词汇组合也就循守着阳性词在前而阴性词居后的排列习惯，譬如"男女"、"公母"、"考妣"、"父母"、"儿女"、"龙凤"、"乾坤"、"天地"、"日月"、"昼夜"、"强弱"、"刚柔"等，其中体现出不无倾向的性别文化意识。然而，《三字经》云："有连山，有归藏，有周易，三易详。"证诸古代文献和考古资料，《易》作为华夏上古文明的结晶，其丰富的性别文化内涵并非《周易》所能全部囊括，《归藏》就向我们昭示着有别于前者阴阳观的另一系统。

古典戏曲《琵琶记·春科》中有考官（外扮）与举子（净扮）对话："〔外〕夏商之时，易有何名？〔净〕夏易首艮，是曰《连山》；商易首坤，是曰《龟藏》。"的确，比较可知，"三易各有所本"而"不相袭也"（章学诚《文史通义·内篇·易教》），彼此非唯字数和卜筮方法有区别，连卦序排列也各不相同。《连山》以"艮"开头，艮为山，这表明夏以及以前人们"崇拜山野"①，对此本文不拟讨论。从性别文化角度看，《周易》以"乾"开头（乾、坤、震、艮、离、坎、兑、巽），比之更早的《归藏》，据罗泌《路史·发挥》"论三易"介绍，则是以"坤"居首（坤、乾、离、坎、兑、艮、震、巽），朱彝尊《经义存亡考》所引卦序相同，并云出自东晋干宝。因此，被指认为商易的《归藏》又称《坤乾》，体现出截然不同而更为古朴原始的阴阳观念。关于这部先坤后乾的《归藏》，儒门鼻祖孔子也曾提及。孔子的家系，可追溯到殷纣王的庶兄微子启，其作为殷王后代受封于宋国的贵族，后来因避难而来到了鲁国，下距孔子不过五世，所以孔子自称"丘也，殷人也"（《礼记·檀弓》）。由于这种身世，孔门在家传上无疑受到殷文化遗存的影响，据《论语·八佾》，孔子谈到夏、殷之礼时即称"吾能言之"。他本人对古老的商易系统也熟悉，其曰：

① 郭扬：《易经求正解》，广西人民出版社1990年版，第21页。

"我欲观夏道，是故之杞而不足征也，吾得《夏时》焉。我欲观殷道，是故之宋而不足征也，吾得《坤乾》焉。《坤乾》之义，《夏时》之等，吾以是观之。"(《礼记·礼运》)杞为夏之后而宋乃殷之后，所以孔子到二国去寻访夏、殷旧典以求治世之道。关于孔子此行，郑玄注"得《坤乾》"句云："得殷阴阳之书也，其书存者有《归藏》。"陈澔注："《坤乾》，谓《归藏》，商易首坤次乾也。"(《礼记集说》)《坤乾》与《归藏》在名义上亦有关联，如研究者指出："春秋时孔子所得《坤乾》卦书是否就是《周礼》所称的《归藏》呢？史无明文言之。但按：（一）孔子由《坤乾》以观殷之道，可知该书所传承的卦占法历史悠久，当为宋人的祖宗殷人发明；（二）二者先后都流传于中原地区，看来春秋时宋国流行的《坤乾》与战国时《周礼》所称的《归藏》当有渊源关系，按照传统音韵学来分析，'归藏'很明显是'坤乾'的音转，所以前者很可能是后者的祖本。"①

"三易"之说是否可靠，过去学术界在疑古风气下有怀疑。或以为《归藏》是汉代人作伪之物，云："原来《归藏》之名，仅见于《周礼》的《春官·大卜》，与《连山》、《周易》共合为所谓'《三易》'，但《汉书·艺文志》中并没有《连山》和《归藏》的著录，我疑是和《周礼》一样，乃刘歆所伪托的东西，不过那伪托品没有流传便化为了乌有。"② 诚然，《连山》、《归藏》不见于《汉书·艺文志》著录，可是，清人孙诒让根据《北堂书钞》等对桓谭《新论》的引述，则相信"汉时实有此二《易》，汉志本《七略》，偶失著录耳"(《周礼正义》)。高亨认同孙说，指出"汉人所见之《归藏》，固筮书也，或可能作于殷代"，并举《左传》等书中例子来证明"先秦时代，《周易》外别有筮书"，而"《坤乾》乃战国儒生所认为殷代之筮书"③。1993 年 3 月，考古工作者在湖北省江陵县荆州镇郢北村王家台 15 号秦墓发掘出一批竹简，内容包括《归藏》、《效律》、《政事之常》、《日书》、《灾异占》，引起海内外学术界广泛关注。这

---

① 任俊华：《〈归藏〉、〈坤乾〉源流考》，"国际易学联合会网" http：//www.gjyl.com，2006-9-1。

② 《郭沫若全集》历史编《青铜时代·〈周易〉之制作时代》，人民出版社 1982 年版，第389 页。

③ 高亨：《周易古经今解》（重订本），中华书局 1984 年版，第 9 页。

批竹简，用秦隶、秦篆以及接近于楚简的文字书写，表明抄于不同时期。其中，《归藏》编号164支，未编号残简230支，共有4000余字，有卦画、卦名、卦辞三部分。[①] 以此来看，桓谭《新论》称"《连山》八万言，《归藏》四千三百言"，又称"《连山》藏于兰台，《归藏》藏于太卜"；《隋书·经籍志》载云"《归藏》十三卷"，又说"《归藏》汉初已亡。按晋《中经》有之，惟载卜筮"；《旧唐书·艺文志》有《归藏》十三卷，注云"殷易，司马膺注"，皆当非无稽之谈。诚然，湖北江陵王家台出土的未必就是《归藏》最古老的原始文本，其中不少问题也在研讨过程中，但是，前有孔子的殷道《坤乾》之言，后有秦墓竹简《归藏》的发现，加上历代文献中有关其内容引述的蛛丝马迹，可知《归藏》确实在汉代以前就已存在并流传，历史上的"三易"之说自有来历，要全然否认之恐怕不容易。另外，在卦象排列上，相传为后周卫元嵩所作的"唐易"《元包》以"坤"开头（坤、乾、兑、艮、离、坎、巽、震），清潘咸认为其出自《归藏》[②]，看来当于古有据。

今人南怀瑾讲《易》时提醒说："大家要注意，各位手边的《易经集注》，只是中国《易经》学问的一部分。这本书名《周易》……事实上还有两种《易经》，一种叫《连山易》，一种叫《归藏易》，加上我们手边所持的《周易》，总称为'三易'……《连山易》以艮卦开始，《归藏易》以坤卦开始，到了《周易》则以乾卦开始，这是三易的不同之处。说到这里，我们要有一个概念，现在的人讲《易经》，往往被这一本《周易》范围住了，因为有人说《连山易》和《归藏易》已经遗失了、绝传了。事实上还有没有？这是一个大问题，可以说现在我们中国人所讲的'江湖'中这一套东西，如医药、堪舆，还有道家这一方面的东西，都是《连山》、《归藏》两种易学的结合。"[③] 如此说来，《连山》、《归藏》的义理又似可"礼失而求诸野"。

---

① 相关报告及文章：荆州地区博物馆《江陵王家台15号秦墓》，《文物》1995年第1期；连劭名《江陵王家台秦简与归藏》，《江汉考古》1996年第4期；李家浩《王家台秦简易占为归藏考》，《传统文化与现代化》1997年第1期；王明钦《王家台秦墓竹简概述》，2000年北京大学等主办新出简帛国际学术研讨会论文，等等。

② 郭扬：《易经求正解》，广西人民出版社1990年版，第171页。

③ 南怀瑾：《易经杂说》，"周易占卜——吉攸易学网"http://www.tangjiyou.com。

二

《周易》以"乾坤"开篇，崇阳尊"乾"；《归藏》以"坤乾"开篇，贵阴重"坤"。在文化人类学视野中，后者折射出更远更古老原始的母性崇拜信息。有论者指出，王家台秦简《归藏》和传世本《归藏》应是《归藏》易的《郑母经》，"郑母"即"奠母"，即"尊母"、"帝母"，体现出《归藏》以母为尊、以母为主的思想。① "至哉坤元，万物资生"，考察人类生殖崇拜史，女性曾是人类自我崇拜的最早对象，这是由女性掌握着创造生命的伟大秘密所决定的。华夏神话中既有独自"抟黄土造人"的母亲神女娲，也有无夫而生下九个子女的女神"女歧"。再看中国少数民族，南方瑶族"布努"系人崇拜始祖神密洛陀，"据传，密洛陀为创世神，同时也造了人类，用蜂蜡捏人形，孕生12男12女，成为女神孙辈，他们又衍生出汉、壮、苗、瑶族"；北方达斡尔族的祖神信仰中，"祖神几乎都是女神"；至于蒙古族，则称大地为"母天"，即"额赫腾格里"②。凡此种种，皆折射出初民"知其母而不知其父"的世风。如西方学者诺伊曼所言，"大母神"（the Great Mother）是父系社会出现之前人类崇拜的最大神灵，其产生比文明时代熟知的天父神要早两万年左右。"大母神"崇拜从文化心理上奠定了先民尚母重坤的原始基础，并开启了中华阴阳哲学的先河。古人描述宇宙创生图式有"天地未分，谓之太易"之说（皇甫谧《帝王世纪》），按照《易纬》，这"太易"乃是太极之上"未见气"的更原始的"无形"阶段，郑玄注："太易，无也；太极，有也。"据考证，"易、阴古字通用"，作为宇宙诞生起点的"太易"其实就是"太阴"，而玄之又玄的"太阴就是无形无色的大混沌"③。类似观念亦见于西方神话，且看赫西俄德《神谱》：宇宙之初只有混沌大神卡俄斯居其间，从混沌中最先产生大地女神盖娅，盖娅生出天空之神乌兰诺斯，地神与天神结合，生下十二个提坦巨神（六男六女），这些巨神彼此结合，又生出日、月、星辰……将世界起源归诸"混沌"，实系蒙昧时代智力有限的先民面对他们

① 廖名春：《王家台秦简〈归藏〉管窥》，"国际易讯网" http://www.yxun.net，2004-9-16。
② 乌丙安：《中国民间信仰》，上海人民出版社1995年版，第138、152、18页。
③ 何新：《诸神的起源——中国远古神话与历史》，生活·读书·新知三联书店1986年版，第194页。

所无法解答的终极提问时，不无巧妙又实则无奈地将问题悬搁起来所采用的"不答之答"。该宇宙创生神话所表达的内涵不过是：天父虽然位居大地之上，但他仍是地母所生，生养万物的雌性才是先于又高于一切的。这个地母生天父的西方神话跟东方《归藏》的先坤后乾意识相映照，异途同归地指说着太古社会的崇母信仰。所以，吕思勉在谈到殷《易》首坤时说："凡女系社会，多行兄终弟及之制，殷制实然，盖犹未脱女系社会之习。《坤乾易》及《老子》书，皆其时女权昌盛之征也。"①。

由此来看前人所谓"坤以藏之"（《周易·说卦》）、"归藏者，万物莫不归藏于其中"（孔颖达《周易正义》引郑玄对《归藏》名义的解释），也无非是说"万物归藏于母"，天地万物皆由神圣的母性所生所养。古老的《归藏》以"坤"而非"乾"开篇，有其跟人类息息相关的发生学根基。据《说文》，"坤，地也"，地字"从土，也声"，而"也"乃女阴之象形摹写，因而段注释"地"云："坤道成女，玄牝之门，为天地根，故地字从也。"坤为土为大地，象征着母性，所谓"地为母"（《后汉书·隗嚣传》），"地者，元气所生，万物之祖也"、"其卦曰坤，其德曰母"（《初学记》卷五引《白虎通》、《物理论》），是国人执着的信仰。据《路史·黄帝纪》："黄帝有熊氏……河龙图发，洛龟书成。于是正'乾'、'坤'，分'离'、'坎'，依象衍数以成一代之宜。谓土为祥，乃重'坤'，以为首，所谓《归藏易》也……"所谓"谓土为祥"，正表达着农业社会对土地不无敬仰的普遍认识。"土，地之吐生万物者也"（《说文》），"土者，万物之所资生，是为人用"（《尚书大传》），土地是养育万物之母，人类赖以生存的食物和生产资料都来自大地。特定的地理条件，为中国农耕经济的发展提供了适宜的土壤。据考古发掘，农耕文化形态在中国自石器时代已拉开帷幕。以土为祥，这是古代农耕文明中农业崇拜的体现之一，而在母系居主的远古氏族时期，由于生殖崇拜和农业崇拜在初民原始思维中的重合，土地和母亲往往是神秘互渗的，自然而然，"原始农神，不论任何民族，总以崇祀女性者居多数"②。大地生长出植物，跟人类社会中母亲生养子女相似，受神话思维"类比律"和"互渗律"支配，"地

① 吕思勉：《先秦史》，上海古籍出版社 1982 年版，第 13 页。
② 丁山：《中国古代宗教与神话考》，上海文艺出版社 1988 年版，第 30 页。

母"（Earth Mother）崇拜成为世界不同民族中广泛有见的现象。迄今为止，汉语"生产"和英文"fertility"仍是"收割庄稼"和"妇女分娩"二义兼指，这绝非偶然。华夏自古号称"以农立国"，中国占主导地位的传统文化深深地扎根在农耕自然经济基础上，特有的历史地理环境决定了农业在中华大地上的早熟和发达。商代农业已有相当的发展，出现在甲骨文中与农作物相关的字眼有禾、麦、黍、米、穑等，与土地相关的字眼有田、畖、井、囿、圃、疆等。此外，卜辞中还有商王向上帝、祖先及河神祈问天象、年成的诸多记录，从这种对农业生产丰歉的切切关心中，不难想见农业在当时社会经济生活中所占的重要地位。人是行走大地的动物，农业生产也依赖大地母亲的赐予，"人非土不立，非谷不食"（《白虎通·社稷》），谷自土生，因此，祭拜土地之于农耕民族乃理所固然。汉语中用来代指国家的"社稷"，原本就是指土神和谷神。纵观中国古代史，祭祀土地的活动叫"祭社"，而"立社"向来被视为关系国计民生的头等大事，所谓"国以民为本，民以食为天，故建国君民先命立社"（《礼记外传》）。从先公"相土"居商丘开始农业为主的定居生活的商族，恰恰是奉"土"为神（崇拜东南西北中五方土神），以之为"民族和国家的保护神"，而"相土"的本义即是察看土地之宜，"商人对'土'的崇拜，很可能就是从此开始的"[1]。因此，历来被指认为"殷道"或曰商易的《归藏》格外尊"土"重"坤"，乃是顺理成章。

周取代商而兴，《归藏》和《周易》，不同的卦序排列当有其产生的不同社会背景。史书记载，商、周两朝的王位继承制有别，"殷道亲亲者立弟，周道尊尊者立子"（《史记·梁孝王世家》），前者重来自母亲的血缘，王位继承，兄终弟及，乃是母系氏族的遗风；后者重来自父亲的血统，王位传递，父死子继，则是父系权威的标志。诚然，夏朝的王位自启打破尧、舜、禹时代的"禅让"制度已开始传子，但在崇母情结依然浓厚的商代，王位则既有传子又有传弟（见《史记·殷本纪》所载"帝雍己崩，弟太戊立"、"帝小辛崩，弟小乙立"等，而且传弟的比例不小，如中壬、太庚、雍己、外壬、沃甲、盘庚、祖甲、庚丁等），这种左右摇摆现象乃是社会转型期在所难免的。直到《周礼》颁扬的时代，才建立起更严格的嫡

---

① 詹鄞鑫：《神灵与祭祀——中国传统宗教综论》，江苏古籍出版社 1992 年版，第 61—62 页。

长子继承制（但古风仍未全然消失，如春秋时期的鲁僖公、齐桓公，亦是兄终弟及）。此外，殷墟卜辞中屡有记录的商王"多父"、"多母"现象，其实也是母系制亚血族群婚风气的传承。尽管当今学界有人提出"殷人为以女人为中心的母系社会"① 未必是定论，但较之周朝，商朝距离母系制时代毕竟更近些，上古尊母崇女的社会风气至商代犹多有存留，如女性直接参与商王朝的重大政治军事活动（武丁之妻妇好即多次率领大军征伐土方、巴方等，战功赫赫，妇好墓出土的刻有"妇好"字样的重达八九公斤的大型铜钺，显示出墓主生前握有相当高的军事统帅权；武丁之妃妇妌不但亲率众人从事农业生产，而且也曾带兵"伐龙方"，是一位征战沙场的巾帼英雄；此外，"大戊时治王家的大臣巫咸与祖乙时代大臣巫贤，均应是女巫"②）和重要祭祀活动（如妇好就曾在某些祭祀中担任主持，可见其身份很高，见于武丁时期的甲骨卜辞），又如尊崇先妣、为先妣专设特祭（武丁的配偶列于特祭者就有妣戊、妣辛、妣癸三人，见甲骨卜辞；王国维《殷礼征文》即说"妣有专祭，与礼家所说周制大异"，但是，总体上看，"自周以后妣不特祭，须附于祖"③，尽管个别情况下如"丧祭与拊"也为先妣设特祭，实乃古风孑遗），等等。不仅如此，连神灵崇拜也多上古遗迹，如"河南殷墟出土甲骨卜辞：'雷妇又（佑）子。'远古殷人的雷神是女性神'雷妇'，她保佑着殷人"。④ 然而，到了父权制中心更牢固树立的周代就不同了。据《尚书·牧誓》载，"牝鸡之晨"、"惟妇言是用"是周武王讨伐商纣王的重要理由之一，前人多从"女祸论"角度识之，今有研究者认为这不仅仅属于纣王的个人品德问题，从中可看出商、周二代有异的社会现象和习俗文化，因为史实表明，"'牝鸡之晨'是整个商代社会的普遍现象"，这甚至在一代英明君主武丁时期也很突出。即是说，"牝鸡司晨、妇言是听、妇人执政现象反映了商代妇女的政治地位和权力，也反映了商族的妇女价值观；而主张'牝鸡无晨'，认为'牝鸡之晨，惟家之索'，实际上反映了周人的妇女价值观，商代妇女干政从政现

---

① 周清泉：《文字考古——对中国古代神话巫术文化与原始意识的解读》，四川人民出版社2003年版，第709页。

② 王晖：《商周文化比较研究》，人民出版社2000年版，第389页。

③ 郭沫若：《中国古代社会研究》，人民出版社1964年版，第9页。

④ 过伟：《中国女神》，广西教育出版社2000年版，第324页。

象与周人男尊女卑意识反映了不同文化圈中的风俗习惯和文化背景"①。先坤后乾的商易和先乾后坤的周易，不正是折射时代观念和社会意志的文化透镜么？

黄帝又称"归藏氏"，传说中以黄帝为《归藏》的作者，不无缘故。先秦文献中有黄帝父子异姓的记载，见《国语·晋语》："黄帝之子二十五人，其同姓者二人而已……其同生而异姓者，四母之子，别为十二姓。"黄帝同多个妻子生下的子女，有的随他姓，但绝大多数都不随他姓，这是怎么回事呢？杨希枚认为此乃"先秦传说时代有关母系家族的一重要原始史料"，即是说，"黄帝二十五子'唯青阳与夷鼓'二人与黄帝同族而同属姬姓，余者二十三子自非姬姓，而属异姓。母系家族子从母姓，二十五子既非属一姓，自证四母也应非同属一姓"。从黄帝父子异姓可以透视上古母系居主的社会现象，彼时，"母系家族男性所生后裔虽是父的子女，却非父族而为母族族属，因此概从母族姓氏，而致父子异姓。如果是一夫数妻的母系家族，则其结果将不仅会发生父子异姓，甚至会发生同父异母'兄弟姐妹'各异其姓的现象……"不仅如此，连黄帝本人的姬姓，也是从其母系得来，"古帝姓氏传说纷纭，起因或与母系从姓有关"。"黄炎二帝虽说因分生姬姜二水而分隶姬姜二姓，实际也应是分从姬姜母族得姓；二水是由所居二族而得称。"②甚至连黄帝跟蚩尤打仗，"九战九不胜"，最终也多亏有人首鸟形的妇人玄女授予他"战法"，方得获胜（见《太平御览》卷一五引《黄帝玄女战法》）。这个玄女后来见于道教神谱，在《云笈七签》里称九天玄女，小说《水浒传》中写她曾授天书给宋江以助其替天行道。此外，按照天人感应的东方思维，五行之中，"黄帝配土"（《孔子家语·五帝》），居于五方之中央，"中央，土也，其帝黄帝，其佐后土，执绳而制四方"（《淮南子·天文训》）。从星象看，黄帝轩辕氏之星亦为"女主象"，《史记·天官书》云："黄帝，主德，女主象也"，"轩辕，黄龙体。前大星，女主象；旁小星，御者后宫属"。有研究者指出："以'轩辕'命名的星座'黄龙体'，使人联想到'轩辕'神话发生的时代，或许还明显保留有以'女主'为主要特征的母系社会的

---

① 王晖：《商周文化比较研究》，人民出版社 2000 年版，第 385—386 页。

② 杨希枚：《先秦文化史论集》，中国社会科学出版社 1995 年版，第 247—248 页。

文化风格。"① 星象主女而帝德配土，以及父子异姓等，种种材料都指说着远古黄帝时代崇母尚雌的世风。不仅如此，学术界更有指认黄帝为原始氏族时代部落"女主"（女性酋长）之说。闻一多撰《五帝为女性说》，即称黄帝为女性；20 世纪 80 年代，郑慧的《我国母系氏族社会与传说时代——黄帝等为女人辨》②，进而证成其说；龚维英的《由女阴崇拜探溯黄帝原型》③，又指出黄帝的本相是女阴，是母系氏族时代女性生殖崇拜的产物。从文化研究而不是历史考证的角度看，黄帝是不是《归藏》的作者并不重要，真正值得我们关注的是人们何以将二者联系起来的文化心理。既然黄帝跟上古氏族时代女性文化多有瓜葛，相传出自其手而为殷商所承的《归藏》卦象以"坤"开篇，也就事出有因。

三

按照先乾后坤的秩序，"子从父姓"是父系社会通例，但是，在古风犹存的"先秦时代似并不完全如此。如春秋鲁昭公，据《左传》昭公十一年称，即为归姓，而这应该是'从母姓'的结果，因为昭公的母亲齐归是归姓。此外，帝舜所以为姚姓或妫姓，帝禹所以为姒姓而又是黄帝姬姓之后，黄帝的后嗣所以分为十二姓，以及其他许多古代帝王所以每每有两个不同的姓氏；其最可能的解释，应该就是从母姓制度的结果"④。追溯历史，汉字"姓"的本义是指源于同一女性始祖（同一母系氏族），"子从母姓"才是"姓"的原始面目。"生"字在甲骨文中是禾苗在地上生长之形的摹写，再让一个女子虔诚地跪拜在这禾苗前（或者说是栽培、护理着这禾苗），便形意兼备地组构出了表示生命血缘的"姓"。因版本之异，《说文解字》释"姓"有二，一是徐锴本："姓，人所生也。古之神圣人，母感天而生子，故称天子。因生以为姓。从女，从生，生亦声。"二是徐铉本："姓，人所生也。古之神圣人，母感天而生子，故称天子。《春秋传》

① 王子今：《史记的文化发掘——中国早期史学的人类学探索》，湖北人民出版社 1997 年版，第 55 页。

② 郑慧：《我国母系氏族社会与传说时代——黄帝等为女人辨》，《河南大学学报》1986 年第 4 期。

③ 龚维英：《由女阴崇拜探溯黄帝原型》，《江汉论坛》1988 年第 12 期。

④ 杨希枚：《先秦文化史论集》，中国社会科学出版社 1995 年版，第 254 页。

云：'天子因生以赐姓。'从女，从生，生亦声。"二徐本释文虽有差异，但在认定"姓"字"从女生会意"（《说文》段注）上并无二致。我们的祖先将代表人类生育的"女"和表示破土而生的"生"组合起来，使之在"天人感应"的原逻辑思维中获得内在意义的同构，从此便替血缘划分、家族维系和部落认同定下了元初依据，同时也为吾国吾民之"姓"烙下"从女"的原始母性胎记。因此，本土历史上最古老的一批姓如姜、姬、姚、姒、好、妫、姞、妘、妟、姻、嬴等，皆从"女"字而显示出养育人类的伟大母亲的崇高地位。证诸文物，上古偏旁从"女"的姓，屡见于青铜铭文，"西周铜器铭文所见的姓，可以明确考定的不到三十个，这些姓几乎都从女旁"①。"子从母姓"风俗至汉代尚有孑遗，"如吕后的外甥扶柳侯从母姓而叫吕平，武帝太子从其母卫子夫而名卫太子，戾太子的儿子从其母史良娣姓而名史皇孙，淮南王的太子从母姓而名蓼太子，平阳公主从母姓而名孙公主（嫁滕颇，而子亦从母姓），齐厉王母纪太后所生女称纪翁主，而景帝的后嗣从五母姓因分为五宗"②。这种重坤尚母习俗，亦见于汉唐时期周边少数民族，如《文献通考·四裔考》十六记载"有八十城，以女为君"的东女部落，就是"俗轻男子，女贵者咸有侍男，披发以青涂面，惟务耕战而已，子从母姓"。坤道居主的女儿国里，保留着人类的原始文化记忆。

郭沫若称殷商为"中国历史之开幕时期"。纵观历史，"从人猿叩别、文化开始发端，到传说中的禹'即天子位，南面朝天下'（《史记·夏本纪》），中国文化在自身的生命运动中，迈出了巨大的一步。然而，其社会组织结构方式，婚姻演进方式，经济生活方式，以及包括图腾崇拜、灵魂崇拜、生殖崇拜以及巫术在内的精神生活，和其他民族的原始文化大体一致……至殷商西周，中国文化的特殊面貌才开始形成"③。见于《归藏》的先坤后乾意识，对中国文化的影响深及骨髓。既然《归藏》是讲坤主乾从，那么，汉语中迄今使用的"阴阳"一词，其先阴后阳的词序排列正好

---

① 盛冬铃：《西周铜器铭文中的人名及其对断代的意义》，《文史》第 17 辑，中华书局 1983 年版。

② 杨希枚：《先秦文化史论集》，中国社会科学出版社 1995 年版，第 340 页。

③ 张岱年、方克立主编：《中国文化概论》，北京师范大学出版社 2002 年第 2 版，第 61—62 页。

与之对应，华夏阴阳哲学的更原始面貌由此可窥。即使是在《周易》大传中，尽管先阳后阴式词组如"乾坤"、"日月"、"天地"等随处可见，但构词古老的"阴阳"一词仍顽强地存留下来，并未在世人的言语习惯中被颠倒成先阳后阴的"阳阴"，这从"观变于阴阳而立卦"、"阴阳之义配日月"、"阴阳合德而刚柔有体"等语不难看出。诸如"论道经邦，燮理阴阳"（《尚书·周官》）、"一清一浊，阴阳调和"（《庄子·天运》）、"四时代御，阴阳大化"（《荀子·天论》）、"凡物不并盛，阴阳是也"（《韩非子·解老》）、"阴阳者，天地之大理也"（《管子·四时》）、"天地也，则曰上下；四时也，则曰阴阳；人情也，则曰男女"（《墨子·辞过》）、"天者，阴阳、寒暑、时制也"（《孙子·计篇》）等见于先秦典籍之例，均是同类。唯此，在那堪称中国文化史上"轴心时代"（Axial Age）的先秦时期，尤其是春秋之前，哲学上依然是"并没有象秦汉以后那样强而不可移易的阳尊阴卑、阳贵阴贱的观念，相反却是重阴不重阳，阴为主导方面，阳要受阴的制约和支配，因而，阴阳两字，阴居阳之首"①。由此推衍开去，你会发现，作为原始重雌尚柔意识在汉语言中的胎记，跟两性相关的词语除了"阴阳"还有先女后男的"巫觋"，《说文》释巫为"女能事无形，以舞降神者也"，《国语·楚语》讲得更明确："在男曰觋，在女曰巫。"脱离原始时代未久的殷人尊神重巫，"率民以事神"（《礼记·表记》），其对女巫的推重众所周知。究其由来，"巫"当是母系时代的产物，尽管其在后世演变为男女兼指，但民族学资料表明，作为古风孑遗，"有些民族虽然有男巫，但在举行宗教活动时往往要男扮女装。如瑶族、黎族男性巫师在跳神时必穿女巫师的服装"②。此外，汉语言中还有"雌雄"、"牝牡"乃至"阴晴"、"水火"、"凉热"、"黑白"等习用至今的词语，皆是阴性在前而阳性居后。诸如此类语言"活化石"遗存下来的尽管不多，却不可置疑地指证着隐含远古性别文化密码的古老构词方式。有趣的是，在我国西南地区少数民族中，也能见到类似的语言现象，譬如纳西族，"今存东巴经古语中保有着一个特殊现象给我们以启示，即凡称'丈夫、妻子'或'夫妻'、'男、女'时，均以'妻子'或'女'在前，'丈夫'或'男'在

---

① 张立文：《中国哲学范畴发展史·天道篇》，中国人民大学出版社1988年版，第264页。
② 宋兆麟：《巫与巫术》，四川民族出版社1989年版，第32页。

后"①。其中奥妙，值得琢磨。

"中国学术，凡三大变：邃古之世，一切学术思想之根原，业已旁薄郁积。至东周之世，九流并起，而臻于极盛，此其第一期也。秦、汉儒、道、法三家之学，及魏晋时之玄学（合儒道两家），并不过衍其绪余。"这是吕思勉在《先秦史》中所言。他在谈到老子学说时又指出："古书率以黄、老并称。今《老子》书皆三四言韵语（间有散句，系后加入）；书中有雌雄牝牡字，而无男女字；又全书之义，女权率优于男权；足征其时之古。此书决非东周时之老聃所为，盖自古相传，至老聃乃著之竹帛者也。今《列子》书《天瑞》篇，有《黄帝书》两条，其一文同《老子》。又有《黄帝之言》一条，《力命》篇有《黄帝书》一条。《列子》虽伪物，亦多有古书为据，谓《老子》为黄帝时书，盖不诬矣。"②《老子》是否为黄帝时代之书，暂不讨论，但简、帛《老子》的出土，足以证明其成书甚早。考察老子身世，《史记·老子韩非列传》云其"姓李氏，名耳，字聃，周守藏室之史也"，这位曾为周之"史官"的老先生，无疑有更多机会接触前朝典籍，其对传为黄帝所作之《归藏》应该是不陌生的。尽管老子生活在父权制上扬时代，但有"女性哲学"之称的老子学说，对原始母道的弘扬正构成其根本的价值取向。作为中国哲学本体论的开创者，老子主要是从形而上层面探讨宇宙生成论、世界观以及人生观等哲学基本问题，表面上似乎并未直接谈论现实生活中的男女话题。但是，若潜入性别文化原型底层研读《老子》，就会发现，书中自始至终被作者借以说道论德的比喻体和象征体，无不跟女性崇拜和女性文化相关。道家以"道"名家，五千言《老子》中"道"字出现了70多次，可见在其哲学体系中的核心位置。这"道"，既具备宇宙最高存在的形而上意义（老子谓之"天地母"），又有着"近取诸身"的形而下的人类学根基，被老子形象地喻称为"玄牝"。所谓"玄牝"者，大阴也，雌性产门也，这便是道家之"道"的原始意象。以女性生殖崇拜为原型的"道"，作为宇宙创生的泉源，它"先天地生"，是万物所由生长的"玄之又玄"的"众妙之门"，具有本体论的终极意义。以此为轴心，九九八十一章《老子》以女性崇拜为隐喻的整部"性

① 李国文：《东巴文化与纳西哲学》，云南人民出版社1991年版，第62页。
② 吕思勉：《先秦史》，上海古籍出版社1982年版，第472—474页。

别哲学"得以展开。在原始内涵上，贵雌守柔的《老子》无疑跟先坤后乾的《归藏》灵犀相通，难怪有人推测"《老子》是在《归藏》的基础之上写成的"①。即便是孔子，尽管在理论上是父系制思想的代言者，但切入其内在文化气质就会发现，谙熟"殷道"《坤乾》的他及其所开创的儒家学派，其实也不乏柔性色彩，正如拙文所指出，"《论语》中比比皆是的'和为贵'、'文质彬彬'、'非礼勿动'、'泰而不骄'、'矜而不争'、'仁者爱人'、'为政以德'、'以德报怨'，以及'内省'、'中庸'、'忠恕'、'孝悌'、'温和'、'恭俭'、'谦让'等，莫不在人格诉求上流露出内倾性、阴柔化的价值向度"②。

上述表明，"道阴阳"之《易》尽管曾被后儒根据父权制社会的需要而发挥出阳尊阴卑的整套说教，但通过追究更古老、更原始也更耐人寻味的《归藏》，可知其对"坤"、"阴"、"母"原本是相当看重的，而且这种文化意识绵延长久。当几千年岁月在历史老人的巨手中翻页而过，尽管《归藏》的"坤乾"早已被《周易》颠倒为"乾坤"，但直到今天，语源古老的"阴阳"、"雌雄"、"牝牡"等在国人口头和书面的习惯使用中依然没有改变先阴后阳的词序，可见"冰冻三尺，非一日之寒"。换句话说，古老的《归藏》的完整文本尽管已丢失在茫茫史海中，但作为本土上古时代的精神性产物，其所张扬的重坤尚柔意识给中华文明躯体烙下的原始记忆是不可磨灭的，其持久的原型能量仍时不时以直接或间接方式显影在今天我们的生活中。

（原载《民族艺术》2007 年第 2 期）

---

① 陈光柱：《认真探索我们古代的〈连山〉和〈归藏〉》，"央视论坛"http://bbs.cctv.com，2006 - 12 - 23。

② 李祥林：《对中国文化雌柔气质的发生学考察》，《东方丛刊》2003 年第 3 期。

戏剧和性别:中国艺术人类学的重要课题

将文化人类学的视野及方法引入艺术研究的必要性，取决于后者正是极重要的人类文化现象。文化人类学把艺术作为一种人类存在的方式来研究，"人类学家通过艺术可以知道一个民族是如何安排其世界的，还可以发现许多有关其历史的信息"①。归根结底，艺术是人类生命的花朵，解读生命意识符码化的艺术世界，就是解读人类自身。从"人学"层面看，戏剧艺术表现人生本质，性别理论（gender theory）探讨两性关系，二者有顺理成章的联系。因此，将性别理论或性别批评引入中华戏剧研究领域，也就成为当今中国方兴未艾又极富学术魅力的艺术人类学课题。有学者指出，如果说每个时代都有其学术主题的话，我们这个时代的中心课题就是性别研究，它"关系到思想、艺术、诗歌和语言等方面一个新纪元的诞生，那就是，创造一种崭新的诗学"②。兴起于现代并以人文关怀为背景的性别研究（gender studies），作为学术批评的新理念和新视角，正越来越为当今时代的哲学、史学、文艺学、社会学、人类学、宗教学、伦理学、心理学、教育学等人文科学所不可忽视。

一

反观人类历史，性别问题作为社会话题存在已久，但在学界作为专题研究对象并得到系统化探讨，则起步甚迟。19 世纪末 20 世纪初西方女权运动首次高潮中，英国弗吉尼亚·伍尔夫的《一间自己的房子》（*A Room*

---

① ［美］威廉·A. 哈维兰：《文化人类学》（第 10 版），瞿铁鹏、张钰译，上海社会科学院出版社 2006 年版，第 421 页。

② ［法］露丝·依利格瑞：《性别差异》，载张京媛主编《当代女性主义文学批评》，北京大学出版社 1992 年版，第 372—373 页。

of One's Own）和法国西蒙娜·德·波伏瓦的《第二性》 (*Le Deuxieme Sexe*)，发出了清算男权话语文本中的性别歧视和研究女性文学传统的有力呼声。1969 年大洋彼岸凯特·米利特博士的著作《性的政治》 (*Sexual Politics*)，更以前所未有的激进姿态张扬出文学批评的新视角。米利特明确提出"性即政治" (sexual is political) 的观点，在她看来，既然"政治"这术语是"指权力结构的关系和安排，其中一部分人受到另一部分人的控制"，那么，借之概括男女两性历史与现状，即旨在揭示"占人口一半的女人被另一半男人控制的事实"①。标志女权主义文论成熟的该书包括三个部分：性的政治、历史背景和文学的反映。第一部分将文学批评与社会科学理论联系起来，在宗教、神话学、历史学和心理学的基础上探讨两性权利关系的本质；第二部分综论女权主义运动的发展，她把女权运动第一次高潮 (1830—1930) 称为"性革命的年代"，而把第二次高潮 (1930—1960) 称为"性的反革命年代"；第三部分则聚焦文学作品，将劳伦斯、热奈特等名作家作为批评对象，为第一部分所揭示的性政治提供例证。《性的政治》作者认为，较之民族间、阶级间的冲突，两性间的冲突虽不像国族间的杀伐那样硝烟弥漫血肉横飞，但其更远更持久，也从未止息，并且与人类历史相始终。遗憾的是，在久已定型的男性化视域中，当阶级冲突和民族冲突不断被历史强化并愈演愈烈时，普遍存在的性别冲突却普遍被世人忽略。归根结底，性与性别都是关乎人的本质和社会关系的大问题，其理所当然也是人类意识形态斗争的焦点之一，对之我们没有理由视而不见。在历史跨入人文进步的今天，对文学艺术中性别问题的学术清算，成为必然。就这样，在有识之士的积极倡导下，性别问题走上了前台，为人文科学所不可回避，文学艺术研究再不能固守成见将性别批评拒诸门外。

"将性别当作一个分析域是 20 世纪末的新生事物。"② 作为性别理论的核心，"性别"之英文为"gender"，又译作"社会性别"。英国文化批评家雷蒙·威廉斯的《关键词：文化与社会的词汇》 (1976) 一书中，专条

---

① ［美］凯特·米利特：《性政治》，盛宁译，载"蓝袜子丛书·美国卷"《我，生为女人》，河北教育出版社 1995 年版，第 474、476 页。

② ［美］琼·W. 斯科特：《性别：历史分析中一个有效范畴》，载李银河主编《妇女：最漫长的革命——当代西方女权主义理论精选》，生活·读书·新知三联书店 1997 年版，第 166 页。

收入了"sex"却没有"gender",仅仅在前者释文末尾提及如今"有许多作者开始使用 gender(性、性别)来替代 sex"①,可见"gender"开始逐渐在引起学术界注意,但尚未流行开来。事实上,"性别理论"从女性主义批评发展而来,在 20 世纪 80 年代渐成显学。根据美国学者伊莱恩·肖瓦尔特的描述,在妇女解放运动之前,有关妇女写作的评论,采用的是"双性同体诗学"(an androgynist poetics);60 年代末期,由妇女运动发起了对男性文化的女性主义批评和颂扬妇女文化的"女性美学"(female aesthetic);70 年代中、后期,随着学院派女性主义批评同跨学科的妇女研究结成联盟,有专注于女性作品研究的"妇女批评"(gynocritics)以及影响颇大的后结构主义的女性批评出现;80 年代末,则"兴起了对性别差异进行比较研究的性别理论(gender theory)"。性别理论不仅仅是从妇女角度出发将研究对象单向度地限定在"妇女"身上,而是将男性也纳入视野中,从男、女两性关系入手,着重探讨这种主要是由社会性而非生物性决定的性别关系。即是说,"性别"不仅仅是"女性本质"的同义词,"在某些方面,'性别'这个词似乎超越女性政治,允诺着'一个更为中立和客观'的学术视角,这个视角比集中研究'妇女'更容易被男人接受",正如普林斯顿大学教授琼·W. 斯科特所指出。根据该理论,"如同'种族'或'阶级'一样,'性别'在所有人类经验中是根本抑或是生物的社会变形",是在天然生物性基础上,更从人类的相互关系和社会历史中不断创造和再创造出来的,其跟社会、文化与心理的结构息息相关。因此,从强调影响性别的非生物性因素的重要性和强调性别如同文化一样是人类建构的产物来看,性别理论所提出的实质上是性别的社会文化建构论。琼·W. 斯科特在《性别:历史分析的应用范畴》一文中就把性别分析看作是历史概念,认为其理论目的有三:一是在关于性别差异的讨论中用社会形成的分析取代生理决定论;二是在具体学科领域中引进对女人和男人的比较研究;三是把性别作为分析范畴而改变学科范例。唯此,性别理论立足现代人文关怀,聚焦"社会性别"(gender,即不仅仅是纯生理性的 sex,由此可见该理论超越生物学层面的社会学取向),着眼于性别差异研究,关注

---

① [英]雷蒙·威廉斯:《关键词:文化与社会的词汇》,刘基译,生活·读书·新知三联书店 2005 年版,第 437 页。

权力话语下的性别压抑问题，努力从性别视角（gender perspective）重新审视人类的语言、文本、思维特点、叙述方式等方面问题，从而发展出一套性别诗学。就其学术批判精神而言，它揭露伪装中立或所谓超性别的文本和话语中潜隐的性别因素，反对抹平性别差异的所谓平等，在此基础上一如既往地倡导男女平权，既注重对传统男权中心社会里性别歧视的清算，又注重对历史上失落已久的女性权益的伸张。即是说，其在"强调所有写作，不只是妇女写作，都带有性别"的同时，对男性中心社会既定话语系统中"占主导地位的成分"尤加质疑①。正是这种学术取向和批判精神，决定了文学和戏剧研究对性别理论的汲取借鉴，有助于我们对历史的重新解读和对现状的深入认识。

哈维兰在《文化人类学》中写道："性别是生物学的，而社会性别是文化的，这是重要的区分。据推测，社会性别的区分和人类文化一样古老——约250万年——而且起源于早期人类男性与女性的生物学差异……随着人类演化，两性生物学差异从根本上缩小了。因此，除了与生殖直接有关的差异外，曾经存在的社会性别角色差异的生物学基础大致消失了。不过，文化一直维持着社会性别角色的某些差别，尽管这些差别在某些社会比另一些社会更大。"② 比较而言，性别问题在人类学领域受到重视较早。从《母权论》（巴霍芬）到《两性社会学》（马林诺夫斯基），从《人类婚姻史》（E. A. 韦斯特马克）到《原始人与性的研究》（恩斯特·克劳利），从《母亲：情操和制度的起源研究》（罗伯特·布里福特）到《三个原始部落的性别与气质》（玛格丽特·米德），这些著作为众所周知。人类学家普遍接受了性别是由社会文化建构的观点，相关著作有雷纳·R. 雷特编《走向妇女人类学》（1975）、卡罗·麦克科马克和马丽灵·斯特拉杉著《自然、文化与性别》（1980）、蒙纳·依提内和依丽诺·里科克编《妇女与殖民化——人类学的观点》（1980）、佩吉·里夫斯·桑迪著《女性权力与男性支配——论性别不平等的起源》（1981）、珍妮·库丽尔和希尔维亚·雅

① ［美］伊莱恩·肖瓦尔特：《我们自己的批评：美国黑人和女性主义文学理论中的自主与同化现象》，载张京媛主编《当代女性主义文学批评》，北京大学出版社1992年版，第254—265页。

② ［美］威廉·A. 哈维兰：《文化人类学》（第10版），瞿铁鹏、张钰译，上海社会科学院出版社2006年版，第37页。

纳基萨科编《性别与亲属》（1987）、理安·艾斯勒著《圣杯与剑——我们的历史，我们的未来》（1987）、亨瑞塔·摩尔著《女性主义与人类学》（1988）、萨德拉·摩根编《性别与人类学》（1989）、春明哈著《妇女、土著、他者：书写后殖民性和女性主义》（1989）、培基·萨德和露丝·古德依纳夫著《超越第二性——人类学中有关性别研究的新趋向》（1990）、米卡拉·特李欧纳多著《站在知识交叉点上的性别——后现代时期的女性人类学》（1991）、卡玛拉·维斯卫斯瓦朗著《虚构的女性主义民族志》（1994），等等。这些著作就母亲角色、亲属制度和婚姻关系等展开探讨，从多方面论述了性别的文化建构和历史建构，指出性别在社会权力关系组合以及生产方式变化中与阶级、种族等的关联，还有女性与人类学的关系、民族志书写中的性别问题，等等。性别理论深入人类学的方方面面，如语言人类学，探讨语言行为、社会性别以及运用权力的关系；考古人类学，考察史前人类生活中性别的社会文化关系是如何产生的；社会人类学，研究亲属制度与性别角色、性别与民族主义的关系问题，等等。在中国，相关信息从庄孔韶主编《人类学通论》（2002）对"社会性别研究"的述介中亦可窥豹。过去20多年，人类学界由于性别理论的自觉运用，不断把新的研究成果推向我们面前。随着性别理论成为当代"显学"，随着它在当今文、史、哲等人文科学领域被广泛运用，自然科学中的性别问题也受到关注，有如主流写作的男性化倾向受到批判一样，那种把女性排斥在了科学殿堂之外的主流科学的男性化倾向开始受到质疑。麻省理工学院教授伊芙琳·福克斯·凯勒在《反思性别与科学》（1985）中，就分析过性别意识形态在调节科学与社会形式之间关系时所起的关键作用，该书连同她另一著作《生的秘密，死的秘密：论语言、性别与科学》（1992）在女性主义科学史和科学哲学界影响甚巨。事实证明，当代性别理论的自觉运用，使得女性主义的科学批评不同凡响。

百年回眸，性别批评理论在中国登台亮相并引起社会关注，是相关理论自西向东传入的结果。诚然，"feminism"（通常译为女权主义或女性主义，又译男女平权主义甚至妇女解放运动）作为学术话题，登陆中国并被引入文学研究已有接近百年历史，这从谢无量的《中国妇女文学史》、梁乙真的《清代妇女文学史》以及谭正璧的《中国女性的文学生活》等书可知。但是，性别意识在更高层面上的真正觉醒，女权或女性主义作为学术

话题十分尖锐地摆上当今中国议事日程并为我们所不可避拒，主要还是 20
世纪 80 年代改革开放以来才有的事。检视百年中国现代史可知，由于缺少
真正意义上的女权运动作背景和基础，以妇女为中心的潮流式系统化批评
理论在我们这个东方古老国度缺乏产生的土壤，其在神州大地上登台亮相
并逐渐引起社会各方面关注，乃是女权或女性主义理论自西向东传入的结
果。走出噩梦般的十年"文革"，拨乱反正，国门开放，随着清算封建意
识的旗帜在中华大地上再度高高升起，人们对政治上失误造成的诸多经
济、文化等方面问题的反思步步深入，性别意识也在人文思潮的激励下空
前激活，新时期文学艺术对女界人生的关注和对性别问题的反思由此走在
了当时思想文化大讨论的前列。1981 年和 1983 年，由朱虹编选的《美国
女作家作品选》和《美国女作家短篇小说选》相继出版，拉开了我国对西
方"女权主义"（当时还不兴叫"女性主义"）的译介帷幕。1986 年，波
伏瓦的《第二性》中译本问世，对我国创作界和批评界影响不小。1987
年，又有孙绍先著《女性主义文学》出版。从 1988 年起，由李小江主编
的妇女研究丛书推出，这套丛书以我中华本土为视点，试图涵盖政治学、
经济学、社会学、伦理学、教育学、法学、文学等多方面。尤其是 1995 年
联合国第四次世界妇女大会在北京召开，这方面出版物如雨后春笋，从此
"性别诗学"（Poetics of gender）、"妇女研究"（Women's studies）等成为
当今中国学术领域抹不去的风景线。

二

　　性别批评之于戏剧研究的必要性，从检视东西方戏剧的文化特征可以
窥豹。巴霍芬在《母权论》中曾言及，埃斯库罗斯的《俄瑞斯忒斯》三部
曲便是用戏剧形式来描写没落的母权制跟发生于英雄时代并获得胜利的父
权制之间的斗争。恩格斯在《家庭、私有制和国家的起源》第 4 版序言中
对此表示赞赏，称为"新的但完全正确的解释"[①]，视为书中最精彩之处。
父权制的胜利不仅仅投射在古希腊悲剧作品中，传统的西方戏剧观对悲剧
主角的认定，跟历史上基于父权制文化预设的"男主女从"、"男尊女卑"
意识亦不无瓜葛。正如戏剧学者指出，西方悲剧格外看重男主角，认为他

---

① 《马克思恩格斯选集》第 4 卷，人民出版社 1972 年版，第 7 页。

们是构成重大事件的核心和推动剧情发展的动力,如"俄瑞斯忒斯就是这样支配了埃斯库罗斯和阿尔菲艾里笔下的悲剧",因此断言"一切伟大悲剧的主要人物都只能是一个男人";诚然,悲剧中也有女性出现,但这些女性要么是"对于剧情的发展并不产生任何直接的、有力的影响,尽管对于男主人的心灵可能产生许多间接的影响",要么是"一个像麦克白夫人,或伊菲革涅亚,或美狄亚那样的女人,这样的女人,在其气质中,有一种刚毅的品质与严峻的目的,而这两者通常与典型的女性是联系不到一起的",总之,"在高悲剧中,必须将女性写成刚毅的女性,其品质要接近于男性的品质,或者将女性的地位降到次要的位置上"。显然,不管是这还是那,"悲剧几乎总是牺牲女性成分来强调男性成分的"①。如此格局在西方是怎么形成的呢?从亚里士多德到18世纪,西方人普遍认为,悲剧处理的是人们的逆境与不幸,喜剧处理的是人们的快乐与欢笑,由于各自目的不同,前者描写崇高人物而后者描写卑微角色。悲剧作为人类最崇高的艺术形式,其表现对象非伟大人物和伟大事件莫属,即所谓"写进悲剧中的都是帝王将相"(史卡里格语)、"帝王的行为则是悲剧的题材"(卡斯特维特罗语)。准此观念,悲剧主角性别向男子倾斜也就自然而然。因为,既然写入悲剧的应是帝王将相和伟大事件,既然"历史"(history)在女性主义批评看来从构词上已被权力话语命名为"他的"(his)而不是"她的"(her)"故事"(story),既然女性自远古便"历史性败北"于男权而成为"历史的附录"及"二等公民",那么,这高贵人物,这伟大事件也就非身为"一等公民"的男子汉大丈夫莫属……于是,古典戏剧观念和传统男权意识不谋而合,铸就了西方悲剧男角为主的思维定式。对于我们来说,要透彻认识人类戏剧史上诸如此类现象,离开性别研究视角显然不成。

对于中华戏剧研究,引入性别批评是其内在要求使然。宏观角度看,"以歌舞演故事"的华夏传统戏剧从发生到发展,从本体到文本,从创作到接受,以及叙事母题、形象塑造、话语模式等,莫不有性别文化内容淀积其中,也莫不期待着研究者从性别视角去解读之。从深层上讲,较之讲

① [英]阿·尼柯尔:《西欧戏剧理论》,徐士瑚译,中国戏剧出版社1985年版,第192、197—199页。

科学重理性更外向的西方文化，讲伦理重情感更内向的华夏文化原本富于柔性特质。就拿华夏民族在审美趣味和艺术风格上对"淡"的偏爱来说吧，"君子之交淡如水"，成为国人的交友之道；"大羹必有淡味"，乃是食客的经验之谈；"绚烂之极，归于平淡"，则代表着富于民族特色的艺术辩证法。除此以外，国人对静美的参悟（譬如苏东坡诗有"静故了群动，空故纳万景"），对柔美的欣赏（譬如戏曲小生从扮相到唱腔再到表演都颇为女性化，近世京剧也在"十伶八旦"的态势中向柔美型艺术定格），对圆美的推重（譬如古典文学中流行的"大团圆"叙事模式），以及施政治国上视"文治"高于"武功"、为人处世上以仁厚优于劲猛（看看古典小说中倍受褒扬的刘备、宋江之类人物的性格特征，不难明白这种取向），凡此种种，莫不体现出偏爱阴柔的文化心理。[①] 在此语境中，"戏无女角不好看"的说法自来有之，对女性的关注成为中华戏剧挥之不去的文化情结。从古到今，本土戏剧舞台上塑造出众多女性角色，她们的悲欢离合、爱恨情愁，她们或平淡或伟大的生命历程，演绎出一部别具特色的中华戏剧文学史。以女性为焦点的性别话语、性别模式及性别意指等内在于中华传统戏剧的叙事逻辑和审美机制中，要洞穿其审美本质，要窥破演戏和观戏的心理奥秘，无视性别批评实在是难以深入。微观角度看，以地方剧种为例，受中原文化熏陶的豫剧充满着阳刚气质，在江南土壤上生长的越剧洋溢着阴柔情调，诸如此类，对之的考察亦显然不应少了性别文化视角。此外，着眼两性关系，华夏传统戏剧毕竟成熟于封建专制社会后期，而以压制"第二性"为特征的父权制文化在中国历史上登峰造极恰恰在此阶段。在这个处处以男性价值体系为准的社会条件下，诸如"三纲五常"和"三从四德"的伦理，"男尊女卑"和"夫唱妇随"的说教，"郎才女貌"和"一夫多妻"的编码，"性别反串"和"性别错位"的模式，等等，也就不可避免地屡屡在国剧舞台上现身说法。诸如此类，无论历史研究还是理论析说，都亟待性别批评介入。换言之，今天我们对此进行

---

① 对此问题，笔者在《中国文化与审美的雌柔特质》（《新余高专学报》2000 年第 4 期）、《对中国文化雌柔气质的发生学考察》（《东方丛刊》2003 年第 3 期）、《"阴阳"词序的文化辨析》（《民族艺术》2002 年第 2 期）、《〈归藏〉及其性别文化解读》（《民族艺术》2007 年第 2 期）、《从性别视角看儒家文化的二重性》（《民族艺术》2004 年第 2 期）等文章中有较详论述，可供读者参考。

学术清理和反思时，借助性别批评作理论武器，有助于戏剧研究向纵深拓展。

从性别角度出发的思考在当今中国剧坛上多有体现，或反省历史题材，或表现当代生活，或鞭挞男性中心主义意识，或讴歌女性生命，等等不一而足。以剧目论，话剧方面影响大的有白峰溪的"女性戏剧三部曲"，有《桑树坪纪事》、《蛾》、《留守女士》、《一人头上一方天》、《生死场》等。作为新时期话剧的标志，《桑树坪纪事》这部从小说改编的"中国现代西部戏剧"，聚焦着一段特殊年代的特殊生活，融入了批判性的现代反思。从该剧对青女、彩芳等女子爱情婚姻的悲剧性叙述中，从青女当众受辱后舞台上那尊极富象征意味的、残破却洁白无瑕的女性雕像上，可以看到艺术家对女性命运和女性话题的沉重思考，以及在此思考中透露出的人文关怀。故事发生在苍凉的西北黄土高坡上，历史的指针虽已指向 20 世纪 60 年代，但贫困的生存环境依然造就着贫困的精神状态。麻木的当地人对这些女子青春生命的践踏，既非出自私仇亦非天性残忍，而是由极度的经济贫困和沉重的精神负累所造成的。导演把剧中桑树坪看作是"历史的活化石"，他说："在这块'活化石'中凝固着黑暗而漫长的中国封建社会及农民千年命运的踪迹……这块因封闭而留下的'活化石'可以提供人们领悟民族命运的内蕴。"① 名列国家舞台艺术精品工程的话剧《生死场》，根据萧红同名小说改编，作品以真切又沉痛的笔墨描写了"九一八"事变前后东北地区乡村生活，那基于女性身体体验的"对于生的坚强，对于死的挣扎"，构成了这部作品富有乡土特色画面的主色调。创作者投注其中的，既有针对"救亡"的现实性关怀也有针对"启蒙"的超越性思考，既有对当时背景下民族国家命运的严峻审视也有从性别视角对人类生存问题的深沉反思②。戏曲创作方面，有评剧《风流寡妇》、越剧《西施归越》、吉剧《一夜皇妃》、黄梅戏《徽州女人》和莆仙戏《晋宫寒月》，有昆曲《班昭》、甬剧《典妻》、京剧《大明魂》、川剧《潘金莲》和华剧《杨贵妃》，还有梨园戏《董生与李氏》、蒲剧《关公与貂蝉》、龙江剧《木兰传奇》、

① 徐晓钟：《在兼容与结合中嬗变——话剧〈桑树坪纪事〉实验报告》（上），《戏剧报》1988 年第 4 期。
② 李祥林：《宏大叙事·人文关怀·性别思考——话剧观摩札记二则》，《戏剧》2008 年第 1 期。

豫剧《香魂女》和山歌剧《等郎妹》，等等，或古装或现代，其中不乏体现人文关怀的佳作。荒诞川剧《潘金莲》即是魏明伦透视"中华'妇女病'"之作。这个以"爱写女人的男人"自称的剧作家，又创作出《四姑娘》、《中国公主杜兰朵》及《好女人，坏女人》，以其机警的民间式思考将其对女性话题的言说和对权力话语的质疑步步展开。即使在他根据台湾作家陈文贵的《格老子的孙子》先改编电影后改编川剧的《变脸》中，从反封建角度对性别问题的思考以及对女性命运的关注仍是魏氏剧作的亮色所在，如评论界指出："《变脸》有力地表现了中国传统文化对人们心理意识的深刻影响——这就是在中国封建社会中长期积淀下来的'重男轻女'的传统价值观念"，从剧中我们可以感受到这种千年积淀的观念是如何浸透在人们的骨髓之中，毒化并戕害人们纯洁善良的心灵。因此，"从文化的视角去观照，《变脸》对中国传统文化中的糟粕——'重男轻女'、'男尊女卑'的揭露和批判是深刻透辟的"①。前不久作家出版社出版魏氏文集四卷，为首的就是《好女人和坏女人——魏明伦女性剧作选》，这并非偶然。

对性别问题的思考和对女性话题的言说，也体现在川剧作家徐棻身上。这位毕业于北京大学的蜀中"才女"，从20世纪50年代由元杂剧改编《燕燕》起就开始了对传统女性命运的审视，到了80年代和90年代，《王熙凤》、《田姐与庄周》、《死水微澜》、《目连之母》和《马克白夫人》等又从她笔下相继诞生。跨入新千年，一出亮相在第七届中国戏剧节上，取材于本土现代史上首位女性民营企业家事迹的《都督夫人董竹君》，将剧作家以女性视角写女性人生的创作追求体现得更鲜明。从人物自传改编的该剧，由熊源伟导演，舞美设计以意象化的"门"为中心，并无中心事件贯穿始终，从上海到成都再从成都到上海，大跨度时空转换中，情节流动和场景交替都随剧中人物出入此"门"的足迹而有条不紊地展开，女主角一个世纪的人生历程由此浓缩其中。透过此"门"，观众们窥视到了近百年前的时代风云；经由此"门"，创作者讲述出了近百年前的女性故事。百年前的中国正经历着前所未有的阵痛和裂变，西方现代文化连带军事侵

---

① 胡邦炜：《沉重苦涩的人生悲歌——论电影文学剧本〈变脸〉》，载《凡人与伟人——魏明伦男性剧作选》，作家出版社2001年版。

略长驱直入，在猛烈震惊长辫、小脚的吾土吾民的同时，也促使有识之士开始对自身文化传统的反省和批判。剧中，女主角毅然冲出"门"去，走向"家门外"的社会，寻求自尊、自立、自强的人生道路，即发生在那个风起云涌的时代背景下。剧中极富象征意味的"门"，为主要人物活动划分出"家门外"和"家门内"两个截然不同的世界。两极世界之间，演绎着女性人生的离合悲欢，充满着戏剧性张力。对女主角来说，前一世界代表着生命的觉醒、人格的独立和理想的追求，充满着活力与希望；后一世界意味着生命的窒息、人权的丧失和理想的熄灭，弥散着沉闷与压抑。于是，"冲出门去"和"锁入门中"便成为剧中"性别之战"的舞台具象。一方面，是传统的封建男权道德的"门"卡住女性并将其任何出门的念头都扼杀门内；另一方面，是感受时代新风的女性要冲出"门"去寻找门外广阔的生存空间。这女子，一再被传统礼教、世俗偏见扭成的无形绳索拽回"家门内"，又再三以顽强、坚韧的意志和抗争走出"家门外"。剧中这个1900年出生的"娜拉式"女子的所作所为，与其说是个人的毋宁说是群体的，因为她的向往和她的追求，体现着那个风气渐开时代不甘雌伏的女性们渴望挣脱封建男权枷锁的群体意志，是后者的一个缩影。就这样，川剧《都督夫人董竹君》以形象化的舞台叙事，向我们揭示了近现代史上中国女性穿越家庭、传统、历史之"门"走向自强自立的生命历程。

从创作群体看，除了魏、徐，当代川剧舞台上不乏相关作品。被文化部列为传统剧目改编典范之一的《刘氏四娘》是一出新编目连戏，其对宗教和夫权双重压迫下妇女命运的描写就富有现代人文关怀色彩。由多人合作的该戏，创作初衷来自其中的女作者严淑琼，这位女作者写女性并为历史上被权力话语定案的"罪妇"形象鸣不平的意识，在她的另一"旧戏新探"之作《郗氏箭》中亦相当自觉。此外，尚有其他作者创作的《金子》、《柳青娘》、《则天女皇》、《太后改嫁》等，或取材往古故事，或取材当代生活，皆各有亮点。比如川剧《金子》，乃是以金子的遭遇和命运为叙事中心，重新诠释了《原野》。对于该剧将原作的男角为主转换为女角为主，人们见仁见智，但改编者自有想法，其在2002年5月于成都召开的"振兴川剧二十周年暨中国戏曲现代化研讨会"上即说："《原野》以仇虎为主角，写他的苦难与复仇。我写《金子》，改换切入视角，以金子的命运轨迹展现那个时代妇女的磨难和挣扎。将金子置入爱恨情仇的矛盾旋涡，使仇虎的复仇依附于金子的人生历程，组成她命运交响的撞击部分。凸显金子在叛逆中的善良美好，在磨难中的痛苦撕裂，在迷茫中的追寻希望。"又说："窃以为，金子女性主线的确立，更能展示曹禺先生寄寓在她身上金子般的闪光，有利于悲剧内涵和主题的再开掘，导引'观众情绪入于更宽阔的沉思的海'（曹禺），拨弄现代人心的和弦。"（隆学义《改编〈金子〉断想》）视角转换使往日的文本对应着当代的兴趣，给观众带来了新奇感，使他们有了新的意味可品，也生发出新的文化思考，自然而然，该剧赢得了掌声。总之，无论是从作为地方个案的川剧还是从作为中华艺术的戏曲来看，当性别思考已成为当代作家日益自觉的创作追求时，我们的戏剧研究是再也没理由对之视而不见的。

三

日益频繁的东西方文化交流激活了国人的思维，"gender"成为当下中国社会增温的学术话题，并由此建构起一道不断壮大的学术风景线。着眼中国社会历史的有李小江等主编《性别与中国》（1994）、闵家胤主编《阳刚与阴柔的变奏》（1995）、叶舒宪主编《性别诗学》（1999）、张晓主编《社会性别·民族·社区发展研究文集》（2003）和杜芳琴等主编《中国历史中的妇女与性别》（2004），有禹燕《女性人类学》（1988）、王庆淑《中国传统习俗中的性别歧视》（1995）、秦均平《变迁与冲突——中国人口的性别角色》（2001），等等。从文学角度切入本土话题的，有康正果《风骚与艳情》（1989）、孟悦和戴锦华《浮出历史地表——现代妇女文学研究》（1989）、乔以钢《中国女性的文学世界》（1993）、刘思谦《娜拉言说——中国现代女作家心路历程》（1993）、陈顺馨《中国当代文学的叙事与性别》（1995）、林树明《女性主义文学批评在中国》（1995）、刘慧英《走出男权传统的樊篱——文学中男权意识的批判》（1995）、陈惠芬《神话的窥破：当代中国女性写作研究》（1996）、苏者聪《宋代妇女文学》（1997）、何满子《中国爱情小说中的两性关系》（1999）、孙绍先《英雄之死与美人迟暮》（2000）、邓红梅《解语花：传统男性文学中的精神自画像》（2001）、李玲《中国现代文学的性别意识》（2002）、王春荣《女性生存与女性文化诗学》（2002）、宋致新《长江流域的女性文学》（2004）、王昌富《彝族妇女文学概论》(2003)、纳钦《口头叙事与村落传说——公主传说与珠腊沁村信仰民俗研究》(2004)、许苗苗《性别视野中的网络文学》(2004),等等。此外,有《现代中国女作家小说选》(1981)、《新时期女作家百人作品选》(1985)、《历代妇女诗词鉴赏词典》(1992)、《中国历代女作家传》(1995)、《中国古代女作家集》(1999)、《历代名妓诗词曲三百首》(1992)、《明清文学与性别研究》(2002)、《女性文学研究与批评论著目录总汇》(2007),等等。这些著作,或史或论,或注目区域,或聚焦族群,有专题研究,有作品选集,有资料汇编,可谓洋洋大观。

世纪之交有关著作的问世,拉开了本土戏剧学界加入上述学术潮流的帷幕。以整个戏曲艺术为研究对象,有李祥林的《性别文化学视野中的东方戏曲》(香港天马图书有限公司2001年版)和《戏曲文化中的性别研究与原型分析》(台北国家出版社2006年版);针对某剧种或某种戏剧现象的研究,有黄育馥的《京剧·跷和中国的性别关系》(生活·读书·新知三联书店1998年版)和杨朴的《二人转与东北民俗》(吉林人民出版社2001年版),前者以京剧表演中的"踩跷"为对象从社会学角度探讨了相关性别问题,后者结合远古女神崇拜中的"圣婚"仪式追溯了二人转的发生学源头。此外,刘丽文等著《历史剧的女性主义批评》(中国传媒大学出版社2005年版),则结合古代历史剧和当代影视历史剧就相关话题进行了论述和探讨。海峡对岸,台湾学者华玮也推出《明清妇女之戏曲创作与批评》(2003),针对古代女戏曲家的创作及批评进行了探讨。拙著《性别文化学视野中的东方戏曲》和《戏曲文化中的性别研究与原型分析》,二书共约50万字,立足本土文化,借鉴西方理论,从文化人类学、比较文化学等入手,将性别批评引入戏曲研究,运用性别学和文化学的双重目光审视中华传统戏曲,旨在以跨学科的理念和方法对之做出新的阐释。《性别文化学视野中的东方戏曲》包括"戏曲和女性"、"女权和男权"、"性别和母题"三大部分,从戏曲艺术和性别文化的结合部切入,借鉴性别诗学、原型理论及比较方法,就性别文化对东方戏曲的深刻影响、东方戏曲对性别文化的丰富表现以及二者的历史生成、互动关系、话语特征等展开探讨,从人类文化高度反思学术领域中这一不可忽视的课题,并在理性的人文阐释中体现出现代批判精神。作为前书之续篇,《戏曲文化中的性别研究与原型分析》在坚持性别批评的同时,加强了对中华传统戏剧的原型分析，论述的专题包括女娲神话对戏曲的原型影响、老子学说对戏曲的哲学渗透、元杂剧史上的性别话题、明清戏曲中的女性接受以及"弃子救母"故事的母题识读、"木兰从军"文本的性别悖论、古典剧作中的婚俗剖析、京剧男旦现象的多维透视，等等。

20世纪90年代中期，有感于本土戏剧研究领域中性别批评缺乏的现状，笔者在国内学术界明确提出"戏曲性别文化学"和"戏曲性别文化研究"的概念，并围绕此课题在《戏剧》、《剧本》、《戏剧艺术》、《戏曲研究》、《戏曲艺术》、《中国戏剧》、《中国京剧》、《当代戏剧》、《戏剧文学》、《上海戏剧》、《四川戏剧》、《东方丛刊》、《民族艺术》、《艺术广角》、《艺术百家》、《广东艺术》、《福建艺术》、《上海艺术家》、《民族艺术研究》、《民族文学研究》、《南开学报》、《东南大学学报》、《成都大学学报》、《新余高专学报》及日本爱知大学的《中国21》等国内外数十家学术和专业刊物上，陆续发表了"方兴未艾的戏曲性别文化学"、"跨学科视域中的戏曲性别文化研究"、"中国戏曲·性别复调·文本分析"、"作家性别与戏曲创作"、"精卫原型与中国戏曲"、"中国戏曲的女权文化解读"、"性别视角：中国戏曲和道家文化"、"东方戏曲文学史上的女权呐喊"、"男权视角：缠绕古典戏曲创作的梦魇"、"男权语境中的女权意识——戏曲中的'女扮男装'题材透视"、"明清女性接受视野中的《牡丹亭》"、"从性别视角读《踏摇娘》"、"女花脸·阴阳共体·文化原型"、"旦角审美·性别意识·文化透视"、"样板戏·权力话语·女性形象"、"'雄化女性'、文化身份及其他——兼谈木兰故事的东西方演绎"、"历史题材·现代意识·性别视角"、"世纪末女性题材剧作回眸"以及"性别理论·学术研究·当代批评"、"性别、民族、中国文艺批评"等多篇学术论文，并多次以"艺术·性别·文化"、"性别视角：换双眼睛看世界"、"戏曲性别文化研究：一门值得关注的新学科"等为题到高校或科研单位作学术讲座。

从艺术人类学的角度看，戏剧性别文化研究既是从戏剧艺术出发研究性别文化又是从性别文化出发研究戏剧艺术，既是从戏剧角度更细致考察性别文化现象又是从性别角度更深刻认识戏剧艺术本质。此外，又如笔者在首届中国艺术人类学会议上所言，文化人类学在治学理念上对笔者从性别视角研究中华戏剧和中华文化的启示有二，一是对"亚文化"的关注，二是"跨文化"的视野。① 对于戏曲性别文化研究，学术界称为"戏曲研究的开拓创新"，具有鲜明的"文化反思性质"和"人文思辨色彩"，"把一个老题做出了新意，为大家提供了'熟悉又陌生的'东西，给人以启发"，认为无论从描述层面、分析层面还是从价值层面看，"都是20世纪90年代以来国内戏曲研究的一项重要成果"②。2001年7月，中国社会科学院叶舒宪教授来信也说"性别文化角度的戏曲研究在国内刚刚起步"，他肯定这研究"具有开拓性质，未来发展空间甚为广阔"。叶先生在其新著《文学与人类学》第八章"文学人类学研究在中国"中评述新时期以来的学术成果时也提及戏曲性别文化研究，并指出从世纪之交问世的这批著作中"可以明显察觉到在人类学视野的拓展下，中国文学的传统研究思路所发生的重要变化。其中有些研究由于切入文化无意识底层而或多或少具有了文化研究的人类学性质"③。最近，台湾师范大学东亚文化及发展学系开设"东亚性别专题"课程，亦将拙著《戏曲文化中的性别研究与原型分析》列入参考书目④。鉴于"戏曲性别文化研究"的影响，日本爱知大学现代中国学会主办的《中国21》杂志于2004年推出"中国戏剧里的性别"专号（日文版），其中有日本学者田仲一成、金文京、中山文，中国大陆学者李祥林、台湾学者华玮等关于古典戏曲、中国话剧里的性别问题及女性形象研究的论文，以及《角色扮演和性别》、《杨小青与越剧六十年》等访谈文章。查询"中国知网"（http：//www.cnki.net）等可知，如今在"戏剧和性别"这跨学科视域中选择学位论文题目的硕士和博士研究生日渐增多，见诸各种报刊的相关文章亦日渐增多，呈现出喜人的趋势。

"他山之石，可以攻玉。"声名日彰的性别理论给包括戏剧研究在内的

---

① 李祥林：《艺术人类学在当今中国——中国艺术人类学学会成立大会及首届学术研讨会侧记》，《新余高专学报》2007年第1期。

② 学术界的有关评论，请参阅廖明君《性别文化学视野中的东方戏曲研究——李祥林访谈录》（《民族艺术》2000年第2期）、周企旭《戏曲研究的开拓创新——〈性别文化学视野中的东方戏曲〉读后感》（《四川戏剧》2001年第5期）、叶鹏《用现代意识烛照民族艺术的新成果——评李祥林〈性别文化学视野中的东方戏曲〉》（《艺术界》2002年第3期）、廖全京《在戏剧常青藤上理性地栖居——读几位戏剧学人近著札记》（《四川戏剧》2003年第3期），等等。

③ 叶舒宪：《文学与人类学——知识全球化时代的文学研究》，社会科学文献出版社2003年版，第264页。

④ 《台湾师范大学东亚文化暨发展学系课程纲要》，见 http：//www.ntnu.edu.tw/aa/aa2/coursemeet/952meetcorsecontents/。

当代中国学术注入了很大活力，无论就自身内涵建构还是就外在空间拓展而言，前景相当看好。与此同时，又不能不指出，尽管性别分析填补了传统学术中对于性别问题的忽视所造成的性别批评的缺席，尽管性别理论为现代人提供了反思人类历史和现实的新视角，但不等于说它就能取代其他所有的视角，要防止那种将性别关系视为人类社会关系之全部的"性别万能"的偏激观点。正如河南大学文学院女性文学研究方向导师刘思谦教授2002年4月12日致笔者的信中所言："从文学研究方法论的角度来看，由于性别是人的一种属性、一种先天的生理属性和后天的文化心理构成，从性别视角切入文学文本，便会发现一些用别的视角所无法发现的文本内涵。性别之于文学研究，不是世界观、历史观，不是理论框架，更不是价值尺度而只是一种合理的分析范畴，一个阅读和分析视角，在具体操作中还必须注重综合性与超越性，才能避免唯性别论和性别决定论，而唯性别论和性别决定论从思维方式来看不过是过去的唯阶级论和阶级决定论的翻版而已。"性别关系固然是人类社会中最恒久的关系，但其表现形式和具体内涵，是随着社会土壤和历史情境不同而变化的。根据人类学的文化观，人是社会历史环境的产物，在一个存在着种族、地域、经济和文化分层的社会中，没有单纯意义上的男人和女人，只有处在具体的种族、地域、经济和文化关系中的男人和女人。非唯不同的社会制度和政治体制会产生不同的性别模式，即使在相同的社会制度和政治体制下，性别模式也会由于经济、文化、政治、宗教等因素的相异而呈现千差万别。当年，美国人类学家玛格丽特·米德对新几内亚三个部落的田野考察和比较研究便为我们提供了例子（见《三个原始部落的性别与气质》）。既然如此，对于人以及人类社会关系的分析，就只有在全面综合性别、种族、地域、经济、文化等诸种因素中才能得到透彻的阐释。这是我们今天借助性别理论对中华戏剧做艺术人类学研究时务必清醒的。

（原载《艺术人类学的理论与田野》，上海音乐学院出版社 2008 年版；又被收入《中国艺术人类学基础读本》，学苑出版社 2011 年版）

舞台表演中跟女性相关的身体技术及其他者化

"人类学有研究身体仪式的浓厚传统。"① 舞台上以"身体"为依托的"表演",或者说身体符号及身体技术在舞台上的运用,是艺术人类学关注的课题。法国学者莫斯在关于身体技术的论文中,率先就社会成员对身体的实际运用和社会运用做出了论述。"正如莫斯所证明的,每个社会都有自己的习惯,在一定社会或一定历史时期形成的身体技术与其他社会或历史时期的身体技术是不同的。"② 立足性别理论(gender theory),从身体政治学(politics of the body)角度看,在不同的性别文化语境中,对身体技术的社会支配及运用也千差万别,归旨各异。从梨园演艺出发,本文拟结合戏曲表演中的"女身法"、"风摆柳"以及"蛇行步"、"踩跷"等舞台事项,就其中蕴涵的性别文化密码加以"深描"(thick description),进行学术上的反思。

一

"身体"(body)作为人类学研究的对象,不仅仅是生物学上的"肉体"(flesh)。美国社会学家约翰·奥尼尔在其著作中将身体划分世界身体、社会身体、政治身体、消费身体和医学身体,就提醒我们,"身体"

① [英]布莱恩·特纳:《身体与社会》,马海良、赵国新译,春风文艺出版社2000年版,第60页。

② 西蒙·威廉斯、吉廉·伯德洛:《身体的"控制"——身体技术、相互肉身性和社会行为的显现》,朱虹译,载汪民安、陈永国编《后身体:文化、权力与生命政治学》,吉林人民出版社2003年版,第400页。

作为文化符号是多维度和多层次的，其意义随民族与性别的不同而不同，随历史与境遇的变化而变化。从文化人类学看，"身体不过是一种社会建构"①，其在人类社会、政治、伦理、艺术、文化中，是跟"gender"（性别或社会性别）有密切关系的话题。比如女体审美，古代中国妇女的缠足，昔日欧洲妇女的束腰，当今妙龄女子的节食，凡此种种，作为满足某种社会期待的"被看"对象，皆跟两性不对等的现实状况有关，不单单是生物学能解释的。对"身体"象征不无偏见的性别化运用并不鲜见，甚至渗透在科学领域，如核武器研究，美国曼哈顿计划即"显示出创造一个完美男性身体的无意识动机"，观察首颗氢弹成功爆炸的科学家发给司令部的电文为："是个男孩。"② 如此用语，绝非偶然。根据莫斯的观点，人的身体转化为文化符号是通过"身体技术"实现的，"'身体的技术'这个词是指人们在不同的社会中，根据传统了解使用他们身体的各种方式"③。通常人们认为属于生物或生理范畴的"身体"，其运用实际上跟传统和习性息息相关，古往今来，不同的族群、社会、时代、文化都在依据各自的传统和习性对"身体"进行不同的符号编码。明白这点，对于我们从性别视角切入梨园演艺中的相关事象进行深描式阐释，是必要前提。

不妨从传统戏曲丑角说起。梨园舞台上的"丑"，论其形体表演，无非扮相的丑和表演的丑，前者系象征式静态造型，后者乃性格化动态展示。迄今仍搬演在观众面前的《做文章》，是川剧传统喜剧之一。剧中鼻梁抹白的主要角色徐子元，属于川剧丑角人物画廊中的"褶子丑"一类。舞台上，"褶子丑"一般是用来扮演风流公子、纨绔子弟、大小衙内之流人物的，若单单从外在扮相上看，其跟小生多有近似之处，如从衣饰到形体均要求"领条白"、"袖口白"、"朝元底子白"、"头正项直"、"挺胸收腹"、"从容不迫"、"潇洒不凡"等。众所周知，小生在舞台上多饰演正角，而褶子丑则明归"丑"行，二者区别何在呢？从表演形式看，关键还

---

① ［英］布莱恩·特纳：《身体与社会》，马海良、赵国新译，春风文艺出版社 2000 年版，第 59 页。

② ［英］菲奥纳·鲍伊：《宗教人类学导论》，金泽、何其敏译，中国人民大学出版社 2004 年版，第 60 页。

③ ［法］马塞尔·毛斯：《社会学与人类学》，佘碧平译，上海译文出版社 2003 年版，第 301 页。

在形体动作，除了"扇子耳边乱扇"、"褶子前后飞舞"、"高兴时手舞足蹈"、"失意时抓耳挠腮"等通用程式外，梨园艺术家还根据剧情为剧中人设计某些特定表演动作和技巧，以刻画这种貌似文雅书生实则草包蠢货的丑类人物，譬如《做文章》中的"女身法"。剧中，像徐子元这种出身权势人家的纨绔子弟，游手好闲，吃喝嫖赌，过着花天酒地的日子。这个家伙，明明胸无点墨不学无术，可是其父偏偏指望自己这个草包儿子去应试做官走从政之路，于是费力气花银子为他买通上下关节，事先弄来了考试题目，让他照题做文。拿着试卷，面对试题，即使是把他倒吊三天三夜也吊不出来一滴墨水的徐子元抓耳挠腮，丑态百出。舞台上，这个纨绔子弟，提起笔来不是"急得人冷汗直镳"就是"头又闷眼又花老想睡觉"，刚刚扑了眼前飞过的蝴蝶，马上又胡思乱想起花街柳巷的女人，一门心思在此的他竟然情不自禁地学起女人身段来。你瞧这家伙，整头，理鬓，扯袖，提鞋，卷帘，出门，左手叉腰，走着小旦的步子，还一个劲儿地边走边唱："猛想起美多娇，张家姐儿生得好，李家妹儿柳条腰。生得好，柳条腰，公爷见到喊娇娇。"《做文章》这出丑角戏每演至此，总是会引出观众席中的哄堂大笑。

不必怀疑，让徐子元做不出文章来时无聊地模仿女人扭捏作态，可笑至极，这正是梨园艺术家发挥想象，塑造这个纨绔子弟形象时故意采用的一种丑化夸张手法。这套惟妙惟肖的"女身法"，这套性别反串式的肢体动作，既是用来表现剧中人物之丑恶面目肮脏灵魂的，又很有剧场效果。从舞台演出实践看，该戏向来有两种路子：一是从动作丑化的角度去夸张，突出做媚眼、扭肩膀、甩屁股等不堪入目的丑态，让观众一见就生反感；二是从动作美化的角度去模仿，像演闺门旦似的，举手投足规规矩矩、身段表演婀娜多姿，让观众去笑而领会之。有人以为，后一表演路子以美写丑，用看似美妙的外表去揭示宦门子弟不学无术的丑恶内心世界，在审美上具有更深刻的幽默性，因而比前一表演路子直接以丑写丑要高明些。其实，在我看来，就对人物内心丑恶的揭示和对丑恶人物的鞭挞而言，两种表演路子都能成立，各有道理也各有所长，用不着在二者之间去强断什么是非高下。本文不拟就此作论，打算转换研究视角，从当代性别理论入手，对运用在丑角表演中的"女身法"等身体技术是如何在男性社会强势语境中被他者化的问题，做潜入底层的艺术人类学透视。

二

"身体是分类知识和权力的产物"①，这是法国思想家福柯的看法；"把女性身体看作社会关系的隐喻"②，此乃当代女性主义的观点。审视"女身法"在梨园舞台上的运用，不难发现，其作为某种强势话语安排下的文化符号，往往出现在喜剧性的笑乐场景中，且总是带着相当明显的非肯定也就是贬义性质。上述《做文章》式丑角表演，即为显例。又如今天仍经常搬演在川剧舞台上的《皮金滚灯》，写皮金好赌又惧内，其妻让他头顶油灯以惩罚之。这是丑角的功夫戏，皮金的表演包括跳灯、转灯、夹灯。先看跳灯，"皮金头顶着一碗点燃灯芯的油灯，身穿褶子，手拿折扇，学女子掀帘出房、倒腰扯鞋一系列动作"，做了相关表演后，"走碎步圆场，行至台前中部反手握扇衬腰，走女身法"；再看转灯，"皮金唱'闺中女子年十八，眉清目秀像朵花'唱段"，同时进行顶灯技巧表演。③ 传统戏曲舞台上，这种被刻意夸张、渲染的"女身法"，在丑行表演中并非是纯属心血来潮地偶然一用，它甚至被程式化为丑角行当的形体基本功之一，如大家熟悉的川剧丑角步法中的"蛇行步"。据已故川剧名丑陈全波介绍，"这是三花脸模仿妇女动作的一种步法，有似蛇行蠕动的特点，做法是：左手以手背叉腰，右手作兰花掌式前后摆动，步法类似摇旦步，全身蠕动而行"④。如此扭捏作态的"扮女"式身法及台步，究竟是何时以及怎样产生的有待史家考证，单单就其在舞台演出中的表层审美功用而言，也可以说是意在取笑逗乐，让观众开心，引发满堂皆乐的剧场效果。

那么，在非丑行的戏曲表演中，有没有同类性质的现象呢？新中国成立后曾被搬上银幕的川剧《乔太守乱点鸳鸯谱》，取材于明代同名小说，剧中写青年男子孙润乔装女子代姐出嫁，经一连串颇具喜剧效果的"误会"终与惠娘得成百年之好。这无疑是一个替青年男女爱情婚姻说话的文本，创作者巧妙地借喜剧化"女身法"式"男扮女装"情节来表

---

① ［英］布莱恩·特纳：《身体与社会》，马海良、赵国新译，春风文艺出版社 2000 年版，第 59 页。

② 同上书，第 39 页。

③ 《重庆戏曲志》，文化艺术出版社 1991 年版，第 300—301 页。

④ 《陈全波舞台艺术》，重庆出版社 1983 年版，第 97 页。

达开明思想的态度昭然。但在故事发生的那个时代和那个社会，让一个大男人穿上小女子衣服亮相在众目睽睽之下，毕竟又是礼教所不容许、世俗难以认同的，所以剧中事发之后，刘父恼怒门风被败坏，连声高叫"把两个畜牲唤出，骂他一顿"，以解心中之恨。在封建礼法森严、女卑男尊意识俨然的社会氛围里，堂堂书生竟然穿女人服、行女人步、作女人态，成何体统，有何面子，因此连孙润本人也十二分地不情愿，碍于母命虽勉强为之却深深地自感形秽。且听剧中这个被留宿在小姑子房内的"嫂嫂"欲趁三更夜黑逃离刘家脱身而去时如何自言自语："哎呀，走不得！似这等不男不女，何颜赴通衢！"既然男扮女装男作女态为正人君子所不耻，那么，按照这种观念，戏剧故事中让人物着此衣装作此姿态，就难免含有贬讽意味（尤其多见于反面角色），作品的喜剧效果亦由此而生。

倘若把这种"女身法"式现象纳入更宽的视野，并且将目光不仅仅停留在某个剧种上，就会发现，这在华夏戏曲舞台上其实并非孤立现象。从魏、蜀、吴三国争雄故事搬演而来的"三国戏"，不但在各地方戏里堪称大观，在被世人称为"国剧"的京剧当中也名声赫赫。"六出祁山"故事在百姓中广泛流传，可谓家喻户晓。五丈原，魏、蜀两军屯兵对阵，相持不下。狡猾的司马懿按兵不动，诸葛亮一方由于粮草不够难于久撑，眼看形势越来越危急。急于求战的蜀汉丞相终于想出一个激将妙法，他派人给司马懿送去妇女的穿戴，试图羞辱之以挑引对方出战。且看《三国志通俗演义》卷二十一的描写："却说孔明自引一军屯于五丈原，累累令人搦战，魏兵不出。孔明乃取巾帼并妇人素缟之服，修书一封，盛于大盒之内，遣人径送到魏寨。"司马懿拆开信看，书曰："汉丞相、武乡侯诸葛亮，尝闻管子有云：'礼义廉耻，国之四维；四维不张，国乃灭亡！'窃闻司马仲达既为大将，统领中原之众，不思披坚锐以决雌雄，则甘分窟守土巢而畏刀避剑，与寡妇又何异哉！今遣人送巾帼素衣，如不出战，可再拜而受之。倘有丈夫之胸襟，早与批回，依期赴敌。"看完信后，司马懿心中虽怒，却看穿了蜀军难以打持久战的底牌，他佯装笑容说道："视我为妇人耶？吾且受之。"① 这段有声有色的斗智故事，后来被搬演在京剧舞台上，剧名

---

① 《三国志通俗演义》，上海古籍出版社1980年版，第1002—1003页。

为《胭粉记》，是梨园观众所熟悉的。故事的结局如何并不重要，让我们感兴趣的倒是这奇特的"诸葛妙计"。此时此刻，知天文晓地理的孔明先生因境遇所困有些技穷，他用来对付司马懿的正是一种"女身法"式羞辱手段。这种手段在今人看来如同儿戏，但在昔日礼教社会的道德观念中则是奇耻大辱。

众所周知，儒门古训有所谓"唯女子与小人难养也"。既然"女人"被男性居主社会视为跟"小人"为伍，在此刻板成见下，让男着女装，也就是让男扮女体、男效女态，在七尺男儿堂堂大丈夫们的眼中，就绝对是打死也不肯接受的耻辱。同类例子，在本土乡村民俗中也能见到，是作为对肇事男子的惩罚手段来使用的。过去乡里社会的民间习俗中，属于乡村管理的惯制之一是"村制裁"，这是针对村内成员的惩罚事务，其形式有多种多样，如体罚、罚钱、游街示众、烧毁房屋、没收财产、赶出村寨等，这种情况从现代川剧《山杠爷》中犹能见到。在多民族的吾国，据民俗学家介绍，过去北方地区，"满族17世纪的部落制裁有用锅底黑灰抹脸示众，男穿女服示众，'画地为牢'（罚站示众）等习惯刑法"①。这里，"女服"依然是被作为羞辱符号使用的，本质上跟三国故事中的"诸葛妙计"并无不同。从民俗和戏曲的例子不难看出，原本并不包含什么感情色彩和评判意味的"女服"，恰恰由于女卑男尊意识的强势渗透，才魔术般地变成了一种可以用来使当事人脸面扫地的武器或工具。作为性别政治的符号体现，这类例子耐人寻味。

三

"身体技术"包含两个基本层面："一是塑造身体的技术，包括当代身体工业的种种发明，化妆技巧、形象设计是身体技术，美容手术等医学手段也是身体技术；第二个层面是运用身体的技术，亦即在特定社会文化背景中使用自己的身体来进行社会交往和传达意义的种种技术，种种身体语言是身体技术，舞蹈、模特'猫步'、体育运动、演艺动作，甚至日常生活的体态姿势都是身体技术。"② 身体的运用，从性质看，有生理和物理

---

① 乌丙安：《中国民俗学》，辽宁大学出版社1985年版，第194页。
② 周宪：《读图，身体，意识形态》，见汪民安主编《身体的文化政治学》，河南大学出版社2004年版，第141页。

的，也有社会和文化的；就对象而言，有对自我身体的运用，也有对他者身体的运用，后者如被借用在上述丑角表演中的"女身法"。作为身体技术，由女性体态语汇编码的"女身法"，单单就女性自身来说原本谈不上什么滑稽意味、喜剧色彩，可是，一旦进入舞台性别政治场景被某种强势观念染指而运用到丑角男性的表演中，竟化学反应般地发生了变味，成了笑料。对此，用性别批评目光进行检讨，其必要性自不待言。

"女身法"就是让男扮女装或男作女态，其运用在戏曲中通常都表现出喜剧色彩，意味着非肯定性的道德评价和审美评价。行文至此，有读者想必会问，作为跟男作女态或男扮女装也就是"女身法"相对的女作男态或女扮男装（可谓"男身法"），出现在戏曲作品里又是怎样情形呢？恰恰相反。看看至今还在被反复搬上影视屏幕的《孟丽君》、《木兰从军》之类描写改易性别乔装女子建功立业的题材，你就不难明白。这些表现女性不甘雌伏压抑的精神呐喊之作，古往今来脍炙人口。① 倘若借用形象学的"类型"（stereotype）概念，将世人对性别政治中定型化的"女扮男装"和"男扮女装"的社会评价进行对比，不难看出被刻板化的二者间的巨大反差：首先，从人物形象看，"女扮男装"往往受到社会承认和礼赞，而且人物也多以正面形象定位（如沙场立功的英雄花木兰、金榜题名的才女孟丽君等），"男扮女装"总是遭到非议、嘲笑、否弃，其人物不是以喜剧形象就是以反面形象出之；其次，从人物处境看，"女扮男装"故事中女子易性乔装多是自身主动行为（如木兰女为尽孝道而主动提出替父从军，从头到尾她都心甘情愿无有怨言），"男扮女装"题材中男女易性乔装多是被动无奈之举（如孙润代姐"拜堂"是因"安人命休得违拗，还须念骨肉同胞"不得已而被动接受安排，自始至终他都不情愿）；最后，从人物心态看，"扮男"的女子本人多以之为荣，"扮女"的男子自己多以之为耻。总而言之，跟多出现在喜剧场景里的"女身法"有别，"男身法"往往亮相在正剧叙事当中，体现出不同的性别评价偏向。

通过上述探讨，一个往往被世人忽略却又十分重要的性别文化事实便

---

① 对其二重性，拙著《性别文化学视野中的东方戏曲》（香港天马图书有限公司 2001 年版）相关章节及拙文《男权语境中的女权意识——戏曲中"女扮男装"题材透视》（《四川戏剧》1997年第 3 期）有较详析说。

呈现出来：无论在现实生活中还是在戏曲作品里，"女身法"和"男身法"之所以成为意味相反的两种塑造和评价人物手段，根底里正潜藏着人类历史上一种基于父权制文化预设的性别观念——男主女从、男强女弱、男尊女卑、男贵女贱。中国古典小说戏剧以及大洋彼岸好莱坞影视中层出不穷的"英雄救美"神话，不就是东西方读者和观众们所耳熟能详的典型例子么？性别批评提醒我们，既然历史在宏大叙事的传统中总是被男性化笔墨书写，既然尊崇母性的社会自远古起便已"历史性败北"于父权高高树立的社会，那么，女性成为男性社会表述中的"第二性"，也就是成为很难堂堂正正进入正统编年史的"历史的附录"及"二等公民"，便在所难免。在两性不对等的历史语境中，在不无性别偏向的社会评价体系中，用卑（女）的、贱的、弱的一方作参照标准，如"女身法"（男扮女装），当然就只能用于否定性对象或表达否定性评价；用尊（男）的、贵的、强的一方作参照标准，如"男身法"（女扮男装），自然就只能用于肯定性对象或表达肯定性评价。毫无疑问，无论"女身法"还是"男身法"，在此皆是某种性别政治意念的填充物，皆是作为某种性别政治的象征符号出现的。这种夹带着不平等乃至歧视意识的性别政治，按照女性主义批评的观点，乃是男性中心或曰男权本位社会的强势话语所造就的，在人类历史上由来已久，不以个人的主观意志为转移。

人类文明在漫漫时间长河中曾经历种种演化、裂变，以社会性质论，有原始社会、奴隶社会、封建社会等之别；就两性关系言，不过母系社会和父系社会之分。随着女性"历史性败北"，她们逐渐成为人类大家庭中不能跟男子平起平坐的"另类"（第二性），于是，"男尊女卑"也就成为放之四海而皆准的男权真理和男权说教。在有数千年根基的男性中心社会里，人们的言谈举止、伦理道德、价值取向、审美心理乃至思维方式不可避免地要被主流文化和权力话语所强势渗透、左右、整合，并且从精神生活以及物质生活的方方面面体现出来。在"男尊女卑"的价值标准指引下，在"男强女弱"的思维定式驱动下，人们可以认同富有阳刚气的女子（因为是地位低的女性向地位比自己高的男性看齐），却很难接受拖着娘娘腔的男人（因为是地位高的男性向地位比自己低的女性看齐），这恰恰体现出一种根深蒂固的性别歧视意识。从性别文化角度搞清楚这层底蕴，我想，也就不难明白"女身法"何以总是被运用在喜剧性场合，总是跟舞台上的丑角表演相联系，并且总是被借来塑造刻画戏中否定性角色。从"女身法"成为梨园丑角表演技艺的个案中，我们不难观察到"身体"作为社会文化符号是如何被权力话语强势支配而他者化、道具化的。

四

"圣"与"俗"是人类学讨论甚多的话题，受权力话语暗示，将男子气同前者挂钩而让女子气同后者结缘，便有了上述男、女身法之舞台运用中的性别指认。追溯华夏历史，戏曲艺术是在封建社会后期最终成熟并发达的，而男性话语中心恰恰是在封建专制时代得到了无以复加的膨胀和张目，因此，后者在中华戏曲躯体上烙下深深的印迹并不奇怪，关键在于我们对之是否保持应有的警惕。作为社会形态的封建时代早已一去不复返，但其残留的阴影在意识形态领域还不能一下子彻底扫除，从深层上对之进行文化学意义上的清算，在今人也是理所固然。不过，也有必要指出，立足学术研究立场从性别文化视角切入剖析"女身法"以及相关梨园现象的隐秘底蕴，绝对不是说今天的作戏者或演戏者沿用此肢体语汇艺术手段塑造人物展现技艺就怀有什么性别歧视观念。事实上，这是一种历史的积淀，从发生学层面可以指认隐藏其中的性别文化密码，但它跟后世借此程式化手段进行创作和表演的作家、艺术家并无瓜葛，对于他们，研究者也没理由横加指责。这个道理，或可换个例子来说明。

根据老观众的看戏经验，舞台上的旦角儿表演，腰肢要柔，步态要碎，走起路来"风摆柳"、"扭麻花"才会风情万种。仔细想想，如此柔弱的身段步态，总不免跟过去时代步履蹒跚姿态扭捏的缠足女子有关。读古代戏曲作品，常常可以见到剧中对女子缠足的由衷赞美乃至肉麻依恋，这当然不会不投射到舞台表演中。梨园行话曰："生角要俊要帅，旦角要柔要媚。"媚是一种女性的动态美，清代戏剧家李渔对之多有论说。在他看来，女子最不可少的是媚态，"媚态之在人身，犹火之有焰，灯之有光，珠贝金银之有宝色，是无形之物，非有形之物也"。因此，"女子一有媚态，三四分姿色，便可抵过六七分"（《闲情偶寄·声容部》）。梨园舞台上，旦角要怎样动起来才媚才美呢？以川剧为例，据前辈艺人讲，得让旦角的步态身段随着锣鼓点子"zhuai"（或"zuai"，四川话中翘舌音和平舌音往往混淆）起来。"'zhuai'是一种四川土话，艺人手抄本上往往写成

'雀'，也就是对旦角活泼、轻盈以至轻佻的舞步的俗称。"① 巴蜀方言中这个由"小足"（上"小"下"足"）组合的"雀"字，形象地道出了旦角表演语汇深处隐藏的性别密码，它使人想到女子缠足，那是过去女子能否成为男性审美目光中"被看"对象的基本条件，它为男子提供着勾魂夺魄的性刺激和性心理满足。不必讳言，把"雀"作为戏曲女角表演的技艺追求和审美标准，是顺应着男性本位社会对女性的审美期待的。而从舞台技术看，为了使旦角在台上"雀"起来，尤其是对以男性躯体扮女子形象的演员来说，踩跷（跷功）乃是重要的手段。

作为舞台上的身体技术，戏曲演艺中的踩跷，即源于对缠足女子"三寸金莲"的仿效。（在以"金莲"为美的时代，就扮演女子的男演员来说，这也可以为其掩饰一双并未裹缠的天足。）因此，旦角踩跷又被直观地称为"装小脚"，其在戏曲演艺史上尽管并非像有人说的源自川籍秦腔名伶魏长生，但恰恰是"自魏三擅名之后，无不以小脚登场，脚挑目动，在在关情"（《燕兰小谱》卷三），以致"京伶装小脚，巧绝天下"（《金台残泪记》卷二），风靡梨园舞台。旧时山、陕一带，缠足风气盛行，踩跷亦成为当地梆子戏演出中不可少的风景。据京剧"四大名旦"之一荀慧生回忆，"过去，在山西太原、大同等地，妇女缠足不但很普遍，而且发展到可怕的地步……因此，'跷功'也就成了梆子剧种中旦行的必修科目了"。相沿成习，"凡是'梆子班'的旦角都踩跷，也不管剧中人物的朝代如何"②。从性别批评角度看，有如女子缠足，旦角踩跷为满足男权化的"看"提供着更充分的性审美对象（当年魏长生便是借踩跷来助长其表演之色情意味的）。既然如此，这像模像样"装小脚"的踩跷，在 20 世纪初新文化运动中就难免被目为封建尤物而痛加贬斥；新中国成立后，随着女子缠足陋习被彻底废除，其在全社会"破四旧"浪潮中便不可逃避地被赶下了戏曲舞台。可是，这踩跷偏偏就在梨园舞台上发展出了一种高难度的技巧之美。川剧"四大名旦"之一薛艳秋，以男儿身扮女儿态，擅长跷功，而且穿的是铜跷鞋，其功夫堪称上乘。当年，在宜宾演出《情探》时，他在剧中扮演被负心丈夫抛弃的女子桂英，因脚穿铜跷鞋，一停一

---

① 王朝闻：《万丈高楼平地起——〈川剧艺诀释义〉序》，《川剧艺术》1980 年第 1 期。
② 《荀慧生演剧散论》，上海文艺出版社 1963 年版，第 319—320 页。

步，完全脱去男性体态，高超的技艺令人惊叹。今天，随着改革开放，踩跷作为梨园绝技又复现在大家面前，如根据冯骥才同名小说改编的京剧《三寸金莲》，在媒体的推波助澜下，便以"跷功"为吸引观众之看点。

客观地讲，当后世演员向台下观众活灵活现地展示"风摆柳"身段或表演踩跷技巧时，当后世观众津津有味地欣赏台上演员的跷功或"风摆柳"身段时，恐怕不能说他们就怀有旧时代士大夫那种不健康的赏玩心理。因为，使他们感兴趣的只是舞台表演技艺，让他们陶醉其中的也只是透过这种技艺展现出来的非凡的演员功夫，对此技艺背后隐藏的文化密码，他们并无所知也不必知晓（同理，观众可以津津有味地欣赏舞台上武二郎、鲁提辖的"醉打"，却不必喜欢生活中真正的醉汉）。当年，仅仅把踩跷视为封建文化残余的激进批评者固然不无道理，但他们忽略了很重要的一点：跷功起自对缠足的模仿但并不等于缠足，其作为程式化的舞台技艺和表演功夫更多凝结着的还是一辈又一辈艺术家的心血和经验，对后者我们没有丝毫理由轻视甚至抛弃。正因为如此，即使是在主流舆论倡导废跷的那些年，也有人说"跷功为舞台上一种特殊技能，专表以往陈迹，不涉现今文化，则跷当存不废"、"跷功是绝对的艺术问题，不涉风俗教化道德伦理，故绝对应存"①……其实，从畸形的文化生发出非凡的技艺，这种奇特又奇特的"蚌病成珠"现象在中外艺术史上恐非一二例，识其糟粕不等于就弃其精华，因噎废食、连孩子同脏水一块儿泼掉是不可取的。综上所述，对"跷功"这舞台技艺，对以"尖"为审美特征的旦角身段，对戏曲丑角表演中的"女身法"，对三花脸模仿妇女动作的"蛇行步"，乃至对传统梨园演艺中跟"身体"、"身体技术"相关的种种事象，以实事求是的态度作辩证观是很有必要的。

（原载《技艺传承与当代社会发展——艺术人类学视角》，学苑出版社2010年版）

---

① 黄育馥：《京剧、跷和中国的性别关系》，生活·读书·新知三联书店1998年版，第128页。

女花脸·阴阳共体·文化原型

在戏曲乃至东西方文学艺术中有着广泛体现和变形的"阴阳共体"，以其诡奇、怪诞、超现实的表象特征引人注目，但往往只被看作是艺术家非凡想象力的例证，少有人去认真追究那背后还可能藏有什么"象外之意"。其实，"阴阳共体"本是人类历史上起源极古老又影响极深远的文化原型之一。从性别研究视角去剖析这个以超凡神力为根本特征的原型，可知它是一个深刻的文化人类学隐喻，其中托寄着性别对立社会中对性别和谐关系那充满浪漫化和理想化色彩的潜意识企盼。

一

作为剧中人物的图案化性格装扮，脸谱实乃中国古典戏曲的一大审美特色，是长期以来"优伶和看客公同逐渐议定的"（鲁迅《且介亭杂文·脸谱臆测》），具有吸引观众的独特魅力。说起"花脸"，世人多以为这是男角行当独擅的艺术，常见于净、丑，尤以或勇武或刚直或莽撞也就是透露男性阳刚美的净角给人的印象深刻，如包公、张飞等。其实，奇妙的东方戏曲舞台上也有"女花脸"，不是女演员扮男角，而就是作为剧中女性人物角色的"女花脸"。一般来说，生、旦脚色是不开花脸的，这是常人所知的常识，但在某些表现特定人物的特定剧目中，则有女角勾绘大花面，例如传统川剧里的钟离春。众所周知，相对于"四大美女"，古代中国也有"四大丑女"，她们是远古时代的嫫母、战国时期的无盐、东汉的孟光和东晋的阮德尉之女。这几位女子虽容貌丑陋却品性高洁，为后世所景仰。无盐即钟离春，史书记载她长相奇丑，却胸藏韬略，志向远大，善于用兵，英勇过人，是一个有治国安邦之才的奇女子。为了拯救黎民于水火之中，她敢冒杀头危险，在朝廷上历数齐宣王的丑行劣迹，连一向刚愎自用的齐宣王也为这女子大义凛然的气概和忧国忧民的情怀所震动和感动，于是立她为后；当各路诸侯来攻打齐国的紧急关头，她又主动率兵出战，得胜而归。其传奇事迹，在历史上有着广泛的口碑。川剧艺术舞台上叙说无盐故事的大幕戏叫《凤凰村》，至今犹为观众熟悉的《武采桑》乃其中一折。今天，人们从舞台上看见的钟离春形象，已改作俊扮的旦角造型：饰此角色，有的演员为了点出其外貌"丑"的特征，仅仅在鬓角插一绺红耳发；有的演员则改在鬓角插一朵红绢花，或者干脆什么都不戴，完全将其"丑"略而不计了。然而，旧时该角色的造型给人的印象却奇特非凡，其表演虽然仍以旦角的唱腔、身段应工，面部造型却是半边脸勾旦角的靓妆，半边脸画净角的脸谱，举手投足亦与此相应，时而以这边脸时而以那边脸交替面对观众，揉男女刚柔于一体，整台戏的演出也因此"玩意儿"具有很强的观赏性。对这种奇特的艺术现象，人们向来都习惯从道德化审美层面来加以认识，认为此乃钟离春外貌丑陋而内心慧美的性格象征，它表现了前辈艺术家"高于生活"地发挥想象处理人物形象的情感态度。这回答固然可备一说，但是，若仅仅就事论事地驻足于此，又很难使人感到满意。对此艺术"玩意儿"，是否还可以有超艺术的阐释呢？或者说，可不可以进而从性别文化学视角对之做出新的透视呢？笔者认为，答案是肯定的。类似脸谱在梨园行中习称"阴阳脸"，亦见于其他剧种，如怀调《金盆记》、粤剧《棋盘大会》、莆仙戏《齐王点将》和闽西汉剧中的钟无盐，以及草台昆《取金刀》中的杨七娘、甘肃秦腔中的穆桂英等。①这绝非偶然，因为其无论脸谱造型还是人物性格都集净角式阳刚和旦角式阴柔于一体，具有明显的双性文化特征。不仅如此，比之更离奇的"阴阳共体"（不仅仅是"美丑共体"，况且，仅仅视净角脸谱为"丑"的象征也未必站得住脚）式角色处理从其他题材剧作中也能见到，如作为《白蛇传》后续文本的川剧《青儿大报仇》（又名《后雷峰》）。该剧中，那个帮助青蛇打上西天、盗走佛门三宝、捣毁雷峰塔、救出白娘子的红蛇，就是由男角扮演但化妆和表演却是半男半女：半边开花脸，半边化旦妆；头上戴帅盔插翎子，脑后披红蓬头；身上内着男靠，外穿女蟒；足上一只蹚靴

---

① 对"女花脸"的造型处理，各剧种不尽一致，但共同特征是旦、净结合即"阴阳共体"，可参阅张庚主编《中国戏曲脸谱艺术》中有关章节及图录，江西美术出版社 1993 年版。

子，一只穿跷鞋；唱念时而男声，时而女声。毫无疑问，同才华超群的钟离春一样，这位成人之美的红蛇也是作为具有非凡力量（神力）的形象来塑造的。事实上，这种符号化的"阴阳共体"在叙事上带有明显的超现实特征，常常被用于戏中神、鬼、怪之类角色，有时候甚至会出现在妖魔化的反面形象身上，如取材《聊斋》故事的川剧《飞云剑》里那个前身为汉宫女的陈仓老魔（具体情况待另文分析，此处不展开）。

非唯红蛇，连青蛇艺术形象本身的性别处理在川剧《白蛇传》中也别具一格，深得行中人称道。众所周知，与白娘子的温婉静柔相比，侍儿小青血性侠义、正直泼辣、疾恶如仇，这是《白》剧中两个担纲角色的基本性格区别。其他剧种里的小青形象一般都是以女性面貌出现在观众面前，川剧表演总体上也循此定则，但在此基础上又视戏剧情节展开和规定情景需要将其做了时而女身时而男身的双性化处理。也就是说，日常生活里的小青，作为白娘子身边的陪伴，是一俊俏伶俐的女子，由旦角扮演（女青蛇）；每遇紧急关头或打斗场面，上场的小青则换作威武刚烈的男儿形象，由武生饰之（男青蛇）。剧中，白、许二人自西子湖畔相遇后结成恩爱夫妻，蛤蟆精化身的道士王道陵偏偏使坏，他假借算命看相蛊惑许仙执符回家收妖，白素贞怒不可遏，小青奉白娘子之命前往捉拿可恶的王道陵。一个圆场，转入后台，擒住道士的小青再度上场亮相时，身转为男，威风凛凛，当着观众的面吊起恶道狠狠鞭打之，一吐胸中恨气，这就是梨园看客们有口皆碑的精彩折子戏《扯符吊打》。继而许仙出场，情境转换，小青复归女身，依然亭亭玉立一女子。《断桥》一折，情节不算复杂，但通过强化舞台上二度处理以展示小青性格特征却很有特色。金山寺血战之后，白娘子由小青保护着逃至西湖，因即将分娩腹痛难行，憩于断桥桥头。许仙亦逃出金山寺来到此地，彼此相遇，小青怒其对白娘子负义薄情，猛扑上前欲严惩之。许大官人惊恐万分，还是善良的白娘子念及夫妻情分，从中劝阻，责备丈夫后得以言归于好。这场戏里，小青也由武生扮演，穿青打衣，耳插怒发，打蓬头，其脸色由白而红又变铁青再转蜡黄的"变脸"特技，辅以"抢背"、"倒飞蝶"、"飞背镲"等大幅度形体动作，有层次又极鲜明地将小青那刚直性格塑造得很有立体感。就这样，一个小青，在戏剧家的精心策划和编码中，集雌柔阳刚特征于一体，并通过双性化的角色往来穿插，表现出非凡超群的神勇力量，凸显出不同寻常的品格气质，从而使一出本来就很精彩的戏更加满台生辉。小青之能性别角色互转，盖在川剧文学叙事中，其原本是男儿身，比武输给白娘子后方心甘情愿转变为女作其侍仆。从技术层面看，也因为小青的戏颇重且多跟武生行当有关，单靠女演员不大容易胜任。况且，偶尔换作男角亦可增强戏的观赏性，收到更好的审美效果。往前追溯，小青的性别转化在清代方成培《雷峰塔传奇》似已见端倪，该本第五出《收青》写道："〔丑上〕呔，何方妖怪，擅敢探吾巢穴么？〔旦〕我乃白云仙姑是也。汝是何妖魅，敢来问我？〔丑〕俺乃千年修炼青青是也……〔战介〕〔丑跌，旦欲斩介〕〔丑〕小畜有眼不识大仙，望乞饶命。〔旦〕既如此，姑饶汝命。〔丑起介〕请问大仙何来？〔旦〕贫道从峨眉山到此，欲度有缘之士，只是少一随伴，你可变一侍儿，相随前往，不知你意下如何？〔丑〕愿随侍左右。"于是，青蛇退场再登场便由"丑"变"贴"，从此与白娘子"主婢相称，唤名青儿"。这大概就是后来川剧有理由将小青形象做一体化双性处理的源头。然而，以上所述，仅仅是拘囿在作品层面对小青艺术形象成因的表层说明罢了。事实上，深入原型底层剥析，其中还藏着更隐秘的、植根于人类"集体无意识"的文化缘由。要知道，无论青蛇的变男变女还是红蛇的净旦同体，都不过是极古老的"阴阳共体"原型在后世不断被文本化的具体呈现方式，它们在根本的文化语义指向上并无二致。

所谓"阴阳共体"，也就是"雌雄兼体"（hermaphroditism），或者"双性同体"（androgyny）。究其由来，它的实物意义本属于生物学概念，通常用来表述自然界的植物雌雄同株或现实中某些罕见的生理畸形者如阴阳人。然而，一旦此概念越出纯生物学界面而被引入人类社会意识领域，便获得了一种文化意义上的超越性别偏颇、克服性别对立的精神内蕴。就其表层道德语义而言，"阴阳共体"在具体的艺术文本中因作者道德编码指向有别而呈现或善或恶色彩化的种种变形，但从文化原型底层去识读，则不难发现，那都是旨在从性别合一的叙事中突出、张扬一种超性别的非凡力量。这种力量，不仅仅属于"阴"也不仅仅属于"阳"，而是从"阴"（女性）与"阳"（男性）的团结合力中诞生，它在超常态叙事中往往表现出某种孙行者式"斗战胜佛"的盖世品格，因而也多被作家、艺术家运用在非凡角色、超常人物尤其是正面英雄身上。在此叙事模式中，如果是人，"阴阳共体"可赋予其神的品格；如果是神，"阴阳共体"可赋予其大神的品格。亦男亦女英勇过人的青儿形象可谓是该原型的正版，其鲜明地体现着渴望正义战胜邪恶的民众善良意志，与之同类，双性脸谱化的钟离春，也是华夏历史上众所周知的智勇双全的女中翘楚。至于那个妖魔化的陈仓女，则是该原型的一种道德语境化变形，尽管她不属于正面形象，但就把她作为"天神不纳，地神不收"并具有控制众鬼魂狐魅之非凡魔力的魔头来塑造而言，其在原型底蕴上仍然未脱出以"力"取胜的轨辙。也就是说，由于"阴阳共体"现身说法的文化语境不同，有时候它表现为善的方式，有时候它又表现为恶的方式，但无论善还是恶，也就是不管怎样被具象化被镀上不同的道德外色，该原型在内在、深层、超伦理的语义上有一点万变不离其宗："阴阳共体"总是象征着一种超凡神性和神力，其核能既来自"阴"又来自"阳"，其力度既胜过单"阴"又胜过单"阳"，它是来自两大性别世界的力量的整合与升华，所以它在理论上是不可战胜又战无不胜的。文化人类学的研究证明，这种原始的整一，乃是人类发展史上一种相当古老的群体观念，它身着神奇的迷彩服，以怪诞、诡异、离奇的神话思维方式现身说法，究其心理发生，当源于人类渴望从两性互补中达到强壮有力的内心祈愿，并且有着跟人类自身一样悠久的来历。神话是人类隐秘心理的文化折射，正如美国学者卡莫迪指出，"古代人通常将神圣者描绘为两性兼体的即它既是男的又是女的……事实上，两性兼体是古代人表示全体、力量以及独立自存的普遍公式。人们似乎觉得，神圣性或神性如果要具备终极力量和最高存在的意义，它就必须是两性兼体的"[①]。

　　正因为如此，原始宗教神话里最古老的崇拜对象往往都是集阴、阳双性于一体的神，其统领天地之间，拥有威力至上和强大无比的神性与神格。也正是这种渴求"终极力量"和"最高存在意义"的无意识群体心理，随着人类文明的历史演进而不断显影，在文学的自由天国里，在艺术的浪漫世界中，导演出一幕又一幕双性同体的神奇剧。宗教史方面的知名学者艾利亚德在其所著《比较宗教学模式》中，论述双性同体神话时也曾写道："神圣的双性同体只不过是表达神的二位一体的一种原始公式；早

---

① ［美］D. L. 卡莫迪：《妇女与世界宗教》，徐均尧等译，四川人民出版社 1989 年版，第14 页。

在形而上的术语或神学的术语表达这种二合一神性之前，神话和宗教思维就已首先借用生物学的双性这一术语表达了它……我们在许许多多的神话和信仰中看到的神圣双性同体都有其自身的神学和哲学的蕴含。这个公式的本义在于用生物性别的语汇表达在神性核心中同时并存的两种对立的宇宙论原则（阳与阴）。"他进而提醒读者说："我们必须看到，代表宇宙生殖力之神在大多数场合或者是阴阳合体的，或者是一年男性一年女性的（例如爱沙尼亚人的'森林之神'）。大多数的植物神（如阿提斯—阿都尼斯、狄俄尼索斯）是双性化的，大母神也是如此（例如库柏勒）。从原始神话像澳洲土著神话到最高级的宗教如印度教，原初之神都是双性同体的。在印度神谱之中最为重要的对偶神湿婆—迦梨有时也表现为单一的生命（ardhanarisvara）。再有，印度性神秘主义也都是按照双性同体方式加以表达的。"①

二

法国作家、思想家萨特曾经说过，剧作家是"制造神话的人"，戏剧是用"神话方式"向观众讲话。的确，戏剧作为一种生命意识化的人类活动，往往诉诸原型或神话意象，其跟原始神话、原始宗教深有瓜葛，而神话意象或原型又产生于人类那世代传承的集体无意识心理活动。"原型"并不源于物质事实，而是描述心灵如何体验这些事实。按照原型批评理论集大成者弗莱的定义，"原型是可交际的象征"，作为文学史上反复出现的可交际单位，它奠定了艺术可交际性的基础。对于原型批评家来说，他们首先考虑的是一种作为社会交际模式的文学。以对传统和问题的形式化认识为基点，原型批评试图将单篇的作品放回到作为一个整体的文学系统中去，这样，个别的文学现象就能在普遍联系的网络中获得较为深广的理解。准此原则，就可以发现，"把我们所遇到的意象扩展延伸到文学的传统原型中去，这乃是我们所有阅读活动中无意识地发生的心理过程。一个像海洋或荒原这样的象征不会只停留在康拉德或哈代那里：它注定要把许多作品扩展到作为整体的文学的原型性抗争中去。白鲸不会滞留在麦尔维

---

① 转引自叶舒宪《"诗言寺"辩——中国阉割文化索源》，《文艺研究》1994 年第 2 期。

尔的小说里：它被吸收到我们自《旧约》以来关于海中怪兽和深渊之龙的想象性经验中去了"①。同样道理，"阴阳共体"也不仅仅拘滞于戏曲小天地中，作为一个古老的心理原型和一种神话思维模式，其在中国文化乃至整个世界文化的大舞台上获得更广泛的体现和认同。

汉民族神灵崇拜中有一种"和合"崇拜。"和合"乃民间神话中象征夫妻相爱之神，原为一神，后来演化成两神，也叫做"和合二仙"。旧时民间每逢婚嫁喜庆，多陈列两神像，蓬头笑面，一持荷花，一捧圆盒，谐"和合"之音，喻"和合"之美。事实上，"和合"二字正概括着中国传统文化精神，而"和合"的实质即在阴阳和合。作为华夏上古文明的结晶，"《易》以道阴阳"（《庄子·天下》），阴、阳既相互对立又相互依存，既相互区别又相互渗透，二者是对立统一，"一阴一阳之谓道"（《易·系辞上》），"阴阳和合而万物生"（《淮南子·天文训》），此乃阴阳学说的核心所在。从原始生殖文化语义上看，阴阳和合，孵养人类生命，化育宇宙万物，它是生命之本体和生命之源泉，具有无比强大、崇高、神圣的品格；相反，孤阳不生，孤阴不长，"阴胜则阳病，阳胜则阴病"（《素问·阴阳应象大论》）。汉文"吉"字的符号构成饶有趣味：上"士"下"口"，前者为男根之像而后者为女阴之像。可见，汉民族的"吉祥"之"吉"，最初当来源于男女交媾、阴阳和合。正是从"近取诸身"再推及天地万物的阴阳理论上，我们的祖先以哲学方式质朴地表达了他们对两性"伙伴关系"的认识和思考。这种阴阳观有其远古文化的血缘基因，如卡莫迪指出，"中国固有的宗教，无论儒教还是道教，都吸收了古代史前的信念。有趣的是，有证据表明，这些信念是在母系社会结构中形成的。例如，中国的神话谈到某位伟大女性祖先，首先，依据她自身的权利，她就享有支配一切的权利，其次，她是英雄的母亲。此外，这些神话还显示出在王权统治之前，权力掌握在一对神圣的夫妇手中，他们共同司理着政治、家庭和宗教等活动，依据我们对其他文化的考察，这可能表明中国史前社会有一个母亲女神的文化基层，有某种强烈的两性兼体的观念。后来的理论认为，自然由阴（女性）阳（男性）构成，还有道（'宇宙及社会的道'）的雌柔的女性色彩，这些可能都植根于这一基层之中"。正如"日

---

① 叶舒宪选编：《神话——原型批评》，陕西师范大学出版社 1987 年版，第 153—154 页。

本的原夫妇双方，对于日本民族的开始都具有同等的重要性"，"古代中国则把阴阳作为宇宙的两个同等因素，让一对为王的夫妇作为宇宙的统治者"①。也就是说，阴阳理论奠基于史前两性兼体观念，后者当是母系文化的产物。至于那对前王权统治时期主政的"神圣夫妇"，应指中华大地上被尊奉为人祖的伏羲、女娲。尽管"女娲本是伏羲妇"（唐·卢仝《与马异结交诗》）的传说产生甚至并被烙上了男主女从的明显印记，但从汉墓考古中出土的画像石上二者人首蛇躯的交尾像来看，阴阳和合的意念仍然得到了执着的表现。另有一种较少见形式值得注意，是在伏羲与女娲之间增加了一个第三者，其两只胳膊紧紧地环抱着伏羲与女娲。据考，此乃一位特殊的神灵，按《庄子·大宗师》："伏羲得之，以袭气母"，可称它为"气母"。若定要给之加上具体人名的话，则古代文献中的"狶韦氏"或可当之，如《庄子·大宗师》曰："狶韦氏得之，以挈天地。"也就是说，是天地开辟之神搂抱着天神伏羲与地神女娲，浑然一体，从而构成完整的天地宇宙系统。② 如此三位一体造型，不妨看作是阴阳和合思想在民间信仰及造型艺术中一种被施予具象化处理以获得更直观效果的强化表现。阴阳和合虽以阴阳两分为前提，但就对阴、阳携手合作方能超凡入圣、强大有力这根本点而言，仍是认同无二的。再看古老的"太极图"，这具有宇宙生成论意义的神秘图式，作为一种东方文化符号和"有意味的形式"，虽以头尾相追迎让有致的黑、白二鱼组合而成，却偏偏让黑鱼头部点以白眼而白鱼头部点以黑眼，分明又传达出你中有我、我中有你的阴阳合体意味。唯此，明清之际的王夫之说："太极者乾坤之合撰"，气虽有乾、坤之分，但二者不能孤立地存在，它们总是相互包含并结合成统一体存在，"是故乾纯阳而非无阴，乾有太极也；坤纯阴而非无阳，坤有太极也"（《周易外传·系辞上》）。中华大地上，一体化阴阳共体符号的存在，亦为来自考古的原始艺术实物所确证：1974 年，青海乐都柳湾新石器时代遗址出土了一个饰有裸体人形浮雕的彩陶壶，壶上人形的"性特征"即男女兼具，也就是说，其以显目位置塑出的性器官既似阳具又似阴户；新疆呼图壁县康家石门子生殖崇拜岩画中，9 个神秘的双头同体人像引人注意，有

---

① ［美］D. L. 卡莫迪：《妇女与世界宗教》，徐均尧等译，四川人民出版社 1989 年版，第69、177 页。

② 陆思贤：《神话考古》，文物出版社 1995 年版，第 281—282 页。

研究者认为，那是集男、女两性于一体的能沟通天地人神的萨满……①

阴阳共体或双性兼体的神话思维，不仅仅是中国语境的产物，它具有跨民族和跨文化的广泛性与共通性。对此，只要稍稍留心东西方那些遗留着先民原始思维胎记的古老绘画、雕塑以及民间传说、民间工艺等，就不难明白。如前所言，在原始文化母体中，在世界宗教的起源阶段，神性的力量、神性的神秘总是被赋予超性别特征，以双性同体面貌出现。"最早的神和人是雌雄同体的"，在此观念支配下，"在印度孟买附近象岛的一个石窟里，有许多古代工艺品塑像，他们把湿婆和他的妻子雪山女神表现成一个具有雌雄同体性质的存在物……男性和女性器官都有，可以说是半男半女"②。两性兼体使印度教的最高神祇把妩媚和刚强、温柔和力量、女性气质和男性特征完美地集于一体，从人类两性体征和能力的集大成中显示出超凡入圣的神性和神力。此外，同类例子还有萨满教中的星神达其布离，虽面呈女相却身兼男女双性，而且可以像《白蛇传》里的青儿那样变来变去："她身上有男女两个生育器官，可变男变女，而且可与萨满交媾，是人类智化大神，后来变成天上女神……而且她有多生的能力，反映了原始时期的婚媾观念。"③ 亚当、夏娃的故事家喻户晓，犹太法典（希伯来人的传说）却告诉我们，亚当最初被造成的是一个阴阳人，神使他入睡后从他身体各部位取出一些东西，再用它们造出了普通的男人和女人。想想看，倘若神原本就未把亚当分成不同性别的两部分，他又怎么可能用雄性的亚当的肋骨创造出天下第一个女人呢？跟耶稣同时代的犹太哲学家菲罗（Philo）也曾说，亚当是双性同体人，"形貌如同上帝"④。如此说来，一体双性也就是神自身的固有特征。原来，"男人的一半是女人"并非无稽之谈，其底牌老早就蕴含在基督教教义中。说妙手创造出人类始祖亚当的上帝本人便是雌雄同体，亦非绝对无稽，依据就内含于《旧约·创世记》第一章："上帝就照着自己的形象造人，乃是照着他的形象造男造女。"这等于说，上帝的形象是男女双身，否则，他怎么可能仿照自我形象造男又

---

① 有关资料参见孙新周《中国原始艺术符号的文化破译》，中央民族大学出版社 1998 年版，第 29—30 页；盖山林《中国岩画》，广东旅游出版社 1996 年版，第 105—106 页。
② ［美］O.A. 魏勒：《性崇拜》，史频译，中国文联出版公司 1988 年版，第 6 页。
③ 富育光：《萨满教与神话》，辽宁大学出版社 1990 年版，第 188 页。
④ ［美］O.A. 沃尔：《性与性崇拜》，翟胜德等译，光明日报出版社 1989 年版，第 6 页。

造女呢？正因为上帝自己是双性的，所以他造出的男人亚当起初也兼具双性特征，直到从亚当身上取下肋骨又造出女人之后，亚当才成为名副其实的男人。无所不能的上帝是双性的，每日里向人世间播撒幸福欢乐的天使当然也不例外，而天底下最奇妙最特别的东西都该用此"神圣的双性"加以喻说。这种"双性神"原型，穿过时光隧道从悠悠远古向我们走来，把深深的烙印刻在西方文学史上，以至于在浪漫的雨果笔下，在《巴黎圣母院》中魅力四射的女郎爱斯米拉达以吉卜赛方式向诗人甘果瓦解释什么是爱情的欢乐颂中，也会情不自禁地唱出一句："那是两人合二为一。那是一个男人和一个女人合成一个天使，那就是天堂。"古希腊哲学家柏拉图在《会饮篇》里，曾绘声绘色地讲述大神宙斯害怕人的力量又不想灭绝人类，于是把本有两幅面孔和四肢的人类分裂成两半而使他们渴望重新结合的故事；后来，弗洛姆在《爱的艺术》中也述及类似神话，并指出这种基于生理—心理的"男女两极之间的融合要求"正为的是"克服人的分离"①。东西方神话传说里这些符号化的男女合体、雌雄同体或阴阳结合，在初民的原始意识中，不但是繁衍种族的人祖神的体现，往往还是开天辟地的创世神的象征，譬如在大洋彼岸的墨西哥神话中，"太阳和大地也被视为丰饶之源以及万物之母，被想象为二元（二性）实体。他既不失其一性体（在古歌中，他始终为单一神），却又被视为二性神（奥梅泰奥特尔），即我们之繁衍的男主宰和女主宰（托纳卡特库特利与托纳卡西瓦特利），在神秘的宇宙结合和受孕中，此神为宇宙万有奠定了始基"②。这种双性同体或阴阳共体观念，亦在世界造型艺术史上顽强地显影出来，成为人类审美文化史上抹不去的"童年记忆"。据吉姆巴塔斯《古代欧洲的女神和男神》所述，在发掘出来的距今九千年到八千年的雕像中，某些具有明显男性生殖器特征的泥制圆柱形体，有时却长着女性的胸部；也有的女神雕像长着长长的圆柱形的脖子，此乃对男性生殖器形象的回忆，"而这种女性和男性特点结合在一个雕像上的特点在公元前6000年以后也没有完全消失"③。而在中国河南禹县民

---

① ［美］埃·弗洛姆：《为自己的人》，孙依依译，生活·读书·新知三联书店1988年版，第256—257页。

② 塞·诺·克雷默编：《世界古代神话》，魏庆征译，华夏出版社1989年版，第416页。

③ ［美］理安·艾斯勒：《圣杯与剑——男女之间的战争》，程志民译，社会科学文献出版社1995年第2版，第36页注释。

间窑贴至今保留的传统图案里，有一种头扎双髻的娃娃，容貌体态皆具女性特征却俨然长着一条男根①，也从十分有趣的阴阳合体符号中透露出意味多多。

三

现实生活中，男人是男人，女人是女人，这生理上直观所见的性别差异没什么好怀疑的。可在文学艺术中，有时候这界限却被处理得模模糊糊。黑格尔在《美学》第三卷第二章里，就曾谈到希腊神像雕刻中存在着一种男女性格不那么严格区分的现象，如年轻的酒神狄俄尼索斯和太阳神阿波罗就往往被塑得很细腻而显示出女性的柔和，有的赫库勒斯像也被塑造得像大姑娘似的，以至于被人误认为是其所爱的女郎而非他本人。再看中国文学作品，《红楼梦》里贾宝玉的性格就颇为女性化，林黛玉的性格则有些男性化，以至于刘姥姥到了潇湘馆黛玉的住处误认为是男子的"书房"（第四十回），到了怡红院宝玉的住处又误认为是女子的"绣房"（第四十一回）。这种性别处理上的"越位"现象，是否也有潜在的人类心理——生理的共同根基呢？秦汉之际的《内经》在解释生理病理问题时，曾提出"本于阴阳"（《生气通天论》）的气本体论，认为在人体这个复杂的统一体中，"阳中有阴，阴中有阳"（《天元纪大论》），各自包含着对方。西方学者弗洛姆对此作了更明确回答，他写道："男性与女性之间截然相反的原则也存在于每一男子和每一女子之中。正像在生理上，每一男子和女子都具有相反的性激素一样，它们在心理上也是两性的。他们自身带有接受和渗入的本性、肉体和精神的性能。男子——女子也是如此——只有在他的女性和男性的两极融合中才能找到其自身的融合。"② 而心理分析学大家荣格的著名理论即认为，每个人的潜意识（集体无意识）里都存在着一种异性的原型意象，该原型意象可能成为一种起均衡作用的灵感来源和获得对异性了解的知识来源，也就是说，它们分别给男女双方提供着同异性交往的参照系。每个男子身上都存在着潜意识的女性倾向即"阿尼玛"（anima），每个女性身上都存在着潜意识的男性倾向即"阿尼姆斯"（animus），犹如

①　宋兆麟：《生育神与性巫术研究》，文物出版社1990年版，第77页。

②　[美] 埃·弗洛姆：《为自己的人》，孙依依译，生活·读书·新知三联书店1988年版，第256—257页。

其他原型意象，二者是从物种的原始的历史中产生的，因而具有人类学的普遍意义。如其所言，"不管是在男性还是在女性身上，都伏居着一个异性形象，从生物学的角度来说，仅仅是因为有更多的男性基因才使局面向男性的一方发展"①。反之亦然。人人都是双性同体的，只因"阿尼玛"和"阿尼姆斯"的主次强弱不同才有了男人、女人之别。荣格进而运用此理论来解释人生晚年何以会有性别倾向变化的问题，他说："我们可以把男性与女性的心理成分比喻为存放在某种储藏器中的两种物质。当生命的前半段中存在着使用不当的现象，男人将男性物质的大部分消耗掉了，只剩下少量的女性物质，现在必须用上了。妇女则相反，她现在只得让未经利用的男性特征开始发挥功能。"这种变化不只是心理上的，也体现在生理方面："特别是居住在南半球的种族，这种转变尤其明显。我们常会发现，年纪较大的妇女的皮肤都比较粗糙，声音比较低沉，也开始长出胡须，面部表情淡漠，而且带有男性的许多其他特征。男性则相反，会慢慢显出一些女性的特征，譬如脂肪增多，面部表情也比较温柔了。"② 当然，这种变化对心理的影响远比对生理要大得多。荣格等人的命题如何从生理学和心理学上获得更深入更确切的科学验证，我们不去讨论，但他们的理论对于启发我们超越性别偏见去全面认识人和人类社会的发展，无疑有积极意义。既然男性精神中含女性特征而女性精神中含男性特征，要适当地顺应此情况，就必须使两性都清楚认识到他们各自都本然地具有对方的特点，而这种认识恰恰有助于产生一种更加全面和富于创造性的个人。正如有的西方学者所言，一旦真正着眼于"人"或"人类"的整体性概念，无论身为男子性格还是身为女子性格的"单向度的人"都远远代表不了人或人类的完整典型，因而彼此割裂、对立的男女个人谈不上完整的人；只有男女结合起来，两性互补生态平衡，才能成为完整的人，才能发展出完整的人格。这种两极融合，意义重大，用弗洛姆的话说乃是"一切创造力的基础"。上述川剧《白蛇传》里阴阳兼体的小青等艺术形象，其神话喻指在深层意义上当与此相沟通。

---

① 〔瑞士〕荣格：《心理学与文学》，冯川等译，生活·读书·新知三联书店1983年版，第78页。

② 〔瑞士〕荣格：《探索心灵奥秘的现代人》，黄奇铭译，社会科学文献出版社1987年版，第101页。

"双性同体"也是女性主义批评中屡见运用的一个重要概念。对此概念内涵，尽管该阵营内部人士指说纷纭，但大多数人都不拒绝将它引入并视为一种文学的理想境界。女权运动倡导者们认为，过去时代的文化无论怎样标榜自身公正全面，实际上仍是指向单性的、父权制的文化；传统的诗学，归根结底是非双性的男性诗学。如今，她们以反叛姿态提出消除男女二元对立的双性同体理论，就旨在克服"菲勒斯中心"文化和诗学的偏颇，拆解性别霸权的神殿。把"双性同体"作为性别文学或在更广泛意义上作为社会生存的理想，起初见于英国女性文学先驱弗吉尼亚·伍尔夫。在她的《一间自己的屋子》里，有关双性同体的论述是围绕作家创作状态展开的。伍尔夫认为，作家通常是以或男或女的单向性别经验说话的，但是，如果其写作过程中在使用脑子里男性一面的同时也使用女性一面，那么精神或心理上的双性同体就能实现，那是进行创作的最佳心灵状态。"任何人若想写作而想到自己的性别就无救了……一个人一定得女人男性或是男人女性。一个女人若稍微看重什么不满意的事，或是要求公平待遇，总之只要觉得自己是一个女人在那里说话，那她就无救了……在脑子里，男女之间一定先要合作然后创作的艺术才能完成。"① 双性同体的作品亦可谓是忘掉或男或女性别的无性别作品，在伍尔夫看来，有许多伟大作家的作品都"像人们所说的天使那样无性别可言"，由于它们是超越单向度性别的产物，所以能"助人提高、改进，不论男女都可以从他们的文字中得益，而不必让愚蠢的情爱或同志的狂热冲昏头脑"②。伍尔夫的观点曾遭到某些激烈同道的诘难，她们认为，前者所理解的以性别"自忘"为前提的双性同体是不现实的东西，归根到底，其不过是"菲勒斯中心"社会里一个幻想的白日梦，一个可能对"第二性"产生误导的性别策略。在男性无条件拥有话语主动权的现实语境中，让男性俯下高傲的身躯去接受女性气质的渗透，让大丈夫们放下架子同小女子们平起平坐共享权利，这恐怕只能说是来自女性世界的一厢情愿，而向原本就处于弱势立场的第二性们提出忘掉或者说放弃自我性别，则很自然要被看成是让女性去模仿雄踞中心地位的男性，让她们自觉自愿地接受男性特质的强势渗透，至于女性

① ［英］弗吉尼亚·伍尔夫：《一间自己的屋子》，王还译，生活·读书·新知三联书店1989年版，第128页。
② 《伍尔芙随笔集》，孔小炯等译，海天出版社1995年版，第128—129页。

那受支配的从属地位丝毫也未改变。即是说，男权沙文主义对女性之根深蒂固的偏见依然充斥在各种缝隙间，在无处不在的"菲勒斯"文化网络束缚下，本该是人类两性互动的行为却往往变味成强弱不均的单向渗透。"弗吉尼亚·伍尔夫的男女双性概念掩饰了那种渗透"①，这对于标举反抗和差异的女权主义来说，当然也就有弊无利。由于运用更实际的目光审视女性的历史待遇和现实处境，当代女性主义批评家主张打破所谓"消除差别"的幻想而重新界定"双性同体"的内涵。法国学者埃莱娜·西苏对中性化的"双性"概念就不满，与此"自我抹杀和吞并类型的双性"针锋相对，她在《美杜莎的笑声》中提出了自己的"双性"观："每个人在自身中找到（reperage en soi）两性的存在，这种存在依据男女个人，其明显与坚决的程度是多种多样的，既不排除差别也不排除其中一性。"更明确些说，"这种双性并不消灭差别，而是鼓动差别，追求差别，并增大其数量"。她宣称，"在这种双性同体上，一切未被禁锢在菲勒斯中心主义表现论的虚假戏剧中的主体都建立了他和她的性爱世界"②。显然，双性同体在西苏这里既是性别对立的消解又是性别差异的高扬，它跟那种性别自我抹杀或以一性吞并另一性的双性同体截然区分开来。鼓动差别，正有利于弱势的女性浮出历史地表、登上历史舞台。

我们不想介入围绕伍尔大理论的是非之争。不过，站在纯学术立场上公平地说，这位女权主义作家倡导"双性同体"的创作，本来并无遮蔽女性自我的初衷。她郑重其事讨论的不仅有"女人的男性"，也包括"男人的女性"，并进而提出两性"先要合作然后创作"的主张和理想，对之我们是没有理由轻视和抹杀的。况且，就对"双性同体"这种人类性别关系之理想模式的认同和高扬而言，就把"双性同体"作为解构男性霸权主义的锐利武器而言，西苏等人跟伍尔夫仍是心有灵犀的，她们的观点不失为我们介入和研究作家心态与作品内在机制的一种途径。此外，若着眼于深度文化心理，"双性同体"在人类历史上的提出和张扬，与其说是伍尔夫或西苏或其他什么人个体的声音，毋宁说是人类群体尤其是人类一半的声

---

① 伊丽莎白·白恩斯：《给小说命名》，见玛丽·伊格尔顿编《女权主义文学理论》，湖南文艺出版社 1989 年版，第 308 页。

② 埃莱娜·西苏：《美杜莎的笑声》，见张京媛主编《当代女性主义文学批评》，北京大学出版社 1992 年版，第 197—198 页。

音借助伍尔夫或西苏或其他个人的喉咙发出来罢了。事实上，对"阴阳共体"或"双性同体"所标志的理想化的两性关系模式的渴盼，原本就是一种群体化的人类心理，一种集体无意识，它源自远古又传至现代并指向将来。只不过，由于女性长期处于受压抑被剥夺的地位，失语又失权的女性期盼发言的席位和做人的权利，"半边天"热切渴望浮出历史地表而名副其实，她们对此理想境界的向往和要求自然也就比向来占据优越地位而缺少危机感的男性更强烈，呼声也就更高。既然"人类的一半是女人"（并非"男人的一半是女人"），仅仅有男人主宰天下的世界又怎么可能是人类理想的世界呢？华夏古典戏曲中，花木兰式女扮男装文本尽管是在错位的性别假面话语中表达着女权呐喊的呼声①，仔细想想，其中不也多多少少烙有这渴望超越性别失衡的"双性兼体"神话思维的原始胎记么？

作为一种奇异的神话代码，作为一个深刻的文化隐喻，"阴阳共体"原型凝聚着、积淀着人类古老的文明和心理。从发生学角度，有人认为它起源于远古神话中无性别之分的混沌开天说时代，也有人认为它产生在父系取代母系的性别权力交接时期。其实，不管哪种情况，它的原型底蕴都并无二致地指向两性比肩、男女合作以超越性别"单面人"的巨大力量共同承担创造世界责任的理想关系模式。这种模式，实际上也就是当代西方学者论及两性社会关系时屡屡提及的"伙伴关系"（partnership）。所谓"伙伴关系"，就是以消除两性间敌对式紧张关系（性别之战）为前提的新型人际关系。应大洋此岸的中国学术界同行之请，《圣杯与剑》的作者理安·艾斯勒专门就此概念做过一番解释，这位文化人类学家指出："伙伴关系要求人们合作并相互尊重。它包含参与、联系，并为大家的共同利益和平而和谐地工作。伙伴关系方式是通过联系而形成一个整体的原则，它不同于在当今社会占据主导地位的强制性的等级服从体制。伙伴关系要求公平合理，意见一致，互利互惠，民主地参与决策；必须积极地倾听，富有同情心地分担，相互支持，以促进共同兴旺发达。它包容并追求把人们结为一体。在伙伴关系的环境里人们感觉自己受到了重视，有真诚的关怀

---

① 李祥林：《一种性别假面式文本的现代解读》，《成都大学学报》（社会科学版）2000年第1期。

和安全感。真正的伙伴关系导致人人有权利并有条件实现自我。"① 在其著作中，艾斯勒从性别学出发，以整体论观点对人类的过去、现在和未来进行了考察和研究，从而归纳出人类社会两种性质有别的组织方式：伙伴关系的社会组织模式和统治关系的社会组织模式。结合考古成果，她追溯了史前文明，令人信服地揭示了人类文明之初的母性温柔社会是沿着伙伴关系的路线组织起来的。那时候，原始生殖崇拜决定了初民社会中母亲（女性）普遍受尊敬的地位，但人与人之间尚没有剥削和压迫的严格等级区分，两性和睦相处，共同面对大自然的风风雨雨。随着历史演进，当父权的傲然树立是以人类的一半臣服作代价后，人类社会组织模式总体上便从伙伴式转向统治式并延续数千年，乃至投影到现代人的物质与精神生活中。然而，作为抹不去的人类童年记忆，作为不熄灭的人类现实企盼，伙伴关系意识即使在统治关系模式社会中依然顽强地存在着发展着，流淌在人类潜意识心理的河流中，并借助种种超现实的神话文本以间接、曲折甚至奇诡、怪异的变形代码登台亮相。换句话说，即便是在性别对立式统治关系的社会里，对之的追求也从来不曾被人们尤其是女性所放弃，只不过由于情境变化时而强烈时而淡弱、时而彰显时而隐蔽罢了。今天，被长久压抑的女性意识走向全面觉醒，随着性别统治式社会被现代文明和现代理性严加质疑，重建两性伙伴关系作为现代社会或者更确切说是未来社会理想的提出，也就势必不再仅仅是半边天们的"单相思"。从时间维度上看，"阴阳共体"或"双性兼体"式神话代码所喻指的"伙伴关系"作为人类憧憬的理想化性别关系模式，恰好指向首尾两端：史前母系氏族社会和未来男女平权社会。今天，当人们（尤其是"第二性"）以更鲜明更积极态度把它作为未来社会解除性别战争重建两性关系的战略口号提出，在社会历史和人类思维轨迹上似乎画了一个终点对应着始点的圆圈，但请相信，这绝对不是机械的简单重复，而是经由"合——分——合"这否定之否定辩证逻辑演进的、一种螺旋式向上递升的更高意义的文化复归。因为，超越"性别之战"的新型伙伴式双性文化既是对雄踞历史中心位置的男权传统的消解和否定，也可以使崛起的女性避免重蹈男权传统制造性别不平等

---

① 理安·艾斯勒语，见闵家胤主编《阳刚与阴柔的变奏——两性关系和社会模式》，中国社会科学出版社 1995 年版，第 14 页。

现实的覆辙；在未来伙伴式人际关系的理想远景中，君临天下叱咤风云的既不是父系也不是母系，而是以得到充分尊重和健康发展的男女各自性别优势互补、互助、互成的人类主体——真正伟岸、强壮又富于创造力的生命主体。

（原载《东方丛刊》2001 年第 2 期）

明清女性接受视野中的《牡丹亭》

从戏曲角度研究明清女性接受史，不能不关注《牡丹亭》。因为，在封建礼教高压和个性解放思潮涌动的变奏下，《牡丹亭》所讲述的女性故事，正成为那个时代女性意识觉醒的一个象征。立足性别研究（gender studies），考察《牡丹亭》及明清女性接受问题，无论对于研究中国戏曲文化，还是研究中国女性文化，都是一个不可或缺的重要环节。

一

宗法制时代的中国封建社会，从主流上讲，是在皇权专制和礼教训条制约下而不乏禁欲主义色彩的。"禁欲"的刀子长期以来冷冰冰地阉割着世人的生命活力，把他们推入深深的"性恐惧症"中。这种来自男尊女卑社会的道德禁忌，落实到不同性别群体身上，往往表现出宽严迥异的不平等来，于是在"男女授受不亲"之外，又有了专门针对女性的所谓"女子十年（岁）不出"、"女子出门必拥蔽其面"（《礼记·内则》）之类说教，连抛头露面也成为闺门大忌。在此背景下，男子在性追求上享有优先权从来都得到社会的认可，古代层出不穷的"凤求凰"故事中，男方总是像狩猎者般步步占先且自视为天经地义，其缘由正在此。跟男子在性追求上处处占先形成对比，女性对此则往往心怀恐惧、面露羞耻乃至充满着负罪感，如西方女权学者指出："在涉及由自己主动引起并经历过的性激动时，首先就会出现女人对其性欲所感到的恐惧和羞耻"，也就是说，"对于女性来说，性欲往往充满一种负罪感。女性性欲往往是一块黑色的大陆……"①

① ［德］E.M. 温德尔：《女性主义神学景观》，刁承俊译，生活·读书·新知三联书店1995年版，第25页。

　　然而，跟西方历史上的"文艺复兴"遥遥呼应，1598 年诞生的明传奇《牡丹亭》偏偏把叙事重心放在展示女性"情爱"这个"黑大陆"上，旗帜鲜明地跟"把人禁杀"的陈腐礼教对着干，从而拆穿了长期以来正统文学关于"良家妇女"没有主动性欲的虚伪道德神话，大声呼唤着"有情之天下"的到来。该剧出自汤显祖这位"中国的莎士比亚"之手，以其对人类天性和女儿情怀的诗意展露，成为中国封建社会后期那个思想启蒙和个性解放时代的一面旗帜、一个象征。翻开长达 55 出的《牡丹亭》，从《惊梦》到《寻梦》，从《写真》到《幽媾》，相关的警语妙章比比皆是，你听："为诗章，讲动情肠"、"因春去的忙，要把春愁漾"、"没乱里春情难遣，蓦地里怀人幽怨"、"世间何物似情浓，整一片断魂心痛"、"这花花草草由人恋，生生死死随人愿，便酸酸楚楚无人怨"、"单则是混阳烝变，看他似虫儿般蠢动把春情搧"、"梦中逗的影儿别，阴司较迫的情儿切"、"亏杀你南枝挨暖俺北枝花，则普天下做鬼的有情谁似咱"……下面，我们就来看看这位明代大戏剧家讲述的凄婉又神奇的女性情爱故事。

　　"西蜀名儒，南安太守"杜宝的千金杜丽娘，年方二八，貌美如花，她居然从圣人编定的《诗经》中读到了坦率表达男女恋情的诗句，从而惹动春愁，一发不可收。这个按照传统训诫原应是"实守家声"、"老成尊重"的淑女，竟然在丫头怂恿下，不顾闺训，走出绣楼，来到后花园游赏春色。呵，"不到园林，怎知春色如许！"桃红柳绿，燕舞莺歌，生机盎然的大自然令"一生儿爱好是天然"的女子心神荡漾，激起她强烈的青春感应，在她心海中掀起汹涌的情感波澜。猛然间，这个被森严家教久囚闺阁的少女发现，她的青春生命竟跟这尘封的园林中盛开又易凋的春花何其相似，"姹紫嫣红开遍，似这般都付与断井颓垣"……恼人的春色，青春的郁闷，"剪不断，理还乱"，使春情萌动而怕"虚度青春"的女子产生了要及时抓住大好春光的强烈愿望。她恨自己"生于宦族，长在名门，年已及笄，不得早成佳配"；她深深叹息"可惜妾身颜色如花，岂料命如一叶乎"；她情不自禁地羡慕那些"前以密约偷期，后皆得成秦晋"的佳人才子，一心"要把春愁漾"，渴望着寻找"折桂之夫"，与之"早成佳配"。这女子耿耿于怀，"因情成梦"，在春心荡漾的睡梦中与一手持柳枝的英俊后生于牡丹亭畔得遂鱼水之欢。从此，杜丽娘神情恍惚，茶饭不思，心中只想着那"两情和合"的美妙梦境。可是，什么良辰美景，什么赏心乐事，一切都可望而不可即。就在这种对爱情的徒然渴望中，年轻的生命之花渐渐憔悴、枯萎了。女子死后，家人遵其遗愿，葬之于牡丹亭畔梅花树下，盖起一座"梅花庵"作纪念。

一往情深的爱的力量使然，丽娘身虽亡却魂不死，冥冥中，她在苦苦等待心上人儿到来。盼呵，盼呵，终于盼来这一天，有那梦中书生柳梦梅赴考途中投宿此庵，见丽娘画像爱慕不已，于是丽娘显形与之相会，并告知使她还魂再生之法。就这样，"情丝不断，梦境重开"，一对爱侣结成夫妻，女性锲而不舍的爱情追求终得实现。《牡丹亭》情节较元杂剧《倩女离魂》更离奇怪诞，但情爱使杜丽娘"生可以死，死可以生"，剧中代女儿们表达的不甘现实压抑的心理愿望十分真切感人。剧作家无心刻意求"怪"讨取世俗欢心，他的深刻处在于从人性不可压抑的根本上肯定女性情爱，并以超常方式张扬之，从而"深刻地折射出当时整个社会在要求变易的时代心声"，"呼唤一个个性解放的近代世界的到来"①。走向极端的宗法制礼教压抑人性，以"理"克"情"，女子情欲尤其是男权社会道学冬烘们眼中不赦之恶。"关关雎鸠，在河之洲，窈窕淑女，君子好逑"，作为《诗经》开篇的《关雎》本是一首上古时期青年男女爱恋的欢歌，后儒强释为"后妃之德"，乃是别有用心之解。不信邪的《牡丹亭》作者偏偏选择女主角"为诗章，讲动情肠"为切入口，巧妙地借中国历史上这首最早的情歌打开千年后一位少女的爱情意识闸门，激活了她的青春生命，从而以剧中人之口道出："圣人之情，尽见于此矣。今古同怀，岂不然乎？"作者的良苦用心旨在表明："人生而有情"，圣贤俗子同怀，古往今来一理；女性情爱本于自然，不期而至，一往而深，不可遏制。

元杂剧《西厢记》里莺莺爱上张生，是先有"情"再有"欲"；明传奇《牡丹亭》中丽娘爱上梦梅，则是先有"欲"再有"情"。借"白日梦"对女子情欲作直露、肉感、大胆的渲染，《牡丹亭》在这点上有鲜明的挑战色彩。在汤显祖笔下，不同于莺莺和张生遇合的佛殿"惊艳"，也不同于南戏《拜月亭》中王瑞兰和蒋世隆的"踏伞"相爱，闺中长大连家门也未出的杜丽娘仅仅由于读古诗、游自家后花园便触动了内心，于是，

① 李泽厚：《美的历程》，文物出版社1981年版，第200页。

如弗洛伊德所言，"一个潜意识的愿望由白日的活动而激起，由此便产生了梦"①。这女子情不自禁地做了一场春心荡漾的梦，梦境中出现了幻想的意中人，"那生向前说了几句伤心话，将奴搂抱去牡丹亭畔，芍药阑边，共成云雨之欢。两情和合，真个是千般爱惜，万种温存"。一场多么美妙的梦呵，真正是"行来春色三分雨，睡去巫山一片云"，让青春少女杜丽娘好不刻骨铭心。然而，这种"自媒自婚"式的两情相欢则是大大违反了礼教社会伦理的"山头撮合"（野合），属于务必剪除的"妖孽"之事，正如剧末杜宝斥责柳梦梅所言（值得注意的是，较之作为《牡丹亭》故事蓝本的话本小说《杜丽娘慕色还魂》，原本并非对立面的杜宝到了汤显祖笔下完全转化成了直到最后也不肯认可女儿婚事的反面形象，戏剧家如此处理这个人物，当然有其所指，也就是旨在揭示陈腐礼教对自由婚姻的无情压制和严厉否定）。

《惊梦》、《寻梦》乃《牡丹亭》核心所在，女子情爱在"惊梦"中迅速就燃烧得热辣辣的。瞧瞧剧中男女，一个二八佳人，一个风流书生，三言两语搭上话头，便急忙忙地直奔主题，"和你把领扣松，衣带宽，袖梢儿揾着牙儿苫也，则待你忍耐温存一晌眠"，云雨相欢中，"紧相偎，慢厮连，恨不得肉儿般团成片也，逗得个日下胭脂雨上鲜"。此时此刻，连惜玉怜香的花神，也在暗中护佑他俩，让二人鱼水相偕，尽情欢乐。不料，母亲到来，唤醒丽娘，打破了她的鸳鸯梦，并告诫她说这里不是闺阁女子该来之地。惊得一身冷汗的女子，好不扫兴地唱道："雨香云片，才到梦儿边。无奈高堂，唤醒纱窗睡不便。泼新鲜冷汗粘煎，闪的俺心忙步躲，意软鬟偏。"然而，梦虽醒，情未断，意缠绵，春心萌动的女子终归忍不住，又背着母训，支开丫头，悄悄来到后花园，去寻那"去不远"的"有情梦儿"，渴望着鸳梦重温。呵，到了，到了，眼前便是那曾经云雨欢爱的湖山石边、牡丹亭畔，梦中书生"恰恰生生抱咱去眠"的醉人情景在丽娘脑海中油然复现，"呀，昨日那书生将柳枝要我题咏，强我欢会之时，好不话长"。她心跳怦怦又美滋滋地回味着："他倚太湖石，立着咱玉婵娟。待把俺玉山推倒，便日暖玉生烟。捱过雕阑，转过秋千，揹着裙花

---

① ［奥地利］西格蒙德·弗洛伊德：《梦的释义》，张燕云译，辽宁人民出版社1987年版，第523页。

展。敢席着地，怕天瞧见。好一会分明，美满幽香不可言。"

"梦"乃《牡丹亭》的关键，这梦绝非普通的梦，而是处在不可压抑却偏被压抑的极度张力中的青春期少女的性梦。这梦，发自内心，由乎天然，一旦"因春感情"被释放出来，便如同涨潮之水，冲垮了现实生活中处处设防的虚伪的道德堤坝。董每戡说："这个作品之有较高的思想性，全赖有'放荡不羁'的梦，使封建毒焰黯淡无光。在那个社会'有女怀春'，当然有'吉士怀之'，手持柳枝的梦中人才到了眼前，顺理成章，自然而然。倘使她不处于那个年代和那样的封建家庭，平时不受封建思想包围束缚她那爱好天然的赋性，潜意识中倒可能不出现那么风流大胆的梦。正因为长受束缚，在潜意识上产生了对抗性，到无拘束的梦里便不管一切地干所要干的事……"① 尽管《牡丹亭》对此的描写是不加掩饰的，但不同于《金瓶梅》式的粗鄙肉欲，它在汤临川笔下得到的是一种诗化的表现。就这样，明代进步作家汤显祖通过展示一个"有情"女子的怀春之梦，用戏剧形式大胆肯定了包括性爱在内的人的自然天性和生命欲求，如时人所言，"杜丽娘事甚奇，而着意发挥怀春慕色之情，惊心动魄"（吕天成《曲品》）。在这种动魄惊心的舞台叙事中，《牡丹亭》向世人昭示出："欲"乃"情"的基础，是每一个生理健全的人都应该得到合理满足的生命冲动，它是美好而动人的。有如剧中女子，高扬"情"之大纛的汤临川亦深深痛恨"昔氏贤文，把人禁杀"。

汤显祖创作《牡丹亭》，一方面如实揭示了一个妙龄少女渴望爱情而不得的现实悲剧，替当时社会陈腐礼教压抑下女性生命被窒息大鸣不平；另一方面又以超现实的浪漫手法写出了一段"无媒而嫁"、幽明难隔的"至情"姻缘，在爱情的欢乐颂中渲染女性情欲，张扬女性生命，令天下人惊醒、动心。且听这位跟西方戏剧大师莎士比亚同年逝世的东方戏曲家如何说："天下女子有情，宁如杜丽娘者乎！梦其人即病，病即弥连，至手画形容，传于世而后死。死三年矣，复能溟莫中求得其所梦者而生。如丽娘者，乃可谓之有情人耳。情不知所起，一往而深，生者可以死，死可以生。生而不可与死，死而不可复生者，皆非情之至也。梦中之情，何必非真？天下岂少梦中人耶！必因荐枕而成亲，待挂冠而为密者，皆形骸之

---

① 董每戡：《五大名剧论》上册，人民文学出版社1984年版，第356页。

论也……嗟乎！人世之事，非人世所可尽。自非通人，恒以理相隔耳。第云理之所必无，安知情之所必有耶！"（《牡丹亭·作者题记》）梦中是自由的，现实是压抑的，渴望感性生命自由和身受现实礼教压抑这两者间不可调和的矛盾，造成了二八佳人杜丽娘游园伤春、一梦而亡的人生悲剧。这个女性悲剧，真实地反映了当时社会条件下女性的内心苦闷，体现了个性解放的人文主义要求，令普天下"有情人无不歔欷欲绝，恍然自失"（潘之恒《鸾啸小品》），尤其在年轻女性接受者中激起强烈共鸣。当年，《牡丹亭》风靡江南，多有女子为之肠断而亡，正是此缘故。汤临川以神奇笔墨对"情"的高声颂扬，在《牡丹亭》接受史上不乏红颜知音。

二

据统计，经明清妇女评论的剧目已知有 28 种，其中以《牡丹亭》着墨最多，成就和贡献也最大。① 女性读者对《牡丹亭》的由衷接受以及该剧在她们心中激起的强烈共鸣，在小说家笔下有生动反映。清代曲论家梁廷柟有言："《红楼梦》工于言情，为小说家之别派，近时人艳称之。"（《藤花亭曲话》卷三）《牡丹亭》写情写梦写女儿故事，《红楼梦》亦是写情写梦写女儿故事，二者可谓隔代共调、曲异心同。事实上，《红楼梦》在创作上亦深受《牡丹亭》影响。"牡丹亭艳曲警芳心"见于《红楼梦》第二十三回，黛玉走过梨香院，听见墙内笛韵悠扬，歌声婉转，那《牡丹亭》艳曲深深吸引了她，使她"感慨缠绵"，使她"心动神摇"，乃至"如醉如痴，站立不住"，干脆在山石上坐下来，细品曲辞，不禁"心痛神驰，眼中落泪"……

的确，《牡丹亭》自诞生以来便"闺阁中多有解人"（清顾姒语）。我们知道，戏曲连同小说在古代中国尽管属于不入流的"邪宗"，往往被正统瞧不上眼而"鄙弃不足道"，但其入人深，化人速，有着极其广泛的民众接受基础，对此连道学先生们也不得不承认。史震林《西青散记》曾载凤岐之语："才子罪孽胜于佞臣，佞臣误国害民，数十年耳；才子制淫书，传后世，炽情欲，坏风化，不可胜计。近有二女，并坐读《还魂记》，俱

---

① 华玮：《性别与戏曲批评——试论明清妇女之剧评特色》，《中国文哲研究集刊》第 9 期，（台北）"中研院"中国文哲研究所 1996 年版。

得疾死。一少妇看演杂剧，不觉泣下。此皆缘情生感，缘感成痴。人非木石皆有情，慧心红粉，绣口青衫，以正言相劝，尚或不能自持，况导以淫词，有不魂消心死者哉？"这番诋毁《牡丹亭》"炽情欲，坏风化"的言语，恰恰向我们透露出一个重要信息：临川先生这部惊世之作，在女性接受群体中影响尤深。而且，当年及后世为之心醉乃至肠断的多情女儿又何止两个三个。

相传，临川先生生前，就有这样的事：一个痴迷《牡丹亭》的女读者竟然找上门来，声称非剧作者不嫁。这种狂热的"追星"劲头，丝毫也不逊色于现代青年。事见清焦循《剧说》引《黎潇云语》："内江一女子，自矜才色，不轻许人，读《还魂》而悦之，径造西湖访焉，愿奉其帚。汤若士以年老辞，女不信。一日，若士湖上宴客，女往观之，见若士幡然一翁，伛偻扶杖而行，女叹曰：'吾生平慕才，将托终身；今老丑若此，命也！'因投于水。"故事的真实性待考，但《牡丹亭》对女性接受者的巨大吸引力，由此可窥一斑。当年，有娄江女子俞二娘，秀慧能文词，酷嗜《牡丹亭》，不但悉心捧读，而且蝇头细字，密密批注，记录下了她的心得和见解，这个闺中女子"幽思苦韵，有痛于本词者"，乃至为丽娘故事"惋愤而终"。汤显祖从朋友口中听说此事后，感动不已地写下了《哭娄江女子二首》，诗云："昼烛摇金阁，真珠泣绣窗。如何伤此曲，偏只在娄江？""何自为情死？悲伤必有神。一时文字业，天下有心人。"杜丽娘"为情"而死，俞二娘亦"为情"而死，真真印证了临川所言："梦中之情，何必非真？天下岂少梦中人耶！"为此，他在诗序中深深地感叹："俞家女子好之至死，情之于人甚哉。"又据明清笔记，杭州女艺人商小玲擅演《牡丹亭》，一次演出《寻梦》，感情太投入，以致哀伤过度，在舞台上气绝身亡，而这个女演员，也有她自身接受《牡丹亭》的内在情感原因。

还有扬州女子小青，嫁人为妾而在大妇的妒虐下含恨而亡的她，曾夜读《牡丹亭》写诗云："冷雨幽窗不可听，挑灯闲看《牡丹亭》。人间亦有痴于我，岂独伤心是小青。"红颜薄命的小青究竟是实有其人还是出自文人臆造，人们见仁见智，迄无定论。晚明张岱《西湖梦寻》中有"小青佛舍"条，记载其事。这哀怨的女儿故事文人骚客多感兴趣，徐野君的《春波影》、陈季方的《情生文》、吴石渠的《疗妒羹》、朱价人的《风流院》等作品皆由此而来，以致卓人月大为感叹："天下女子，饮恨有如小青者乎? 小青之死未几,天下无不知有小青者。"(《小青杂剧序》)其中,杂剧《春波影》全名《小青娘情死春波影》,剧情大体同于清康熙年间刊刻的《虞初新志》卷一所载《小青传》,该剧作于明天启乙丑年也就是1625年,距离汤显祖1616年去世不足十年。这个痴爱《牡丹亭》的薄命女子的故事,在后世女性读者中有着连锁共鸣。杭州西湖孤山北麓有小青墓,清代苏州女诗人张蕙来此拜谒,作有《题壁》诗:"重到孤山拜阿青,荒荆茅棘一沙汀。烟沈古墓霜寒骨,雪压残碑玉作铭。幽恨不随流水尽,香魂时逐蓼花零。劝君更礼慈云侧,莫堕轮回作小星。"所谓"小星",乃指妾的意思。沉痛的诗语,流露出对小青不幸命运的深深同情以及对不合理的妻妾制度的反思。又据徐轨《词苑丛谈》:"吴玉川夫人庞小畹蕙纕,诗、词、书法,擅绝当时,片纸只字,莫不珍惜。有青莲女伎小青者,色艺皆精,尝演剧,入后堂,持扇叩唾香阁乞书,夫人即调【桂枝香】一阕,有'浪萍飞絮前生果,别是伤心一小青'之句。"这个跟小青同名的女伎演的是不是《牡丹亭》,不得而知,但庞氏词句"别是伤心一小青",显然有从夜读该剧的小青诗句"岂独伤心是小青"化用的痕迹。

娄江(今江苏太仓),秀慧的俞家女子以心血批注的《牡丹亭》,不见传本,甚是可惜。据说小青也曾有这方面文字,清代顾姒写道:"百余年来,诵此书者如俞娘、小青,闺阁中多有解人……惜其评论,皆不传于世。"(《三妇评本牡丹亭跋》)事实上,较之女子写戏,女子评戏在中国古代更为鲜见,因而留存下来的也就弥足珍贵。明清戏曲接受史上,迄今我们所见女性评点《牡丹亭》,有明末建武女子黄淑素的《牡丹亭评》,其云:"《西厢》生于情,《牡丹》死于情也。张君瑞、崔莺莺当寄居萧寺,外有警寇,内有夫人,时势不得不生,生则聚,死则断矣。柳梦梅、杜丽娘当梦会闺情之际,如隔万重山,且杜宝势焰如雷,安有一穷秀才在目,时势不得不死,死则聚,生则离矣。"这位女性评点家拿《牡丹亭》和《西厢记》比较,对《牡丹亭》一剧的情可使生者死、死者复生之说作如此解释,可谓慧眼别具。诚然,明清女性对《牡丹亭》的解读,大多集中在跟个人身世和女性命运密切相关的"情爱"二字上,但也不限于此。像黄淑素对该剧的评点,除了上述,还包括如下内容:"至于《惊梦》、《寻梦》二出,犹出非非想;《写真》、《拾画》,埋伏自然;《游魂》、《幽媾》、《欢挠》、《盟誓》,真奇险莫可窥测;《回生》、《婚走》,苦寓于乐,生寓于死，其白描手段可乎……"熟读汤显祖这部杰作的这位女性，对其结构主线、故事情节、人物性格乃至语言也作了独到评说。黄淑素对《牡丹亭》的评点，被收入明末卫咏所编《晚明百家小品》，后者称赞其"手眼别出，想出特异"，"更得玉茗微旨"。

明清女性评论《牡丹亭》成就最突出者，当数《吴吴山三妇合评牡丹亭还魂记》。吴吴山，姓吴名人，又名仪一，字舒凫，生于清顺治十四年（1657），钱塘人氏，因居吴山草堂，故又字吴山，他跟创作《桃花扇》的洪昇有亲戚关系。"三妇"指吴早夭的未婚妻陈同及前后二妻谈则和钱宜。三个女子，彼此从未谋面，但她们都发自内心地喜爱《牡丹亭》，而且爱得如痴如醉。先说陈同，酷爱诗书的她，曾得该剧手抄本，视为至宝，有七绝云："昔时闲论《牡丹亭》，残梦今知未易醒。自在一灵花月下，不须留影费丹青。"1665年，一病不起的她，更是藏《牡丹亭》于枕下，日日相伴，死后留下了经她评点的该剧上卷，其夹注、眉批，"密行细字，涂改略多。纸光囧囧，若有泪迹"，而"评语亦痴亦黠，亦玄亦禅"。1672年，吴娶谈则，后者偶然得见陈同评本，竟爱不释手，于是仿照陈的思路及笔法，补评《牡丹亭》下卷，"抄茫微会，若出一手，弗辨谁同谁则"，令人惊叹。可惜谈氏体弱，婚后三年亦命归黄泉。又过了十余年，吴吴山再娶钱宜。钱并非书香门第出身，但她聪明好学，数年间便有长足进步。一日，开箱见到陈、谈的《牡丹亭》评本，"怡然解会，如则见同本，时夜分灯炮，尝倚枕把读"。她劝丈夫将评本刊刻出版，并且表示"愿卖金钏为锲板资"，也就是愿意典卖自己的金钗作为出版资金。1694年，也就是康熙三十三年，《吴吴山三妇合评牡丹亭还魂记》付梓问世。元夕之夜，她虔诚地"至净几于庭，装褙一册供之上方，设杜小姐位，折红梅一枝贮胆瓶中，燃灯，陈酒果为奠"。夜里，她真的梦见了杜丽娘，醒后为之描像一幅，并吟诗曰"从今解识春风面，肠断罗浮晓梦边"。三妇事迹，吴人《三妇评本牡丹亭序》有述。

从人物到场景，从关目到语言，三妇对《牡丹亭》的评论是多方面的。她们说："《牡丹亭》，丽情之书也。四时之丽在春，春莫先于梅柳，故以柳之梦梅，杜之梦柳寓意焉；而题目曰'牡丹亭'，则取其殿春也，故又云'春归怎占先'以反映之。"（《惊梦》批语）她们认为，"儿女、英雄，同一情也"、"情不独儿女也，惟儿女之情最难告人"（《标目》批语）。由这"最难告人"之情入手，她们称该剧为痴情男女写照的"一部痴缘"（《言怀》批语），说男女主角是"千古一对痴人"（《玩真》批语），对二人的爱情追求报以了热烈掌声。在三妇心目中，因情而死又因情而生的杜丽娘作为"情至"的代表，是"千古情痴"，空前绝后。对临川笔下的女性爱情故事，她们赞不绝口，每每言："不游春，哪得感梦？一部情缘，隐隐从微处逗起"（《闺塾》批语）、"丽娘千古情痴，惟在《留真》一节"（《写真》批语）、"回生实难，丽娘竟作此想，说来只是情至"（《诊祟》批语）、"'恨欲谁'非反语，正见为情死而无悔也"（《冥判》批语）、"伤春便埋，直以死殉一梦。至此喜心倒极，忽悲忽叹，无非情至"（《婚走》批语）……三妇的评点，尽管在卫道士看来因有"非闺阁所宜言者"而以"不传"为好，但其作为女性戏曲批评的杰出篇章，赢得了同性别支持者的大声喝彩。三妇评本《牡丹亭》上，还有林以宁、顾姒、冯娴、李淑、洪之则五位文学女性题写的序跋，她们对《牡丹亭》和三妇评语给予了很高评价。曾教钱宜学习诗文的李淑即云："临川《牡丹亭》，数得闺阁知音"，"合评中诠疏文义，解脱名理，足使幽客启疑，枯禅生悟，恨古人不及见之，洵古人之不幸耳"（《三妇评本牡丹亭跋》）。与吴家是世戚、自称"睹评最早"的女戏曲家林以宁（曾创作《芙蓉峡》传奇）亦说："今得吴氏三夫人本，读之妙解入神，虽起玉茗主人于九原，不能自写至此。异人异书，使我惊绝。"（《三妇评本牡丹亭题序》）钱塘女子顾姒也认为三妇评点"使书中文情毕出，无纤毫遗憾；引而伸之，转在行墨之外，岂非是书之大幸耶"（《题三妇评本牡丹亭》）。

清代女性中，尚有康熙年间安徽休宁女子程琼等人涉足于此。[①] 程琼，一名复，字飞仙，号安定君，又称转华夫人，曾创作戏曲《风月亭》，其丈夫吴震生作有《太平乐府》传奇十三种。清康熙、雍正年间他们夫妻合作的《才子牡丹亭》，即是一部笺注和评点《牡丹亭》的著作，书中以"情色论"为基础，批判了名教扼杀情欲之不当，从张扬人性角度对《牡丹亭》的创作思想进行了大胆、奇异的阐发。该书"评点内容包罗万象，有 30 余万言，超过正文。在评点方面，此书对该剧主旨'情'的阐发，

---

① 据谭帆《论〈牡丹亭〉的女性批评》统计，明清女子涉足《牡丹亭》批评的有 16 人，见张宏生编《明清文学与性别研究》，江苏古籍出版社 2002 年版。

另辟蹊径，评者不再在道德层面上为因情成梦、因梦成戏、自媒自婚乃至还魂的杜丽娘辩解，而是透过人性自然需求的心理层面，反复辨析'情色'难以抹煞之理，并理析'才、色、情'三者之间的错综关系。尤其甚者，《牡丹亭》各出曲文宾白中的许多字词，批者均特意标出，引申意涵'情色'或'男女二根'，且将其置于每出批语的前面，尽管有曲解或猥亵之嫌，但对封建传统思想的冲击无疑是大胆的冲击"①。2004年，台北学生书局出版了海峡两岸学者共同点校的《才子牡丹亭》。程琼在《批才子牡丹亭序》中，曾叙及"族先辈吴越石家伶"搬演《牡丹亭》事。明清家庭戏班盛行，吴越石家的戏班在万历年间很有名气，戏曲家潘之恒看了该班演出的《牡丹亭》后就赞不绝口，谓其伶人能把曲意表达得"一字不遗，无微不至"（《鸾啸小品》卷三《情痴》）。吴越石家伶排戏，曾请行家作多方指导，"先以名士训义，次以名公正韵，后以名优协律"。传下来的这些"训义"，为程琼所熟悉，她说："武封夫子观其所训，始知玉茗笔端直欲戏弄造化，往往向余道诸故老所谈说。余亦喜其隽妙，辄付柔毫。"② 程琼对《牡丹亭》的见解，又见史震林《西青散记》。

　　"一生四梦，得意处惟在《牡丹》。"（汤显祖语）作为独具匠心的创造，《牡丹亭》在汤显祖生前就被搬演在舞台上，但他很担心自己的剧作得不到世人理解，有首绝句便流露出他的这种心理："玉茗堂开春翠屏，新词传唱《牡丹亭》；伤心拍遍无人会，自掐檀痕教小伶。"（《七夕醉答君东》）然而，上述女性接受实践表明，他的伟大作品没有被埋没，最终得到了真正会心者的认同。

三

　　"看古来妇女多有俏眼儿"，明代黄淑素对出自《牡丹亭·淮泊》的这句话别有心爱。从积极方面看，明清女性接受者对该剧的解读，确实"多有俏眼儿"。作为女性读女性，她们对《牡丹亭》中女性故事的接受，具有相当鲜明的性别认同色彩，对之我们可以从主题层面、阅读层面和艺术层面入手，结合审美取向、角色认同和心理补偿三个方面考察。

---

① 田根胜：《戏曲评点与明清文艺思潮》，《艺术百家》2004年第3期。
② 蔡毅辑录：《中国古典戏曲序跋汇编》（二），齐鲁书社1989年版，第1236页。

首先，在主题层面上，是接受者对创作者唯情是尚的审美认同。"白日消磨断肠句，世间只有情难诉。"正是这难诉又不得不诉之"情"，成为女性读者们打心眼儿里接受该剧的审美取向所在。明末黄淑素评《牡丹亭》，即"拈情生情死"（卫咏语）。《疗妒羹》中，对汤显祖"至情"观念的认同也出自女主角小青之口："'第云理之所必无，安知情之所必有'，临川序语，大是解醒。"（第九出《题曲》）这个薄命女子的身世扑朔迷离，昔有人说她姓钟，其名字即是"情"字的拆分，所谓"合小青二字乃情也"。如此说来，至情的《牡丹亭》得到至情的小青认同，乃顺理成章。"情"也是吴吴山三妇批注之笔的向心所在，她们对剧中爱侣坚定追求之"情"之"痴"赞不绝口，所谓"因女思夫，情所必至"（《遇母》批语）、"临画更痴，愈痴愈见情至"（《幽媾》批语）、"《幽媾》云'完其前梦'，此云'梦境重开'，总为一'情'字不断"（《婚走》批语）云云。《寻梦》作为《牡丹亭》的重头戏，最能见出青春少女的内心奥秘，其成为女性接受的聚焦之点，被她们细细阅读和反复品味，乃是自然。在三妇看来，"寻字是笃于情者之所为，后《冥判》随风跟寻，止了此寻梦之案"（《寻梦》批语）。根据剧中场景和人物动作，她们仔细地揣摸着丽娘的女儿情怀："池亭俨然，可知眼前心上，都是梦境"、"前次游园，浓妆艳抹；今番寻梦，草草梳头，极有神理"、"光景宛然如梦，梦中佳境那得不一一想出，极力形容，四段已种丽娘病根"、"小姐自说心间事，更不管春香知与不知，写尽一时沉乱"（《寻梦》批语）、"游园时，好处恨无人见；写真时，美貌恐有谁知，一种深情"（《写真》批语）、"人生谁不梦一场，但梦中趣不同耳"（《道觋》批语）。众所周知，《牡丹亭》作者力倡的"至情"乃是明后期文学的一面大旗，而明清女性以积极姿态解读这部"丽情之书"，正接过了这面旗帜，从中我们可以感受到封建末世的颓化和女性意识的觉醒。

具"俏眼儿"的女性接受者从"情"切入《牡丹亭》，对男主角也格外留心。跟"至情"的女主角心心相印，剧中柳梦梅也是个多情的情种（程琼从"柳"字着眼，即称"柳也者，天地之柔情也"，见《西青散记》卷四）。他也是有梦在先并且珍惜梦中的邂逅，也渴望着美梦成真，当得知前来相会的丽娘即梦中所见立于梅树下呼唤他的女子时，便不顾传统道德的羁绊与之私下合欢；在得知与己共枕的乃是一女魂时，他非但不拒、不怨，反而顶着"劫坟贼"这天大的罪名，义无反顾地救丽娘还生；最后头脑顽固的老丈人不认他和还魂的丽娘无媒自婚，对他又是打来又是骂，他仍执意力争"这是阴阳配合正理"。这样的男儿，当然是追求真爱的女儿们心目中的理想对象。所以，吴吴山三妇对剧中男主角形象相当看好，她们如此评论柳生："偶而一梦，改名换宗，生出无数情痴，柳生已先于梦中着意矣"（《言怀》批语）、"小姐、小娘子、美人、姐姐，随口乱呼，的是情痴之态"（《玩真》批语）、"必定为妻方见钟情之深，若此际草草便为露水相看矣"（《冥誓》批语），等等。又说："人知梦是幻境，不知画境尤幻。梦则无影之形，画则无形之影。丽娘梦里觅欢，春卿画中索配，自是千古一对痴人，然不以为幻，幻便成真。"（《玩真》批语）一"觅"一"索"，《牡丹亭》男女主角的成真美梦正得自不懈追求。三妇甚至认为："此记奇，不在丽娘，反在柳生。天下情痴女子，如丽娘之梦而死者不乏，但不复活耳。若柳生者，卧丽娘于纸上，而玩之、叫之、拜之；既与情鬼魂交，以为有精有血而不疑，又谋诸石姑，开棺负尸而不骇；及走淮扬道上，苦认妇翁，吃尽痛棒而不悔，斯洵奇也！"（《硬拷》批语）在她们看来，如此男儿，有真情，负责任，是真正值得爱恋的。这种对至情男子的赞扬，与对至情女子的认同相辅相成，实乃《牡丹亭》接受过程中一块硬币的两面，反映出女性对人间至爱真情的由衷期盼。

在官方提倡理学时代，以大胆言"情"的目光接受和赞美《牡丹亭》，这毕竟是有离经叛道色彩的。当年，对吴人刊印三妇评点，就有人指责："从来妇言不出闺，即使闺中有此韵事，亦仅可于琴瑟在御时，作赏鉴之资，胡可刊板流传，夸耀于世乎？且曲文宾白中，尚有非闺阁所宜言者，尤当谨秘；吴山只欲传其妇之文名，而不顾义理，书生呆气，即此可见也。是书当以不传为藏拙。"（清凉道人《听雨轩赘记》）归根结底，在卫道士的戒尺下，《牡丹亭》属于那种会使人"移了性情"的不良产品。对此，《红楼梦》中亦有如实反映，书中宝钗同黛玉谈及偷读《牡丹亭》、《西厢记》等时，曾说："至于你我，只该做些针线纺绩的事才是；偏又认得几个字。既认得了字，不过拣那正经书看也罢了，最怕见些杂书，移了性情，就不可救了。"也许，你可以说这个细节反映出宝钗为人处世的虚伪，因为她自己看了"杂书"要竭力掩饰不说，还摆出一副正人君子的样子来教训他人。不过，我倒觉得，一个从小就接受"三从四德"闺教的女子，尽管因青春萌动也曾忍不住看了"杂书"，但当着他人的面，难免会以戴着厚厚的"人格面具"的姿态出现，除了鹦鹉学舌式来上几句传统"妇女学"训条，还能说出什么呢？就像《牡丹亭》中女主角明明想去后花园游春，即便是在得知威严的父亲外出了，但出身贵门碍于礼教的她在丫头面前，仍免不了要故作庄重，在确定游园日期时口吐"明日不好，后日欠佳"之类婉辞相推。因此，"见些杂书，移了性情，就不可救"之类"混帐话"（借宝玉的口吻），与其说是女子个人的，毋宁说是男权社会的，是男权社会借道女子之口发出的说教罢了。

然而，偏偏就是这正统道学眼中不入"正经书"殿堂而会使人"移了性情"的《牡丹亭》，在渴望真情真爱的女性群体中散发出巨大的阅读召唤力，成为不甘寂寞和不甘压抑的女儿们心中的至爱。明代后期文艺在大胆表现情欲以冲击陈腐礼教上无疑是直露乃至肆无忌惮的，入清以后，尽管随着"情"、"理"关系消长而时代风气有所变化，接受《牡丹亭》的女儿们往往不免显出一种闺阁矜持的姿态，但实际上她们在内心深处对"情"的希求丝毫也未减弱。

其次，在阅读层面上，是接受者对剧中人身世共鸣的角色认同。一曲《牡丹亭》，传唱四方，惹动多少女儿心。前述杭州女伶商小玲即是典型例子，这女子，"以色艺称，于《还魂记》尤擅场。尝有所属意，势不得通，遂忧郁成疾。每作杜丽娘《寻梦》、《闹殇》诸剧，真若身其事者，缠绵凄婉，泪疾盈目。一日演《寻梦》，唱至'待打并香魂一片，阴雨梅天，守得个梅根相见，盈盈接口'，随声倚地。春香上视之，已气绝矣"。这段记载见于焦循《剧说》引《啜房蛾术堂闲笔》，著者讲述完这个女性故事后，有句深深的感叹："临川寓言，乃有小玲实其事耶？"我们知道，"有情人皆成眷属"的女性故事在临川笔下是以灵魂复活的超现实方式实现的，主要体现在剧作的后半段，而在前半段，"临川寓言"则展示了一个真实的女性人生悲剧。作为《牡丹亭》接受者和演绎者，这个用心血和生命认真做戏的女伶，她当然打内心深处向往剧作家笔下的"有情人皆成眷属"，所以她格外钟情《寻梦》，因为那当中有多少可供回味的生命的甜蜜呵；与此同时，她又对现实处境中"寻梦"而不得的丽娘命运感同身受，因为她自己恰恰在个人爱情生活上正是"有所属意，势不得通"，她从现实中徒劳挣扎的丽娘身上看到了自己，所以她演起戏来是那么真切，那么到

位，那么活灵活现。同样的女儿情怀，同样的不幸命运，使她在个人角色
上完全认同了悲剧性的剧中女主角。走上舞台，她在想着，这哪里是在演
戏呵，这分明就是在向观众讲述自己的故事和演示自己的命运。至于她的
心上人是谁，又是什么原因阻碍了她的个人幸福，我们不得而知，但可以
推知，在理想和现实之间，她遭遇了剧烈冲突，她经受了巨大伤痛，而且
这冲突无法消除，这伤痛无法化解，所以，同剧中女子一样，她只有以一
死相拼。是呵，"不自由，毋宁死"。正是在这种非幻想非虚构的现实层面
上，剧中人和演剧人，不谋而合地以她们追寻而不得的人生悲剧，向我们
惊心动魄地揭示了"人生有价值的东西"被毁灭的过程。

再来看那个吟出"挑灯闲看《牡丹亭》"、"岂独伤心是小青"的女
子。据收入《虞初新志》的阙名《小青传》（该文或云明崇祯年间支如增
所撰），这女子是虎林某生姬，姓什么不明，仅言其"与生同姓"，她16
岁嫁给该生为妾，却不见容于"奇妒"的大妇，过着"幽愤凄怨"的日
子，后来竟一病不起，于是仿照杜丽娘自画小像，请画师为其描下真容，
像成之日，焚香设酒奠之，"一恸而绝"，死时年仅18岁，留下诗词文12
篇，多述自我身世不幸和情感压抑，凄婉动人，其《天仙子》词云："文
姬远嫁昭君塞，小青又续风流债。也亏一阵黑罡风，火轮下，抽身快，单
单别别清凉界。原不是鸳鸯一派，休算作相思一概。自思自解白商量，心
可在？魂可在？着衫又捻裙双带。"如前所言，小青故事及其读《牡丹亭》
有感而发的诗句，给明清小说家、戏曲家们的创作提供了一个编演女性情
感故事的绝好素材，尽管这些作品出自男性作家之手，在性别言说方式上
属于"女话男说"类型，但借之我们依然可以窥视那个时代女性认同《牡
丹亭》的接受心态。《春波影》杂剧中，小青姓冯，嫁与杭州富家子弟冯
子虚为偏房，深受宠爱，但为了回避妒虐的大妇冯二娘，被安置于外宅南
楼。后来，大妇设法将小青接到家中，日夜监守之。冯生的姑母杨夫人同
情小青处境，遂说动大妇送小青移居冯家孤山别业。可是，大妇对小青监
管更加严密，甚至不许冯生擅入。在幽闭孤寂中打发着日子的小青一病不
起，某日读《牡丹亭》，深感自己和杜丽娘一样多情薄命，又闻娄江俞二
娘读此剧一病而亡事，最终步了前者后尘……

明传奇《疗妒羹》中，小青姓乔，才貌双全却出身贫穷的她，被卖给
粗鲁无文的褚大郎为妾，又受到嫉妒的大妇苗氏的折磨与迫害。身处困境

的多情女子，内心依然渴望着自由的爱情和幸福的生活，但出路何在呢？此时此刻，她读到了《牡丹亭》，杜丽娘出生入死的爱情追求激起了小女子的强烈情感共鸣，她从心底发出了"若都许死后自寻佳偶，岂惜留薄命活作羁囚"的呐喊，为了摆脱现实束缚而不惜像丽娘那样以身殉情。剧中小青由小旦扮演，她读《牡丹亭》的情景在《题曲》一折有动人描写："（小旦）《牡丹亭》翻阅已完，再看别种，原来只这几本旧曲。（唱）【长拍】一任你拍断红牙，拍断红牙，吹酸碧管，可赚得泪丝沾袖？总不如那《牡丹亭》，一声河满，便潸然四壁如秋。（又看介）待我当做杜丽娘摹想一回。这是芍药栏，这是太湖石，呀，梦中人来了也。半晌好迷留，是那般憨爱，那般病瘦。只见几阵阴风凉到骨，想又是梅月下梢梢魂游。天那！若都许死后自寻佳偶，岂惜留薄命活作羁囚！只是他这样梦，我小青怎不再做一个儿？（唱）【短拍】便道今世缘悭，今世缘悭，难道来生信断，假华胥也不许轻游？只怕世上没有柳梦梅，谁似他纳采挂坟头，把画卷当彩球抛授。若未必情痴绝种，可容我偷识梦中愁。"从丽娘伤春而亡的故事中，小青读出了自己不可逃避的命运；从丽娘因情再生的奇迹中，小青看到了追求爱情自由的希望。同丽娘一样，小青渴望"自寻佳偶"，为了挣脱"活作羁囚"的悲惨现实，她不惜舍命相求。这种对不幸命运的控诉和抗争，这种对爱情自由的向往和追求，代表着千千万万不甘压抑的女儿心。不妨说，《疗妒羹》、《春波影》等作品，某种程度上正是明清女性接受《牡丹亭》的艺术化写照，从中可读出一部女性接受戏剧《牡丹亭》的心态史。

最后，在艺术层面上，是接受者对剧作提供"白日梦"式补偿作用的心理认同。若说前述杭州女伶是因为生活中"有所属意，势不得通"也就是爱情追求受阻而命绝，那么，跟《牡丹亭》中女主角非常相似的娄江女子，则纯粹是"因情生梦"，并最终因为"感梦"而亡，其情感焦虑和心理压抑是相同的。也就是说，这女子和杜丽娘，都是"缘情生感，缘感成痴"，又缘痴成疾，因病而逝，她们的起因相同，结局无二，最终都是用沉重得无法再沉重的生命代价书写出了这让天下人洒泪动心的至情故事。请看焦循《剧说》卷二引张氏《俞娘传》："娄江俞娘，丽人也，行二，幼婉慧。体弱常不胜衣，迎风辄顿。十三，疽苦左肋，弥连数月；小差，而神愈不支，媚婉之容，不可逼视。年十七，天。当俞娘之在床褥也，好观文史，父怜而授。且读且疏，多父所未解。一日，授《还魂记》，凝睇良久，情色黯然，曰：'书以达意，古来作者，多不尽意而出，如生不可死，死不可生，皆非情之至。斯真达意之作矣！'饱研丹砂，密圈旁注，往往自写所见，出人意表。如《感梦》一出，注曰：'吾每喜睡，睡必有梦，梦则耳目未经涉者皆能及之。杜女故先我着鞭耳。'"这个青春少女，也是一个喜欢做梦者。在现实生活中，女儿家那内心的隐秘无法觅得"轻舞飞扬"的平台；唯有在睡梦中，潜意识才能暂时逃脱现实理性的监控而释放出来，从而使做梦者平日里"耳目未经涉者皆能及之"。于是，像剧中人一样，这女子也只有"好把心事付梦诠"，去那虽虚幻却美妙、虽短暂却自由的"白日梦"中寻求心理补偿和精神满足。这实现在睡梦中的"耳目未经涉者"，究竟是什么内容呢？也许是讲故事者碍于礼教而不便明言，也许是俞家女子羞于出口而未曾说穿，但从她对杜丽娘"惊梦"、"寻梦"的浪漫过程极感兴趣可以推知，她跟剧中女主角其实做着完全相同的梦，也就是青春期少女的性梦。

这伴随青春期躁动之"梦"，从何处来，向何处去，这是那个"无性"、"禁欲"时代待字闺中的少女，尤其是像杜丽娘这种生活在清规戒律中的大家闺秀所难明究竟的，因为无论在家长那里，还是在老师那里，她们都得不到相关知识的传授（这种知识，要等到她们实际出嫁的那天才能获得，而且往往是通过"压箱"之类物件间接获得的）。惊梦后的杜丽娘，经历了彻夜无眠后，又情不自禁地来到牡丹亭畔寻梦，至于为什么要这样做，她自己也说不清楚。"为甚呵，玉真重返武陵源？"《牡丹亭·寻春》中出自丽娘之口这问句，正反映出青春期女性内心的困惑和焦虑（吴吴山三妇批注也说"'为甚'二字有思致"，视此为"情窍发端处也"，可见她们在这点上是心有灵悟的）。那时，从家庭到社会，对女性的道德要求就是好好学习《女诫》、《女论语》、《女儿经》之类正统"妇学"书籍，以便将来做个规规矩矩的贤妻良母，至于少女内在的青春冲动，做家长的往往不是视而不见就是一无所知。丽娘生病，做母亲的心疼死了，诘问丫头后方知一二，当听杜宝说请人来替女儿诊脉时，她提醒丈夫："看甚脉息。若早有了人家，敢没这病。"可是，杜宝回答："咳，古者男子三十而娶，女子二十而嫁。女儿点点年纪，知道个什么呢？"在他看来，小小女子，还未到出嫁年龄，是不可能也不应该有这方面欲求的。杜宝的看法，在古代中国的家长群体中颇有代表性，实质上反映出对青春女性生理和心理需求的社会性漠视。就这样，明明处在性饥渴状态的女子，偏偏生活在性禁锢时代，根本谈不上什么得到合理的引导疏通，久而久之，悲剧也就在所难免。被礼教囚禁闺中却不约而同做着青春期"白日梦"的接受者和剧中人，在个体情欲和个体生命遭受现实压抑而不得舒展这点上是共同的。她们害着同样的相思病，这病，求药无效，求仙不灵，如《牡丹亭》中一曲【金珑璁】所唱："连宵风雨重，多娇多病愁中。仙少效，药无功。"是呵，心病还须心药医，可是，对于处在性苦闷和性压抑中的女子，医治心病的心药又何在呢？接受者对剧中人产生强烈认同的基础，就在这种同病相怜。

就剧中人言，现实中得不到的满足，能够在睡梦中得到，因为人只有在下意识的梦境中才逃得开理性监控；就接受者言，生活中难实现的梦想，可以在艺术中实现，因为人可以在自由的艺术天国中去寻求心理补偿。用精神分析学的话来说，在现实和理想之间，艺术"构成了阻挠愿望的实现和实现愿望的想象世界之间的中间地带"，一篇创造性作品就像一场白日梦，"作家使我们从作品中享受到我们自己的白日梦"①，从而给接受者提供了替代性的精神满足。从潜意识层面看，明清女性接受者由衷喜爱《牡丹亭》，不正反映出现实压抑状况中的她们渴望通过这"白日梦"般的艺术得到某种心理减压么?！"如果天上没有太阳，艺术家的使命就是创造太阳。"《牡丹亭》作者在如实写出女性生命被窒息的悲剧的同时，更以超现实笔法虚构出女性"因情而生"的浪漫故事。也就是说，对该剧之"梦"，可从两个层面加以理解：一方面是生理和心理意义上的现实之梦，发生在剧中人身上，从中我们可以透视那个时代女性生命被窒息的状态；另一方面是艺术和审美意义上的超现实之梦，来自艺术家的创造，从中我们可以听到女性生命在呐喊的呼声。作者用现实之梦（剧中人之梦）来揭示女性情感焦虑和女性命运悲剧，而用超现实之梦（作为"白日梦"的剧作）来寄托女性生命理想和讴歌女性生命追求，所以，《牡丹亭》能以"永恒魅力"牵动着一代代女儿心，使她们哭，让她们笑，给她们心灵以艺术的抚慰，给现实中的她们带来一线"黑暗王国中的光明"。

---

① 《弗洛伊德论美文选》，张唤民、陈伟奇译，知识出版社 1987 年版，第 140、37 页。

可以说，整个《牡丹亭》就是艺术家为现实生活中被压抑女性提供心理补偿而量身打造的一个"白日梦"，它从诞生的那天起便注定要成为千千万万女性接受者心中的至爱。就此而言，汤显祖不愧是替女性写心的伟大作家。

（原载《2006 中国·遂昌汤显祖国际学术研讨会论文集》，西泠印社 2008 年版）

"雄化女性"、文化身份及其他

——兼谈木兰故事的东西方演绎

当今世界，日益拓展的文化交流在不断消除西方人对东方世界的偏见，修正他们对中国文化的认识。有论者指出："在对中国人的文化身份的表述上，过去，美国传媒往往将其片面地解读为女性的或粗野的异国文化，但是从中美两国的当代影视和畅销小说中的主人公形象来看，随着近年来东亚和中国经济的崛起，他们对中国人形象的大众表述和解读有所变化，中国人的文化身份正逐渐显示出新的一面。"并特别举出被美国影视业以大制作动画巨片形式推出的《花木兰》为证据："不可否认，近年来美国大众文化对中国民族文化身份的表述，尤其是对中国女性的描写都体现出重新建构的趋势，中国文化传统中的一些积极面被呈现在世人面前。在这一过程中，中国古代传说中的女英雄花木兰在美国电视连续剧和迪士尼乐园里成了一个充满阳刚之气的新的中国女性形象。在原创动画大片《木兰》中，美国观众看到的是一个武艺高强、诚实的女英雄，在与外敌的斗争中，木兰的形象再现了中国文化传统中具有的不畏强敌、敢于战斗的民族精神。在美国迪士尼乐园里，大量身着中国古代服饰的木兰玩偶和美国著名的芭比娃娃同列纪念品柜台，每周下午都要举行木兰花车游行，当浩浩荡荡的游行队伍由中国鼓引导前进时，当木兰的形象和被擒的单于形象出现时，大批的美国游客见到的不再是那种裹着小脚的病态女性形象，而是深刻感受到《木兰诗》中表达的'将军百战死，壮士十年归'的英雄气概。"诸如此类表明，在西方人对中国人文化身份的再阐述中，"中国人形象的女性化特征逐渐得到改变"，"以柔弱女性为象征的中国文化特点正在被解构"。①

---

① 江宁康：《中国人的文化身份》，《文艺报》2003 年 6 月 17 日。

女扮男装、上阵杀敌的木兰姑娘体现了中华民族的英雄主义精神，这是谁也不怀疑的。回眸百年，西方人对此东方故事的确多有兴趣，据有关介绍，1923 年 A. Waley 的《中国诗赋选》便译有《木兰诗》，1972 年又有 J. L. Faueot 的博士论文《明代戏剧家徐渭〈四声猿〉》，1975 年 W. Hung 所编论文集《亚洲研究》也收有 L. G. Thompson 撰写的《〈木兰诗〉结句》，等等。① 又据报道，前不久有大型情景交响音乐《木兰诗篇》在人民大会堂隆重上演，中国著名歌唱家彭丽媛与德国著名男高音米歇尔·奥斯汀以及来自德国的勃兰登堡交响乐团合作，共同演绎了一段中西合璧的花木兰代父从军的故事。② 但是，上述影片中这个"充满阳刚之气"的木兰，是否就是东方题材经过西方演绎后诞生的"新的中国女性形象"呢？或者说，古代东方传说中的木兰姑娘，是跨海越洋来到异邦的迪士尼乐园之后才摇身一变"成了一个充满阳刚之气的新的中国女性形象"吗？在此动画片中，大洋彼岸高鼻子蓝眼睛的异邦编导对这个黑头发黑眼睛黄皮肤的中国女子的"重新建构"，难道仅仅是塑造了一个"充满阳刚之气"的女子或者说"雄化女性"么？此外，西方人将中国人的文化身份"解读为女性的"，究竟是不是仅仅属于老外的发明？还有，说中国文化具有女性气质，是否就等于说中国文化是"以柔弱女性为象征"，二者是不是可以全然等同的命题？诸多问题，我认为有再作讨论的必要。下面，试分三个层面谈谈。

一

熟悉中华文学史的读者都知道，从华土产生的"替父从军"的木兰题材，由于其女扮男装的不平常性别叙事，天生是跟"女性自强"、"男女平等"之类话题相联系的，是跟英雄主义、爱国主义的宏大主题相联系的。将其塑造成"充满阳刚之气"的巾帼英雄形象，原本就是古代东方木兰故事、木兰文化的题中固有之义，未必是当代西方老外们的"重新建构"。

看看北朝民歌《木兰辞》自诞生以来在华夏民间、在中国文学史上的流播，即可一目了然。以明杂剧《四声猿》为例，该剧作为徐渭也是他那

---

① 黄鸣奋：《英语世界中国古典文学之传播》，学林出版社 1997 年版，第 154、254 页。

② 吴月辉：《〈木兰诗篇〉：中西合璧，合出"三个第一"》，《人民日报·海外版》2007 年 1 月 19 日。

个时代进步文艺的代表作，系由《狂鼓史渔阳三弄》、《玉禅师翠乡一梦》、《雌木兰替父从军》和《女状元辞凰得凤》四出短剧组成。后二戏皆借"女扮男装"为题材，或写北朝女杰花木兰戎装保国的英姿，或写五代才女黄崇嘏领袖文苑的风采，如前人所评："真武堪陷阵，雌英雄将；文堪华国，女状元郎。"① 一文一武，相映生辉，突出了一个共同的主题，这就是《女状元》中所概括的："世间好事属何人，不在男儿在女子。"《雌木兰》以豪达意气描写妙龄女子花木兰女扮男装、替父从军、为国立功的传奇故事，塑造出一个敢于不无自豪地宣称"我杀贼把王擒，是女将男换，这功劳得将来不费星儿汗"的巾帼英雄形象，并通过礼赞这位奇女子的英雄气概和爱国情怀巧妙地发出了替"第二性"张目的精神呐喊。在中国历史上，每处国难当头民族危亡之时，"木兰"情结总是以其积极的精神力量激励着时代，警醒着世人，耀现出动魄惊心的光辉。1939 年 2 月，由华成影业公司出品的影片《木兰从军》（欧阳予倩编剧，卜万苍导演，陈云裳主演）在"孤岛"上海热映，就跟当时抗战背景下观众爱国心高涨有密切关系。直到今天，这位与其说是历史人物毋宁说是传奇角色的女子，在人们心目中依然是那么神圣崇高，不可磨灭。毫无疑问，这是我们民族史上一个历久弥新的话题，它在一代代中国人心目中有着不尽文化魅力。

说起"木兰戏"，人们首先会想到中原地区那颇具阳刚气质的地方戏——豫剧《花木兰》。该剧是 1951 年豫剧表演艺术家常香玉为抗美援朝捐献"香玉剧社号"战斗机进行义演时的主要剧目；在 1952 年 10 月全国首届戏曲观摩演出中，常香玉以此剧获得荣誉奖；1953 年 4 月，香玉剧社赴朝鲜慰问中国人民志愿军演出；1956 年 10 月由长春电影制片厂拍摄成戏曲艺术片，驰誉大江南北。想当年，一段"谁说女子不如男"的铿锵唱词正好与新中国兴起的扫除大男子主义、解放妇女、主张"妇女能顶半边天"的时代潮流呼应配合，激起了多少初出家门投身社会的女性的心理共鸣。20 世纪 20 年代，京剧大师梅兰芳主演过他和齐如山根据《隋唐演义》编写的 29 场的《木兰从军》，其他如京剧名家叶盛兰、越剧名家袁雪芬、粤剧名家红线女、桂剧名家罗桂霞等，亦相继以各自出色的技艺在梨

---

① 顾若璞《读〈四声猿〉调寄〈沁园春〉》，见明崇祯间刻徽道人评本《四声猿》卷首所引（《四声猿》，周中明校注，上海古籍出版社 1984 年版，第 205 页）。

园舞台上塑造过这位女扮男装英雄的动人形象。就本土剧种而言，迄今上演过木兰戏的除了京、豫、越、粤、桂剧外，尚有昆曲、秦腔、评剧、川剧、潮剧、沪剧、汉剧、楚剧、曲剧、壮剧、莆仙戏、龙江戏、怀调剧、山东梆子、广西彩调、河北梆子、古装乐剧等，共20多个剧种。不同的剧种、不同的文本对木兰故事的处理尽管有这样或那样的差异，但在塑造这奇女子的英雄形象时着力突出其"充满阳刚之气"这点上并无二致。

即使是近年来国内被视为传统木兰题材的重新解读的龙江剧《木兰传奇》（白淑贤主演，曾获国家级大奖并被搬上银幕），一方面紧扣活生生的人性做文章，从"人"和"女人"的角度重新审视木兰女的一生，写出了英雄的儿女情长，刻画了英雄的心灵悲剧，揭示了其在所难免的心灵痛苦与情感冲突；另一方面，又努力让历史上这位传奇女子在此痛苦与冲突的炼狱中升华并成就其英雄人格，该题材固有的英雄主义叙事不但没有被削弱，反而从更深刻层面得到了强化和张扬。由龙江剧名角白淑贤主演的花木兰身上，观众们看到一个山乡少女在国难当头时是如何做出万般无奈而又义无反顾的抉择走上女扮男装上阵杀敌之路，看到一个红妆女子是怎样经历痛苦的心理磨炼从纤弱少女转变成叱咤风云的"男性"将军的艰难过程，看到战争是如何将一个女性推上辉煌的英雄宝座又如何将这个女性纯真的恋情深裹在铁甲之下再毁灭在战火之中，看到一个驰骋沙场的女性是如何清醒地承受着个人难言的精神苦痛又如何自觉地肩负起为国分忧替民解难的社会责任。

由此可见，当今西方影坛演绎或再度阐述"木兰从军"时，对此巾帼英雄身上"阳刚之气"的渲染，不过是对这个东方故事固有主题的照单收取和顺势传达而已，老外在这点上并不比古今中国人有更多的发明；既然如此，就该影片对女主角"阳刚之气"的张扬而言，也就不足以作为"解构了东方主义把中国文化女性化的传统"的证明，不足以作为西方人"对中国女性的描写体现出重新建构的趋势"的证明。辨明这个大前提，有利于我们继续展开以下论析。

二

立足性别批评，我们发现，本土文艺作品中女扮男装功成名就的花木兰形象，实为封建时代受制于男性中心社会的中国妇女渴求消除性别歧视获得男女平等之心理欲望的外化，也是她们假作家之手借梨园之艺营造的一个"白日梦"。作为男性本位社会中女性的心声表达，作为男性本位语境中女性的精神呐喊，"木兰从军"文本在中国女性文化史上无疑具有正面价值和积极意义。同时，又不能不看到，有如传统文学中诸多描写女子易性乔装故事的文本一样，借"女扮男装"表达女性理想的木兰文本，也有其命定的局限性，因为它终归不过是一种借助男权话语（扮男）以谋求女性权利表达的错位话语形式。也就是说，在男性居主的社会结构和意识形态中，当女子为争取自身地位和权益而不得不假借男装乔扮须眉时，当女性为谋求人生价值实现不得不以放弃自身性别角色向男性角色规范认同作代价时，这对女性来说本身就是一种悲剧式的无奈。

一方面，在"扮男"的假面舞会式游戏中，女性自身的性别角色实际上处于被抽空的状态，从中除了看见一个"雄化女性"外还有什么呢？就像天体中反射太阳余晖的月亮，后者自身固有的光芒又何在呢？另一方面，女性在社会政治舞台上的全部成功，也无非是借助"扮男"的游戏才得到暂时满足的。归根结底，"女扮男装"的巾帼楷模塑造模式所强调的男女平等还是以男性价值标准为前提来评判女性，这种所谓"平等"仍是被先入为主地铸定在男性中心的话语权力构架之中。处在男性中心的强势语境中，女儿们似乎老早就被洗了脑子，遗忘了自身母语患上了严重的"失语症"，因为"扮男"的实质无非是从言谈、举止、服饰、外貌、习惯等各方面都让"女人向男人看齐"，女性权利争取也就变味成"女人要当男人"的呐喊，一个性别错位的精神呐喊。须知，一旦什么都被纳入男性思维的轨道，一旦采用男性社会的价值标准来框定女性，后者自身的特质就不可避免地要被忽略、怠慢乃至消解。在这种错位的性别假面式游戏中，自身应有的性别特质处于被抽空状态的木兰女除了是一个"雄化女性"外，还可能指望是什么呢？一个雄性化的女子，其基于自身性别特质的人情味又从何谈起呢？

一个几近"高、大、全"的中性化（无性别）甚至雄性化的英雄符号，其品质其德行可以从理智上唤起我们崇拜和礼赞，但在情感上则似乎始终同我们相隔一层而难有可亲可近之感。如今，随着时代进步和性别批评兴起，这种回避性别特质、缺乏人情味的"铁姑娘"式女性观，遭到了现代理性的质疑。东方人心目中的巾帼英雄花木兰，犹如本土传统戏剧塑造在观众面前的"谁说女儿不如男"的定格形象一样，在其雄化式"英雄"特征得到大力表现的同时，从来都是以抹平性别差异也就是让自身性别特征缺席的"铁姑娘"面貌出现的。因为，"战争让女人走开"，在刻板化的男强女弱的性别叙事中，枪炮战火只能体现刚性的男子汉气质，被划归柔弱群体的女性当然要被排斥在外。于是，在东方文本中被世代讴歌的木兰形象，总是在"扮男"的性别换装中被塑造得英雄气（男子气）有余而女儿味不足。一首《木兰辞》传响千秋，历朝历代，诗人吟之入诗，词家诵之入词，小说家从中演绎敷写出鸿篇巨制，戏曲家由其发挥搬演为梨园杰作，普天下黎民百姓更是对之顶礼膜拜奉祀若神。放眼神州大地，湖北黄冈的木兰山、木兰乡、木兰庙自古有名（见《太平寰宇记》），唐代杜牧也曾作《题木兰庙》诗记之，还有河南虞城、安徽亳县、河北完县等地民间，也都立祠庙奉香火祭拜这位女中英才而把她大大地神化了。如，距离黄河故道 100 公里的虞城县营廓镇周庄村，相传是木兰故里，此地据说从唐时起便为木兰建祠，祭祀已有上千年，祠中有身披果绿战袍黄金铠甲的木兰塑像，尚存元代侯有造撰文的《孝烈将军祠像辨正记》碑。1993 年，虞城县在传说中木兰生日那天（农历四月初八）举办了首届木兰文化节；从 2000 年起，商丘市开始举办两年一届的木兰文化节系列活动，等等。

诚然，人们赞美女中豪杰、崇拜英雄主义无可厚非，可是，在任何造神的运动中，对象一旦被涂上浓厚的神性色彩就难免要冲淡、减弱固有的人性本身。既然性别问题缺席，木兰故事中剩下来可供大肆渲染的，就只有那壮烈威武的英雄故事。况且，在群体意识凌驾于个体生命之上的传统中，在男性气质总被视为优于女性气质的社会中，惯例是崇拜英雄却不惜将其"单面化"推向远离人间烟火的境界，似乎沾染了后者连"hero"这字眼也不纯了。须知，汉语中"英雄"的生物属性是"雄"而非"雌"；英文中，兼含"英雄"和"主角"二义的"hero"的性别归属，也是在社会文化领域处处居主占先的男性。中西方文化史上，作为具有普同意义之总称的、被传统观念视为"创造历史"主体的"英雄"或"hero"这字眼儿，在性别归属上都是作为"一等公民"的男性。由于这种片面化理解英雄的思维定式，由于"女扮男"题材固有的局限性，在东方文学史上，自古以来根据木兰从军故事编码的众多作品，在刻画木兰艺术形象时总是不约而同地倾向"宏大叙事"，多从她身上所体现出的群体道德如爱国思想忠孝观念，以及她的英雄魄力阳刚之气来歌颂她赞美她，却少有人把她放还到作为个体的人的位置，尤其是一个活生生的女性位置上去揣摩其隐微婉曲的内心世界和复杂多样的情感冲突。对此人物角色自身应有的"女性特质"，长期以来都有意无意地回避、淡化、遗忘着；即或偶有涉及，也往往失之肤浅。

传统木兰故事中隐含的上述问题，在"女权主义"呼声看涨的当今西方世界，会不会被影视界的洋编导们注意到呢？或者说，老美拍摄此片，会不会触动"性别"、"女权"这根现代西方社会颇为敏感的神经呢？对此，我们暂且不下断语。不过，当人们津津有味地观赏了这部动画巨片之后，有一点想必是得到大家认同的：尽管该影片并未在性别视角上刻意为之，但为了强化女主角的人情味，为了激发当代人的审美情趣以获得更广泛的心理共鸣，也包括为了追求更好的观赏效果以及营销利益，其在人物处理和事件敷演上动了不少脑筋，也取得了某些未必不值得认可的效果。也就是说，西方编导对此东方题材并未照单全收，他们融入了自己的理解和思考。比如，从主要情节看，该影片的前半部基本是东方原有的木兰替父从军故事，后半部则根据西方编导的发挥来讲述木兰暴露女儿身后经历种种磨难以及最后立功受封；东方故事中木兰为国立功是在"女扮男装"下完成的，西方影片中木兰为国立功主要是在现出女儿身之后。又如，华夏百姓所熟悉的木兰是个喜欢传统女红的乖乖女，《木兰辞》开篇"唧唧复唧唧，木兰当户织"即道明此；到了西式动画片中，木兰却被描绘成一个模样夸张的可爱女孩儿，她顽皮淘气，甚至还屡屡闯祸，有了好些搞笑的情节。再如，东方故事中的木兰是在战争结束之后才"脱我战时袍，著我旧时装。当窗理云鬓，对镜贴花黄"，向军中同伴亮出"同行十二年，不知木兰是女郎"之底牌的，而美式影片在展开叙事的过程中，却早早就向观众揭了女主角的性别谜底，让那个英俊的少年尚（Shang）将军早早就发现负伤的木兰是个妙龄少女，为了求婚，他在片尾竟然一直追到木兰家中去了。

异国他邦的编导围绕木兰的女儿身份大做文章，制造出诸多西洋式笑料来强化影片观赏性，却无意中使被东方传统意念神化得高不可攀的木兰姑娘回到了人间。作为东方故事的西方解读，作为神化题材的世俗演绎，如今这颇有人情味的改编使观众觉得亲切，更容易接受认同。何况，就其根本而言，影片在塑造木兰作为巾帼英雄形象这点上，仍然是尊重故事原型而基本定位不变，只不过多些人的活泼气息，多了些平民化视角中的人文关怀。也许，只有读懂了作为具有七情六欲的人的木兰，才能真正认识作为英雄的木兰。就这样，一个板着面孔以教化为主的东方题材在娱乐化的西式包装中获得了巨大成功，身着古装的木兰姑娘一夜之间成了驰誉全球的国际知名人物，这的确是跨文化传播中饶有意味并值得我们深思的现象。没有"高、大、全"式紧箍咒的耳提面命，享有更多创作自由（改编也是一种创作）的洋编导将木兰女处理成了一个既食人间烟火又顽皮可爱的女孩，以种种世俗气息浓厚的搞笑情节取乐大众。也就是说，西方电影编导对木兰形象的"重新建构"，与其说是重在对"阳刚之气"的渲染，毋宁说是对其作为活生生的人的本性和生活气息的还原与强化。

一个古代东方女子，凭什么扣动现代异国观众的心弦？坦白说，由于该巾帼英雄的庄严神圣形象在东方信仰中定格已久，初看这部以儿童化视角定位、掺入诸多异国情调的笑料，甚至连女主角形象也被大大地漫画化了的影片，吾土观众是很容易产生闹剧式的不严肃感觉的，以为好莱坞那些老外是在故意拿我们历史上的女英雄"开涮"以搞笑取乐。对西方影片这种异于东方常规的文本处理，我们究竟该作何评价呢？也许，除了上述，异国拍此影片多多少少也跟当今学术界屡屡讨论的西方人的"东方主义"情结有关。充满文化优越感的西方人对待东方世界向来是怀着某种"猎奇"心态的，就像看待穆斯林世界的妇女一样，后者在前者心目中总是被罩上一层不可捉摸的神秘面纱，成为前者"窥看"不够的对象。在空气里充溢着饱和的商业化分子的大洋彼岸，赚钱精明的影视制作人偏偏就选中了这样一个性别错位式"女扮男"的古代东方传奇，并且为之涂抹上浓浓的"戏说"色彩，恐怕不能说绝对没有投合西方观众以"窥视"东方为乐的意图，对之我们不应忽视也不必讳言。

三

对中国人文化身份的认识，归根结底，也就是对中国文化形象和文化特质的认识。有关中国文化特征问题的探讨，向来途径很多，也说法很多，各有其优劣，反正是"条条道路同罗马"。其实，从性别视角检讨历史可知，仅仅认为"把中国文化女性化"纯粹是满怀东方主义情结的西方人的独家发明，恐怕也不全是事实。

当年，新文化运动的战将之一鲁迅在致许寿裳信中即说"中国根柢全在道教"，渗透在国人骨子里的以道学精神居多，并提醒以此读史，有多种问题可迎刃而解；先秦老子主张"贵柔守雌"，以他为代表的原始道家学说对上古母性文化遗产的继承，亦为众所周知（20世纪30年代，史学家吕思勉便指出《老子》要义在于"女权皆优于男权"，不同于后世贵男贱女）。现代作家林语堂著《吾国吾民》，第三章专门论说"中国人的心灵"时更明确地以"女性型"归纳其特点，他写道："中国人的心灵的确有许多方面是近乎女性的。'女性型'这个名词为唯一足以统括各方面情况的称呼法。心性灵巧与女性理性的性质，即为中国人之心之性质。"甚至中国的语言和语法，也"显出女性的特征"[1]。的确，在"以农立国"的华夏，在这个农业文明早熟且发达并长久沿袭不变的东方国度里，在这块幅员辽阔的相对说来少险峻也少波涛的大陆型平原上，国人对静美的参悟（例如，苏东坡诗有"静故了群动，空故纳万景"），对柔美的欣赏（须知，华夏戏曲舞台上小生的唱腔和表演就颇为女性化，近世京剧也在"十伶八旦"的局面中向柔美型艺术定格），以及施政治国上视"文治"高于"武功"、为人处世上以仁厚优于劲猛（看看刘备、宋江之类古典小说人物，不难明白这种取向），凡此种种，都在偏爱阴柔的文化气质中表现出与之很深的瓜葛。立足文化人类学的比较视野可知，父权制统治关系的社会模式在中国固然远比在欧洲更强固，延续的时间也更长，但同欧洲社会相比，数千年中国文化又明显地表露出更多的女性化气质，而从发生学的根本上看，这又是自具特色的中华文明演进史所决定的。

由此看来，不单单是西方人"把中国文化女性化"了，而是中国文化原本自古就有某种雌柔化色彩。承认这点，笔者认为并非什么绝对不光彩之事，因为，说中国文化有雌柔或女性气质，不等于说中国文化就是病态和畸形的；说中国文化有雌柔或女性气质，也不等于就是在污蔑中国文化或抹杀中国人的正面形象。换言之，"以女性气质为象征的中国文化特点"跟"以柔弱女性为象征的中国文化特点"，不是可以画上等号的命题。辩证地看，有如男性化的阳刚气质，女性化的阴柔气质对于一种文化形态的

---

[1] 林语堂：《吾国吾民·八十自叙》，作家出版社1996年版，第80—81页。

影响，同样是既有负面也有正面的，关键是在实践层面如何运行；即便是作为性别群体的女人，除了"裹着小脚的病态女性"，还有更多不裹小脚亦非病态的女性，二者不可混为一谈。况且，在学术研究中说西方文化富于男性色彩而中国文化富于女性色彩都不是绝对的，正如我在《中国文化与审美的雌柔特质》一文末尾所言："在古老悠久的中华文化史上，柔性化审美气质有着多角度辐射和多层面渗透，对之作出正面审视和剖析，恰恰有助于我们更深入地把握本土文化的特色和本质。当然，从学术上探讨这种气质，不等于就无视本土文化阳刚的一维。从跨地域、跨文化视野看，说重情感讲伦理更内向的中华文化在气质上偏重柔美，是同重理性讲科学更外向的西方文化相比较而言的。事实上，任何一种文化形态，不论是东方的还是西方的，都必然是阳刚和阴柔双重气质的统一体（正如人类有男有女），可以有偏重而绝对不会有偏废。中华文化，当然也不可能例外。"① 明白这点，对于西方人说中国文化有女性化色彩的言论，一方面我们的确需要警惕他们有可能借此话题将文化歧视隐含其中；另一方面也不必大动肝火，让简单化、片面化的民族主义情绪淹没了我们的学术理智。

仔细想来，国人多年来之所以对把中国文化与女性气质联系起来感到格外敏感，也几乎百分之百地不认同，除了民族自重心理上对异邦话语他方指认的拒绝，根底上恐怕还是跟一种以男尊女卑为底蕴的根深蒂固的传统性别观念不无瓜葛：女性是弱者，是第二性，是次等公民，是与匹夫小人同流者。在此传统性别观念下，任何事物，任何理论体系，任何文化形态，只要跟女性跟阴柔气质一沾边，就有某种贬值、降格、掉价的危险，就有被视为"另类"而遭到主流话语排斥的危险；相反，某种东西一旦跟男性跟阳刚气质挂钩，就有可能成为大众眼中的"绩优股"，成为内涵增殖、地位升格、身份提价的对象。譬如现实生活中，有男子阳刚气的女子往往被看作是"女强人"、"女英雄"，受到社会褒扬；带女子阴柔气的男子则难免被视为"娘娘腔"、"变态者"，遭到世人唾弃。原本是同样性质（性别错位）的现象，却得到世俗截然对立的价值评判，让我们不能不感到很奇怪，也不能不引起警惕和反思。这种传统观念的形成，乃是"冰冻三尺，非一日之寒"；这种传统观念的改变，当然也不是三五天短时期内

---

① 李祥林：《中国文化与审美的雌柔特质》，《新余高专学报》2000 年第 4 期。

就能做到的。不过,作为学术研究者,我们大可不必受此传统性别文化观念影响而"谈女色变";当我们从性别研究角度透视一种文化形态时,还是尽量从中跳脱出来,少受如此这般思维定式的束缚为好。

[原载《南开学报》(哲学社会科学版) 2007 年第 4 期]

下　编

艺术与美学

写形・传神・体道

——中国古典美学形神论述要

形神论是华夏传统美学体系中极富民族特色的理论之一，它广泛涉及作品真实、意象构造、创作方法等一系列重要的文艺美学问题。本文拟从历史与逻辑的双重视角切入，对其作一整体论述。

上篇：历史演进中的逻辑展开

追踪华夏艺术文化发展史可知，中国古典美学形神论起步于对"写形"的追求，成型于对"传神"的标举，深化于对"体道"的自觉。

传统美学形神论滥觞于先秦以来的哲学形神论，而形神作为美学问题明确提出于艺术领域，则以绘画为发端。绘画艺术起步于对"形似"的向往，按古人定义，"画，形也"（《尔雅》），"形，象形也"（《说文》）。这颇具原始意味的定义告诉我们，绘画作为造型艺术，是以摹形造象的方式来直观生动地反映现实世界的。因此，形象塑造跟客观对象在"形"上的似与不似，就天然地成为衡量绘画真实性的第一个也是最起码的标准，尤其在绘画艺术发展的初期是如此。从艺术实践看，传统绘画中最先发达并受到重视的是"写生"艺术。这从出土的原始陶器和今天发现的原始岩画上所刻画的鱼、羊等动物以及人的形象可以窥知。由于上古人类审美力和表现力低下，他们只能粗略的区别和表现对象的最基本特征，所谓"上古之画迹简而意淡"，即指此。但这只是初级阶段的形似，随着写真画（人物肖像）继写生画而起，对形似的追求发展到高级阶段。汉代的人物写真在形似上已达到十分逼真的程度，如《西京杂记》卷二记载：汉元帝时，"画工有杜陵毛延寿，为人形，丑好老少，必得其真"。运用笔法技巧，准确反映人物的外部特征，此乃当时写生画和写真画共同的审美要求。而理论作为实践的反光，当然也未能逸出这时代风尚的轨辙。考察散见于各家著述的文字可知，绘画美学形神论正是肇始于对"形似"的理论自觉。中国历史上率先借"形"论画的，首推先秦时期思想家韩非。据《韩非子·外储说》记载："客有为齐王画者，齐王问曰：'画孰最难者？'曰：'犬马最难。''孰易者？'曰：'鬼魅最易。'夫犬马，人所知也，旦暮罄（见）于前，不可类之（'可'后当脱'不'，应为'不可不类之'——引者），故难。"这里，对绘画提出的审美要求是"形似"，至于"神似"则未涉及。自先秦而汉至魏晋六朝，这种唯"写形"是重的创作美学观有很大市场，时人每每说"存形莫善于画"（《历代名画记》引陆机语）。难怪明人李日华有如下断语："魏晋以前画家，惟贵象形，用为写图，以资考核，故无取烟云变灭之妙。擅其技者，止于笔法见意。"（《竹嬾论画》）随着形神理论在各艺术门类的拓展，画坛"形似"之风亦吹进了文学领域。自汉大赋以来，文学创作追求形似渐成一种社会风尚。沈约即称赞"（司马）相如巧为形似之言"（《宋书·谢灵运传论》），刘勰亦曰："自近代以来，文贵形似……体物为妙，功在密附。故巧言切状，如印之印泥，不加雕削，而曲写毫芥。"（《文心雕龙·物色》）诗歌美学家钟嵘对形似之作也大加褒扬，如他评张协"巧构形似之言"并列之入"上品"（《诗品》）。这种崇尚形似的风气，至唐犹存，托名王昌龄的《诗格》中有语曰"了然境象，故得形似"，遍照金刚《文镜秘府论》所列"十体"亦有"形似体"并释云："形似体者，谓貌其形而得其似。"

对"形似"的追求为中国美学形神论撩开了登场的帷幕，但其理论思维的成熟，则是基于对"形似"反思之上对"神似"的自觉。随着时代进步，人们的审美力和表现力日益提高，艺术家在汲汲追求形似于对象的创作实践中，逐渐发现一个严峻事实，就是"画西施之面，美而不可说（通'悦'）；规孟贲之目，大而不可畏"（《淮南子·说山训》），对对象外形描绘上刻意求似反招致创作不成功——作品缺乏鲜活的审美吸引力。这是怎么回事呢？原来，画者的失败在于"谨毛而失貌"（《淮南子·说林训》）、"规画人形无有生气"（《淮南子·说山训》高诱注），自然主义照相式的摹形妨碍了他们捕捉对象身上那真正感人的"君形者"——统摄一切形与貌的内在精神、内在生命。实践促使人们在看到"形"乃"生之舍"的同时更悟及"神"乃"生之制"。二者的关系是一主一从，不可易位，"以神为主者，形从而利；以形为制者，神从而害"（《淮南子·原道训》）。他们从"神贵于形"的逻辑上推导出"以神制形"的观念，于是汉代萌生出要求传达对象内在"生气"（而不仅仅是外在形貌）的"君形"观念。这一思想，到东晋画家顾恺之处得以明确和完善，顾氏以其对艺术创作中形神关系的深刻体悟和卓绝见识，创造性地提出"以形写神"的著名美学命题，从而率先在历史上扬起了中国美学形神论的大旗。学界曾有人认为顾恺之"重神似而轻形似"，其实，仅从顾氏提出的"以形写神"命题即可看出，他是形神并重，主张形神兼备的。他要求在形似的基础上达到神似，认为在写形体貌上稍有闪失，都可能导致所绘对象"神气与之俱变"。作为中国古典美学形神论的创立者，顾恺之不仅首次在绘画艺术领域明确表述了"传神"的要求，而且率先从理论上阐述了形与神的辩证关系。从不以"形似"为满足而进一步要求"神似"这点上，不难发现顾氏绘画美学观创新的一面；而在主张"传神"的同时又不舍弃"形似"，视后者为达到前者之不可少的前提、基础这点上，又能看出其理论对传统画学继承的一面。若说重"神"标志着他对先前崇尚"形似"观念的突破，那么重"形"则意味着他对此绘画传统思想的继承。唯其有继承又有突破，所以顾恺之提出的不是重神轻形而是形神并重的"以形写神"说①。这种形神兼备的"传神"美学思想，后来更有人把它概括为"意得神传，笔精形似"（张九龄《宋使君写真图赞并序》）或"形真而圆，神和而全"（白居易《画记》）。艺术创作的价值取向从重形移向形神并重，这是历史的一大进步。不过，由于"以形写神"命题原本就诞生于对艺坛汲汲于形似之风的不满，其本身即隐含着"传神"是目的而"写形"是手段的思想，于是，随着肇自先秦哲学的"得意忘象"、"得鱼忘筌"理论，经魏晋玄学的大力弘扬而盛行，随着"传神"理论由画而书而诗文拓展并经历代艺术家美学家张目，晚唐诗歌美学家司空图继顾恺之之后又提出了"离形得似"这别具独创精神的美学命题。跟既讲"神和"又讲"形真"、以后者为达到前者之必要途径的顾氏命题有别，"离形得似"是以他所谓"超以象外，得其环中"为要旨的。在要求艺术作品务必"得其神似"这根本点上，他俩并无二致，但司空图对"形"的看法则迥然相异。依他之见，适度的

---

① 李祥林：《试析顾恺之"以形写神"的绘画美学观》，《社会科学研究》1990年第6期。

"离形"（变形、移形、略形等）不但不会妨碍反而会有助于更好地"传神"。司空氏理论在宋元时期经苏轼、倪瓒等人发挥，对中国封建社会后半期美学影响甚著，成为传统美学形神论中与顾恺之学说并峙的双峰。[①]古典美学对形神问题认识上的两次理论飞跃，其结果便是"神似"取代"形似"成为中国美学形神理论的核心，由此华夏古典美学形神论在学说建构上走向成熟。

随着"传神"观念的树立，中国古典美学形神论又在"体道"意识的日益觉醒中得到深化和升华。"道"是先秦道家哲学美学的核心范畴。老子有言，"道生一，一生二，二生三，三生万物"（《道德经》第四十二章）。道作为"天下母"是世间万有的本根本源，它无始无终，往复无穷，生生不已，是主宰并超越一切有限事物的宇宙生命本体。标举"离形得似"美学观的司空图对老子之学就情有独钟，尝自称"取训于老氏"（《自戒》），在其所著《二十四诗品》里，与"传神"之"神"一样时见提及的就多处有"道"。从艺术形象塑造角度看。这"道"与"神"的关系如何呢？或者说，古人在讨论"传神"时何以会提出"体道"呢？欲明乎此，不妨回顾一下庄子学说中的形神论。庄子弘扬了老子的道论，曾提出"精神生于道，形本于精（神）"（《庄子·知北游》）的哲学命题。其本意尽管是要说"自道而降，便入精神"，实际上却在强调"道"、"神"有别的同时向我们宣明了"道"、"神"相通。"道"不同于"神"，乃指宇宙造化的生命本体；"神"有别于"道"，乃指具体事物的精神本质。不过，从根本上讲，二者又相关相通："神"作为具体事物的精神本质体现着宇宙造化的生命本体；"道"作为宇宙造化的生命本体又融注于具体事物的精神本质。中国美学形神论在提出"传神"时又要求"体道"，正是希望艺术创造者的审美视线从有限穿透到无限（正如从"写形"转向"传神"是从有形超越到无形一样，此乃审美悟性提高和理论思维成熟的标志）。纵观华夏美学发展史，这种"体道"意识实际上已随美学形神论创立而萌芽。作为深受玄风熏陶的魏晋名士，顾恺之在讨论人物画"传神写照"问题时，便初步涉及"道"之表现问题，其评《北风诗》一画曰：

---

① 关于司空图的美学形神观，详见笔者的硕士论文《司空图"离形得似"说与传统美学形神论》，安徽师范大学 1990 年 4 月印制。

"美丽之形，尺寸之制，阴阳之数，纤妙之迹，世所并贵。神仪在心而手称其目者，玄赏则不待喻。"（《论画》）"玄赏"二字，当是从老子学说中"玄览"脱胎而来的术语。老子常用"玄"指称幽深微妙、高远莫测的"道"，故扬雄释曰："夫玄也者，天道也，地道也，人道也。"（《太玄》）《道德经》第十章："涤除玄览，能无疵乎？"所谓"玄览"，即指对"道"的观照。"玄赏"与"玄览"的区别仅在于，前者专指从审美角度对"道"的观照（"赏"即审美欣赏，鉴赏）。顾恺之的本意是说，通过艺术而从审美上去体味"道"。若说顾氏讨论传神问题时对"道"、"神"关系讲得还不够明确，那么，南朝画家宗炳在《画山水序》中提出的"以神发道"则再清楚不过了。对此命题，今人解释多歧。其实，将《画山水序》纳入传统文化语境中仔细审读可知，"神"乃指客观对象之神，"道"乃指宇宙造化之道。宗炳原意当如此：为了表现"道"这宇宙造化之生命本体，艺术家在创造艺术形象时，不只要把握能"媚道"之"形"，更需由此进而捕捉能"发道"之"神"；唯有超越外在有限的"形"去把握对象内在生命的"神"，方能更直接地窥视、发现那作为宇宙造化之生生不息的生命本体——"道"。顾、宗二人不约而同地在讨论传神问题时提及"道"，这绝非偶然。有人说，传统画学所谓"传神"之"神"不仅指"对象的精神（spirit）"，还应包括"从对象身上所体味出的宇宙的 spirit"[1]。此言不无道理。司空图在讲"离形得似"的《二十四诗品·形容》篇中又提出"俱似大道"，其本意借僧肇语言之，也无非是要说"道与神合，妙契环中"（《肇论·涅槃无名论第四》）。这位美学家对"道"的重视较前人更胜一筹，这不但从"道"像一条红线贯穿于《二十四诗品》可得证，而且从他事实上认定"俱道适往"、"由道返气"能更有助于创造"生气远出"的"精神"之作亦可知。司空图不单要求通过"传神"而"体道"，而且希望艺术家站在"体道"——把握宇宙造化生命本体的高度上来俯瞰"传神"作品的创造。换言之，他不仅希望作者通过创造作品去由小（神）窥大（道），且希望其能通过由大（道）观小（神）来创造作品。依他之见，作品之能"生气远出"，就因其能"以神发道"——以自身之神体现宇宙之道；其之能"以神发道"，又因它本身是艺术家"体道传神"——

---

① 洋溟编：《中国传统文化的反思》，广东人民出版社 1987 年版，第 188—189 页。

在把握宇宙之道前提下创造作品之神的结果。若说顾、宗二人是从"传神"角度出发去讲"体道",司空氏则是更进一步从"体道"角度回过头来看待"传神"。从"传神体道"到"体道传神",这在理论发展轨迹上划出一个圆圈,此乃螺旋式上升的圆圈,意味着一种认识上的深化和理论上的完善。

下篇：逻辑展开中的理论建构

从古代美学家由"写形"而"传神"而"体道"的视界转移中,我们不难看出中国美学形神理论的内在逻辑展开过程,这就是从对象再现到主体表现再到生命体验。

一般来说,中国古典美学和艺术以唐代为分水岭,在审美趣味上发生了从重繁缛浓丽到重平淡简远的嬗变,在艺术观念上出现了从倡导肖物写实向标举抒情写意的转型。先秦两汉艺术对"形似"的追求,所看重的是客观对象的艺术再现,其发展到极端,则不免迷失于琐碎的外在写实之中,结果,"纤细过度,翻更失真"(谢赫《古画品录》),滑向自然主义泥潭。唯其如此,这种一味追求照相式再现的"形似"派理论在中国始终影响不大,尤其是唐宋以降,更被艺术家和美学家普遍抨击。杜子美批评同时代画家韩干即云:"干惟画肉不画骨,忍使骅骝气凋丧。"(《丹青引赠曹将军霸》)黄山谷批评一位姓徐的画家亦曰:"徐生作鱼,庖中物耳。虽复妙于形似,亦何所赏?但令馋獠生涎耳。"(《题徐巨鱼》)元明诸家则更是大讲什么"文章之妙,不在步趋形似之间"(汤显祖《合奇序》)、"形似者,俗子之见也"(汤垕《画鉴》)。值得一提的是,唐以前大致是作褒义使用的"形似"术语,在宋元以来的艺术美学论著中则基本变成一个贬义词①。国内美学界有一流行观点认为,中西美学的分野在于西方美学重再现、重写实、重摹仿而中国美学重表现、重写意、重抒情。其实,先秦讲"观物取象"(《周易》),六朝讲"应物象形"(谢赫《古画品录》),五代讲"度物象而取其真"(荆浩《笔法记》),凡此种种,都很难定为艺术中自我表现理论的依据。虽然任何艺术作品在实践上都是"外师

---

① 李祥林:《论"离形得似"说对中国美学的影响》,《西南民族学院学报》(哲学社会科学版)1993年第5期。

造化，中得心源"的主客观统一的产物，但作为兼具艺术家和理论家双重身份的顾恺之，其理论兴趣始终是放在对象之形、神的绘写再现上的，这从他传世的三篇画论不难看出。即使在唐以后，尽管主宰艺坛的思潮渐由重客观写实转向重主观写意，顾氏主张形神兼备的美学形神观，于后世文论、画论中仍时时得到阐扬、发挥，这只消翻翻明清人的美学论著便可知。

"传神"作为华夏美学形神论的核心，这"神"是指对象之神还是指主体之神抑或二者兼指呢？笔者以为是两者兼指。因为实践证明，"传神"之作既为人所创造，就必是黑格尔所谓"诉之于心灵"的精神产品；被艺术家之眼所发现、假艺术家之手所传达出来的对象之"神"，必然会烙上创作主体之"神"的印记，"物之神必以我之神接之"[①]，方有艺术中"传神"作品的诞生。无论在主张"以形写神"的顾恺之时代，还是在标举"离形得似"的司空图时代，或者在高喊"不求形似"的倪云林时代，这都是亘古不移的。不过，在物我之神的偏重（不是偏废）上，此三阶段又有明显差异：在顾氏时代，由于客观写实乃是艺坛主潮，主体之神尚隐蔽在对象之神背后，人们在理论上自觉意识到的主要是后者而非前者（理论上未意识到并不等于说前者在创作实际中不存在）；在司空氏时代，随着主观写意被提高到与客观写实同样重要层面上（这从唐人喊出"外师造化，中得心源"的创作口号可知），主体之神亦跃身前台而与对象之神平分秋色，人们始将二者置于同等高度从理论上加以强调；在倪氏时代，由于写意取代写实而居艺坛首座，对象之神渐受冷落而退隐主体之神背后，这时人们在理论上更看重我之神而非物之神。一言以蔽之，"传神"三阶段可概括为：重对象而略主体→兼重对象和主体→重主体而略对象。司空图在《二十四诗品·洗炼》篇中论及艺术创作时，曾提出"古镜照神"的美学命题。据我分析，它是司空图著作中与"离形得似"同样重要的涉及形神论的命题，其内涵指称乃是"以心照神"，即"指艺术创作过程中主体以虚静空明之心去鉴明（从直觉上把握）对象那远出不尽之神"[②]。顾恺之讲"写神"以"形"，司空图讲"照神"以"心"，一偏重创作对象，一偏重创作主体，理论兴趣分野一目了然。从对客观写物写真的注重，到

---

① 钱锺书：《谈艺录》，中华书局 1984 年版，第 55 页。
② 李祥林：《"古镜照神"新解》，《江海学刊》1990 年第 6 期。

注重主观写心写意的觉醒，正是传统美学形神理论向纵深发展和进步的重要标志。肇自司空图的写意论形神美学观，后来经苏轼、倪瓒等人张目而大成气候。有别于写实论美学形神观，写意论美学形神观为突出主体之神，是以在"形"上对写实的部分牺牲为代价的。以顾恺之为代表的写实论形神观是以主张形、神不可离分之一元论为基础的，其尚未顾及留什么空间给主体之神；以司空图为代表的写意论美学形神观是以主张形、神可以离分之二元论为基础的，其正是从对客观对象之形的汲汲摹写上超越出来后才发现了主体之神自由驰骋的天地。倪云林作画，之所以"逸笔草草，不求形似"（《答张藻仲书》），为的是"写胸中逸气"（《跋画竹》）。明四家之一沈周讲得更坦率，"写生之道，贵在意到情适，非拘拘于形似之间者，如王右丞之雪蕉亦出一时之兴"（《题画》）。唐代王维不拘形似绘雪地芭蕉图，正为"离形得似"的美学理论提供了创作实践范例。究其根本，这被宋人誉为"迥得天意"（沈括语）之佳作，乃是艺术家"以心照神"而非"以形写神"的产物。由此，我们不难看出主张"离形得似"的写意论美学形神观和主张"以形写神"的写实论美学形神观对形、神关系把握上两个重大差异：在"形"上，一方注重，一方看轻；在"神"上，一重客观，一重主观。

作为再现论美学形神观的集大成者和作为表现论美学形神观的开先河者，顾恺之和司空图在中国美学史上的学术地位应是无可怀疑的。再现论美学形神观要求传对象之神，注重对客观对象生命的捕捉；表现论美学形神观要求传主体之神，注重对主体自我生命的展示。但二者在把艺术看作现实个体生命的感性显现并以之为沟通宇宙生命本体的媒介这一根本点上则殊途同归。对艺术本体的终极追问告诉我们，艺术是人为的也是为人的，艺术源自人对生命意义的深沉体验和反思，它是这种具有深刻人文关怀精神的反思和体验的象征化、符号化产物。而人对生命意义的追寻，在中国传统文化模式中，又总是以对现实中物或我之"神"的叩问而以对宇宙造化之"道"的参悟告终的。"艺者，道之形也。"（刘熙载《艺概·自叙》）华夏古典美学与艺术自先秦以来，就十分注重对宇宙生命本体——造化之"道"的体悟和把握。历朝历代艺术家和美学家不仅把对"道"的体悟视为人生最高审美境界，同时也把"道"的表现看作艺术最高审美理想。在苍茫浩漫的时间长河里，个体的生命存在转瞬即逝，昙花一现；宇宙的生命洪流生生不息，亘古永存。也许，正是出于深层的原始的本能的生之忧患意识，人类才学会了审美，创造了艺术，试图借助艺术和审美的双桨驱动人生之舟，冲破个体"小我"生命的有限去观照宇宙"大我"生命的无限，从而获取一种永恒感和不朽感。我们的祖先孜孜以求"天人合一"，把"道"悬为艺术生命实现的最动人辉煌的澄明之境，又何尝不是基于这样一种对生命永恒感的执着和追求呢?!"妙造自然"，此乃中国艺术家美学家高扬的艺术美之理想，而"妙造自然"之"妙"，恰与"玄之又玄，众妙之门"的"道"息息相通。"传神写照"，这是传统美学形神论安排的至上使命，而在此"传神"使命的表层结构下，又积淀着"体道"意识的深层内容。由此，我们豁然发现，中国古典美学形神论有一个自成体系而逻辑严谨的理论构造，这就是以"神"为轴心向两极展开，一端为"形"，由"形神关系"组成该理论的表层结构;一端为"道"，由"神道关系"组成该理论的深层结构，而从"形"到"神"至"道"的递进，正是艺术家审美创造步步深化的审美历程，也就是中国艺术家借助审美创造努力摆脱"形而下"之局限朝着"形而上"之澄明实现心理超越的不懈过程。于是，我们又顿然醒悟，形神论作为华夏美学一大分文，它同样有着与生俱来的那种富有民族特色的以超越为旨归的生命哲学意味。然而，据笔者所知，迄今已有的美学论著对传统美学形神论的探讨，基本上囿于表层而未及其深层，这不能不说是一大遗憾。其实，中国美学形神论设定的中心范畴是"神"，而"神"除了作为古代哲学中与"形"相对、指称人之内在生命的概念使用之外，它在先民意识中还有一更原始古老的含义。追溯历史可知，"形神在春秋各家思想中，未形成对举概念"，此前，"神的含义偏重于人所崇拜的对象方面"。金文中"神"字屡见，从词源学意义上看，"神，从示申。申，电也。电，变化莫测，故称之曰神……神字周以前无示旁，祇作申，此乃申电神三位一体之证明"[①]。在此，"神"的内涵指向不是人的自我生命而是外在于人的自然现象。在认知能力低下的先民眼中，雷电神秘莫测而不可理喻，是他们顶礼膜拜的对象。引申开来，"神"也就被先哲们用作宇宙造化本原及其变化发展原因的解释，如

---

① 张立文:《中国哲学范畴发展史（天道篇）》，中国人民大学出版社 1988 年版，第 662、659 页。

《荀子·天论》所言："列星随旋，日月递炤，四时代御，阴阳大化，风雨博施，万物各得其和以生，各得其养以成，不见其事而见其功，夫是之谓神。"此即所谓"天下之动，神鼓之也"（《张子正蒙·神化》）。但事物变化之终极原因不是"神"而在"道"，"道"作为宇宙万物的生命本源，其变化无穷，故曰"神"（《易·系辞》言"阴阳不测之谓神"，即是此意）。这便是有别于形神论之"精神"的"神"在上古哲学中的又一意指。正因为"神"在华夏传统哲学中一身兼具二义，所以，作为中国美学形神论之核心范畴的"神"也就自然而然地指向两极：形神关系和神道关系。当然，这仅仅是词源意义联系上的考究，从更深层更内在的文化原因看，从理论构造上将形神关系和神道关系统摄一体的还是华夏民族那根深蒂固又源远流长的"天人合一"意识。换言之，正是在这主客相契、物我共感的"天人合一"观念统摄下，华夏民族在我之神和物之神、个体生命和宇宙生命之间觅得沟通、悟出同构，并将此得自直觉体悟的洋溢着终极关怀光辉的生命超越感艺术地形诸作品以存之不朽。

结　语

中国古典美学形神论经过从形到神至道的视界转换，完成了它从再现到表现到体验的逻辑展开，从而建构起一个以形神关系为表层结构、以神道关系为深层底蕴的理论体系；它源于对现实个体生命的追问，成就于对宇宙本体生命的体悟。历来人们对形神论的研究都限于表层而未入其深层，事实上，唯有切入其深层，我们才会发现，中国传统美学形神论的逻辑归属在于它实质是一种生命对有限时空超越的学说，这既是作品艺术生命的超越，更是作者人格生命的超越，前者毋宁说是后者的折射或投影。而这种生命超越意识正是中华民族奋发不息、乐观向上的民族精神的体现。它不仅积淀在传统美学形神论中，也显影在传统美学气韵论、意境论、虚实论、动静论等之中。它是形神、意境、气韵、虚实、动静等一系列华夏古典美学学说共同的逻辑归属。

（原载《学术论坛》1997 年第 2 期）

试析顾恺之"以形写神"的绘画美学观

现存顾恺之画论有三：《魏晋胜流画赞》、《论画》和《画云台山记》，均载《历代名画记》卷五。[①] 这三篇画论包含的美学思想颇丰富，迄今仍然很有借鉴价值。本文拟就顾恺之绘画美学的主体部分——形神观作一探讨。

一

中国传统美学形神论的创立，是以东晋画家顾恺之提出"以形写神"的绘画美学观为标志的。顾恺之对"形"与"神"的看法究竟如何呢？有人曾认为他是"重神似而轻形似"、"重神似而略形似"的[②]。其实不然。笔者认为，顾氏是形神并重的，这不仅从他提出的"以形写神"命题本身能看出，还可由下述两点得到说明：

第一，整个绘画形神论的历史发展。作为魏晋名士，顾虎头在论画重"神似"这一点上，无疑受了汉末魏晋盛行的人物品藻崇尚风神气骨之审美观的影响。但是，同时也须看到，作为人物画家，顾恺之在作画不否弃"形似"这一点上，又恰恰体现了他对绘画艺术特性的尊重。按古人的定义，"画，形也"（《尔雅》），"形，象形也"（《说文》）。由此原始定义可知，绘画作为造型艺术，正是以摹形造象的方式来反映现实的。因此，形象塑造与客观对象在"形"上似与不似，往往成为衡量绘画真实性的起码标准，而在绘画艺术的最初发展阶段，对"形似"的追求尤其如此。即是说，绘画美学形神论的发展是从对"形似"的追求起步的。在顾恺之以

---

① 除《画云台山记》外，其余两篇之标题向有争议，因与本文关系不大，仍从《历代名画记》所定。

② 王兆鹏：《"形神兼备"的文化"土壤分析"》，《社会科学辑刊》1988 年第 1 期。

前，从先秦到西汉，我国绘画及其理论基本上是沿着尚"形似"这条主线行进的，这从散见于各家著述中的零星言论可以窥见一斑（顾氏以前尚无独立成篇的绘画专论）。历史上最先在谈画时提及"形"字者，是先秦的韩非。据《韩非子·外储说》载："客有为齐王画者，齐王问曰：'画孰最难者?'曰：'犬马最难。''孰易者?'曰：'鬼魅最易。'夫犬马，人所知也，且暮罄（见）于前，不可类之（按：'可'后脱'不'字，应为'不可不类之'），故难；鬼魅，无形者，不罄于前，故易之也。"鬼魅是人们想象中的东西，犬马是现实中实有的事物，前者谁也没见过，其形体状貌究竟如何，缺乏衡量标准，所以易画；后者人人皆得见，为人们所熟悉，在"形"上有个衡量画得像与不像的尺度，因而难画。在此，对绘画提出的审美要求是"形似"，"神似"问题全然没有涉及。西汉虽有《淮南子》就绘画形象描写问题提出"君形"说，萌发出要求传对象之神的朦胧意识，但毕竟只是偶然论及，呼声甚微，在当时影响并不大。因此到了东汉，刻画外貌、只求形似的风气依然流行，正如《后汉书·张衡传》所指出："画工恶图犬马，而好作鬼魅，诚以实事难形，而虚伪不穷也。"甚至到魏晋时代，仍然还有人说："存形莫善于画。"① 恰是在这样一种背景之下，顾恺之提出了他的"以形写神"的美学主张，在绘画领域中不仅首次明确表述了"传神"的要求，而且率先阐述了形与神的辩证关系。因此，我们说中国传统美学形神论的真正创立是以顾氏提出"以形写神"说为标志的。从不仅仅满足于"形似"而进一步要求"神似"这点上，不难看出顾恺之绘画美学形神论创新精神的一面；而在要求"神似"的同时又不舍弃"形似"，把"形似"视为达到"神似"之不可少的基础这一点上，又能看出其理论对传统绘画思想继承的一面。换言之，若说重"神"标志着顾恺之对传统尚"形似"观念的突破的话，那么，重"形"则意味着他对这种固有观念的承袭。正因为既有继承又有创新，所以顾恺之提出的是形神并重的"以形写神"说，而不是重神轻形的"离形得似"说（后者是迟至晚唐才由司空图提出的，关于司空图的美学形神论，笔者另有专文探讨）。

　　第二，顾恺之美学形神观的哲学基础。传统美学中的形神理论最初是

---

① 陆机语，见《历代名画记》卷一所引，人民美术出版社 1963 年版。

从先秦哲学中移植过来的。先秦诸子对形神关系问题多有阐发，其中最有代表性的是荀子和庄子的观点。庄子继承了老子的重道轻形观，把道、神、形、物四者联系起来，从唯心主义本体论角度出发将形神关系命题明确化了，他指出："精神生于道，形本于精，而万物以形相生。"（《庄子·知北游》）由此排列可知，庄子正是认为由道而降为神，由神而降为形，由形而降为物。即是说，神高于形，形低于神；形必依赖于神而存在，神则可独立于形之外而存在。因此，应当受到重视的是超乎形之上的神，而居于神之下的形是无关紧要的。由此出发，庄子进而将这种重神轻形思想落实到人格评价上，提出了"德有所长而形有所忘"、"形残而神全"这个对后世哲学和美学有深远影响的观点（魏晋名士草木形骸，唯神是崇的审美观实则源于此）。在《德充符》、《人间世》等篇中，庄子举出大量畸形残废之人来反复说明这种美在神而不在形的观点。晚唐诗歌美学家司空图就形神问题提出的"离形得似"说，正与庄子得神忘形、重神略形的思想一脉相通。司空图在《二十四诗品》里大讲什么"脱有形似，握手已违"、"超以象外，得其环中"、"生气远出，不著死灰"，其实质恰是主张"离象得神"①，"略形貌而取神骨"②，重神似而轻形似。在宋元诗画创作及理论中，不难见到这种肇自庄子而经司空图弘扬的形神观烙下的印迹。与庄子相对，荀子则站在唯物主义立场上提出了"形具而神生"的命题（见《荀子·解蔽》）。意思是说，形体具备了，精神也就随之而产生。这显然是把"形"视为"神"所依存的必不可少的基础、前提。源于荀子的这种形神观为后世唯物主义哲学家们所发挥，汉代桓谭曾以烛火关系来比喻形神关系，他说："精神居形体，犹火之燃烛矣。"（《新论·形神》）烛在火存，烛尽火灭，与此同理，精神依存于形体，没有形体也就没有精神。王充在《论衡·论死》中，也就"精神依倚形体"的问题进行过论证。再往后，唯物论哲学家范缜在其所撰《神灭论》里，更加旗帜鲜明地喊出了"形神不二"、"形神相即"的口号，他说："神即形也，形即神也。是以形存则神存，形谢则神灭也。"既然"形者神之质"而"神者形之用"，那么，离开"形"这个物质基础，作为精神知觉的"神"便无所附丽，难以存在。

---

① 陆时雍：《诗镜总论》，见《历代诗话续编》，中华书局1983年版，第1412页。

② 许印芳：《〈与李生论诗书〉跋》，见《中国历代文论选》第2册，上海古籍出版社1979年版，第202页。

从荀子的"形具而神生"到范缜的"形谢则神灭"，一条红线贯穿始终的就是形与神并重、视前者为后者之基础。顾恺之论画主张"以形写神"，要求在形似的基础上达到神似，认为在写形体貌上稍有闪失都可能导致所绘对象的"神气与之俱变"，就其思想渊源而论，无疑是承此而来的。

二

　　"以形写神"是顾恺之绘画美学形神论的核心命题，出自《魏晋胜流画赞》。何谓"以形写神"？顾恺之就此解释说：描绘人物形象，"若长短、刚软、深浅、广狭与点睛之节，上下、大小、浓薄有一毫小失，则神气与之俱变矣"。此语与"以形写神"出自同一文章。意思是说，替人画像写照当笔笔谨慎，一丝不苟，倘若在绘形点睛上一笔不慎，稍有闪失，都将导致"神气与之俱变"。显然，这是要求把准确的"传神"与精细的"写形"统一起来。古人云："画，形也"（《尔雅》），"度物象而取真"（《笔法记》）。"应物象形"乃是作为造型艺术之绘画的基本特征。就人物画而言，离开了"形似"这个起码要求，连所画对象究竟是谁也让人看不出来，哪里还谈得上更进一步要求传达所画对象之神呢？正如张彦远指出："夫象物必在于形似，形似须全其骨气。"[①]脱离"形似"这个基础，既谈不上"象物"，更不用说"全其骨气"了。"形恃神以立，神须形以存"[②]。作为有深厚理论功底和丰富实践经验的绘画艺术家，顾恺之对形神之间的这种相互依存关系是有清楚认识的，所以他在主张"传神"时并不低估"写形"的意义，提出要"以形写神"，在准确把握"形"之特征的基础上充分地传达出"神"来。他在作为绘画之构图设计的《画云台山记》中就指出"画天师瘦形而神气远"，认为要画出张天师这方外之人"远"的"神气"，就须把握其"瘦形"的特征，以后者来传达前者。此论颇有道理。试想想，倘无视"瘦"之"形"的基本特征，背离"度物象而取真"这个写形体貌的起码原则，将天师这方外之人画成肥头大耳的富态相，还谈得上有"远"之"神气"吗？由此可见，顾虎头作画不唯一般地要求"以形写神"，还更进一步要求以准确无误的"写形"来"传神"。

---

①　张彦远：《历代名画记》卷一"论画六法"，人民美术出版社 1963 年版，第 13—14 页。
②　嵇康：《养生论》，见《文选》卷五十三，中华书局 1977 年版，第 727 页。

顾恺之主张以形写神、形神兼备的美学思想也体现在他对具体绘画作品的评论之中。在《论画》一文里，他说《临深履薄》一作"兢战之形，异佳有裁"，毫无贬形、弃形之意。而对《北风诗》这幅画，他下的评语是"美丽之形，尺寸之制，阴阳之数，纤妙之迹，世所并贵"，将形体之美同尺度联系起来，对其在写形体貌方面所达到的高度技巧评价颇高。又评《醉客》曰："作人形，骨成而制衣服慢之，亦以助醉神耳。"在顾氏看来，《醉客》之所以堪称"佳作"，重要的原因就在善于"以形助神"。这"以形助神"，实为"以形写神"之思想的具体化。最能说明顾恺之既重"神似"又重"形似"的形神观的，莫过于他在《论画》一文开篇就《小列女》和《周本纪》所作的对比性评语。依他之见，《小列女》一画的长处在于"一点一画皆相与成其艳姿，且尊卑贵贱之形觉然易了，难可远过之也"——写形上可谓"尽美"，不足在于"不尽生气"——传神上未能"尽善"；而《周本纪》恰好相反，此作在传神方面堪称"尽善"——"重叠弥纶有骨法"，在写形方面则尚未"尽美"——"然人形不如《小列女》也"。即是说，《小列女》和《周本纪》，一是形似足而神似不足，一是神似足而形似不足，二者都不能算是尽善尽美之作。由此可知，顾恺之提出"以形写神"、形神兼备作为衡量绘画作品之美学价值的标准，既没有"重形轻神"也没有"重神轻形"的偏颇。总而言之，"以形写神"作为顾恺之绘画美学形神论的纲领，其要旨绝非"重神似而轻形似"，而是形神并重，主张形神兼备的。窃以为，要正确把握顾氏形神观之全部，首先不能不辨明此。

对顾恺之提出的"以形写神而空其实对"，有两种解释：一种是认为顾氏肯定"以形写神"，此语意为，画家的目标是"以形写神"，但若所画之人"空其实对"，就不能传神；一种是认为顾氏并不肯定"以形写神"，此语意为，画家若仅抓住所画之人的形体来写神，而所画之人却"空其实对"，就不能达传神之目的。这里涉及如何理解"空其实对"（悟对）与"以形写神"之间的关系。有的研究者认为，"后一种解释可能更符合顾恺之的原意"，甚至断言"顾恺之提出'四体妍蚩本无关于妙处'、'一象之明昧，不若悟对之通神'等论点，否定了'以形写神'的方法"①。但事

---

① 参见叶朗《中国美学史大纲》第二篇第九章第四节，上海人民出版社1985年版。

实如何呢？我们不妨看看顾氏原话。他说："凡生人亡有手揖眼视而前亡所对者，以形写神而空其实对，荃生之用乖，传神之趋失矣。"（《魏晋胜流画赞》）"荃生"稍嫌费解，《中国历代画论采英》注云："荃疑是'鉴'字之误，鉴有镜、照等义，鉴生，意即鉴照人生。"[1] 似通。《中国画论辑要》释曰："荃生恐系'全'字之误。全生与传神对用，即生活的真实。"[2] 此说亦可供参考。笔者认为顾恺之的意思是说，在现实生活中，人的一举一动（"手揖眼视"）总是受周围事物和对象（"所对者"）的刺激而相应发出的，画家要想画出"传神"的作品，就必须从现实生活出发，考虑所画人物与其周围环境的协调、配合关系（"悟对"）；如果全然不顾人物的目光、手势与周围事物的配合、呼应关系而使某一动作的发出失去必然性依据（"空其实对"），这样的作品首先在"写形"上已与生活情理相悖（"荃生之用乖"），自然也就谈不上"传神"了（"传神之趋失矣"）。显然，顾恺之是从所画人物与周围环境的呼应配合关系出发来强调如下一点的：画中人物的神情动作须以现实中人的神情动作为依据，违背生活情理的"写形"是不可能达到"传神"目的的。也就是说，这位绘画美学家的本意并非指"以形"不能"写神"，而是指以违背生活情理之形，即"空其实对"之形无法"传神"。换言之，他强调的是"以形写神而空其实对"则"传神之趋失"，而非"以形写神"则"传神之趋失"。对此，我们不能不加分辨。顾恺之继指出"以形写神"不可"空其实对"后，又进而写道："空其实对则大失，对而不正则小失，不可不察也。一像之明昧，不若悟对之通神也。"在他看来，作画要想"以形写神"，不但不能"空其实对"，而且不可"对而不正"。显然，这里主要是在讨论"悟对"与"传神"的关系。细读《魏晋胜流画赞》可知，顾恺之实是从两个角度或分两个层次来讨论人物画的"传神"问题的：一是"写形"与"传神"的关系，二是"悟对"与"传神"的关系。对于"传神"来说，"写形"是不可少的第一步，"悟对"是不可少的第二步。离开"悟对"，固然谈不上"传神"，但没有"写形"则不但谈不上"传神"，就连"悟对"也谈不上了。顾恺之说"一像之明昧，不若悟对之通神"时，旨在强调"悟

---

[1]　杨大年：《中国历代画论采英》，河南人民出版社1984年版，第91页。

[2]　周积寅：《中国画论辑要》，江苏美术出版社1985年版，第188页。

对"之于"传神"的重要性，绝无贬斥"写形"意思；他说画形点睛"有一毫小失，则神气与之俱变"时，意在突出"写形"之于"传神"的重要性，绝无否弃"悟对"的意思。因此，若把"悟对通神"与"以形写神"作为对立而非互补的命题来理解，那是有违说话者之初衷的。

三

如上所述，顾恺之论画是主张"以形写神"、形神兼备的。可是，他又非常明确地表述过"四体妍蚩本无关于妙处，传神写照正在阿堵之中"的见解。后者与前者是否有矛盾呢？为此，我们有必要考察一下这话是在什么情况下说的。据《世说新语·巧艺》载："顾长康画人，或数年不点目睛，人问其故，顾曰：'四体妍蚩本无关于妙处，传神写照正在阿堵之中。'"（阿堵犹言这个，乃晋宋人常用语，此处指目睛）该处有一要紧字眼长期以来被人们忽视了，就是"或数年不点目睛"（《晋书·顾恺之传》此句引文同）的"或"字，它当是引导我们正确理解说话者原意的关键。"或"的意思是"有的"。"画人或数年不点目睛"的意思是说，顾恺之作人物肖像，有的作品（非所有作品）虽然人物的躯干四肢已基本画成，却好几年不肯下笔点眼睛。旁人不明个中奥妙，去请教他，他便作出了"四体妍蚩本无关于妙处，传神写照正在阿堵之中"的回答。显然，这答语是专门针对某些具体作品（非任何作品）而言的。在他看来，有些作品"传神"的关键在画中人的眼睛而不在其他部位，因此，就这类作品而言，"目睛"比"四体"更重要，只要"目睛"点得妙，"四体"刻画的"妍蚩"似乎也显得不那么要紧了。也就是说，"四体妍蚩本无关于妙处"只是针对某一类作品（以"点睛"为"传神"之重点的作品）而言的，并不是针对所有作品而言的。因而，若把这针对某具体作品的评语当成一个普遍性命题来理解并把它同"以形写神"对立起来，由此做出顾恺之的整个形神观都是"重神轻形"的结论，那就有失偏颇了。何况，就顾氏本人的创作实践看，即便是注重"点目睛"的作品，他也未曾在"绘四体"上随便过。如，顾氏为瓦棺寺绘维摩诘像，短短三天即募得百万钱，此乃画史上有名的"点睛"事例。正是此像，在下笔"点眸子"前，于躯体描绘上就花去了"一月馀日"，如《历代名画记》所载："（恺之）遂闭户往来一月馀日，所画维摩诘一躯，工毕，将欲点眸子……"又如《洛神赋图

卷》，不仅神女那脉脉含情、眷眷不舍的眼神表现得非常生动感人，而且
那轻盈的体态、飘扬的衣带也无一不绘得极其精细。此外，仅从顾虎头指
出"目睛"比"四体"重要这一点上，也无论如何得不出他弃"形"的
结论。归根结底，"目睛"仍属于人"形"的一部分，"点睛"依然无法
脱离"写形"。艺术家"点睛"是为了"让眼睛说话"①，否则，就会像
《淮南子》中所批评的"规孟贲之目，大而不可畏，君形者亡焉"。可见，
"点睛"和"写形"一样，仍然有一个是"以形写形"还是"以形写神"
的问题。怎样才能使"点睛""传神"呢？在顾恺之看来，仅"写形"还
不够（虽不可少），还须"有所对"。他感叹"画'目送归鸿'难"，绘人
物迟迟下不了点睛之笔，就因为要处理好"悟对"关系确非易事。同"目
睛"一样，"四体"亦属人"形"的一部分（二者不可等同，因"形"既
包括"四体"又包括"目睛"），因此，"四体妍蚩本无关于妙处，传神写
照正在阿堵"实际上仍未越出顾氏所说的"以形写神"这个大范围。确切
说，不管是选择"目睛"还是选择"四体"来"传神"，终归不过是"以
形写神"的具体化罢了。

　　顾恺之虽有"传神在目"之说，其实他从未机械地认定只有"目睛"
才能"传神"。依他之见，"以形写神"既可是"借眼传神"，又可是"借
颊传神"，甚至还可能是"借四体传神"（如果在某具体作品中，"四体"
确为"传神"之关键的话）。他为裴楷画像，为了突出其"神明"，特意在
"颊上益三毛"。显然在他看来，此处"传神"的关键不在"目"而在
"颊"，用苏轼的话说，"此人意思盖在须颊间也"。苏轼对顾虎头本意领会
颇深，其作《传神记》云："传神之难在目……其次在颧颊。"他还进一步
总结出"传神之妙在于得人意思所在"的命题，曰："凡人意思，各有所
在，或在眉目，或在鼻口"，不必也不可强求一致。作画者只要抓住每个
人的个性和生活情调的典型特征（"得其意思所在"）并把它突出地表现出
来，就能达到"传神"之目的，获得"举体皆似"的效果，正如顾恺之画
裴叔则"颊上益三毛"、僧惟真画曾鲁公"眉后加三纹"一样。清代画家
沈宗骞亦认为，"人之神有专属一处者，或在眉目，或在兰台，或在口角，
或在颧颊；有统属一面者，或在皮色如宽紧麻皱之类是也"，作画者唯有

---

① 《安格尔论艺术》，朱伯雄译，辽宁美术出版社 1979 年版，第 42 页。

不拘死法，根据不同对象灵活处理，方堪称写照传神之"妙手"（《芥舟学画编卷三·传神》）。的确，顾恺之画人物主张具体对象具体对待，所谓"其于诸像，则像各异迹"（《魏晋胜流画赞》）。在他看来，有的人身上"传神"的顶要紧处在眼，故画此人时尤需注重点睛；有的人身上"传神"的最关键处在颊，故画此人时更应留心绘颊。《历代名画记》卷五记载顾恺之画殷仲堪，因其"素有目疾"，便为"明点瞳子，飞白拂其上"；画谢幼舆，因其"一丘一壑，自谓过之"，便将其"置岩壑中"。这些都是他出于"以形写神"的考虑，在创作中根据不同对象的不同个性和生活特征作不同处理的实际例证。顾恺之作画主张具体对象具体处理，在"以形写神"上并未陷入模式化、公式化这一点，除苏轼外，还有人也看到了，如《宣和画谱卷五·人物叙论》指出："昔人论人物，则曰白晰如瓠，其为张苍；眉目若画，其为马援……至于论美女，则蛾眉皓齿如东邻之女，瓌姿艳逸如洛浦之神……皆是形容见于议论之际而然也。若夫殷仲堪之眸子，裴楷之颊毛，精神有取于阿堵中，高逸可置之丘壑间者，又非议论之所能及，此画者有以造不言之妙也。"细审顾氏画论可知，他的"以形写神"绘画美学观实含有下述意思：艺术家应在全面把握对象形体特征的基础上，通过概括提炼，捕捉对象"形"中那最能表现"神"的部位（无论是眼还是颊或是其他部位）并把它突出鲜明地描绘在作品中，以获得"传神"的最佳效果。毋庸置疑，这实质上已触及对"形"作典型化处理的问题。有人曾怀疑"以形写神"的方法是"企图通过人的自然形态的'形'去表现人的'神'"[1]，这理解恐怕未必准确。

顾氏画论，"自古相传脱落，未得妙本校勘"（张彦远语），加之时隔久远，语多费解之处，以致后人有理解上的种种分歧和争端。本文所述，权作一家之言，若有未当，欢迎指正。

（原载《社会科学研究》1990 年第 6 期）

---

[1] 叶朗：《中国美学史大纲》，上海人民出版社 1985 年版，第 203 页。

论"离形得似"说对中国美学的影响

"以形写神"（出自东晋顾恺之画学）和"离形得似"（出自晚唐司空图诗学）是代表中国美学形神论两大流派的艺术命题，前者的提出标志着中国美学形神论诞生而后者的问世昭示着中国美学形神论成熟。关于顾恺之"以形写神"说的"承前"意义，笔者已有专论①，可供参阅。本文拟从"启后"角度对司空图"离形得似"说的历史影响作一审视。"离形得似"的美学形神观有其深厚的文化渊源和丰富的理论内涵，无论就其历史延续性还是就其影响覆盖面而言，它都堪称传统美学形神论发展史上一重大转折标志，又可谓横越于诸多艺术门类的重要创作法则之一。

"离形得似"说作为转折标志

从历史演进的宏观纵向角度审视，不难发现，正是自司空图以后，中国传统美学形神论发生了三点显著变化，这就是"传神"观念向诗文论拓展、"轻形"思潮在艺术界崛起和"以神写形"在形神论中诞生。

事实上，从顾恺之（约345—406）提出"以形写神"之后直到司空图（837—908）提出"离形得似"以前，整整五百年时间里，"传神"问题之美学讨论基本上都局限于书画领域。唐代诗歌虽有若干论及"传神"之作，但针对的是绘画而非诗文本身，毋宁说那是一种借诗的形式撰写的画论。如元稹《画松》："张璪画古松，往往得神骨。"又如杜甫《韦讽录事宅观曹将军画马图》："国初以来画鞍马，神妙独数江都王。"诚然，"神"这个字眼在唐代诗文论中亦屡见，但细加推究，即可发现，那大都

---

① 李祥林：《试析顾恺之"以形写神"的绘画美学观》，《社会科学研究》1990年第6期。

不是就"传神"问题而言的。如殷璠《河岳英灵集序》曰："文有神来、气来、情来。"其实，此"神来"不过是"指诗歌构思想象的新颖巧妙，它与《文心雕龙·神思》中的'神思'相似"①。杜甫讨论诗歌创作，也常使用"神"这个概念，如"诗应有神助"（《游修觉寺》）、"诗成觉有神"（《独酌成诗》）、"诗兴不无神"（《寄张大彪三十韵》）、"才力老益神"（《寄薛三郎中璩》）、"感激时将晚，苍茫兴有神"（《上韦左相二十韵》）、"读书破万卷，下笔如有神"（《奉赠韦左丞丈二十二韵》）等，但是，如有关研究者指出，这些"神"无非是指"创作的灵感"，即"因客观事物之触发而产生的创作激情"②，与"传神"之"神"谈不上有何直接关系。然而，正是自司空图率先将"传神"观念从画论引入诗论而提出"离形得似"、"古镜照神"后，"传神"或"神似"在后世文学批评中便成了讨论热烈的话题。如，论诗者把"体物肖形，传神写意"看作"诗道之所以为贵者"（屠隆），提出诗"以神气为主"说，认为"诗无神气，犹绘日月而无光彩"（谢榛）；论词者在重形似的同时又要求神似，指出"韩干画马，人入其斋，见干身作马形，凝思之极，理或然也"，为词者亦必如此，方能刨造"形神俱似"的上乘之作（贺裳）；论戏曲者宣称创作当"以意趣神色为主"，强调"文章之妙，不在步趋形似之间"（汤显祖），要求"言一事，极一事之意趣神色而止；言一人，极一人之意趣神色而止"③；论小说者标举"幻中有真，乃为传神阿堵"（睡乡居士《二刻拍案惊奇序》），并针对史书的"实事传神"提出小说艺术的"虚事传神"说，认为"雪芹之书，虚事传神也，然其意中，自有实事"（二知道人《红楼梦说梦》）。诸如此类，不胜枚举。"传神"观念在文坛的流行，原因固多，但司空图的首倡之功，却不可没。

"形似"和"神似"是中国传统美学形神论的一对基本范畴，究其根源，这对范畴产生于魏晋时代，本是人物品藻用语。二者虽同时产生，进

---

① 蒋凡：《文学批评史中之殷璠及其〈河岳英灵集〉》，《古代文学理论研究》第 12 辑，上海古籍出版社 1987 年版，第 149 页。

② 张柽寿：《杜甫诗论刍议》，《古代文学理论研究》第 2 辑，上海古籍出版社 1980 年版，第 193 页。

③ 明末沈际飞为汤显祖文集题词，见《中国古代文学理论词典》，吉林文史出版社 1980 年版，第 589 页。

入文艺美学领域却有先后之别："形似"一语在六朝诗画论中已得到广泛运用，但"神似"作为美学形神论术语，则是自司空图提出"离形得似"说以后，才逐渐跻身于文艺论著中的。对此，笔者已另文探讨[①]。下面，拟着重谈"形似"作为美学形神论术语在司空图前后所经历的褒贬变化。在司空图之前，"形似"不但在诗文领域是作褒义词使用的，即使在书画领域，也还未曾全被视为贬义语，尽管那时的书画美学已从重形走向重神。这一点在形神并重的顾恺之那里不言而喻，即使从谢赫评卫协画"虽不该备形似，颇得壮气"语中，我们也难得出"形似"是贬语的结论。据《法书要录》和《书苑菁华》，王僧虔论书虽云"神采为上，形质次之"，但他仍认为"兼之者方可绍于古人"，这与顾虎头正不谋而合；他评谢综"书法有力，恨少媚好"，也是从既重神又重形的形神兼备角度考虑的。隋唐时期，有展子虔因"动笔形似，画外有情"（《历代名画记》）而受到推崇，有阎立本因"尤工于形似"（《宣和画谱》）而获得赞扬。初唐张九龄论画，既主张"意得神传"，又标举"笔精形似"（《宋使君写真图赞并序》）。盛唐杜子美诗赞画家笔下之鹰云："当时无凡材，百中皆用壮。粉墨形似间，识者一惆怅。"（《杨监又出画鹰十二扇》）后二句之意是说，"画鹰形状象似真鹰，致令看的人无不赞叹"[②]。"形似"正作赞语使用。中唐白乐天论画宣称"画无常工，以似为工"，这"似"之审美要求，既有"神和而全"也有"形真而圆"（《记画》）。从《历代名画记》里，尽管可睹作者对"气韵不周，空陈形似"之作的诟病，但仍能见到"象物必在于形似，形似须全其骨气"这样的词句。也就是说，张彦远尚未全把"形似"当作贬义词语。然而，到了司空图，情况则不同了，他明确指出"脱有形似，握手已违"，竭力主张"离形得似"，旗帜鲜明地把"形似"作为抨击对象。自此以后，随着绘画"写意"思潮兴起和诗歌"神韵"理论风行，"形似"更为文人墨客大加挞伐，成为名副其实的贬语。请看："论画以形似，见与儿童邻"（苏轼）、"逸笔草草，不求形似"（倪瓒）、"写生之句，取其形似，故词多迂弱"（《彦周诗话》）、"画之贵似，岂其形似之贵耶"（《广川画跋》）、"文章之妙，不在步趋形似之间"（汤显祖

---

① 李祥林：《"神似"语源考》，《古代文学理论研究》第 16 辑，上海古籍出版社 1992 年版。
② 孔寿山：《唐朝题画诗注》，四川美术出版社 1988 年版，第 152 页。

《合奇序》）、"形似者，俗子之见也"（汤垕《画鉴》），凡此种种，不胜枚举。诚然，唐宋以后，也有人从正面意义使用"形似"一语，但这并不妨碍我们承认下述事实：在司空图前，"形似"基本上不作贬语使用；自他以后，此语却常常作贬义使用。通常，一提起中国美学史上对"形似"的鄙弃，人们总是首先联想到苏东坡诗《书鄢陵王主簿所画折枝二首》，因为他在讨论"诗画本一律"的问题时，提出了"论画以形似，见与儿童邻；作诗必此诗，定知非诗人"的见解。不仅如此，苏诗之所以成名如许，还由于它震撼诗坛画界，在历史上引起一场长达好几个世纪的争论。参与这场争论的，有宋、元、明、清无数诗人和画家。这场涉及形神关系的旷日持久之争，其余波至今未息。然而，只要我们认真追踪一下历史，即可发现，宋元以来文艺美学领域鄙弃"形似"之风的始作俑者并非苏轼，乃是司空图。

熟悉中国绘画美学发展史的人都知道，在对形神关系的不同看待上，有两个命题很著名：二是"以形写神"，一是"以神写形"。前者提出于司空氏之前，后者产生于司空氏之后。确切地说，"以神写形"四字出自现代国画家石鲁之口。20 世纪 60 年代，石鲁结合自己多年创作经验，用文言文写成《学画录》初稿。在这部著作"造型章"中，画家创造性地提出了"以神写形"的美学观点。他的意思是，艺术家观察事物应先超越现象直接把握本质，以我之神去洞见物之神，物我"神交"，"先神后形"，从神的高度上去俯瞰、把握形，从而创造出"传神"作品。他说，"我之观物，先神而后形，由形而后神，凡物我之感应莫先乎神交，无神虽视亦无睹。神先入为主，我则沿神而穷形"。他还将此观察顺序和表现方法归纳为一个公式："神→形→神"[1]。也就是说，始于"照神"，经由"写形"，归乎"传神"。这显然与主张从形入手、先形后神、以形显神、形备神全的"以形写神"说有所不同，尽管二者之归旨均在"传神"。就对客观对象形神之把握顺序而言，石鲁的"以神写形"说无疑是自有其传统美学的渊源，例如，张彦远认为"以气韵求其画，则形似亦在其间"，石鲁或许从类似论述中受过启示。此外，关于"以神写形"和"以形写神"的差别，有人指出，二者"看去只是神、形字的位置颠倒，然其中却大有深

---

[1]　刘继潮：《"以神写形"试析》，《阜阳师范学院学报》（社会科学版）1982 年第 2 期。

意，顾恺之的'以形写神'，其神为对象之神，其形为对象之形，神自形出，应属自然'实境'，属'无我之境'；石鲁'以神写形'，其神为我之神，其形为我再造之形，形自神出，是心造'虚境'，是'有我之境'"①。这番界定虽未必精当，但毕竟提醒我们，"以神写形"说与"以形写神"说的又一重要差别在于，前者实际上在强调物之神的同时亦强调了我之神，要求物我"神交"，以我之神去"观"物之神。而这，也可能是石鲁从前人那里继承而来的观点。清代人物画家丁皋撰有一部在画坛颇有名声的绘画美学专著——《写真秘诀》（又称《传真心领》），他在该书附篇《退学轩问答》中指出："提神之要：以己之神取人之神也。"并说："吾年近六旬，雅无嗜好，此心莹然，不为外物所扰也。久矣，往往用我之气韵，取人之气韵，恒百不一失焉。"丁氏这"以己之神取人之神"、"用我之气韵取人之气韵"说，实为石鲁标举"以神写形"时提出的"神交"说之先声。而倘将丁氏此说拿去和司空图主张神视心照的"古境照神"说作比较，又不难窥见两者间的某种血缘关系。

"离形得似"说作为创作法则

"离形得似"说的要义在于强调"神似"②。要认清司空图"离形得似"的传神美学观对中国美学的影响，不但可作纵向（历史发展）透视，亦可作横向（艺术门类）扫描。

作为一个美学术语，"离形得似"虽滋生于诗（狭义的"诗"）论土壤，但其触须所向，则远远越出了诗歌美学领域。例如，"离形得似，书家上乘，此中消息甚微"（姚孟起《字学臆参》），此乃书论；"学《离骚》得其情者为太史公，得其辞者为司马长卿……离形得似，当以史公为尚"（刘熙载《艺概·文概》），这是文评；"必神游象外，方能意到环中"（王绂《书画传习录》），这绘画美学命题又显然自"离形得似"的另一表达式"超以象外，得其环中"化用而来。作为一条创作法则，"离形得似"从它诞生起直到今天，始终魂灵不散，在诗歌、绘画、戏曲乃至小说等诸多艺

---

① 林木：《论文人画》，上海文艺出版社1987年版，第46页。

② 关于"离形得似"的内涵，我在硕士论文《司空图"离形得似"说与传统美学形神论》（1990年）中已做探讨，又请参见后来发表的拙文《"离形得似"说的美学内蕴读解》，载《社会科学研究》1999年第3期。

术门类中徘徊游荡，留下它那有别于"以形写神"的斑斑足迹。下面，我们试从诸门艺术中各拈取一个有代表性的美学命题加以剖析，看看"离形得似"这条来自唐代诗论的创作法则是如何在后世文艺和美学中化身变形、延续伸张的。

诗歌："离象得神"。这是明代崇祯年间诗论家陆时雍在其所撰《诗镜总论》里提出的命题。不用说你也会想到，它是"离形得似"的翻版。不过，此非简单套用、拾人牙慧，它的的确确是这位诗歌美学家的读诗心得。在《诗镜总论》里，陆氏以其非凡的才气和敏锐的眼力，审视千古，检讨百家，评析了自汉迄唐（尤其是唐）诗坛的诸多名家名作，或褒或贬，"确有见地，非拾人牙慧者所可比拟"①。其论诗有一鲜明的倾向，就是弃浮艳而取生气、贬形似而主神似。他说，诗之上乘，当"拂拂如风，洋洋如水，一往神韵，行乎其间"，非区区模仿推敲、苦雕细琢之可得者。这样的作品，不但"得意象先"，而且"神行语外"，一唱三叹，余音绕梁，有象外之象、音外之音、味外之味，能给人享之不尽的美感。然而，能臻此"神似"境界的上乘诗作，历来不可多得，因一般人往往迷于言语声色的"形似"之美而难自拔。就历史上诗歌创作实际来看，以下几种对"形似"的追求都极大地妨碍了"神似"之作的创造：一是竞艳尚丽，"精神悴尽"。陆氏指出，晋多能言之士，偏偏诗作多不佳，究其缘由，盖在晋人不懂得"精神聚而色泽生，此非雕琢之所能为"的道理而一味"惟华言是务，巧言是标"，结果，"士衡病靡，太冲病昏，安仁病浮，二张病塞"，殚精竭虑作出的诗却"如丛彩为花，绝少生韵"；二是"雕刻太甚，元气不完"。陆氏认为，中唐诗之所以不如盛唐诗，是因为"盛唐奇趣，在有无之间，可言处常留不尽"，有天然而不造作之真态，有悠远而无穷尽之神韵，相反，"中唐人用意，好刻好苦，好异好详"，其病正在"雕刻太甚，元气不完，体格卑而声气亦降"，用力过头反给人"骨干不顿"之感；三是"意必尽言"，了无余味。他指出，"人情物态不可言者最多，必尽言之，则俚矣。知能言之为佳，而不知不言之为妙，此张籍、王建所以病也"。而"尽言"之病，不唯张、王诗有，元、白诗亦有。尽管元、白"意必尽气，言必尽兴"而"其力足以达之"，但归根结底，"好尽言"总

_____

① 编者按语，见《历代诗话续编》目录，中华书局1983年版。

非值得称道，因为"尽言特烦"，说尽道绝而了无余韵之作是有悖审美规律、令人久而生厌的。正有鉴于这种种现象，陆时雍才大声喊出了"离象得神"的口号，要求诗歌创作者"绝去形容"、"想落意外"、"神往神来"，以创造出"真相显然，生韵流动"的上乘诗作。换言之，他就是要求诗人"超以象外"而"得其环中"。可见，无论就提出动机还是就论述归旨而言，陆时雍的"离象得神"说与司空图的"离形得似"说都是心有灵犀一点通的。陆氏堪称司空氏数百年后的知音。

绘画："不似之似"。这个美学命题在相传为明画家王绂所撰《书画传习录》中已见，所谓"不求形似，不似之似也"。但真正把它自觉运用并从理论上予以阐发的，则是清代大画家石涛。石涛跋画云："天地浑熔一气，再分风雨四时；明暗高低远近，不似之似似之。"又作"不似似之"，其题画诗曰："名山许游未许画，画必似山山必怪；变幻神奇懵懂间，不似似之当下拜。"（均见《大涤子题画诗跋》卷一）此命题曾得到近代艺术大师齐白石、黄宾虹等人褒扬发挥，成为人们常加引用的画坛名言。作为有丰富实践经验和极高理论素养的绘画大师，石涛坚决反对汲汲追求形似、以形似为满足，他说："书画非小道，世人形似耳"（《画语录·附录》）。绘画若仅以形似为鹄的，便谈不上艺术，本来不是"小道"也会蜕变为"小道"了。在他看来，艺术不是生活的简单复制，切忌以对客观事物的机械摹写来代替艺术创造。即使摹写的对象是某一名山，并且画得和它丝毫不差，那也毫无意思，谈不上艺术。而且假若名山有知的话，对此也一定会见怪、生气的（"画必似山山必怪"）。那么，真正的艺术创造又在何处落脚呢？又何以能"似"呢？《画语录》当有助我们解开此谜。石涛自述他五十年前作画，不懂得"山川使予代山川而言"之理，未能从自然山川"脱胎"出来，作画总追求和实有对象一样，也就是"画必似之"。后来，当他从长期实践和反复探索道路上走过来时，方才明白这样画山川，徒得山川之形而难传山川之神。从此，他醒悟了，欲为山川写照，"不可雕琢，不可板腐，不可拘泥，不可牵连"；唯有"于墨海中立定精神，笔锋下决出生活，尺幅上换去毛骨，混沌里放出光明"，方称传神妙手（《缊缊章》）。诚然，在生活真实与艺术真实的关系上，石涛主张"搜尽奇峰打草稿"，但这仅是创作的起点而非归宿。在他看来，要创造具有高度艺术价值的传神之作，有两点缺一不可：客观方面，务必从对山川之形的刻意求似上超脱出来，所谓使"予脱胎于山川"；主观方面，务必使主体和对象"神遇而迹化"，所谓使"山川脱于予"(《山川章》)。超越物象物形，有利于创造"以一治万，以万治一"(《资任章》)的艺术形象；融入我心我神，方能够达至"江花随我开，江水随我起"(《画语录·附录》)的神化境界。这样，画家笔下的山川，将不再是某一实有对象的简单复制，而是现实山川的"陌生化"。从形的角度看，它的的确确"不似"于某一实有山川，难于让后者对号入座；从神的角度看，它作为画家对现实山川概括、提炼、强化的产物，又实实在在反映着("似")后者的生气神韵。即是说，"似"的是神，"不似"的是形。唯其"不似"，故能更"似"；"似"是"不似"的目的，"不似"是"似"的手段。清人题画有"不象之象有神，不到之到有意"(查礼《题画梅》)之说，可借来为"不似之似"下一转语。这样一种艺术创作论，这样一种美学形神观，究竟与"以形写神"多切近还是与"离形得似"更合拍？这，我想已毋庸赘言。

戏曲："遗貌取神"。就整体审美特征来看，中国戏曲艺术显然有别于注重写实的欧洲传统话剧之处，即在它是以写意传神见长的。从某种程度上讲，写意性是中国戏曲艺术的灵魂和生命。有如写意画，它往往不拘形似而更重视神似；不去逼肖某人的容貌，而是着力于传达人物精神；不诉诸真实的舞台环境，而是景随人走，境由人辽；不讲求生活节奏的时间概念，不是制造幻觉把人们推进"正在发生的生活"，而是调动观众积极参与再创作，让他们用想象去补充，"各以其情而自得"。这种写意性不是偶尔的或局部的，而是普遍的和整体的，它渗透、深入中国戏曲之躯的每条血脉、每个骨节，构成后者的内在美学神韵和外在总体风格。所谓"三五步行遍天下，六八人百万雄师，刺绣不见针，行舟不见船"，诸如此类，皆是其体现。这种写意性，具体落实到舞台人物形象塑造上，就是注重"遗貌取神"法则的运用。追求"神似"，注重"传神"，反对"有生形而无生气"(《闲情偶寄》)，此乃中国戏曲艺术的优良传统。在戏曲家和美学家们看来，塑造人物形象只要"神似"充分，外在形貌上的似与不似也就无足轻重了，所谓"优孟学孙叔敖抵掌谈笑，至使人谓死者复生，此岂举体皆似，亦得其意思所在而已"(苏轼《传神记》)。"得其意思"即"得其神似"，优孟(中国戏曲演员之前身)装扮已亡的孙叔敖，尽管"形似"不足，然而"神似"充分，故仍能给观众以"死者复生"的强烈感受。对于戏曲人物形象塑造，"遗貌取神"不但完全可能，有时候，还十分必要。就拿川剧《活捉王魁》来说，起初，蔡月秋扮演剧中人焦桂英，演技本不错，但因在装扮上过求形似："以青油敷脸，不抹粉，捆网子，打水发，暴眼、黑嘴、杠子眉，形象凶煞"，结果观众看了后颇反感，认为这凶神恶煞般的焦桂英实在"做不得状元夫人"。后来，周慕莲演此角色，鉴于前车之覆，便在化妆上做了大胆改进，"施红敷粉，用愁眉，口涂紫红"，力求使形象"美观一点"。实践证明，他这"遗貌取神"之举是成功的，不止得到观众认可，甚至受到了他们的热烈赞扬。① "遗貌取神"作为一条创作美学法则，既为戏曲美学家们从理论上一再探索，也为戏曲艺术家们在实践中自觉运用，它在中国戏曲领域有着强盛的生命力。当代美学家王朝闻在介绍张二鹏扮演美猴王的经验时写道："我们这次在杭州见面谈戏，听他说起他表演所贯彻的'脱形取神'原则。他说猴子用两脚站立着，双膝是相靠和内收着的，倘若演员把这样的动作搬上舞台，显得小气和难看。"张二鹏演的是猴性十足的美猴王，可是"他却不让孙大圣老是抓痒痒"，因那种追求形似的表演"和戏曲的假定性原则相对立，是一种'取形脱神'的自然主义"。张二鹏的见解是，"只要孙大圣的身段带足猴气，带有猴子般的机灵、活泼、步态轻捷等神气"，也就没有必要"强调模拟猴子那些自然形态"了。② 张氏所言，深得王老赞同。值得注意的是，王老在此点出了"脱形取神"与戏曲假定性之间的血肉联系，这实际上是从艺术创作内部规律之根本上确认了"脱形取神"或"离形得似"作为一条美学法则、一种艺术手法在文学艺术中的合法存在权。众所周知，"艺术并不要求把它的作品当成现实"，假定性始终是和艺术（不唯戏曲）结伴而行的。艺术一天不与此伴侣分手，"离形得似"或"遗貌取神"就有它生存一天的土壤。

最后，谈谈小说。注重典型塑造，强调传神写照，此乃明清小说美学一大特色。由于重视人物形象塑造，小说美学受人物画论影响很深，尤其是从顾恺之的"以形写神"、形神兼备说得益甚多。在明清小说评点里，诸如"情状逼真"、"形声兼绘"、"肖貌摹神"、"神理如画"、"神形俱现"

① 《周慕莲舞台艺术》，上海文艺出版社1962年版，第7页。
② 王朝闻：《不到顶点》，上海文艺出版社1983年版，第315—317页。

之类词语屡见不鲜。可以说，要求形神兼备，主张"以形写神"，构成了明清小说美学形神论之主流。正因如此，有的研究者认为："小说理论的强调'传神'是在形神兼备的前提下来讲的，认为传神要以形似为基础，传神一定要借助'形'的摹写，要以'形'写'神'，没有形似，就无以显'神'……'离形得似'的观念在小说理论领域中丝毫没有的。"① 此言大致不错，但有一点需补充，以"略形貌而取神骨"为要旨的"离形得似"说在明清小说美学中，绝非没有留下踪迹。请看，天目山樵评论《儒林外史》说："描写世事，实情实理，不必确指其人，而遗貌取神，皆酬接中所频见，可以镜人，可以自镜。"（《儒林外史新评》）此处不但从艺术创作角度昭然提出"遗貌取神"命题，且以"不必确指其人"和"皆酬接中所频见"分别对"遗貌"和"取神"做出了界说。又，被今人誉为"中国美学史上的一位天才"的金圣叹评点《水浒传》时，曾从审美鉴赏角度再三告诫读者，读此小说观其人物当"略其形迹，伸其神理"（《第五才子书序三》）。须知，《水浒传》是"因文生事"的艺术创造物，其有别于"以文运事"之史书（《读第五才子书法》），就在"一百八人、七十卷书都无实事"（第十三回批语），若"苟其形迹"而不"举其神理"，则失之大矣。由此可见，说"离形得似"观念在小说美学中"丝毫没有"，未免以偏概全。其实，明清小说美学对人物典型塑造之虚与实、幻与真关系的探讨，就其根本而言，并非没有从传统美学中的"离形得似"原理受过滋养。李日华在《〈广谐史〉序》中，借《广谐史》编者的一席话，对小说创作中真与幻、虚与实关系作了精辟阐述。序云：小说通过"笔之幻化"，虽"失史职记载而其神骏在，描绘物情，宛然可睹"。也就是说，小说虽不像历史实录那样一一符合事实，但它在生活真实的基础上通过艺术的幻化变化，仍能写出"物情"，传其"神骏"，给人"宛然可睹"的逼真感。又曰："因记载而可思者，实也；而未必一一可按者，不能不属之虚。借形以托者，虚也，而反若一一可按者，不能不属之实。古至人之治心，虚者实之，实者虚之。实者虚之故不系，虚者实之故不脱。不脱不系，生机灵趣活泼泼然……"显而易见，这主张"不脱不系"的"虚中有

---

① 杨星映：《中国古典小说批评中的人物塑造理论初探》，《中国文艺思想史论丛》第 1 辑，北京大学出版社 1994 年版，第 330—331 页。

实"论正神合于要求"不与物合，亦不与物离"的"离形得似"说。①
"幻中有真"亦是明清小说理论中的常见提法，"幔亭过客"袁于伶在
《〈西游记〉题辞》里写道："天下极幻之事，乃极真之事；极幻之理，乃
极真之理。故言真不如言幻……此《西游》之所以作也。"《西游记》一
书，怪诞不经，读者皆知其中的人物和故事是经过作者虚构，对生活原型
"离形"、变形的产物，是现实生活中所不存在的，故谓之"幻"；但是，
即使像孙悟空、猪八戒这样荒诞离奇的人物形象，若对其性情举止细加捉
摸，认真体会，又能"知其出自何人"，发现其身上含有生活中某一类人
的真实的影子，故谓之"真"。借前引天目山樵的话来说，"幻"即"不必
确指其人"（遗貌），"真"即"皆酬接中所频见"（取神）。在不乏远见卓
识的评论家们看来，《西游记》一书于绘人写物上之所以堪称"传神"佳
作，"正以幻中有真"（睡乡居士《二刻拍案惊奇序》），作者善于遗貌取
神、"离形得似"。

[原载《西南民族学院学报》（哲学社会科学版）1993 年第 5 期，人
大复印报刊资料《美学》1994 年第 2 期转载]

---

① 李祥林：《"离形得似"之"离"一解》，《江海学刊》1991 年第 1 期。

中国画的尚简精神

"西洋画是加法，中国画是减法。"当代著名画家程十发说过这么一句话。倘借前人画论释之，所谓"加法"，无非指"西洋画皆取真境"，"工细求酷肖，赋色真与天生无异"（松年《颐园论画》），形貌采章，历历具足；所谓"减法"，乃是指中国画"以简贵为尚"（恽格《南田画跋》），在中国画家看来，"画不难为繁，难于用减，减之力更大于繁，非以境减，减以笔，所谓弄一车兵器，不如寸铁杀人者也"（程正揆《题石公画卷》）。一般说来，"加法"导向繁，繁则满，满则实，实则容易余味无多；"减法"导向简，简则虚，虚则灵，灵则往往韵味无穷。以"减法"喻示传统中国画之审美特性，的确是巧妙而切中肯綮。

一

在意象经营和意境创构上追求"简"，这是传统中国画，尤其是古代文人画的一大审美特征。古人论画，有"愈简愈佳"（钱杜《松壶画忆》）之说。清盛大士认为"画有四难"，第一便是"笔少画多"、寓繁于简（《溪山卧游录》）；宋黄休复论画标举"逸格"，其突出特征之一即为"笔简形具，得之自然"（《益州名画录》）；论山水者，云"山不在多，以简为贵"（董其昌《画禅室随笔》）；论竹石者，曰"写竹写石，笔简为贵"（《古式堂书画汇考》引明鲁得之语），诸如此类，大有无"简"不成画之势。这尚"简"之风，尤盛行于中国封建社会后半期美学和艺术领域中。纵观历史，以唐代为分水岭，中国画经历了从工笔彩绘向水墨写意的演进，这体现在审美趣味和艺术风格上就是由繁缛浓丽向疏简平淡的嬗变。[1]

---

[1] 李祥林：《说"淡"——中国古典美学范畴札记之一》，《学术论坛》1991 年第 1 期。

就艺术传达媒介而言，中国画主要是经由"减色"和"减笔"而走向"简"之境的。

"减色"指设色赋彩上的简化，色减而有水墨画。"随类赋彩，自古有能"，"水墨晕章，兴我唐代"（荆浩《笔法记》）。唐以前的绘画基本上沿"写实"主线行进，注重对客观物象的"以形貌形"，故多是"以色貌色"、"随类赋彩"的。《释名》给绘画所下之经典性定义就是，"画，挂也，以彩色挂物象也"。唐代青绿、金碧山水发达，更标志着这种彩色画的鼎盛期。然而，绚烂之极，归于平淡。就在色彩鼎盛的有唐一代，随着对绘画抒情达意功能认识的深化，"写意"审美思潮在画坛渐渐觉醒和兴起，人们开始从五色之外的水墨中发现和寻找到一个更利于抒写情志、张扬个性的丰富灿烂的世界。从重色到轻色的变化，在吴道子那"轻拂丹青"、"傅彩简淡"的"吴装"上已见端倪；从敷彩到用墨的转换，则由文人画始祖王摩诘拉开序幕。"王摩诘始用渲淡"（董其昌《画旨》），所谓"渲淡"，也就是"用墨渲染为深浅的颜色，以代替颜色"[1]。王摩诘其人其作皆以冲淡名世，其诗如司空图所言是"澄淡精致，格在其中"（《与李生论诗书》），其画如王原祁所言是"不事粉饰而神彩出焉"（《麓台题画稿》）。正因不事粉饰，不慕华靡，所以，当文人雅士的兴趣中心渐由传统的重"色"移向新兴的重"墨"时，以墨作画便蔚为一时，甚至出现了像张璪、王冶这样狂放不羁的"泼墨"大师。理论上，世传王维所撰《山水诀》率先扬起"画道之中，水墨最为上"的大纛，《历代名画记》作者张彦远更通过抑"色"来扬"墨"，以致有"意在五色则物象乖"的激烈之论，而他提出的"运墨而五色具"则是后世作画者信守不二的法则。宋元以来，随着崇尚萧疏、清淡、简朴、自然的审美意识在美学史上的主角地位的确认，这种取水墨而略五彩的作画倾向尤其突出。明四家之一沈石田诗"丹青隐墨墨隐水，其妙贵淡不数浓"（《题子昂重江叠嶂卷》），正道出个中消息。

"减笔"指运笔用线上的简化，笔减而有写意画。以人物画为例，唐以前基本是工笔，这类画遵循"以形写神"原则，讲求对对象的精工描绘，顾虎头那"紧劲联绵如春蚕吐丝"的"高古游丝描"堪称代表。顾氏

---

① 徐复观：《中国艺术精神》，春风文艺出版社1987年版，第355页。

之画，用笔用线、写形写貌上皆求一丝不苟，人称"密体"。这种作品，就描绘对象而言也能达到形神兼备的境界，但对主体来说，创作时要求内敛、含蓄和理智，主体情意的抒发是退居次要地位的。到了"画圣"吴道子所处的唐代，情况发生了变化，艺术家在传对象之形神的同时又提出抒主体之情意的要求，运笔用线上的革新亦相应而生。吴氏作画，就突破传统中锋用笔的"游丝描"，一变为"磊落挥霍如莼菜条"，再变为有宽有窄、时快时慢、或轻或重的"兰叶描"。如此更富力度、动感的线条当然更有利于作画者达意抒情。相传，吴道子为长安兴善寺画佛像圆光，"不用尺度"，"立笔挥扫，势若风旋"，炽烈的情感随着运笔挥毫有如山洪倾泻，以致"观者喧呼"，轰动全城。《历代名画记》谓吴生作画"气韵雄壮，几不容于缣素；笔迹磊落，遂恣意于墙壁"，正道出其挥毫写意的特点。类似写意作品，较之工笔界尺，在用笔用线上当然是弃"密"就"疏"的，借张彦远语，可谓"笔才一二，像已应焉，离披点画，时见缺落，此虽笔不周而意周也"。张氏论画分"疏"、"密"二体，他虽不否弃前朝以顾恺之为代表的"密体"，但更偏爱当时以吴道玄（吴道子）为代表的"疏体"。他不满于画坛上"汲汲于形似"的风气，视"形貌采章，历历具足，甚谨甚细"之作为"下品"，鄙之为"画家末事"。在这位绘画美学家看来，"死画满壁，曷如污墁？真画一划，见其生气"。吴道了那"离披点画，时见缺落"的减笔减线的"疏体"画作之所以可贵，就因其富有"生气"、神全意足。说到减笔画，人们首先会想到宋代减笔画大师梁楷。若细加推究，为后世减笔写意画开先河者，恰是吴道子这"笔不周而意周"的疏体画。至于元人提出"逸笔草草，不求形似"的口号，不过是从理论上将肇自唐代的用笔用线之"减法"做了极端化发挥。

这种尚"简"精神，非唯古代写意文人画独有，它渗透在整个中国画躯体中；也不仅体现在用笔、用墨之表现手段上，还表现在重虚、"留白"的构图方式上。用简约精练的笔墨去展现深厚丰富的内容，这是古往今来中国艺术家的共识，所以他们总是"惜墨如金"。有人请齐白石作画，见条幅上、下段有物象而中段除一行题款外全是空荡，便埋怨"画得太少"，结果受到齐翁嘲笑，说他全然不懂国画是讲究留白的。的确，中国画在构图上从不主张满幅是画，作画者在泼墨挥毫的同时，总要细心斟酌，在画面上留出几处空着。这空白，这减去笔墨处，作为整幅画的有机组成部分，在特定的艺术氛围中，可以是天空，可以是云雾，可以是水面，也可以不交代是什么，给观赏者留下驰骋想象的余地，让他们"各以其情而自得"，从反复品味中觅得画外之意。因此，"留白"作为中国画之构成要素之一，不但可以衬托、凸显画面主体，而且能够拓展画面意境，丰富作品内涵，可谓是形象、意境的延展继续。这空白不是无，而是意到笔不到，使观者有所想象、有所发挥。所以，前人每每说，"空白即画"（张式《画谭》）；"虚实相生，无画处皆成妙境"（笪重光《画筌》）；"画中之白，并非纸素之白……禅家云：'色不异空，空不异色，色即是空，空即是色。'真道出画中之白，即画中之画，亦即画外之画也"（华琳《南宗抉秘》）。在佛教哲学里，"色"泛指物质现象，"空"乃世界固有特性，"客观世界是空，空的意义不是什么也没有，而是指无实体、无自性而言"[①]。古人借佛学之"空"、"色"关系论喻示"画中之白"即"画中之画"的道理是极耐人寻味的，它提醒我们：中国艺术之"简"非简单浅易之谓，其自有独到深刻的美学内涵。

二

务必指出，我们说的"简"标志的是唐宋以来中国美学发展史上一种自觉的审美意识和艺术追求，它和"上古之画迹简而意淡"那种因主客观条件限制而致的原始本然的"简"不是一回事。这是一种人为的由繁而简的"简"，如清代画家恽格所言："画家以简洁为上。简者，简于象而非简于意，简之至者缛之至也……而或者以笔之寡少为简，非也"（陈撰《玉几山房画外录》引）。南田此语，为我们洞烛"简"之艺术创造玄机指点了门径。

"简于象而非简于意"，是为"简"之创造要义的第一点。"象"指画面外在物象，"意"指作品内在意蕴。"简于象"指绘形写貌上的艺术省略，它要求削尽繁冗，存其精粹。适度"减形"有利于强化作品传神达意的审美效果，这已被创作实践确证。梁楷笔下的李太白像，用笔用墨、绘形绘貌上减到不能再减，省得不可再省，但恰恰通过这内含张力、富有动感的几根线条、几笔墨彩，一个活脱脱的"诗仙"形象跃然纸上。晚年白石老人画虾，写形上故意有所遗略，少画了几条腿，却增强了虾体透明的

---

① 方立天：《佛教哲学》，中国人民大学出版社 1986 年版，第 9 页。

质感，使水中游虾的神韵生气更见盎然。丰子恺笔下的漫画人物，不绘五官却让人自感有一片神韵行乎其中。难怪鲁迅先生也肯定，"传神的写意画，并不细画须眉，并不写上名字，不过寥寥几笔，而神情毕肖"（《五论"文人相轻"——明术》）。绘画艺术之"简"非唯是写形体貌上的"减以笔"，它更要求传神达意上的"非以境减"。换言之，它要求"细节简化"的同时更要求"意境深化"，所谓"笔简而意足"（欧阳修《题薛公期画》）、"笔数愈减而神愈全"（沈宗骞《芥舟学画编》）是也。如英国美学家克莱夫·贝尔所言，造型艺术中的"简化"并不仅仅是去掉细节，它还务必"把剩下的'再现'形式加以改造"而使之具有更隽永的"审美的意味"[①]。唯因"意足"、"意周"，所以梁楷等人画作虽然"简于象"、"笔不周"，仍丝毫无损于观画者审美鉴赏的完整性。而且，恰恰由于这绘形写貌上的"简"，在似与不似、全与不全之间为画家提供了更灵活更自由的创造天地，给接受者留下了更广阔更丰富的玩味空间。作画者想到的多（意足）而画出的少（形减），观画者看到的少而想到的多，双方都以既成现象的少为满足，因为他们尤重神韵意味。而且，正因为"简于象而非简于意"，"简"之作品才使人觉得有味可品，"犹'禅'之有'机'而待'参'然"（钱锺书语）。

适度"减形"、"遗貌"有助于达意传神，这点也可从艺术心理学角度得到说明。心理学研究告诉我们："人只能在同一瞬间内意识到同时作用于他的许多事物的有限部分，其原因一方面是由于感受器接受刺激数量的有限性，另一方面制约于大脑皮层的机能特点"[②]。这种知觉特征决定了心理领域的活动总是趋向一种最经济最平衡最规则的组织状态，如视觉感知过程中，对象总是最大可能地被简化、被特征化的。鲁道夫·阿恩海姆论及视知觉的基本规律时即指出，"人的眼睛倾向于把任何一个刺激式样看成已知条件所允许达到的最简单形状"[③]。又说，"大脑领域中所存在的那种向最简单的结构发展的趋势，能使知觉对象看上去尽可能的简单"[④]。而这"最简单的结构"作为人的知觉能动选择的结果，它又是最能反映对象

---

① ［英］克莱夫·贝尔：《艺术》，周金环等译，中国文联出版公司 1984 年版，第 155 页。
② 曹日昌：《普通心理学》上册，人民教育出版社 1980 年版，第 94 页。
③ ［美］鲁道夫·阿恩海姆：《艺术与视知觉》，滕守尧等译，中国社会科学出版社 1984 年版，第 63 页。
④ 同上书，第 73 页。

本质特征的。这种知觉简化倾向为艺术创作中"简化"法则的运用提供了必不可少的心理前提。在艺术王国里,"简化"作为艺术品的重要审美特征之一,它跟人们日常所谓"简单化"不可同日而语,它"决不是与复杂性相对立的性质";只有当"掌握了世界的无限丰富性,而不是逃向贫乏和孤立时",方能显示出"简化性的真正优点"①。艺术简化的奥义在于:把丰富的意义和多样化的形式组织在一个尽可能简约精练的统一结构中。这要求舍弃对象感性形态中那些非本质的、缺少所需意义的(对传神达意关系不大的)方面,将所保留部分再加整饬、组合、强化,从而营造出一个简约精练、有序统一、更能达意传神、更具厚味余韵的艺术形象。这种减少,乃是非本质因素、无关紧要因素的减少;这种强化,乃是本质因素、至关重要因素的突出。使"形象的结构特征尽量减少",正是为了更"有利于'揭示本质'"②。中国尚"简"的绘画艺术之所以能"愈简愈佳"(钱杜)、"愈简愈入深永"(沈颢),能在笔墨不多的尺幅上展示出许许多多宇宙人生的情趣意味,个中奥妙,盖在于此。

"简之至者缛之至",此乃"简"之创造要义的第二点。简指简约、疏简,缛指繁缛、缛密。简、繁相对,本指两大不同类型的艺术风格,但在擅长辩证思维的中国艺术家眼中,二者又非如冰炭不相容,而是相互渗透、相反相成的。于是,有人要求"繁中置简",有人主张"疏处求密",从繁简交织中去参悟作画之道。清人程正揆有言:"画有繁减,乃论笔墨,非论境界也。北宋人千丘万壑,无一笔不减;元人枯枝瘦石,无一笔不繁"(《清溪遗稿·龚半千画册》)。至简即至繁,至繁即至简,这正是富有东方民族特色的艺术辩证观。基于此,前人论述作画为"简"之道时总是要求"务简先繁"(《二十四画品》),松年指出:"凡名家写意,莫不从工笔删繁就简、由博返约而来,虽寥寥数笔,已得物之全神"(《颐园论画》)。这不禁使人想起法国诗人保罗·梵乐希的一段名言,"朴素有两种,一种是原始的,来自贫乏;另一种生于过度,从滥用中觉悟过来。古典作家的有名的朴素……只能产生于那些过分的丰盛和贮盛着过多的经验的时代之后,由那对于太富足的厌恶而引起把它们化为纯精的概念"(《法译陶

---

① [美]鲁道夫·阿恩海姆:《艺术与视知觉》,滕守尧等译,中国社会科学出版社 1984 年版,第 68 页。

② 同上书,第 175 页。

潜诗选序》，见梁宗岱《诗与真·诗与真二集》）。中国艺术之"简"，作为这种"从滥用中觉悟过来"、由"富足"跃向"纯精"的产物，实质上正是一种超越复杂性的简单，是蕴含着复杂性的简单，是复杂的简单。正因如此，中国艺术家把"简"视为比"繁"更高一层的美（宗白华先生就把中国画从工笔彩绘走向水墨晕章说成是"文明的成熟"），在标举"简"之艺术风格和审美境界时，也总是告诫说"高简非浅"（恽格《南田画跋》）、"必极工而后能写意"（郑燮《题画》），提醒学画者莫要"似是而非"地把"简淡"误作"薄弱"，否则，就会"失之毫厘，谬以千里"（李修易《蓬莱阁画鉴》）。

如上所述，中国艺术之"简"是"简于象而非简于意"。"简于象"不是不要"象"，由此可知中国古典绘画不同于那种一味陶醉在纯形式的点、线、面之"交响"中的西方现代派艺术。中国艺术家之所以能做到"笔简而意不遗"，是因为这"简"来自"博观而约取，厚积而薄发"（苏轼《稼说》）。唐代刘知几论文，标举"一言而巨细咸该，片语而洪纤靡漏"的为文"用晦"之道，他说："作者言虽简略，理皆要害，故能疏而不遗，俭而无阙。譬如用奇兵者，持一当百，能全克敌之功也"（《史通·叙事》）。所谈虽是文，个中道理却相通、适用于画。从艺术形神论角度看，善于"传神"的画家不会在写形体貌上汲汲求似，"谨毛而失貌"，他将在"形"上作筛选，弃繁冗而取精粹，大凡与"传神"关系不大者尽可能略去不计，让更多精力倾注到那最能传神之"形"的把握上，即抓住传神之"形"的关键，也就是"形"中对传神最具有典型意义者。张彦远说："死画满壁，曷如污墁？真画一划，见其生气。"（《历代名画记》卷二）欲使作品神全意足，就须抓住这关键的"一划"，否则，哪怕你殚精竭虑，绘出满纸油彩，也只是"死画"一幅，正所谓"弄一车兵器，不如寸铁杀人"。然而，现实生活现象是复杂纷纭的，怎样才能在其基础上创造出简约精练的艺术形象呢？这就需要"万取一收"（司空图《二十四诗品·含蓄》）的淘炼功夫。万取一收，也就是取一于万，收万于一；执一驭万，博采精收。"万取"和"一收"，正涉及素材搜集和典型创造的辩证关系。博采是精收的前提、基础，精收是博采的归旨、结果。人称倪云林画"天真简淡，一木一石，自有千岩万壑之趣"（《南田画跋》），其实，作画者必是在尽领"千岩万壑之趣"后才有意识地化繁为简，创构这"一木一石"的。就创作者言，是"所知者多，所言者少"（刘熙载《游艺约言》）；对欣赏者说，是所见者少，所得者多。作者唯有"万取一收"，作品方能"一以当十"，读者才得"睹一知百"。大凡有真本事、硬功夫的艺术家，莫不善于从简易平淡中创化出一片意趣盎然、神韵悠远的境界。精练与含蓄往往结伴而行，正如一位当代美学家指出，"作品的艺术价值愈高，就愈含蓄。含蓄的秘诀在于从繁复的情境中精选少数最富于个性和暗示性的节目，把它们融化成一完整形象，让读者凭这少数节目做想象的踏脚石，低徊玩索，举一反三。着墨愈少，读者想象的范围愈大，意味也就愈深永"①。

三

尚"简"的艺术思潮是在唐宋兴起并逐渐蔚为大观的，它和当时风靡的佛教禅宗多有瓜葛。"自唐以来，禅学日盛，才智之士，往往出乎其间"（周必大《寒岩升禅师塔铭》）。文人画始祖王维就受禅风熏染极深，《旧唐书》本传谓之"奉佛，居常疏食"，"不衣文彩"，常"以禅诵为事"。他还曾应神会之请，撰写《六祖能禅师碑铭》。安史之乱后，这位诗画高手更是无心仕途而耽于禅悦，且把参禅领悟的意境融入诗画创作，使其作品风格发生了重大变化。他的诗，淡远空灵，禅意禅趣洋溢字里行间，以致后人赠他以"诗佛"之雅号。其画多山水之作，以气韵为主，变钩研之法为水墨渲淡，使超然空灵的胸襟和萧疏清简的山水化为一体，融禅心与画意于一炉，从而开创了洒脱、简淡、高远的"南宗"文人画风。自此以后，五代的董、巨，宋朝的苏、米，元四家，明四家，新安派、清六家，小四王、后四王，他们作画都不用浓墨重彩，而是简淡到隐隐约约、若有若无之状，在萧疏清淡的笔墨中敞亮出一个幽远深邃的世界。禅宗思想对绘画的影响，尤体现在创作观念的突破上。认定心性本觉、佛性本有，主张明心见性、见性成佛，强调不立文字、教外别传，此乃禅学基本精神。尤其是以惠能为代表的南宗禅，更视日常"念经"、"功课"为无事忙而大加唾弃，要把"学问"简到不能再简，大讲什么"一念若悟，即众生是佛"（《坛经》）。神会进而张扬了这种去繁就简、即心即佛的"顿悟"观，

---

① 《朱光潜美学文集》第 2 卷，上海文艺出版社 1983 年版，第 349—350 页。

指出"正觉"（悟）实现于"一念"之间，所以是"单刀直入，直了见性"。他说："今言坐者，念不起为坐；今言禅者，见本性为禅。所以不教人坐身、住心、入定。"（见胡适校敦煌唐写本《神会和尚遗集》卷三，注称疑此属《南宗定是非论》）主张"顿悟"，连传统的"坐禅"形式也弃而不顾，南宗禅这"简化"原则真正是贯彻到了家。如此禅学精神，波及中国画，在方法论上给后者的重大启示正在："以经济的笔墨获取丰富的艺术效果，以减削迹象来增加意境。"① 如前所述，古人论作画为"简"之道有"弄一车兵器，不若寸铁杀人"之喻，此喻就来自禅家话头，乃宋代禅师宗杲的名言，《朱子语类》卷八还引用过。

　　作为一种审美意识，对"简"的崇尚在中国文化史上又由来甚古。中国传统文化以儒、道两家学说为主干。主张"道法自然"的先秦道家美学，浑身上下都充盈着崇朴尚简精神。《老子》讲"为道日损"（第四十八章）、"俭故能广"（第六十七章）、"少则得，多则惑"（第二十二章）、"治人事天莫若啬"（第五十九章），《庄子》说"素朴而天下莫能与之争美"（《天道》）、"天地有大美而不言"（《知北游》）、"淡然无极而众美从之"（《刻意》），诸如此类，莫不指向为"简"之道，它们在后世中国艺术（非唯绘画）里得到了鲜明体现。黄山谷曰："余初未尝识画，然参禅而知无功之功，学道而知至道不烦，于是观图画悉知其巧拙功楛，造微入妙。"（《题赵公佑画》）他正是从道家的"至道不烦"和禅门的"无功之功"中悟出了为艺用"简"之理。所谓"至道不烦"，也就是《庄子·人间世》的"道不欲杂"。在道家本体论哲学中，"道"是宇宙造化的生命本体、世界万物之本根本源，它"不言"、"无为"、"平易"、"淡然"，既"素"又"朴"；它无边无际、无始无终、不生不灭，就其浑整性而言，可谓"一"，而万事万物皆由它生发而来，所谓"道生一，一生二，二生三，三生万物"（《老子》第四十二章）。世间万物作为各单个存在体，当然是既多又杂的，但是，若从繁乱杂多的外在物象上超脱出来，"以道观之"，则种种差异都将泯然无存，最终"道通为一"（《庄子·齐物论》）。"通于一而万事毕"，出自《庄子·天地》的这一哲学命题，可谓道家"至道不烦"思想的扼要表述，其中所蕴含的寓多于一、执一驭多的辩证法则，实

---

① 钱锺书：《七缀集》，上海古籍出版社 1985 年版，第 10 页。

为中国艺术主张化繁为简、以简驭繁的创作美学观奠定了哲学基础。与偏爱自然的道家美学相比，儒家美学更看重文饰，但也重"文"而不弃"简"，主张"简而文"。《礼记·中庸》："诗曰'衣锦尚䌹'，恶其文之著也……君子之道，淡而不厌，简而文，温而理。"在儒家美学经典《乐记·乐论》中，对"简"的标举更鲜明："大乐必易，大礼必简"，"乐由天作，礼以地制。过制则乱，过作则暴；明于天地，然后能兴礼乐也"。显然，依儒家之见，礼乐之道，简易为上，唯有"明于天地"，顺乎自然，方能不"过制过作"，从而达到真正"兴礼乐"之目的。儒、道两家美学向来分歧甚多，但在推重"简易"这点上，却不谋而合。事实上，在后世以巨大张力制约着中国美学和艺术走向的，正是这种儒、道合流的尚"简"精神。

这种尚"简"的文化意识，在人称"儒道两家之统宗"（熊十力语）的《周易》一书里更昭然可睹。"易"本身即有"简"义，如孔颖达《论易之三名》引郑玄语所释："《易》一名而三义。易简，一也；变易，二也；不易，三也。"对"易简"之奥理，《易传·系辞上》阐发尤详："天尊地卑，乾坤定矣……乾以易知，坤以简能；易则易知，简则易从……易简而天下之理得矣；天下之理得，而成位乎其中矣。"世间的万事万物，人类的思想意识，如此纷纭复杂、博大深奥，面对它们，实难用任何相应的语言、形式或其他手段去一一反映、表达，倒不如化繁为简、以简驭繁最为有效。《易》之卦爻，就那么几根长短线条的组合，却"广大悉备"（《系辞下》），概括并解释了天地间万事万物及其生长演变规律，真可谓是简之又简、省之又省了，但其内涵却又是如此深广、丰厚。一个简简单单的"乾"之卦象，可以"为天，为圜，为君，为父，为玉，为金，为寒，为冰，为大赤，为良马……"；一个普普通通的"坤"之卦象，可以"为地，为母，为布，为釜，为吝啬，为均，为子母牛，为大舆，为文……"（《说卦传》）。这种取约以观博、执简以驭繁的《易》学精神，浸透在整个中国画学之躯的每一条血脉、每一个骨节之中，铸就了后者的内在美学神韵和外在艺术风貌。于是，在有限的画幅上，一条曲线，即宛若一座起伏的山峦；一块空白，却代表万顷碧波的水面；梁楷画中的人，八大笔下的鱼，白石墨里的虾，笔墨简略洗练至极，却生韵奋动，跃然纸上。"删繁就简"、"以少总多"，这既是画理，更是哲理，是用于绘画之哲理，是充盈哲理之画理。如果说，从共时态方面看，"单刀直入"的禅学原则更多是从方法论角度给尚"简"的中国绘画以直接理论启迪，那么，从历时性方面看，"絜净精微"的《易》学精神则主要是从本体论角度给它以深层历史规定。因此，与其说唐宋以来兴起于艺坛的尚"简"审美思潮是前者的直接折射，毋宁说它更是后者千年以后的巨大历史回声。

（原载《东方丛刊》1994 年第 1 期）

论唐代诗歌美学中的贵淡取向

　　唐代是中国古典诗歌发展的鼎盛时期，鲁迅先生就曾有诗到唐已做完之说。唐代又是标志华夏审美意识嬗变的一大转折点：中国古典美学以唐代为分水岭，前半期基本尚"浓"，这从两汉辞赋"采滥忽真"（刘勰语）和六朝诗歌"采丽竞繁"（陈子昂语）可睹一斑；后半期渐渐贵"淡"，这从文人画在画坛崛起和"神韵说"在诗界风行可得印证。认真检视这一转型时期的审美观念和艺术思潮，对于把握中国古典美学的内在脉络和发展规律，无疑是多有裨益的。

一

　　有唐一代，诗运发达，有名家辈出，彪炳千秋万代；有流派纷呈，光耀四面八方。在百舸争流的唐诗河流中，王、孟、韦、柳等人之所以能以不同于他家他派的气度风韵自成一格，就在于他们的诗歌创作体现出一种共同的审美取向——"淡"。宋人即云，"为诗欲清深闲淡，当看韦苏州、柳子厚、孟浩然、王摩诘、贾长江"（《诗人玉屑》）。同为唐代人的白乐天评韦应物诗亦称"其五言诗又高雅闲淡，自成一家之体"（《与元九书》）。明代有名的诗学家胡应麟品评唐诗，更把盛唐以来诗人划分为"古雅"和"清淡"两大派，认为后一派以王、孟、韦、储、常为代表，远宗陶靖节（潜），近承张曲江（九龄）。他说："唐初承袭梁、隋，陈子昂独开古雅之源，张子寿（张九龄字子寿）首创清淡之派。盛唐继起，孟浩然、王维、储光羲、常建、韦应物，本曲江之清淡，而益以风神者也。"又说："四杰，梁、陈也；子昂，阮也；高、岑、沈、鲍也；曲江、鹿门、右丞、常尉、昌龄、光羲、宗元、应物，陶也。"（《诗薮·内编》卷二）张九龄系开元后期有名"贤相"，他晚年遭谗被贬后作有《感遇》诗十二首，诗中借托心林泉而表露洁身自好的名节，人称"雅正冲淡，体合《风》、《骚》"（高棅《唐诗品汇》）。继张而起的有"诗佛"王维，在这位冲淡派大师的笔下，或道"我心素已闲，清川淡如此"（《青溪》），或写"人闲桂花落，夜静春山空"（《鸟鸣涧》），或咏"明月松间照，清泉石上流"（《山居秋暝》），或吟"返景入深林，复照青苔上"（《鹿砦》），去浓艳色，无雕琢痕，宛如一幅幅清新淡雅的水墨画，不仅闲、静、淡、清、空之类体现道旨禅心的字眼使用频率甚高，而且时时处处都透露出"冲而弥和，淡而弥旨"的意境之美。这里，听不见都市的喧闹，也没有世俗的纷争，唯有宁静、恬淡的大自然风景，以及透过这风景呈现出来的诗人那淡泊空明、超凡脱俗之心。至于那位被李白称作"红颜弃轩冕，白首卧松云"（《赠孟浩然》）的孟夫子，更是一生寄情山水，不愿随波逐流、沉浮世事，其人其诗皆以冲和闲淡闻名于世，而且，如闻一多先生所言，其诗"甚至淡到令你疑心到底有诗没有"[①]。当然，这并非指孟诗淡得就像一碗无滋无味的白开水，而是谓其创造不露人工斧凿痕迹，已臻"羚羊挂角，无迹可求"的诗家上境。清人许印芳说，王孟韦柳诗"人但见其澄淡精致，而不知几经淘洗而后得澄淡，几经熔炼而后得精致"（《〈与李生论诗书〉跋》），正道出个中消息。玩味王、孟等人诗，对"淡"之作品的审美特征，大致可以概括如下几点：在设色上，不用浓墨重彩，不取藻绘艳饰，唯求质朴天然，萧疏清淡；在运笔上，既非精雕细刻，又非粗线勾勒，而是点点染染，意到笔随；在情趣上，超脱世俗纷争，寄心山水田园，淡泊明志，宁静致远；在风格上，外表清和平淡而内在意永味长，淡中有旨，亦味在淡外。

创作的前行呼唤着理论的同步。作为对诗坛"清淡"派之美学回应的，是晚唐司空图唯"淡"是尚的诗学理论。在《与李生论诗书》里，司空图提出美在"咸酸之外"、标举"韵外之致"和"味外之旨"的同时，对"王右丞、韦苏州澄淡精致，格在其中"就心慕神往，推崇备至。一部《二十四诗品》用诗歌形式讨论诗歌风格，说"雄浑"谈"清奇"，讲"冲淡"道"绚丽"，似乎"诸体毕备，不主一格"（《四库全书总目提要》卷一九五）。若对其诗学底蕴作深层透视，就会发现这位评诗者骨子里还

---

① 闻一多：《唐诗杂论》，古籍出版社1956年版，第35页。

是倾心冲和淡远之美的，他不但在二十四品中专列"冲淡"一格，且时时流露以冲淡美为宗的意向："落花无言，人淡如菊"（《典雅》）、"浓尽必枯，淡者屡深"（《绮丽》）、"神出古异，淡不可收"（《清奇》）。这散珠般撒落在《二十四诗品》中的"淡"字，当然不是无心而设。他如"绿林野屋，落日气清"（《沉着》）、"月出东斗，好风相从"（《高古》）、"幽人空山，过雨采萍"（《自然》）、"筑室松下，脱帽看诗"（《疏野》）、"空潭泻春，古镜照神"（《洗炼》）、"清涧之曲，碧松之阴"（《实境》）、"如将白云，清风与归"（《超诣》），凡此种种，莫不清旨淡韵，溢乎词表。难怪后人说"司空表圣作《诗品》，凡二十四。有谓'冲淡'者，曰：'遇之匪深，即之愈稀。'有谓'自然'者，曰：'俯拾即是，不取诸邻。'有谓'清奇'者，曰：'神出古异，淡不可收。'是品之最上者"（《带经堂诗话》卷三）。于司空图二十四品中独拈出"冲淡"、"清奇"、"自然"三品，看似割裂其体，实则正得其心，因三品皆可归于"澄淡精致"、"近而不浮，远而不尽"的诗学境界。身为评诗者的司空图非唯在审美趣味上偏爱"淡"，而且他还自觉地从理论高度对其审美内涵和创造要义做出阐释和界定。首先，在他看来，"淡"作为一种艺术风格，非指平庸浅易、淡薄寡味，而是要求淡中有旨、语淡味厚，有韵外之致、味外之旨。他再三强调"淡者屡深"、"淡不可收"，即旨在说明"淡"之风格美特征在于用朴素真率又委婉含蓄的诗歌语言和艺术描写来构建一个内涵丰富、意蕴深远、魅力无尽的审美境界。这种艺术风格的创造，难就难在，它所蕴含的丰厚的思想内容，不是用率语直言一览无余地宣示给读者，而是靠含蓄的艺术语汇予以委婉的表达，言有尽而意无穷，让人寻味不已。正因"诗贵平淡"却非"以拙易为平淡"（薛雪《一瓢诗话》），"淡"之艺术美创造，"看似寻常最奇崛，成如容易却艰辛"（王安石《题张司业诗》），它总是在平淡朴实中见出作者艺术修养和创作功力的深厚。司空图赞美王摩诘、韦苏州诗既"澄淡"又"精致"，正向我们辩证地揭示了"精能之至，反造疏淡"（苏轼《书唐氏六家书后》）之审美创造的奥理。来自唐代诗学的这一思想，在宋元以来美学中得到进一步弘扬。其次，依他之见，"淡"既是一种诗歌风格，又是一种人生境界，唯"人淡如菊"、超世拔俗、性契自然，方能创造"神出古异，淡不可收"的作品。《二十四诗品·冲淡》开篇对创作主体提出要求："素处以默，妙机其微。"郭绍虞注云："平居淡素，以默为守，涵养既紧，天机自会，故云妙机其微。"（《诗品集解》）把主体"平居淡素"视为"冲淡"作品创造的首要前提，这正是强调诗品和人品的统一，认定诗歌风格的"淡"体现着人生境界的"淡"，人生境界的"淡"铸就了诗歌风格的"淡"。后世美学讲作者唯有"心淡若无"方能"愚去智生"而创造"俗除清至"之作（石涛《画语录·脱俗章》），正是这一思想的发挥。

二

尚"淡"思潮在唐诗创作和美学领域兴起无疑是一历史的进步，因为它意味着对一种文坛不良风气的自觉抵制和摒弃。从宏观（中国美学史）角度看，审美趣味的嬗变是以唐代为一大转折点；从微观（唐代美学史）角度看，该转折点具体说来就是中晚唐。胡应麟即指出："大概中唐以后，稍厌精华，渐趋淡静……"（《诗薮·内编》卷十）这启示我们，"渐趋淡静"的诗歌美学观在中晚唐崛起，与当时文坛有识之士"稍厌精华"的审美价值取向有关。须知，"六朝艳丽文风虽为陈子昂、李白所不齿，但在唐代三百年间并未绝迹"[1]。不但如此，这种不良风气在中晚唐诗坛还有复燃乃至泛滥之势，杜牧《感怀诗》即云："至于贞元末，风流恣绮靡。"其具体表现就是"拘限声病，喜尚形似"（元结《箧中集序》）、"雕刻太甚，元气不完"（陆时雍《诗镜总论》），以致千载而下，仍有人诟病"唐之中叶，诗之骨干不顿"（陆时雍语），"晚唐后专尚镂镌字句，语虽工"而终非"浩然盛德之君子"（黄子云《野鸿诗的》）。更有甚者，当时有人竟公然提倡"香艳"、"风流"文学。如《香奁集》作者韩渥在序言中即以己诗在"香艳"上超过"宫体"诗而沾沾自喜，并竭力为"风流"文学张目（五代以来形成的"词为艳科"观当与此风不无瓜葛）。恰恰是在此背景下，诗坛有识之士如司空图等人针锋相对地扬起反潮流大纛，旗帜鲜明地喊出了"浓尽必枯，淡者屡深"的美学口号，在文学创作领域将尚"淡"美学观拔举到空前高度，从而在中国艺术发展史上产生了不可忽视的深远影响。宋人学唐，多以"淡"为宗，苏东坡对司空图诗学理论心慕神往，梅尧臣以"平淡"为他终生艺术追求鹄的，苏舜卿借"古淡"为武

---

① 王明居：《唐诗风格美新探》，中国文联出版公司1987年版，第270页。

器去反对藻饰浮艳文风，凡此种种，即是明证。纵观中国古代文艺发展史，"楚艳汉侈"（刘勰语），这种竞浓尚丽的风气发展下去，难免会导致重形式轻内容的不良倾向，以致有齐梁以来诗歌的轻靡浮华；唐宋诸家标举平淡之美，旨在力矫时弊，重振文风，这实际意味着人们对文艺自身审美规律认识的加深，即从追求华藻艳辞之外在形式美转而追求淡韵远神之内在实质美，在新的审美高度上要求形式和内容的统一。因此，尚"淡"审美思潮的兴起，平淡自然风格的倡举，未尝不是华夏古代文艺美学向纵深发展的一个标志。

　　法国艺术家丹纳指出："自然界有它的气候，气候的变化决定着这种那种植物的出现；精神方面也有它的气候，它的变化决定这种那种艺术的出现。"一言以蔽之，"精神文明的产物和动植物的产物一样，只能用各自的环境来解释"[①]。从时代背景看，唐诗尚"淡"思潮的出现也跟当时的社会文化心理有关。"儒道互补"乃几千年中华民族传统文化心理结构之核心，体现在文人身上，就是既主张"兼济天下"又企求"独善其身"，既追求"功成"又向往"身退"。在他们眼里，人生唯此才算完美无缺。白居易自称"志在兼济，行在独善"，认为反映二者的"讽喻诗"和"闲适诗"最能代表他的为人为诗之"道"（《与元九书》），就说明这点。唐代统治者是儒、道、佛三家思想并重，儒、道经典被列为科举考试的重要内容，佛教亦因武则天、唐宪宗倡扬而大行于世。因此，指导唐代士大夫文人思想和行动的，就不只是儒学。他们不仅有入世的打算，而且有出世的准备。当他们或为满足"功成身退"的美好愿望，或因功名受挫而抱负难以施展，或欲借"终南捷径"以跻身仕途时，那条奉佛学道、退隐林泉之路，便顿时在他们面前开阔起来。"请君看取百年事，业就扁舟泛五湖"（李泌《长歌行》），这是叹咏功成身退；"人生在世不称意，明朝散发弄扁舟"（李白《宣州谢朓楼饯别校书叔云》），是为感慨壮志难酬；"中岁颇好道，晚家南山陲"（王维《终南别业》），此乃厌倦官场生涯而向往萧散优游。这是当时士大夫文人中的一种普遍心态，其典型特征即在希冀从喧嚣、纷争、动荡的世俗生活中超脱出来（即使在行动上实现不了也要在内心中兑现，故有谓渭"吏隐"），寄情山水，啸傲林泉，洁身自处。如此精

---

　　① 〔法〕丹纳：《艺术哲学》，傅雷译，人民文学出版社1963年版，第9页。

神追求，这般心理定式，投射在诗歌创作中，自然便孕育出王、孟、韦、柳那冲和淡远的审美境界和艺术风格。以王维为例，他早年不乏入世用世情怀，其作《从军行》、《燕支行》、《老将行》、《少年行》等诗，或写少年豪迈之气，或咏大将英武之姿，或叙征戍之苦，或奏凯旋之乐，无不体现出盛唐文人那种进取向上的精神，但随着张九龄罢相和李林甫上台，目睹政局动荡和饱尝宦海艰辛的王维深感仕途生活"既寡遂性欢，恐遭负时累"（《赠从弟司库员外绨》），于是"即此羡闲逸，怅然歌式微"（《渭川田家》），开始以一种无可无不可的超然态度对待时政，并从思想和行动上自觉走上了奉佛谈禅、洁身自处之路。心态的转换带来诗风的变化，自然而然，一片充盈道心禅意的冲和、闲淡、静寂、幽远的境界在诗人笔下弥散开来，定格在《鹿砦》、《鸟鸣涧》、《终南别业》、《田园乐七首》等作品中。白乐天晚年诗云："壮志郁不用，须有所泄处；泄为山水诗，逸韵偕奇趣。"（《读谢灵运诗》）尤能说明唐代文人这种曲折复杂的心路历程。

三

唐诗尚"淡"是对"浓"的审美超越，前者不仅仅是对后者的一种简单否弃，而是对立的统一。传统美学里有许多成对的范畴，像情与景、形与神、动与静、刚与柔、巧与拙等，都鲜明地体现出对立统一的朴素辩证意识。"浓"与"淡"相对，标志着两种不同的艺术风格，但在擅长辩证思维的古代艺术家和美学家看来，二者并非如水火不相容，而是相互渗透、相反相成。作为唐代尚"淡"诗学理论倡导者，司空图是历史上率先对"浓"、"淡"之相反相成关系做出辩证探讨的，这集中体现在他对"绮丽"之美的阐释中。本来，"绮丽"这种艺术风格是以文绚辞丽见长的，可是《二十四诗品·绮丽》开篇即云："神存富贵，始轻黄金；浓尽必枯，淡者屡深。"明显，司空氏标举"绮丽"，首重的是"神"——作品内涵的充实饱满，而不仅仅是"形"——文辞的精雕细琢。如前所述，自魏晋六朝以来，片面追求辞采艳丽而忽视作品内容的风气渐成，以致李太白有"自从建安来，绮丽不足珍"之叹。因此风影响，"绮丽"被染上了贬义，在人们心目中似乎成了形式华靡而内容贫乏作品的代称。有鉴于此，这一范畴在唐人诗学中开始被重新加以检讨，人们试着从另一角度去认识、说明、界定它。若说释皎然《诗式》中提出的"至丽而自然"是肇其端的话，那么，司空图的理论则是成其大。后者站在重"神"而非重"形"的高度上对"绮丽"做出全新审视，别出心裁又慧眼独具地将"淡"之范畴引入对本属"浓"之类型的"绮丽"风格美的阐释中。这位诗学家深知，"绮丽"之作若汲汲于藻饰而徒有华丽外表，终归不过是缺乏生气的"死灰"一堆，会产生不良美学效果，所谓"繁采寡情，味之必厌"（《文心雕龙·情采》）。因此，他鄙弃那种汲汲于外在形色之美的"绮丽"，断言"浓尽必枯"，指出"脱有形似，握手已违"，而标举有清和淡远之高致，能"神存富贵，始轻黄金"的本然的"绮丽"。依他之见，在诗歌创作中，欲臻此境，"浓"写非唯一途径，还有"淡"写："浓"和"淡"皆可通向"绮丽"，关键在作品的思想内容。内容苍白，情感贫乏，藻饰虽浓而实浅；内容充实，思想丰富，描绘虽淡而常深。唯因注重"绮丽"之"神"，所以，司空图作为唐诗尚"淡"美学的集大成者，他所高扬的是"本然之绮丽，非同外至之绮丽"（杨廷芝《诗品浅解》）。这种"本然的绮丽"，从追寻"绮"之原始义亦可得一解："绮"与"锦"相对，"织采为文叫做锦，织素为文叫做绮。故不染色彩而织之成文，乃是绮的本色"①。这种"本然的绮丽"，归根结底，它表明"丽非金玉锦绣"，要求"丽语必格高气逸，韵远思深，乃为上乘"（《诗薮·内编》卷五）。

由唐代诗学开先河的有关"浓"与"淡"的艺术辩证法思想，在后世关于"绚烂"和"平淡"之对立统一关系的探讨中得到长足发展，从而形成一套完整的美学理论。苏东坡论文即云："凡文字……渐老渐熟，乃造平淡。其实不是平淡，绚烂之极也。"（见《侯鲭录》卷八）清人叶燮讲得更透彻，他说："绚烂、平淡初非二事，真绚烂则必平淡，至平淡则必绚烂。"（《南疑诗集序》）"绚烂之极，归于平淡"的命题在传统美学中虽出现较晚，但视"绚烂、平淡初非二事"的观念则早在华夏上古文化之结晶的《周易》里已见萌芽。《易·贲卦》是专讲文饰之美的，其卦下离上艮，离为火，艮为山，故其《象》云"山下有火"。火光映照山上草木，其景象五彩斑斓、绚丽夺目是不言而喻的。"贲"所象征的是文绘藻饰之美。但它同时又提出了另一重要命题："白贲，无咎。"（上九爻辞）按王弼注，所谓"白贲"也就是"以白为饰"，最后以"白贲"居上九，正说明

---

① 王明居：《唐诗风格美新探》，中国文联出版公司 1987 年版，第 302 页。

"贲"道之极在于文穷返质,"饰终反素,故任其质素,不劳文饰,而无咎也"(《周易注》)。"贲"指斑纹华彩,绚烂之美;"白贲"指自然本色,平淡之美。作《易》者论"贲"之道,讲这种文那种饰,却归结到"以白为饰"、"饰终反素",这跟后世美学常说的"绚烂之极,归于平淡"恰有直接渊源关系。《易传》解释"贲"既用"饰"(《序卦传》)又用"无色"(《杂卦传》),此和唐代诗学诠释"绮丽"既以"浓"又以"淡",也正好神契意合。尚"淡"艺术思潮诚然是自唐以来方蔚为大观的,但它作为一种审美意识,在源远流长的华夏历史文化中早有深厚积淀。先秦诸子中,高扬"淡"之美者首推老、庄为中心人物的道家美学。他们看重自然,崇尚素朴之美。老子何以如此呢?就因"淡"与"道"息息相关,前者乃后者的固有特性,所谓"道之出口,淡乎其无味"(《老子》第三十五章)。按王弼解释,"无味"即以"恬淡"为味,实乃超乎五味之上的"至味"。作为哲学本体论意义上的"道"是不生也不灭,无始亦无终,具有超时空的永恒性与无限性。"淡"与"道"相关联,也标示着永恒与无限。如徐复观所言,"淡由玄出,淡是由有限以通向无限的连接点"①。道家美学创始人对"淡"的这一界定,从根本上为后世反对以平庸浅易为"淡"而主张"淡者屡深"、"寄至味于淡泊"的文艺美学观奠定了哲学基础。庄子则进一步认为"游心于淡"、"顺物自然"(《庄子·应帝王》)为至高人生审美境界,唯有达此境者方可"观于天地"、"原天地之美而达万物之理"(《庄子·知北游》)。

若对这种崇尚平淡自然观念的文化底蕴再做更深层追踪,我们的视点就不能不落在华夏文化传统和民族心理的固有特征上。中国自古"以农立国",人们一向引以为自豪的是"耕读传家"。华夏民族"恬淡而爱好自然风景"(梁漱溟语)的审美心理定式,就是孕生在此"以农立国"、"耕读传家"之农耕文化温床上的。此外,从文化地理学角度看,中国是大陆型国家,特定地理位置在一定程度上决定了"中国文化只形成其为平原的文化",跟富有冒险精神的海洋型文化不同,大陆平原型文化因"缺乏海之超越大地的限制性的超越精神"(黑格尔语)而较多显示出平静、恬淡、中和的特征,这很容易使人对大自然产生一种亲切怀归的认同感,也不难

---

① 徐复观:《中国艺术精神》,春风文艺出版社 1987 年版,第 364 页。

导致人们审美趣味的天平向喜好平淡自然的一方发生倾斜。毫无疑问，是大陆平原型以农为本的经济生活铸就了华夏民族追求和谐、向往自然、崇尚淡远的文化心理结构，而兴起于唐诗美学中的尚"淡"思潮，正是这一心理结构的历史折射和时代显影。

（原载《殷都学刊》1996 年第 2 期）

论杜甫的书法美学思想

"书画相通"，这是中华美学史上独有的文化现象。杜甫知画又知书，老杜一生作有三千多首诗歌，其传世一千四百多首作品中，论画说书者有好几十首，在中国书画艺术史上具有深远广泛的影响。

一

就书法言，杜甫直接论书之作就有《李潮八分小篆歌》、《殿中杨监见示张旭草书图》、《观薛稷少保书画壁》，而像《八哀诗·赠秘书监江夏李公邕》、《寄张十二山人彪三十韵》等篇亦寄寓着老杜重要的书法美学思想，其他散见于诗歌中有关书法的言论更是屡见不鲜，这类作品如《饮中八仙歌》、《观公孙大娘舞剑器行》（序）、《丹青引赠曹将军霸》、《赠特进汝阳王二十二韵》、《寄刘峡州伯华使君四十韵》、《醉歌行赠公安颜十少府请顾八题壁》、《送顾八分文学适洪吉州》、《赠虞十五司马》、《得房公池鹅》、《醉歌行》、《发潭州》、《壮游》、《摇落》等。唐代书法家中，杜诗言及的有张旭、李邕、虞世南、褚遂良、郑虔、薛稷、张彪、李潮、顾戒奢、韩择木、蔡有邻等人。对年长于甫的草书大家张旭，杜甫十分推崇，诗中一再提及并尊之为"草圣"；在当时即以诗书画"三绝"名世的郑虔，与老杜是过从甚密的"诗酒友"（《历代名画记》卷十），两人的真挚友情在杜诗《醉时歌·赠广文馆博士郑虔》、《八哀诗·故著作郎贬台州司户荥阳郑公虔》、《有怀台州郑十八司户》、《题郑十八著作丈故居》中历历可见。"工画者多书"（《历代名画记》），唐代画家中，初有书法功底而后习画成名者不乏其人，杜诗所谓"画手看前辈，吴生远擅场"（《冬日洛城北谒玄元皇帝庙》）的吴道子是其一。此外，还有画马技艺深得子美推重的曹霸，《丹青引赠曹将军霸》即云其"学书初学卫夫人，但恨无过王右军"。杜诗赞咏的同时代画家里也不乏兼擅书法者，如《韦讽录事宅观曹将军画马图》一诗提及的江都王李绪，就是"多才艺，善书画"（《历代名画记》）。前朝书法家中，工部诗提及的有李斯、蔡邕、钟繇、张芝、卫夫人、王羲之等名家大师，引及的书坛典故有"中郎石经"、"张芝临池"、"逸少换鹅"等。以书体论，杜诗对篆、隶、楷、行、草均有涉及，不可谓不广泛。至于其论书诗中堪称扛鼎之作的《李潮八分小篆歌》开篇即云："苍颉鸟迹既茫昧，字体变化如浮云。陈仓石鼓又已讹，大小二篆生八分……"则以洗练的笔法"叙书之颠末，可谓详尽"（郭曾炘《读杜劄记》），为我们勾勒出中国书法古往今来的发展演变史迹。以上事实表明，杜甫作为一代艺术大师，他在书法艺术方面有着稔熟的知识和厚实的学养。

杜子美"知书"当无可怀疑，接下来，也许有人会问：他本人的书法造诣如何呢？历史上，这是一个有争议的问题。老杜曾因批评韩干画马而在后世引起不少人非议，倪云林即有诗："少陵歌诗雄百代，知画晓书真漫与。"（《画竹歌》）言下之意，杜子美创作的诗篇称雄百代，但其在书画方面却不怎么样。早于倪氏，宋书画家米芾就认定杜"不能书"，他说："老杜作《薛稷慧普寺》诗（指《观薛稷少保书画壁》——引者）云：'郁郁三大字，蛟龙岌相缠。'今有石本得视之，乃是勾勒倒收笔锋，笔笔如蒸饼。"又曰："薛稷书慧普寺，老杜以为'蛟龙岌相缠'。今见其本，乃如奈重儿握蒸饼势，信老杜不能书也。"（《海岳名言》）不过，历史上也有人持见相反，如明代陶宗仪《书史会要》卷五便谓杜甫"于楷、隶、行无不工者"，认为一代诗圣亦善书。与此印证的尚有，元代郑构《衍极》卷下《古学篇》称"太白得无法之法，子美以意行之"，刘有定注曰："子美……善楷、隶、行书。"又，五代牛峤《登陈拾遗书台览杜工部留题慨然成咏》："北厢引危槛，工部曾刻石。"①该刻石或为杜公手迹。又据近人马宗霍《书林藻鉴》卷八引，明胡俨自言"尝于内阁见子美亲书《赠卫八处士》，字甚怪伟"。此说若是可靠，则杜公手迹虽今已无存，但明代尚见，元、明人称杜甫"善书"、"工书"并非无稽之谈。此外，可结合杜诗本身和唐朝制度内、外取证。在《壮游》诗中，杜甫尝自称"九龄书大

---

① 《古典文学研究资料汇编·杜甫卷》上编，中华书局1964年版，第44页。

字，有作成一囊"，可见他从小便打下了良好的书法基础。老杜习书，亦有家学渊源，据《旧唐书·杜审言传》载，其祖父杜审言就颇自负地宣称"吾之书迹，合得王羲之北面"。杜甫晚年作《刘峡州伯华使君四十韵》自述刘、杜世交，称季祖审言和刘祖允济时亦有言："学并卢、王敏，书偕褚、薛能。"自幼生长在"奉官守儒"之家的诗人，受此熏陶而"九龄书大字"便一点也不奇怪。在《赠虞十五司马》中，杜诗开篇即云"远师虞秘监"，并有"凄凉怜笔势"等追怀语。虞指虞世南，其书法得王羲之第七世孙、隋代书家智永禅师亲传，所谓"师秘监，师其书法也"（《杜诗详注》卷十引卢元昌语）。又，《发潭州》诗云："贾傅才未有，褚公书绝伦。"褚指褚遂良，按仇兆鳌的理解，老杜"但举才名书法者，盖借以自方耳"，而"公之善书，此又一证"（《杜诗详注》卷二十二）。虞、褚二人皆名列四大书家（另外两位是欧阳询和杜诗曾提及的薛稷），是初唐书坛二王书风的代表人物，杜甫或奉其为师或借以自比，可见其书承魏晋古脉。自负如其祖父，杜子美作诗也曾自比王右军，如《得房公池鹅》云："房相西池鹅一群，眠沙泛浦白于云。凤凰台上应回首，为报笼鹅随右军。"《杜诗详注》卷十二引《杜臆》："公素善书法，故自比王右军。"还有，《杜诗详注》卷十九注《摇落》句"鹅费羲之墨"引顾宸语："公本善书，故自比羲之。"子美书法敢与"书圣"媲美固未可信，但老杜自幼便奠定了不差的书法功底则是不必怀疑的。

就外证来看，有唐一代，书法空前盛行与皇家重视和提倡有关。据《宣和书谱》，太宗、玄宗、肃宗、代宗、德宗、宣宗、昭宗皆能书，尤以太宗为最。唐太宗置弘文馆，选贵臣子弟为学士，以国家所藏法帖令其学习，后又扩大范围，广征善书者入馆，上行下效，蔚然成风。尤有甚者，书法还成为唐代取士标准之一。"唐立书学博士，以身、言、书、判选士，故善书者众。"（康有为《广艺舟双楫·干禄第二十六》）不仅在科举的六个科目中有"明书"一科，而且吏部铨选官员"四才"之三亦为"书"，如洪迈《容斋随笔》卷十"唐书判"条载："唐铨选择人之法有四：一曰身，谓体貌丰伟；二曰言，言辞辩正；三曰书，楷法遒美；四曰判，文理优长……既以书为艺，故唐人无不工楷法。"杜佑《通典》卷十五"选举"亦曰："武夫求为文选（当文官——引者），取书判精工，有理人之才而无殿犯者。"唐代文人工书是事实，如老杜

《饮中八仙歌》提及的贺知章，其书名虽被其文名所掩，但据古籍载录，他"善草、隶，当世称重"（《宣和书谱》卷十八），是一位有名的书家，连吴道子早年也曾从他和张旭"学书"（《历代名画记》卷九）。此外，"从近年敦煌千佛洞发现的唐朝人写经卷子看起来，有许多不著名的经生书手，大都落笔秀雅，结体茂美，可见唐朝能书的人是很多的"[①]。既然如此，若说身处"以书为艺"时代又素有从政怀抱的文士杜子美"不能书"，显然有悖情理。

明乎上述事实，下面我们就可以分别从审美观和创作论二视角切入，进而探视这位知书又能书的唐代"诗圣"的书法美学思想。

二

提起杜甫的书法审美观，人们首先会想到他标举的那个在书法美学史上影响大又争议多的美学命题——"瘦硬通神"。在《李潮八分小篆歌》中，老杜先叙说书之源流，而后写道："秦有李斯汉蔡邕，中间作者绝不闻。峄山之碑野火焚，枣木传刻肥失真。苦县光和尚骨立，书贵瘦硬方通神。"据郭曾炘解释，除秦朝李斯外，"杜盖深惜两汉书家之姓名弗传，而其中烜赫当时、传于后世者，惟一蔡中郎耳。故曰绝不闻，难之也，非薄之也。两汉作者有闻于后惟一中郎，而中郎书体百变，其间近于瘦硬者惟一苦县光和碑耳，故曰尚骨立。尚者仅词，亦难之，非夸之也"（《读杜劄记》）。意思是说，秦汉书家中仅李、蔡得以传名后世，可惜就连他俩的作品也或因"野火焚"或因"刻失真"而使后人难睹真貌，幸有苦县光和碑尚存，犹能让我们得以领略其以骨力美取胜的"瘦硬通神"风采。李斯篆书，康有为证以琅琊、泰山诸刻石曰："相斯之笔画如铁石，体若飞动，为书家宗法。"（《广艺舟双楫·说分第六》）关于蔡书，梁武帝萧衍指出："蔡邕书骨气洞达，爽爽如有神力。"（《书法钩玄》卷四《梁武帝评书》）可见杜甫论李、蔡书重骨并非无根游词。然而，在子美所处时代，社会风尚使然，书风"皆趋于肥"（郭曾炘语），能秉承"瘦硬"古脉作书者属麟角凤毛，鲜有所见。尤喜甫之外甥李潮能步李、蔡，故老杜继而不无激动地写道："惜哉李蔡不复得，吾甥李潮下笔亲。尚书韩择木，骑曹蔡有

---

① 常任侠：《中国书法艺术》，见《美学和中国美术史》，知识出版社 1984 年版，第 98 页。

邻，开元以来数八分，潮也奄有二子成三人。况潮小篆逼秦相，快剑长戟森相向。八分一字值百金，蛟龙盘拿肉倔强（《读杜诗说》作者施鸿保甚至认为此'肉'字或为'骨'之误——引者）。吴郡张颠夸草书，草书非古空雄壮。岂如吾甥不流宕，丞相中郎丈人行。"张旭乃众所周知的草书大家，韩择木、蔡有邻据欧阳修《集古录》载，同李潮一样是"唐世以八分名家者"。据黄庭坚《山谷题跋》卷四《跋张长史千字文》指说，张旭草书风格有别于怀素之"瘦"，"长史草工肥"。又据胡仔《苕溪渔隐丛话》前集卷十四："唐初字书得晋宋之风，故以劲健相尚，至褚（遂良）、薛（稷），则尤瘦硬矣，开元、天宝以后，变为肥厚，至苏灵芝辈，几于重浊。"显而易见，时尚趋肥，张书"非古"亦盖在其体丰肥，而由李、蔡所传之古脉乃是"瘦硬"。杜甫在诗中先叙书之源流后又借当朝书家作陪衬，表层是意在褒扬其甥李潮法古人而不随流俗的书风，深层却旨在纵横古今的评书论书中突出张扬他偏爱骨力之美、主张"瘦硬通神"的书法审美观，后者才是《李潮八分小篆歌》诗义的"主中主"。胡仔认为老杜此论"非独言篆字，盖真字亦皆然也"（《苕溪渔隐丛话》后集卷六），实得诗人之心。检视杜诗，其论书重瘦劲骨力美非仅见于此。薛稷是"初唐四家"之一，杜甫在《观薛稷少保书画壁》中论其书艺，开篇即赞"少保有古气"，又形容其作"郁郁三大字，蛟龙岌相缠"。这"古气"之"古"与评张旭"非古"之"古"当同义，实指晋宋、初唐以来与"肥俗"相对的书法"瘦劲"风格（参见米芾《海岳名言》："开元以来，缘明皇字体肥俗"，时尚趋之，"经生字亦自此肥，开元以前古气无复有矣"）；老杜评薛书用"蛟龙"之喻，亦与评李潮书"快剑长戟"、"蛟龙盘拿"之手法同类，"俱形容瘦硬"（《杜诗评注》卷十八注《李潮八分小篆歌》引王嗣奭语）。何况，薛书学褚，时人有"买褚得薛，不失其节"之说（《唐朝名画录》），而褚遂良书法正以"疏瘦劲练"著称（董逌《广川书跋》卷七）。后世唯米元章讥薛书肥如"蒸饼"并推言老杜"不知书"，这恐怕难以使人信服。除薛稷外，杜甫在《寄张十二山人彪三十韵》里又高度赞扬了友人张彪的草书，谓其技艺"绝伦"而且"古"气盎然。这位张山人诗、书并佳，元结《箧中集》选诗极严，所录七人之一即为张彪。彪之草书，据韦续《墨薮·书品优劣》介绍，"如孤峰削成，藏筋露骨，显然"，显然也以骨力瘦劲见长。评薛、张二诗可证，出自《李潮八分小篆歌》的"瘦硬通神"并非一个孤立命题，它是老杜书法艺术鉴赏论的核心所在。

杜子美论书尤其高扬骨力瘦劲的风格美，其深层缘由何在呢？本着"知人论世"原则，我认为以下两个方面值得注意：第一，从个人学书经历看其对传统的继承。如上所述，老杜自幼习书，尝师法虞、褚，自比右军，可见其书艺宗魏晋古风而非随时俗。追踪华夏美学发展史迹可知，社会风尚和审美趣味随时代演进而嬗变，汉代以前多喜欢拙朴厚重，魏晋以来因清谈玄风熏染而更偏爱疏朗清瘦。"骨"这一标志"生命力"的范畴虽先秦哲学中已见，但自此"文的自觉"时代始被正式引入文艺美学领域（最先亮相在书学中），这绝非偶然。体现在书法趣味上，便是对骨力瘦劲美的张扬和对体肥肉丰态的贬弃。东晋卫夫人《笔阵图》即鲜明地喊出这时代之音："善笔力者多骨，不善笔力者多肉；多骨微肉者谓之筋书，多肉微骨者谓之墨猪。多力丰筋者圣，无力无筋者病。"一代"书圣"王羲之，《晋书》评其为人以"骨鲠"，他早年曾学书于卫夫人，受其影响乃是自然，故宋人有云："书至瘦硬，似是逸少迥绝古人处。"①曾得王氏亲授的南朝宋书法家羊欣在《采古来能书人名》中说王献之书"骨势不及其父"，此又一证。初唐书坛，在艺术理想和审美情趣上仍承晋宋一脉，故二王书风深得朝野上下一致喜爱。酷爱书艺的唐太宗对王羲之就顶礼膜拜，他从僧人手中计赚逸少绝代名作《兰亭序》是流传千古的书坛佳话。他的《温泉铭》、《晋祠铭》是历史上最早以行书写碑之作，其书风即深受王羲之影响。太宗论书亦重"骨力"，尝自言："今吾临古人之书，殊不学其形势，唯在求其骨力，而形势自生耳。"（《佩文斋书画谱》卷五《唐朝太宗论书》）初唐四家皆太宗朝名臣，也是二王书风的发扬者。欧、虞、褚、薛之书莫不从二王出，也无不以内擫瘦硬为审美创造准则。清康有为论唐代书风三变有云："唐初欧、虞、褚、薛、王、陆，并辔轨叠，皆尚爽健。"（《广艺舟双楫·体变第四》）这"爽健"，也就是前引《苕溪渔隐丛话》所谓"劲健"、"瘦硬"。欧阳询虽杜诗未及，但其书瘦劲挺拔、风骨峻峭为众所周知。薛稷之书，已见前述。虞世南曾随尤得"书圣"笔法精髓的王羲之七世孙智永习书，"得智永笔法为多"，故其书"内含刚柔"

---

① 岑宗旦：《书评》，见《中国书论辑要》，江苏美术出版社1988年版，第446页。

（张怀瓘《书断》），即"不外耀锋芒，而内含筋骨"（刘熙载《艺概·书概》）。褚遂良乃唐代诸名士中"得羲之笔法最多者"（米友仁《跋雁塔圣教序》）而又能自成家法，其书"提笔空，运笔灵，瘦硬清挺，自是绝品"（梁巘《评书帖》）。厘清以上脉络，不难看出，杜甫在书法审美取向上独标骨力瘦劲之美，其从"书体百变"（郭曾炘语）的蔡邕书中唯取"瘦硬通神"者为贵，实可谓"冰冻三尺，非一日之寒"。也正是由此，我们发现，老杜"瘦硬通神"的书法美学观之所以对后世有强辐射式影响，盖在其本身是植根于传统美学之深厚土壤的。第二，从所处时代背景看其对时弊的矫正。"书势自定时代"（翁方纲《跋汉朱君长题字》），书法艺术的流变取决于时代和社会的迁移。异于初唐书风的爽健瘦劲，歌舞升平的盛唐时期，书坛乃至整个社会审美风尚都弥散着以丰润肥腴为美的气息，如康有为指出："开元御宇，天下平乐，明皇（书）极丰肥，故李北海、颜平原、苏灵芝辈，并趋时主之好，皆宗肥厚。"（《广艺舟双楫·体变第四》）唐代是我国书法艺术发展的黄金时代，其时书法流行及书风演变，莫不跟皇家倡导有关。太宗爱逸少，故有四家对二王书风的发扬。开元以来，明皇善隶书章草，从他传世的《凉国长公主碑》、《石台孝经》等书迹来看，其字的确"笔实体肥"（梁巘《评书帖》），故而引起朝野书法审美趣味变化。当时，为"合时君所好"，非唯有徐浩等书坛名家以肥为美，连一般"经生字亦自此肥"，世风如此，"开元以前古气无复有矣"（米芾《海岳名言》）。可是，杜子美不为此甜腻世风所迷，"众宾皆醉我独醒"（《醉歌行》），他毅然用自己的诗去高歌"以骨传神"的书法美学观，有意弹奏出与时俗相左的不和谐乐音，并在总结传统的基础上创造性地提出了"瘦硬通神"这一对华夏美学有深刻影响的命题。保守地看，你也许会以为老杜固守已有审美心理定式不变；积极地看，他正是担心书风在一片肥美颂歌中渐趋柔靡而骨力不振，才自觉从传统中借来"瘦硬"以矫正、补救之。宋人胡元任论杜谈及唐代书风演变时，曾说老杜论书力标瘦硬美乃是"有激于当时"（《苕溪渔隐丛话》前集卷十四），可谓杜甫数百年后一知音。诚然，书体之"环肥燕瘦"如苏轼所言本无分轩轾，但就生命力表现（传神）而言，"骨"比"肉"、"瘦硬"比"肥腴"显然更胜一筹。作书一味肥腴难免少气乏力、骨格不振，所以元和以后，书坛自柳公权出又转向"专尚清劲"以"矫肥厚之病"（《广艺舟双楫·体变第四》）。又，开元中曾为翰林供奉的唐代书法理论家张怀瓘有感于"今之时，人或得肉多筋少之法"，曾借相马品评书法，其曰："夫马筋多肉少为上，肉多筋少为下，书亦如之。"书与马之佳皆在于"骨肉相称，神貌洽然"，"若筋骨不任其脂肉，在马为驽骀，在人为肉疾，在书为墨猪"（《书法钩玄》卷二《张怀瓘评书》）。杜、张二人有无交谊固不可考，但他二人在世风趋肥的书坛潮流中不约而同地唱反调，这在当时是极难能可贵的。他二人的书法审美理论，不能不说是对时弊的一种补救而自具闪光价值。

杜子美"瘦硬通神"的书法审美观，从宏观视角看，既可谓是初唐书风之理论反照，又可谓是盛唐书风之美学批判；从微观视角看，则可谓是其偏爱瘦劲骨力美之个人审美趣味的体现。后来苏东坡不满杜公此论，似乎也是从个人趣味角度出发的，其有诗曰："杜陵评书贵瘦硬，此论未工吾不凭。短长肥瘦各有态，玉环飞燕谁敢憎？"（《孙莘老求墨妙亭诗》）其实，苏不取杜，亦有他个人方面原因，"盖东坡学徐浩书，浩书多肉，用笔圆熟，故不取此语"（胡仔《苕溪渔隐丛话》后集卷六）。徐浩乃唐玄宗朝有名书家，开元以来缘皇上字肥，作书趋之以投其所好的始作俑者便是此人（见米芾《海岳名言》、梁巘《评书帖》）。坡学浩书，其体势不难推想。世传苏东坡、黄山谷开玩笑，互评对方书法，苏曰"树梢挂蛇"讥其枯瘦而黄曰"石压蛤蟆"诮其扁肥。又，"世传苏文忠公喜墨书，至有'墨猪'之诮"[①]。不过，苏学士似乎忽略了两点：其一，老杜身处唐由盛而衰的转折时期，自天宝末年安史之乱起，社会秩序的剧烈动荡和时代精神的巨大裂变使得士人的高昂激扬蜕转为悲苦哀吟，其审美情趣亦随之发生深刻变移，杜甫不随流俗的"怪伟"书体和尚骨审美观乃至后来韩愈等人的追求"险怪"诗风，正是这一扭变之精神文化体现。即是说，饱尝安史之乱的苦头而对国运衰颓和世事艰难有切肤之痛的杜子美，再难有兴致去欣赏和称颂那平和舒适的丰腴之美，时代变幻的风云在他胸中凝成了奇诡峭拔之气，所以他才会在大历初年作于"高江急峡雷霆斗"之夔州的《李潮八分小篆歌》中高唱"瘦硬通神"的颂歌。就此而言，杜甫晚年论书（还有论画）重骨重瘦的美学观，又正是审美时尚由盛唐向中唐嬗变的理论先声。其二，老杜固然偏爱骨力瘦劲美，但从他现存论书诗作来看，

---

① 《苏东坡轶事汇编》，岳麓书社1984年版，第253页。

亦非全然不能正确看待其他风格的书家及作品。例如，在同是大历初年客居夔州时作的《殿中杨监见示张旭草书图》中，其对旭书即评价甚高，谓之"锵锵鸣玉动，落落群松直。连山蟠其间，溟涨与笔力"；入蜀前旅居京城，作《饮中八仙歌》追忆长于他的张旭时又由衷地赞美"张旭三杯草圣传"；在《观公孙大娘舞剑器行》序言里，则提及他幼年在郾城看公孙大娘舞《剑器浑脱》听到张长史因观此舞而书艺大进的故事。可见杜甫对张旭的敬重是终其一生的，其对张书之妙亦深有心领。但如前所述，旭书是以"肥劲"见长的。至于《李潮八分小篆歌》借张衬李，目的无非是故意用夸大其词的方式来突出所评对象，即仇兆鳌所谓"张旭名重当时，故又借以相形"（《杜诗详注》卷十），并不意味着他对张的全盘否定。这是一种"借宾定主"手法，即"以肥为宾，以瘦硬为主"；若不明这种"诗家轩轾之法"，片面认定老杜是说旭之草书不足贵，则"何异说梦"（郭曾炘《读杜劄记》）。类似借宾形主手法，在杜甫书画批评中非仅此一例，对之我们应当遵循孟子提出的"以意逆志"原则来把握，切忌"以文害辞"、"以辞害志"的偏识①。

三

探讨杜甫的书法美学思想，若止于上述当然不够，因为那仅仅述及其书法审美观，而对其书法创作论则未曾有涉。诚然，老杜并非专门理论家，他不曾给后人留下这方面系统的著作，但是，在其评书论书诗中，却不乏他对书法艺术创造的真知灼见。梳理杜诗，笔者认为以下三点在杜甫书法创作美学观中是值得研究者注意的。

第一，静心多妙，书艺绝伦——审美心胸论。乾元二年（759）秋天，杜子美客居秦州时写下《寄张十二山人彪三十韵》，诗中对这位"颖洛间静者"（《唐诗纪事》）的书艺赞誉极高："静者心多妙，先生艺绝伦。草书何太古，诗兴不无神。曹植休前辈，张芝更后身。数篇吟可老，一字堪卖贫。"在此，老杜将"绝艺"同"静心"联系起来，表述了他对书法创作主体审美心胸建构的高度重视。这里涉及一具有普遍意义的创作美学问题，因为，"心静，故有妙悟，此艺能之本"（《杜诗详注》卷八）。在华

---

① 李祥林：《杜甫对韩干画马的批评之我见》，《杜甫研究学刊》1994年第4期。

夏传统美学体系中，"虚静"是一关系主体审美心理的重要范畴，其理论滥觞可上溯先秦老庄学说。《老子》第十六章即云："致虚极，守静笃，吾以观复。"众所周知，"道"是道家哲学的核心范畴，它是世间万事万物的本根本源。"观复"就是"观道"也就是观照万物本源之意，对形而上的"道"的把握是道家审美的最高境界，而要想"观道"，首先得使自我排除俗虑、弃绝名理，让内心保持虚静澄明、专注直观而一味悟入状态，此所谓"虚静"，它是"观复"所不可或缺的前提、别无选择的途径。庄子继承老学，用"庖丁解牛"、"佝偻承蜩"、"梓庆削木为镰"等一系列寓言为此说张本，其曰："万物无足以铙心者，故静也。水静则明烛须眉，平中准，大匠取法焉。水静犹明，而况精神！圣人之心静乎！天地之鉴也，万物之镜也。"（《庄子·天道》）这种以涤除杂念和澡雪心灵为要旨的"虚静"说，也同样得到儒家养性和禅门修心重视，《荀子·解蔽》即云："心何以知？曰：虚壹而静。"宗炳《明佛论》亦曰："清心洁情，必妙生于英丽之境"，"悟空息心，心用止而情识歇，则神明全矣"。由于"虚静"说偏重直观直觉，与审美感知方式相契相通，汉魏六朝以来，它被广泛用于文艺美学领域，并积极地反映在时人及后人论著当中，成为中国美学一重要理论。刘勰《文心雕龙·神思》是讨论艺术想象和构思的专章，其中便提出"陶钧文思，贵在虚静，疏瀹五藏，澡雪精神"，以此为"驭文之首术，谋篇之大端"，明确把虚静澄明之审美心胸的建构和保持视为作家艺术家进行审美创造时必不可少的主观条件。杜子美无疑继承了这一传统美学思想并自觉运用于书法批评实践当中，其"静心多妙"说的要义即在：书家进行创作，务必虚廓胸怀，排解杂念，凝神静气，保持良好的审美心态，方能澄观一心而腾踔万象，洞见和把握创作对象的内在神韵和本质。换言之，唯有从干扰创作的主观欲求和日常杂念中解脱、超越出来，主体心灵才更具创造活力，其审美注意才更见集中而审美体验才更见深沉，当然也才更有利于创作者在对人生之道、造化之道和艺术之道的妙然心悟中完成独具灵性的审美创造，得臻大而化之的上乘艺境。这"静"不是如槁木似死灰，对创作者来说，它是投入创作前的一种积极心理准备，"它压抑了日常的实用态度和认知态度，使欲求与认知冲动得以迟缓；另一方面，它激活了审美感官感受力的敏锐性，使主体心理集中于对象外观，呈现出急切追求对象的摄取状态，与对象相互拥合的强烈意向"①。"静故了群动"（苏轼《送参寥师》），东坡居士这句在历史上影响甚大的话，或可借来为杜诗下一转语。此外，按老杜之意，"静"对张山人这样的书家来说，更是一种潜心于艺而思无旁涉的人生修养功夫。此功夫使习书者"他好俱忘，乃入妙"；若心不能静，"别为一好萦之，便不工也"（米芾《海岳名言》）。

第二，释性行气，挥毫如神——创作状态论。如上所言，"静"对书法创作者来说是一种先在心理准备，一种引机待发的内部状态，一种变感觉为体验、"外部注意"为"内部注意"的积极过程，它抑制了世俗欲求而激活了审美感官，其目的指向乃是了悟对象之"明"与活跃灵性之"动"，即所谓"意静神王"（释皎然《诗式》）、"静则明"、"静则动"（《庄子·天道》）是也。书法是一门抒情见长的艺术，而龙飞凤舞的草书尤其如此，因而老杜论书格外看重书体的飞动美气势美，对书家创作时那种灵感迸涌、挥毫如神的超常的"高峰体验"状态总是礼赞有加。《醉歌行》称道其侄杜勤的草书云："总角草书又神速，世上儿子徒纷纷。"并誉其文章、书法曰："词源倒流三峡水，笔阵独扫千人军。"这种对作书者行气挥毫、"以速为神"（仇兆鳌语，见《杜诗详注》卷三）的潇洒浪漫精神的襃扬，又见于赠汝阳王李琎诗，所谓"笔飞鸾耸立，章罢凤骞腾"（《赠特进汝阳土二十二韵》）、"挥翰绮绣扬，篇什若有神"（《八哀诗·赠太子太师汝阳郡王琎》）。众所周知，老杜是一位爱酒的诗人，作为深谙创作三昧的书法评论家，其对美酒之于艺术创造的积极催化作用有深刻体悟，所以他在《饮中八仙歌》里吟道："张旭三杯草圣传，脱帽露顶王公前，挥毫落纸如云烟。"对诗书画"三绝"的郑虔，杜甫在诗中也屡言其"嗜酒益疏放"（《八哀诗·故著作郎贬台州司户荥阳郑公虔》）、"嗜酒不失真"（《寄薛三郎中据》）、"忘形到尔汝，痛饮真吾师"（《醉时歌，赠广文馆博士郑虔》）。细揣杜公诗意，窃以为有两点启示：一是酒能释性，有助于显露主体真我。蔡邕《笔势论》有言："书者，散也。欲书先散怀抱，任情姿性，然后书之"，方臻佳好。中国书法历来重性灵展露，韩愈即说张旭一生"善草书，不治他技"，举凡喜怒哀乐，怨恨思慕，有动于心，"必于草书焉发之"（《送高闲上人序》）。然而，在世俗伦理规范以其强大

---

① 汪裕雄：《审美意象学》，辽宁教育出版社 1993 年版，第 138 页。

张力摄制人性人心的现实社会中，每个人都自觉不自觉地戴着厚厚的"人格面具"参与群体生活，少有当众"任情姿性"显露本我之时。于是，酒这"天之美禄"便为渴望展示真我的艺术家提供了一条暂时抛却社会理性钳制、实现庄子所谓"解衣盘礴"的捷径，李太白的"天子呼来不上船"、张长史的"脱帽露顶王公前"等疏放癫狂行为皆印证了这点。"醉里乾坤大"，恰是在醉的世界里，平素清醒时想说但不敢说或不愿说的东西都如开闸之水一泄而出，人的主体生命得到大解放、大活跃，被提升到最具创造力的状态。"狂来轻世界，醉里得真如"（《送外甥怀素上人归乡侍奉》），钱起这两句诗，把酒能使作书者解放性灵、显现真我的奇功妙用讲得透彻，妙语中的。二是酒能助气，有利于激发创作灵感。"作书贵一气贯注"（朱和羹《临池心解》）、"草书尤重笔力"（刘熙载《艺概·书概》），勃兴于唐代的草书这最具浪漫自由性格的艺术，格外注重行气挥毫以凸显气势。世称"张颠"的张旭酒后作书，总是"挥笔大叫"乃至"以头濡墨"，及至"醒后自视，以为神异，不可复得"（《唐国史补》卷下）。酒能助气，苏东坡亦每每自言："仆乘兴辄作草书数十行，觉酒气拂拂从十指出也。"（《跋草书后》）"吾醉后能作大草，醒后自以为不及。"（《题醉草》）对艺术创作者来说，酒的妙用恰恰就在为个体解除外部社会理性羁压的同时又为其带来创作灵感的苏醒与生命活力的陡增。"兴来走笔如旋风，醉后耳热心更凶。"（苏涣《怀素上人草书歌》）这正是作书者借酒行气之创作状态的生动写照。在此，外在精神负担的削减跟内在生命能量的释放恰好成正比。爱书又爱酒的作书者深知其中奥妙，他们总把"酒酣兴发"奉为作书行艺的理想状态。而且，唯因酒神的激发，书法艺术家才在意气纵横、灵气迸涌的"高峰体验"状态中，得以借手中笔和笔下墨创造出"线的交响曲、线的第一流构筑、线的心灵写照"（陈振濂《话说张旭》）。当然，老杜承认酒对书法创作的积极作用，并不等于说他就认为酒能代替一切。《殿中杨监见示张旭草书图》末联曰："念兹挥毫端，不独观酒德。"浦起龙注云："结意妙甚。论长史，脱却酒字便非；论长史之书，粘煞酒字又滞；如此恰好。"（《读杜心解》卷一）可谓深得诗人之心。

第三，情穷造化，学贯天人——书法本质论。以上两点实际表述了老杜从"动"、"静"辩证立论入手对书法创作主体特征的认识。那么，他对书法艺术之审美本质的看法又如何呢？或曰，对书法审美创造本身，他又作何看待呢？在《八哀诗·赠秘书监江夏李公邕》中，杜甫借评李邕书提出了一个自见深刻的美学命题，即："情穷造化理，学贯天人际。"从情理交融、天人相契、主客统一高度界定书法美的本质，当是老杜识见高明处。关于中国书法的审美特征，前人向有二说：一曰"书为心画"（扬雄《法言》），视书法之美为作者心灵创造、人格投射的产物；一曰"书肇于自然"（蔡邕《九势》），以师法万象、取诸造化为书法美之本源。二说看似对立，实则互补，它们从不同角度建构和完善着传统书法审美本质论。微观而言，书法是人类个体生命的表现，因为"书法一般被看作是心理力的活的图解"；宏观而言，书法又是宇宙造化生命的体现，因为，"那推动我们自己的情感活动起来的力，与那些作用于整个宇宙的普遍性的力，实际上是同一种力"①。书法审美的最深层奥秘，就在它是标志着物与我、人类与造化"异质同构"玄机的一种"力的结构"，一种文化代码。实践证明，中国书法的审美特质，既非纯粹再现亦非绝对表现，而是表现中有再现，再现中有表现，乃二者的有机统一，是在既"肇乎自然"又"造乎自然"、既"立天定人"又"由人复天"（刘熙载《艺概·书概》）的环扣中完成其人文建构的。清代周星莲有言："前人作字，谓之字画……后人不曰画字，而曰写字。写有二义：《说文》：'写，置物也'；《韵书》：'写，输也'。置者，置物之形；输者，输我之心。两义并不相悖"，若失却任何一方，则"书道不成"（《临池管见》）。也就是说，书法一方面表达着作者的"喜怒窘穷，忧悲愉佚，怨恨思慕，酣醉、无聊、不平"（韩愈《送高闲上人序》评张旭语，下同），是创作主体有意识和无意识的内心世界结构与秩序的形象体现；另一方面，它又是"观于物，见山水崖谷，鸟兽虫鱼，草木之花实，日月列星，风雨水火，雷霆霹雳，歌舞战斗，天地事物之变，可喜可愕，一寓于书"，乃宇宙自然普遍性形式和规律的感受同构。书法艺术创作所奏响的，正是这种主体（我）和对象（物）、人类（人）和自然（天）、内在心理结构（情）和外在宇宙秩序（理）相碰撞、调节以至谐和的伟大生命交响曲。唯其如此，中国书法才成其为一门反映人对自然之深层体验的表达生命活力、充盈生命意识的艺术。唐

---

① ［美］鲁道夫·阿恩海姆：《艺术与视知觉》，滕守尧等译，中国社会科学出版社 1984 年版，第 597、625 页。

朝人张璪论画提出的"外师造化，中得心源"的美学命题在历史上向受推崇而影响甚巨，杜子美用"情穷造化理，学贯天人际"来界定书法审美创造本质，在学理内涵及价值意义上与之有异曲同工之妙，后者亦理应得到我们重视。

当然，杜甫有关书法创作的美学观点不止上述。譬如，《殿中杨监见示张旭草书图》云"有练实先书，临池真尽墨"，则涉及作者后天学习问题；《送顾八分文学适洪吉州》曰"顾侯运炉锤，笔力破余地"，又涉及书家独创风格问题。其评书多书、文并举（如《赠虞十五司马》、《醉歌行》以及评李邕、张彪、郑虔等人诗），可见他对书家文学功底的看重；《八哀诗·故著作郎贬台州司户荥阳郑公虔》谓郑"天然生知资，学立游夏上"，又知他对习书者天赋与学养的辩证眼光；至于《丹青引赠曹将军霸》写曹先习书后作画终得大成，《观公孙大娘舞剑器行》序记张旭因观舞而书艺长进等，则跟诗人一贯主张的"转益多师是汝师"（《戏为六绝句》）的习艺观相吻合。诸如此类，囿于篇幅，本文不再一一论析。

（原载《杜甫研究学刊》1999 年第 3 期）

"妙在似与不似之间"

——论齐白石的艺术美学思想

作为 20 世纪中国艺术史上的杰出人物，高寿九十又五的湘籍巨匠齐白石勤奋一生，贡献卓著。曾有朋友问，对于齐白石这样诸艺兼长且成就非凡的大师，可否用一句最简洁的话来概括其艺术和美学思想。笔者说可以，即举出众所周知的大师名言："作画妙在似与不似之间，太似为媚俗，不似为欺世。"既不肯人云亦云地"媚俗"，又不愿目中无人地"欺世"，这是白石老人一生为人行艺的真实写照，也是他自我总结启迪后人的经验之谈。本文拟由此切入，从整体上就白石老人的艺术美学思想进行透视。

一

"似与不似"在齐白石的绘画美学理论中，首先是作为代表其艺术形神观的审美命题提出的。早在 50 岁时，白石题画就明确表达了对"古人作画，不似之似，天趣自然"的境界神向往之；多年来，他本人作画，也是"寻常花卉，下笔多不似之似"并以此为自豪；在《画钵菊》诗中，他又强调："挥毫移向钵中来，料得花魂笑口开。似是却非好颜色，不依篱下即蓬莱。"① 当年，他对于绍说的一番话就完全是"似与不似"语的翻版，唯表达更见通俗罢了："作画要形神兼备。不能画得太像，太像则匠；又不能画得不像，不像则妄。"所谓"媚世"，也就是"匠气"太重，犯了画门大忌。这"匠气"，在齐白石看来，一是体现为"专心前人伪本，开口便言宋元"，死守古董堆中，终日摹古而"所画非所目见"，由于缺乏师

---

① 本文所引齐白石言论，均见《中国书画名家画语图解·齐白石》（中国人民大学出版社 2003 年版），不再一一加注。

造化法自然的写生功夫，太像了古人却失了生活基础，结果"空言六法"而"形似未真"，连绘画艺术最起码的要求也未达到；二是不懂得"笔端泄造化"、"丹青却胜天工巧"，缺乏主体审美创造的能动性，汲汲于对现实物象作自然主义照相式描写，结果"过于形似"却失了神似，"无超凡之趣"而堕入媚俗恶道。摒弃"匠气"，"天机自得"，从不弃"写形"又超越"写形"中达到笔补造化巧夺天工的传神境界，这是齐白石高扬的艺术审美理想，也是他不倦的创作美学追求。

　　"似与不似"论准确地概括了艺术真实与生活真实的辩证关系，在当代中国艺术界和美学界赢得了广泛认同。对于同仁们来说，此论之所以绝无隔靴搔痒之嫌，是因为它实实在在地来自一个绘画创作者比照古人、精研艺术的心悟。如白石老人所言，以黄瘿瓢为镜子他发现了自己的形似之弊，从观画方式转换他悟出了最似的工笔画也有不似之处，在八大和懊道人之间他为自己找到了"中道而行"的创作定位，于是，他下定决心"衰年变法"，自我否定亦自我超越，"人誉之，一笑；人骂之，一笑"，从此走上传神写意、表达自然生命活力张扬主体生命意识的艺术道路。正如齐白石的创作是受益于中国传统绘画精髓的营养方得以大成，他的"似与不似"说亦非无源之水，其同样是以中国美学形神论为其厚重理论背景的。笔者在一篇论文中曾经指出，中国美学形神论起步于追求"写形"而成型于标举"传神"再深化于自觉"体道"（白石作画不也主张"合于天"么），并由此视界转换和历史演进而展开了它从对象再现到主体表现再到生命体验的内在逻辑①。"传神"作为华夏美学形神理论的核心，无论在提出"以形写神"的东晋顾恺之时代，还是在主张"离形得似"的晚唐司空图时代，或者在高喊"不求形似"的元朝倪云林时代，都是亘古不移的。这"神"，是对象之神和主体之神在艺术家审美创造中融合一体的产物，"物之神必以我之神接之"，才有艺术中"传神"作品的诞生。齐白石称赞"（徐）悲鸿画马得传神"，自称"画虾几十年始得其神"，皆表明了这种"神似"为重的审美取向，而他对"形似"的鄙弃（"写生我懒求形似"）亦跟唐宋以来视"形似"为画家末事的美学观念相吻合。诚然，"画，形也"（《尔雅》）、"度物象而取其真"（荆浩《画山水记》）。绘画作为造型

---

　　① 李祥林：《写形·传神·体道——中国古典美学形神论述要》，《学术论坛》1997 年第 2 期。

艺术，不可能彻底抛开摹形造象的方式来反映世界，若彻底割断画面形象塑造与客观现实物象的联系，完全无视事物的真实形貌，就会堕入"欺世"恶道，所以齐白石说"不象则妄"；同时又须看到，过度追求"形似"会适得其反，"谨毛而失貌"（《淮南子》），对实际物象作依样画葫芦式照搬反会妨碍"传神"，因此齐白石又说"不能画得太像"、"太似为媚俗"。基于生活又高于生活，本乎写形却超乎写形，既"写生"又绝不停留在自然主义的"形似"层面上，是为齐白石"似与不似"说的美学要义所在。

齐白石的"似与不似"说，跟他所心仪的清代大画家石涛的"不似之似"论有直接亲缘关系，而后者又正是中国美学"离形得似"思想在绘画领域的体现①。在石涛看来，艺术绝不是生活的简单复制，他坚决反对汲汲追求形似，反对以对客观事物的机械摹写来代替艺术创造。他说，即便摹写对象是某座名山，画得和它丝毫不差，那也毫无意思，谈不上艺术；而且，假若名山有知的话，对此也会见怪、生气的（"画必似山山必怪"）。那么，真正的艺术创造又何处落脚呢？石涛提出了"不似之似"，其跋画云："天地浑熔一气，再分四时风雨。明暗高低远近，不似之似似之。"又作"不似似之"，其有题画诗曰："名山许游未许画，画必似山山必怪。变幻神奇懵懂间，不似似之当下拜。"（均见《大涤子题画诗跋》卷一）既"不似"，又何以"似"呢？《苦瓜和尚画语录》为我们解答了此谜。石涛自述50年前作画，不懂得"山川使予代山川而言"之理，未能从自然山川"脱胎"出来，作画总追求和实有对象一样，也就是"画必似之"。后来，当他从反复实践摸索的道路上走过来时，才发现这样画山川，徒得山川之形而难传山川之神。从此，他醒悟了，欲为山川写照，"不可板腐，不可拘泥"，唯有"于墨海中立定精神，笔锋下决出生活，尺幅上换去毛骨，混沌里放出光明"（《纲缊章》），方堪称传神妙手。在生活真实与艺术真实的关系上，石涛主张"搜尽奇峰打草稿"，但这仅仅是创作的起点而非归宿。在他看来，要创造具有高度艺术价值的传神之作，有两点缺一不可：客观方面，务必从对山川之形的刻意求似上超脱出来，所谓使"予脱胎于山川"；主观方面，务必使主体和对象"神遇而迹化"，所谓"使山川

---

① 对此问题的详细论述，请参阅拙文《论"离形得似"说对中国美学的影响》，载《西南民族学院学报》（哲学社会科学版）1993 年第 5 期，转载于中国人民大学复印报刊资料《美学》1994 年第 2 期；《"离形得似"说的美学内蕴读解》，载《社会科学研究》1999 年第 3 期。

脱胎于予"(《山川章》)。超越物形物象,有利于创造"以一治万,以万治一"(《资任章》)的艺术形象;融入我心我神,方能够达至"江花随我开,江水随我起"(《画语录·附录》)的神化境界。这样,画家笔下的山川,将不再是某实有对象的简单复制,而是现实山川的"陌生化"。从形的角度看,它的确"不似"于某一实有山川,难以让后者对号入座;从神的角度看,它作为画家对现实山川概括、提炼、升华的产物,又实实在在反映着("似")后者的生气神韵。即是说,"似"的是神,"不似"的是形。唯其"不似",故能更"似";"似"是"不似"的目的,"不似"是"似"的手段。清人题画有"不象之象有神,不到之到有意"(查礼《画梅题记》),可借来为此下一转语。

参透了苦瓜和尚"不似之似"的禅机,也就不难悟得白石老人"似与不似"的奥妙。当然,前者主要针对山水画立论,后者则进而推广到整个中国画创作,继承中显然有了发展。尤其可贵的是,"似与不似"对于齐白石不单单是一个口号,它被自觉地贯彻、运用于绘画实践中,取得了令人惊叹的成就。画虾是白石艺术中最享盛名者,这浓淡几笔却神韵盎然的水墨游虾,恰恰是在他几十年反复观察、反复写生的基础上反复提炼的心灵化产物,68岁时他说:"余之画虾已经数变,初只略似,一变毕真,再变色分深浅,此三变也。"白石晚年画的虾,充分利用生宣纸和水墨特性作技巧发挥,体态透明,长钳威风,虾须飘洒,极富质感和动感,或双双嬉戏,或成群闲游,或进或退,或急或缓,栩栩如生,令人叫绝。然而,千万别误以为此虾就是现实生活中虾的照相式摹写,实际上,它是分别提取青虾长钳之美和白虾体态透明之美"接木移花"、整合创造的产物,是只属于作画者慧眼独见的"白石虾"、"艺术虾"。类似例子在齐白石绘画中多矣。牡丹、梅菊、蝴蝶、蟋蟀、鱼蟹、草虫乃至老鼠、蟑螂、蚊子在他笔下都可以描画到乱真程度,有着极其扎实的体察生活功底,可一旦他将时季有别的彩蝶和红梅同构一图以渲染浓郁春意,把菊花画得比缸钵还要大,让老鼠爬上秤杆自称,使一群鱼儿甘愿来上钩,凡此种种,恐怕就很难用"似于生活"解释得清楚。记得蜀中心仪白石的石壶曾说:"齐白石画牛耕田,看起来牛不像牛,但尽管形象不像,牛的意趣却在,并使人感到它还在慢腾腾地往前走,尽管没有画水,却使人感觉田里的水还很深。这就叫做'得意忘形'。"当年有人以"开梅花时,不应有彩蝶"质疑白石笔下的《梅花彩蝶》图时，石壶则巧借中国戏曲写意传神的美学原理，来说明绘画是通过客观景物反映精神世界，重在意趣表达，他指出："画画不是照相，画中之物不是标本，不能用季节来限制它。譬如唱戏，舞台上小生一年四季都拿着扇子，生活中哪有冬天拿扇子的？……不能用自然去限制艺术。"① 石壶之语，可谓深得白石之心。写生又写意，师目更师心，白石老人正是从"似与不似"中独悟天机，达到了中国艺术孜孜以求的至高境界——"妙造自然"。

二

齐白石多才多能，诸艺兼长。通观其艺，不难发现，"似与不似"于他又不仅仅是关乎艺术如何表现生活的形神论命题，那作为大师恪守不移的重要创作美学法则之一，在其一生艺术实践中获得了更远更宽泛的外延和更远更广泛的运用，它甚至体现在白石老人赫赫有名的篆刻上。

篆刻是齐白石于绘画之外又一成就非凡的艺术，在此领域，他同样是自开门派的卓越大家（人称"齐派"，与吴昌硕的"吴派"并称于世）。他善于学习，勇于变法，横扫积习，独创新格，"以刻印而精篆法，霹雳一声，开始了中国篆刻史上的新页"（傅抱石语）。其刻印，早年受同乡黎承礼影响，从师法浙派丁敬、黄易入门，继而用力丁赵之谦《二金蝶堂印谱》，最后上溯秦汉，参以《三公山碑》、《天发神谶碑》等名碑笔意，尤喜秦权之"纵横平直，一任天然"，将古碑的精华神奇地寄发于刀迹之中，由此大成。他挥动着如木工凿子般的刻刀，单刀冲切，运臂力驰骋纵横，犹如快剑断蛟，一气呵成不加修削，结体布局质朴简洁，讲究大疏大密和整体呼应，从猛利雄强、淋漓痛快的气概中显示出惊世骇俗的艺术个性。天性爽快的齐白石在篆刻上不屑于精细的刻摹，在他看来，宁可粗犷一些，不愿修整太过，以免减弱自然的生命力。其自跋印章有言："予之刻印，少时即刻意古人篆法，然后即追求'刻'字之解义，不为'摹'、'作'、'削'三字所害，虚掷精神。人誉之，一笑；人骂之，一笑。"对篆刻之"刻"的着意强调自与传统的治印必先讲篆法的老观念相去霄壤，这是典型的"与世相违"心态，表现出一个艺术家不甘人云亦云而渴望开拓

---

① 《石壶论画语要》，四川美术出版社 1991 年版，第 18—19 页。

创新的价值取向。的确，篆刻离不开书法，但它又绝不等同于书法，本质上它更是随刀而生的艺术，离刀便无从谈其神韵风采。因此，印坛上真正具识见者说："难莫难于刀法，章法次之，字法又次之。"（沈野《印谈》）"作印之秘，先章法，次刀法，刀法所以传章法也，而刀法更难于章法。章法，形也；刀法，神也。形可摹，神不可摹。"（徐坚《印笺说》）刀法上的别开生面，奠定了齐白石篆刻个人风格的坚实基础。其白文印，凭单刀用力直冲，刀势快捷，古劲方折，使印面上的笔画线条一侧齐整而一侧随石质自然崩缺，实有巧夺天工之妙；其朱文印，一改传统珠圆玉润的"背线"下刀之法，仅仅在线条的一边背线而刻，另一边则独出心裁地向线冲刻，结果所得线条依然是一边齐整而一边随石质自然崩缺，与其单刀白文印在风格上达到了高度统一。这令人惊叹的艺术，正是齐白石熟读古人精研传统再脱胎出来，于"似与不似"之间定位自我并成就自我的赫赫硕果。白石老人刻印取法乎汉甚多，有论者指出，"汉印自古至今，一直被奉为印人学习借鉴的楷模。但是对汉印的继承与发展历来却存在着两种不同的见解。一种认为汉印原本是完好的，应力求笔划圆润光洁的'完璧美'，另一种相反意见则认为由自然赋予汉印的斑驳破损丰富了汉印的表现能力，所以'破璧美'才是最好的……齐白石印章的一边光保持了'完璧美'，而另一边毛则发展了'破璧美'，类似生物学上成功的远亲杂交，正是两种审美观成功的结合，是齐氏对篆刻学的巨大贡献"[1]。若偏执一隅，单单站在"完璧"派或者"破璧"派的立场上，都可以因为齐白石既"似"这又"似"那、既"不似"这又"不似"那而横加指责他"自我作篆"是"野狐禅"，但从发展的眼光看，白石老人恰恰由此多方取法、左右逢源才推动了古老的篆刻艺术向现代迈进延伸。须知，"传统"不是静态的词语，它如同一座无限向上的通天塔，由一代代人不停息地添砖加瓦累积而成，古人去了今人又来，曾经创造又不断创造，此乃人类文明演进的永恒规律。"画吾自画自合古"（陈师曾为白石题诗），就此而言，齐白石称得上是真正读懂传统并发扬传统的明白人。

"学我者生，似我者死"，这是齐白石当年对从他学艺者的警告，迄今仍被画坛奉为圭臬。白石老人出语虽重，却用心良苦，意在引导学生切莫

---

① 戴山青：《齐白石印影·后记》，荣宝斋 1991 年版。

满足于皮毛上对老师的袭取肖似，而应该着力学习老师在艺术上锐意进取和富有创造的精神，所谓师其心而不师其迹，夺其心而不学其手。在他看来，学生学老师学得再像也没用，顶了天也就是"亚军"或"第二"的水平，那是没出息的"匠"而非"艺"。犹如学画者必以临摹为入门的基本功，若以临摹为终生事业，则匠气蒙蔽慧根，成不了真正的画家。因此，能"学而不似"自有拓展的弟子，总是最得齐白石青睐、欢心的，其赞李苦禅就说："吾门下弟子不下千人，众皆学我手，英也夺我心。"（苦禅原名李英，20世纪20年代拜白石为师，后自有成就）所谓"学而不似"，说到底仍是"似而不似"美学原则在特定语境中的另一表达方式。作为传业授道的老师，齐白石这种没有门户之见的开明豁达太可贵了，他敢于要求弟子如此对待自己，盖在他自己就是这样对待前人的。他懂得，传统是一条割不断的历史长河，彻底抛开前人的任何创新都是空中楼阁，但他又深知，完全跪在前人膝下不敢越雷池半步，则是艺术上的死路一条。齐白石"衰年变法"为众所周知，那是他定居京城后在挚友陈师曾直接鼓动和帮助下才实际付诸行动的。其实，求"变"的渴念在他内心存之久矣，并随着岁月推移技艺长进而愈发强烈，如今方因机遇成熟才兑了现。50岁时，已在文人画道路上探索多年的他，题《荷花翠鸟》图时即扪心自问："懊道人画荷过于草率，八大山人亦画此过于太真。余能得其中否？"55岁时，也就是在齐白石"决定大变"前两年，他在画石题句中又发出感慨："凡作画欲不似前人难事也。余画山水恐似雪个，画花鸟恐似丽堂，画石恐似少白。"既不得不"似"，又深深地"恐似"，这种困惑想必是每个作画者都有过的心理体验。一旦齐白石从此困惑中走了出来，他便在灵活辩证的"似与不似"的权衡之间，悟得了中国艺术审美创造的天机，从而聪明地给自己选择了非"匠"亦非"妄"、不"媚世"也不"欺世"的创作定位。陈子庄说："齐白石学吴昌硕，闭户三年，没有一张画得像吴昌硕，他是在从吴昌硕画里找自己的路。"① 齐白石亦自言："我是学习人家，不是摹仿人家，学的是笔墨精神，不管外形像不像。"这就是他以"似与不似"的态度师法古人和他人而最终成就了"我家画法"的奥妙所在，个中三昧，值得当今习画从艺者（尤其是那些不思进取却动辄以出自某某名家

---

① 《石壶论画语要》，四川美术出版社1991年版，第105页。

门下自抬身价者）好好品味。以创造为毕生追求的齐白石对"四王"一流
开口便是宋元古法的画风看不上眼，同气相求，他打心眼儿里敬佩的前辈
画家像青藤、雪个、大涤子、扬州八怪等，也都是艺术上的革新派而非泥
古派。如石涛，这位清初富有创新精神的画家群体的中坚人物，其在猛烈
抨击当时画坛上的摹古复古倾向时，就高声喊出"笔墨当随时代"，大力
张扬"我自用我法"，并在如何对待传统的问题上明确指出，唯有师"古
人之心"而非"古人之迹"，方能"借古以开今"（《苦瓜和尚画语录》）。
这种尊重绝不盲从、师法更要超越的艺术观，对齐白石美学"似与不似"
思想的形成无疑有深刻影响。"似与不似"的辩证原则运用于艺术继承论
上，对于创作者防止单向师承走向博采广收从而完善主体审美心理结构和
文化智能结构不啻一剂良药，而且，它本身也为古往今来的艺术创造实践
所成功地印证着。以书法艺术史为例，皇象的《天发神谶碑》非篆非隶、
亦篆亦隶，篆与隶交融谐和，气格独创；金冬心用墨笔作刀凿效果，创出
神韵别具的"漆书"体格，惊世骇俗；郑板桥的"六分半书"，糅合篆、
隶、行、草于一体，新人耳目；还有邓石如篆体为隶，邓散木以草作篆，
诸如此类，皆同齐白石"光、毛同体"的篆刻一样，是在"似与不似"之
间创造出让后人不得不高眼相看的艺术来。

　　画、印、诗、书皆精而尤以写意花鸟独步当世的齐白石，无疑是饱吸
优秀传统文化乳汁的中国画大师。他的作品，从笔墨到意境，从空间处置
到精神内涵，无论外形式还是内形式，皆是地地道道中国独有而极富民族
特色的。可以说，文人画的审美法则和艺术程式伴随着他创造终生。综观
白石一生，他的文人画家生涯与其说是40岁后五出五归方才确定，倒不如
说是从临摹芥子园到随胡沁园师学诗文书画再投拜王湘绮门下就已马不停
蹄地起步了。五次远游使他在饱读诗书的基础上又尽领了名山大川的瑰丽
神奇，开阔了眼界，拓展了心胸，养育了浩气，并且真正懂得了"读千卷
书，行万里路"对于绘画创作者无比重要的奥秘。他心追八大，深研老
缶，习碑、作篆、刻字、吟诗，一步步沿着优秀文化传统所指引的道路坚
实地走来，将到他那个时代已臻高度成熟完美的文人画的整套妙理精义谙
熟心中并融入画中；而与陈师曾等现代史上声名鼎著的一流文化人的神投
意合的交往，更是大大促进了他创作上的瓜熟蒂落，使他彻彻底底完成了
从民间艺人向文人画家的脱胎换骨。然而，齐白石的可贵，不仅仅是将木

匠出身的自己变成了一个文人画家，更重要的是，他携带着从民间文化汲取的丰富营养跨入文人画审美创造的天地中，又为后者注入了前所未有的鲜活的生机。从热爱生活、热爱生命的齐白石的绘画作品中，那山那水，那花那叶，那鸟那虫，总是充盈着生命的五彩斑斓，洋溢着人生的明亮欢快，看不到旧时代文人画里常有的那种与生俱来的冷峭、孤寂、隐逸之气。诚然，他潜心学习八大山人多年，但天性乐观、对人生充满着信心的他，在学到了后者构图单纯洗练的同时，又显然弃其遗民气息的冷逸。而在绘画题材的开掘上，较之那些固守非梅、兰、竹、菊不写的正统文人画家，他尤有不拘古训超越传统的不可磨灭之功。你看他笔下，除了前人画了又画的花卉翎毛，诸如白菜、萝卜、辣椒、茄子、丝瓜、南瓜、扁豆、葫芦、棉花、芋头、茨菇、野菌、粽子、咸蛋等乡村常见之物，以及蚱蜢、螳螂、蚊子、蟑螂、老鼠乃至猪、柴爬、农具、独脚凳等为士大夫文人从来不屑入画之物，都被他以饱蘸深情的笔墨绘入画中，并且无不达到栩栩如生、灵动天趣的神妙境界，让人叹为观止。难怪有些保守的文人画家斥之为"野狐禅"，因为他离经又叛道。其实，齐白石的出色与成功，恰恰在于他这个跻身文人画行列中的"砚田农"不死守教条，将散发着泥土芬芳和生活气息的"民间味"带入了古老的文人画创作中，在"似与不似"之间他走出了一条面向现代的、独具个性的审美创造之路。

三

"似与不似"的美学原则贯穿于白石艺术，概括着齐白石的人格和艺品何以皆臻于"妙"的精神实质。纵观古今中外，天时地利，风云际会，方有巨人诞生，此乃人类文化史上的不二规律。诚然，助成这位艺术巨匠的因素会有很多很多（譬如从外部条件看，"五四"新文化思潮就是不可忽视的重要因素，对此时贤已多指说），但因篇幅之囿，要面面俱到地对之进行全面论述实非区区万字的本文所能。那么，仅仅就他个人的主观努力而言，齐白石作为现代中国艺术史上堪称凤毛麟角的佼佼者，其走向成功获得声誉的奥妙究竟何在呢？结合本民族优秀文化传统来看，笔者我认为至少有两点值得注意：

一是转益多师，广采博收。齐白石从艺一生，主要靠的是自我刻苦摸索，在艺术的师承上，可谓是"有师"又"无师"。他出身苦寒，幼时仅仅读过半年私塾，根本谈不上什么"学历"、"文凭"，也没有今天学画者那样一来就拜师名门并从此在名师的耳提面命下深入绘画堂奥的幸运，即便是使他走上大师之路的"衰年变法"期间，一心沉醉于吴昌硕画作而数载闭门精研的他，却连当时尚在世且声名赫赫的吴氏本人也不认识。早年在家乡湖南，虽然他也随萧芗陔、胡沁园等学画学诗，可这几位地方级名人，顶多是给木工兼画匠的他开了启蒙课程而已；陈师曾算得上中国现代史载有名的重要人物，可他与齐白石仅仅是平辈挚友；尽管白石30多岁时也一度入晚清大儒王湘绮门下，成为其众多弟子群体中的一个，可后者并未成为他绘画上的直接导师，更谈不上终身导师（何况，平朴的白石诗在大儒那旧式文人眼中终归不过是《红楼梦》里的"薛蟠体"）。就此而言，齐白石确乎可以说是"无师"，因为他从来不曾有在某家某派名师直接指点引导下单向师承再由此出道的学艺经历。画坛上那些汲汲于摹古守派、自以为血脉纯来路正的酸腐文人老是骂齐白石为"旁门左道"，其缘由盖在此。然而，从积极的方面看，这种狭义上的"无师"恰恰又为齐白石广义上的"有师"大开了方便之门，因为，少了单向师承死守一家的羁绊，他获得了博采众家成我大法的自由。从旧货摊上，从古玩铺中，从熟人家里，从朋友手中，他千方百计寻觅前辈名家真迹，五出五归，从南到北，居湘潭，住京城，一生中乐此不疲。唐诗，宋词；秦权，汉碑；李北海，何子贞；徐青藤，朱雪个；金冬心，郑板桥；赵之谦，吴昌硕，还有许许多多知名的和不知名的前朝作品，使齐白石如痴如醉。他终于从中找到了自己渴念已久的"老师"，并老老实实地临其迹、师其艺，钻研其手下功夫，追寻其意中神韵。虽然这些"老师"不可能亲临其门对他作言传身教，他却可以凭着自己的勤奋和悟性，用心而不是用口，用意念而不是用语言，神交于他所倾慕的前辈大师，同他们展开超越时空界隔的"对话"，虽默默无声却灵犀相通。于是，从齐白石诸艺皆精的创作中，你可以看见对八大的汲取，对北海的化用，对汉碑的追摹，对唐诗的心悟，然而，齐白石依然是齐白石，他画的不是八大的绘画，写的不是北海的书法，刻的不是汉人的碑刻，作的不是唐人的诗歌——白石和"老师"之间，永远都只有"像与不像"、"似与不似"。是的，"转益多师是汝师"，白石艺术正是从多元而不单一的文化营养汲取和传统基因组合中获得了蓬勃向上的自我生命力，此乃他的天才与聪明所在。今天，有学者将博大精深的中国文化精神概括为"和合"二字，其要义在先秦典籍中即被归纳为："和实生物，同则不继。"（《国语·郑语》）我们的祖先老早就从实践中认识到，天地万物是矛盾变化的统一体，唯有把相异乃至对立的方面按其内部的规律和谐统一起来，才能推动新事物的产生和发展。这"和"，乃是"和而不同"的"和"，绝非同类物的简单相加，而是不同基因的和合相参、对立统一。用传统的话语来讲，单阴、单阳繁衍不出子孙后代，只有"阴阳交合"，才有"万物化生"，这世界才充满着不断更新、不断发展、不断壮大的勃勃生机。落实到艺术创造与艺术发展的文化命题上，即是说单向师承死守某家近亲繁殖会窒息艺术的生命活力，犹如生物学和遗传学研究所充分指证的，唯有远亲杂交，才会在生命和生命的遇合与重组中诞生出具有更大生命力优势的良种来。艺术反对"太像"、"太似"的"克隆"，艺术欢迎你中有我、我中有你的杂交，欢迎转益多师博采广收，兼取了父本和母本优长而绝不等同于母本或父本的后代，从它们本质上既"似"又"不似"前辈的特征中显示出艺术向前迈进的强劲生命力。白石老人以他执着一生的创造实践，表明了他对此中国文化玄机的参透，并再次证明了这是艺术审美王国中颠扑不破的真理。

二是变中求生，永不满足。得享90多岁高寿的齐白石，能取得令天下人魁首的巨大艺术成就，同他过人的执着与超常的勤奋是分不开的。"一息尚存书要读"，这是他挥动飞舞的刻刀在石头上一刀一刀凿下的座右铭；"行万里路，读万卷书，我看还要有万石稿才行"，此乃他以作画者的切身体验对古代格言的悟解和补充。东晋画家顾恺之，在历史上有"才绝、画绝、痴绝"之称，刻印自称"虎头未必痴如我"的齐白石潜心艺术，叹时光流逝太快，竟然"痴思长绳系日"（印文），恨不得用长长的绳子拴住高高的太阳别让它落坡。"不教一日闲过"的他，85岁时作了一首《自嘲》诗，可谓是一幅绝妙的自画像："铁栅三间屋，笔如农器忙；砚田牛未歇，落日照东厢。"这种勤奋，不是一朝一夕、一时一地的，而是数十年如一日贯穿在他的整个生命历程中。对此，熟悉他的友人和弟子们无不留下深刻的印象。于绍在《悼念白石老人》一文里就写道：白石老人从十一岁学做木工，同时也就开始学画。他画了八十来年，只有生病，或是遇到什么重大事故的时候，他才不得不停下画笔，此外很少间断……又有一次，他家里有事，间隔了三天未作画。第四天他重提画笔，觉得手不从心，笔落下去不坚实，设色不调和，他也在画上记下此句，用来鞭策自己"三日未作画，笔无狂态"。他如此勤奋，如此刻苦，其内在动力是因为他在艺术上永不满足，只有在不断学习中不断突围，在不断变革中不断创新，他才能感受到人生价值的充实，领享到生命存在的欢乐。"变则通，通则久"（《周易·系辞下》），有变化、变革才能通达、通透，有通达、通透才能长久、久远，这是数千年中国文化薪火相传的奥秘所在，它基于朴素又宝贵的辩证法。"天地之大德曰生"（《系辞下》）、"日新之谓盛德，生生之谓易"（《系辞上》），这来自先民智慧结晶的易学精神，深深地渗透于中国艺术的血肉之躯中，也鲜然体现在齐白石自强不息的艺术追求上。"若无新变，不能代雄"，与王朝闻谈画时齐白石引出南朝萧子显此语，表明了他对艺术发展总体规律的透彻认识。不仅如此，他还自觉把这种"新变"理论微观运用到了个人的创作历程中，不断反躬自问，不断进行着自我否定、自我超越的艺术尝试。经历了换骨脱胎的"衰年变法"，按理说画风定型艺已成熟，不会再有多大的思变念头而可以安享晚年了，可齐白石不然，年近九旬的他仍在题画中自我反省："今年又添一岁，八十八矣，其笔法已稍去旧样否？"他明白，昨日的齐白石当然是今日的齐白石，但对于一个艺术家来说，今日的齐白石又不应该仅仅是昨日的齐白石。弃旧图新是他永不熄灭的心理愿望，他就是要用这种思变又敢变的积极创作取向来永葆其艺术青春。为普天下人津津乐道的白石画虾，就曾经历一变再变，"几十年始得其神"。对农家出身的他来说，虾这可爱的水中小生物是自幼年起就熟悉亲近的，但把虾作为绘画审美创造寻求突破的重点对象，在齐白石则主要是 50 岁以后的事。60 岁以前，他画虾形态较单一，摹古为主，学的是八大、复堂、板桥等名家技法；62 岁之后，他开始在案头水碗里蓄养长臂青虾，观察写生，画虾在外形上已颇为逼真，但还看不出动感和半透明的质感；66 岁时，多年钻研使他画虾出现一个飞跃，笔墨有了浓淡变化，虾体开始出现透明质感，腹部节与节若断若连，中部拱起似乎能蠕动，虾须稍具开合变化，后腿从十只减至八只；68 岁时，他终于成功地运用"破墨法"画虾，趁墨色未干之际在虾的头胸部分的淡墨上恰到好处地加上一笔浓墨，不但加重了虾的分量，而更加生动地表现出虾体的透明，虾眼的画法也从两个浓墨点改进为两横笔以突出虾在水中游动的神态，虾腿亦由八只再减为六只。历经数变的白石画虾，由

此基本定型，达到了形神兼备的上乘境界。然而，他还是不满足，继续
追求笔墨的精练，在不损害虾的真实性的前提下将虾的腿足又作删除，
直到 80 岁后方有了我们今天所见的炉火纯青的"白石虾"。就这样，齐
白石前无古人地画活了虾，并由此鲜活生命的呈现中创造出他生命不朽
的艺术来。从不断超越自我中成就更高的自我，这是齐白石为艺之道启
迪后学的永恒意义所在，他以高尚的人格和卓越的艺术为我们树立了值
得敬佩和礼赞的榜样。值此新千年之初，认真研读研读这位前辈大师，
对于我们当然是多有教益的。

（原载《中国书画名家画语图解·齐白石》，中国人民大学出版社 2003
年版）

多民族·小传统·形而下

——对中国美学研究视野拓展的再思考

当代人类学主张文化平等,重视文化多样性,关注非主流文化,厚待地方性知识,凡此种种,对于中国美学研究提供了可资借鉴的理念。本文结合学界现状,分别从"多民族视野:从中心到周边"、"小传统视野:从精英到民间"、"形而下视野:从文字到器物"三方面切入,对中国美学研究的视野拓展问题再作思考。

多民族视野:从中心到周边

当下中国学界,"多民族文学论坛"从 2004 年到 2009 年已相继在四川、广西、青海、新疆、云南等地举办六届。首届论坛在成都举行,由中国社会科学院《民族文学研究》、四川大学文学与新闻学院等联合主办。来自各地的汉、苗、彝、满、藏、侗、回、白、壮、土家、蒙古、纳西等13 个民族身份的 30 余名学者和作家出席会议,这次论坛主题为"中国少数民族当代作家文学的理论建设",与会代表围绕"当代少数民族作家文学既往批评方式的得失"、"'中国少数民族文学'概念的重新认识与把握"、"多民族社会及民族文化裂变形势下的民族文学命运"、"多民族文学会通中的民族作家身份"、"经济发展时代民族作家的文化使命"、"世界少数民族文学与后殖民批评"、"21 世纪中国多民族文学的发展走向"七个议题展开了讨论。接下来几届论坛,参与者范围不断扩大,讨论的话题亦不断深入。如 2007 年在西南民族大学举办的第四届论坛上,有学者从文学角度指出,当前文学界存在汉文学史观、少数民族史观,作家文学、民间文学相互区隔的问题,讨论多民族文学史观是在汉文学史观领域的革命,但在少数民族文学和民间文学领域并不存在此问题。有学者从文艺理论角度指出，多民族文学史观的建构应关注少数民族文艺批评。长期以来在中国文艺批评史书写中，犹如女性批评，少数民族批评是在视域之外且缺少席位的，因此，中国文艺批评体系的历史发掘、现实建构和完整书写，在性别多元化和族别多元化方面还有许多工作要做。有学者从文化板块分析角度指出，中华文化由中原旱地农业文化圈、北方森林草原狩猎游牧文化圈、西南高原农牧文化圈、江南稻作文化圈构成，其中以中原文化圈的汉族文化为主体而其他三个分布少数民族的文化圈呈"匚"形围绕在其周围。可是，传统文学史只对准中原文化圈的文学，忽视了其他区域的文学；中华文学史不等于汉文学史，而应当是以汉文学为主体的多民族融合的文学史①。历届论坛的具体话题尽管有区别，但中心思想始终如一：研究中国文学，务必坚持多民族并置的立场。

中国是多民族国家，就人口数量言，汉族占全国人口的90%还多；从分布区域看，其他民族约占全国面积的60%，因此，如何看待和把握二者关系，也就成为微妙又敏感的问题。上述论坛的出现，即是缘于从族群文化和族群关系角度对传统文学观和美学观的质疑和反思。根据区域划分，中国文化由"东、西、南、北、中"多板块组合而成，但长期以来，汉族由之而来的华夏族建国在黄河流域，自视为居天下之中央，称以"中国"（天下中心之国），用例如"中国之君子，明乎礼义而陋于知人心"（《庄子·田子方》）、"陈良，楚产也，悦周公仲尼之道，北学于中国"（《孟子·滕文公上》），等等。历史上，在"我族中心主义"意念下，唯有这"中"（与其说是自然地理概念，毋宁说是政治地理概念）即中原汉文化才是传统视野里的中心，而周边四方的"东夷"、"南蛮"、"西戎"、"北狄"不过是作为陪衬的他者，是远离文明"中国"之外的"蛮夷"，所谓"非我族类，必有异心"，后者从指称上就被权力话语边缘化、贬低化了。这种"中国"和"蛮夷"泾渭分明的叙事，充斥在历史典籍的字里行间，如："天下名山八，而三在蛮夷，五在中国。"（《史记·孝武本纪》）"熊渠曰：'我蛮夷也，不与中国之号谥。'"（《史记·楚世家》）被奉为天朝中心的汉族文化和被视为边缘蛮夷的其他族群文化之间界限分明，在所谓

① 罗庆春、刘波、杨荣：《中国多民族文学史观与民族母语书写——第四届中国多民族文学论坛综述》，http：//www.pkucn.com/chenyc/thread.php？tid=8965。

正统的视野中，后者作为"异文化"无非是前者"修文德以来之"的教化对象，高者自高，低者自低。在老早就形成的"夷夏观念"中，中心的文化被视为高于周边，中心的使命就是教化周边而绝不可能倒过来，所谓"吾闻用夏变夷者，未闻变于夷者也"（《孟子·滕文公上》），就表达出这意思。如此这般观念，数千年来统治着国人的头脑，左右着人们的文化心理，甚至凝结成"集体无意识"，挥之不去。由于文化偏见和历史误读甚深，被奉作中心的汉族文化和被目为边缘的其他族群文化之间分界俨然，弱势的边缘总是缺席的在场者和有声的失语者，人们往往对汉族美学关注有加却对其他族群美学盲视或不知。别的暂且不说，看看当今出版的诸多以"中国"冠名的文论史、美学史，往往被单向度拘囿在中心化和主流化的汉文化书写视域中，也就事出有因。

　　1985 年出版的《中国古代文学理论辞典》即如此，次年问世的《中国大百科全书·中国文学》之"中国文学理论批评"条亦然。尽管后书为"少数民族文学"立有专目，却基本不见有对其文论的介绍；书中涉及的某些作家或批评家尽管在族别归属上是少数民族，但其理论和话语以及对之的梳理和研究仍基本立足于汉文化立场。比如，元结（鲜卑族）、李贽（回族）等人关于传统诗文论（主要是中原诗文论）的见解向来被写入中国文学批评史，但他们的这些成就仍基本上归属汉语诗学的范围。倘若就针对少数民族创作实践本身的美学理论言，由于长期受制于单一族群主位的思维惯性，在当下以"中国"冠名的整体性文艺批评史书写中，对于成系统又具特色的少数民族文艺批评论著如《彝族诗文论》、《论傣族诗歌》、《诗镜释难》（藏族）之类诗学专著的介绍，以及对突厥的法拉比、傣族的祜巴勐、彝族的举奢哲和阿买妮、藏族的贡噶坚赞和罗桑嘉措、蒙古族的贡纳楚克和尹湛纳希等理论家和批评家的介绍，则往往缺失（除了那些在"中国"后又特别标示"少数民族"的书籍）。古往今来，从研究力度看，关于中原传统美学及文论的作家、学说、术语的研究，不但已有成果堪称汗牛充栋，而且迄今仍是高等院校和科研机构用力多多的对象；可是，一旦涉及中国辽阔大地上的非汉族群的文论及美学，如彝族、傣族等，将其从原文翻译成汉文也是晚之又晚的事（《论傣族诗歌》、《彝族诗文论》、《彝语诗律论》等被译为汉文出版是在 20 世纪 80 年代），哪里还谈得上细致、深入、到位的阅读、阐释、研究呢？难道在非汉族群中诗学成就不高吗？未必。别的不说，"彝族以举奢哲、阿买妮的诗文论为开端，从中古到魏晋南北朝、唐宋至近古的元、明、清，目前已经发现、整理出版的文艺理论论著就达 12 家 16 卷之多"①。举奢哲、阿买妮的时代接近《文心雕龙》作者。阿买妮是彝族著名女经师、女诗人、思想家、文论家，她的《彝语诗律论》用五言诗体写成，以诗论诗（有如司空图的《二十四诗品》），2000 余行，其中从创作美学角度论述了彝族诗歌的体式和声韵、作者的学识和修养等问题，见解自具，值得研究者重视②。

将"中国美学"研究纳入多民族视野，是以对中华文化起源的新认识为基石的。20 世纪七八十年代，文化研究热在本土兴起。针对传统的"中心/边缘"观念，学人们对中国文化追根溯源也从一元说走向多元说。"中国传统史学观点认为，中华民族与文化起源于黄河中下游，然后向四周扩散，但新中国成立后的考古资料使中华民族起源一元说得到了修正。从我国新石器时代文化的分布和特征来看，我们中华民族的文化摇篮不是一处而是多处，是多元起源、多区域不平衡发展。"③ 譬如，中国号称"以农立国"，中华文化的审美气质即跟此国情密切相关④，从农业文明起源看，长江流域的考古成果就未必晚于和低于黄河流域。因此，考古学家、历史学家苏秉琦提出中华文明起源的"满天星斗"说，认为中华文化最初是在不同地点分别起源，然后不断交汇融合，逐渐形成统一格局的⑤。即是说，中华文明并非从黄河中下游单源扩散至四方，而是呈现为多元区域起源和发展，最终在相互碰撞与交流中形成中华文明整体格局。近年提出"重绘中国文学地图"的学者杨义，在检讨百余年的文学史书写时也指出："第一个缺陷，它基本上是汉族的书面文学史，相当程度地忽略了占国家土地60% 以上多民族的文学的存在和它们相互间深刻的内在联系。因为在整个中华民族的民族共同体的历史进程中，文学的发展是多民族共同创造、互相碰撞、互相融合的结果，不研究这个过程中非常丰富复杂、多姿多彩的

---

① 冯育柱、于乃昌、彭书麟主编：《中国少数民族审美意识史纲》，青海人民出版社 1994 年版，第 386 页。

② 李祥林：《性别、民族、中国文艺批评》，《民族文学研究》2008 年第 2 期。

③ 戴逸：《中国民族边疆史研究》，见《中外历史问题八人谈》，中共中央党校出版社 1998 年版，第 209—210 页。

④ 李祥林：《对中国文化雌柔气质的发生学考察》，《东方丛刊》2003 年第 3 期。

⑤ 苏秉琦：《中国文明起源新探》，（香港）商务印书馆 1997 年版，第 50 页。

相生相克、互动共谋的合力机制，是讲不清楚中国文学的真实品格和精神脉络的。"① 除了上述民族学者关于中国文化板块的划分，来自民间文学界的观点亦认为，"中国民间文学的文化特色，似乎可以划分为彼此既有联系又有相对独立性的五大块，即西北天山文化系统，北部草原文化系统，中原黄河流域文化系统，东南沿海文化系统，南方长江流域文化系统。它们各有自己的特色和价值"②。同理，"中国美学"格局的构建，也只有通过对往日主流话语的祛魅，超越中原汉文化一枝独秀的思维定式，正视神州大地上众多族群文化如星斗满天的格局，在多民族并置的视域中才能真正丰富、完善起来。

小传统视野：从精英到民间

所谓"大传统"（great tradition）和"小传统"（little tradition），作为文化人类学术语来自美国学者罗伯特·雷德菲尔德。这位芝加哥大学人类学教授在对墨西哥乡村地区进行考察研究时，开创性地运用了"大传统"和"小传统"的二元分析框架，并且在 1956 年出版的《乡民社会与文化》中正式提出这对术语。在他看来，较复杂文明中存在着"大"、"小"两个层次的文化传统。"所谓'大传统'，是指'一个文明中，那些内省的少数人的传统'，即指以都市为中心、以绅士阶层和政府为发明者和支撑力量的文化；所谓'小传统'，则是指'那些非内省的多数人的传统'，即指的是乡民社会中一般的民众尤其是农民的文化。"③ 简而言之，"大传统或精英文化是属于上层知识阶级的，而小传统或通俗文化是没有受过正式教育的一般人民"④。一般来说，"大传统"来自上层、主流、官方、精英、文人，占据主导文化位置，其存在和传播主要是依靠文字书写、学校教育等；"小传统"代表下层、民间、大众，主要是通过口传的生活实践传衍，是非主流的亚文化。"大传统"更多涉及精英思想和主流文化，"小传统"更多涉及民间知识和大众文化。

---

① 杨义：《重绘中国文学地图通释》，当代中国出版社 2007 年版，第 5 页。
② 刘守华：《多侧面扩展民间文学的比较研究》，载《民间故事的比较研究》，中国民间文艺出版社 1986 年版，第 10 页。
③ 孙秋云主编：《文化人类学教程》，民族出版社 2004 年版，第 19 页。
④ 余英时：《士与中国文化》，上海人民出版社 1987 年版，第 129 页。

古往今来，对于作为"大传统"的精英文化、主流艺术的研究，在中国美学领域可谓不遗余力，相比之下，对于作为"小传统"的下层文化、民间艺术的研究则远远不足。以中国戏剧研究为例，在现行的学理中，长期人们都以汉族地区成熟形态的传统戏剧或曰古典戏曲为对象，遵循着以王国维为代表的主流戏剧美学标准。按照这种理论，不同于由作者讲述故事的小说等，戏剧作为"代言体"艺术，其作品的语言必是剧中人物的语言，即"代"角色之"言"。如果作者不是化身为作品中人物说话，而是直接叙述故事或描写人物，那就是"叙事体"而非"代言体"。表演方面，代言体戏剧要求"一人一角"，而叙事体艺术如曲艺说唱之类则是演员可以"装文扮武我自己，一人能演一台戏"。在戏剧这"代言体"艺术中，作者或演员得化身为角色，以剧中人物身份来行动、说话，使用第一人称语言；至于描述则为说书、小说等"叙事体"艺术所擅长，其对故事的叙述，是使用第三人称口吻来完成的。当年，在中国戏剧史研究上有开山之功的王国维指出，"由叙事体而变为代言体"是元杂剧作为戏曲成熟标志的关键，"宋人大曲，就其现存者观之，皆为叙事体；金之诸宫调，虽有代言之处，而其大体只可谓之叙事。独元杂剧于科白中叙事，而曲文全为代言"（《宋元戏曲考》）。准此美学规则，在戏剧研究的"大传统"视野中，学界便以宋元作为中国古典戏剧（实为中原汉族地区的主流戏剧）的成熟期，而是否告别"叙事体"走向"代言体"亦成为世人定位是否戏剧的不二尺度或曰"刻板印象"。多年以来，人们对此都笃守遵循，少有疑问。可是，一旦我们走出这"大传统"思维定式，把脚步迈向活生生的田野乡间，把目光从文人张扬的主流戏剧形态转向非主流形态的民间仪式戏剧和少数民族戏剧时，常常看到要么是第三人称说唱和第一人称扮演在演出中并存，要么干脆就是第三人称叙事的说唱形式。

在"乡土中国"，长城内外，大江南北，迄今活跃着种种民间戏剧。且看贵州，侗族有侗戏，"侗戏的文学形式处于叙事体状态，剧目大都源自民间传说和本民族叙事歌"[①]；安顺流传的地戏，从剧本到表演也是"第三人称为主的叙事说唱体"[②]。又如，西藏早期的"八大藏剧"，起初"都是讲唱文学作品。演出时戏师手捧着它们逐句为演员提词。演员依据的并

---

① 王文章主编：《中国少数民族戏曲剧种发展史》，学苑出版社 2007 年版，第 333 页。
② 高伦：《贵州地戏简史》，贵州人民出版社 1985 年版，第 34 页。

非近代戏剧概念的第三人称的代言体剧本"；关索戏见于云南玉溪地区，其剧本"原本是叙事体的说唱文学本"，且听《长坂坡》里甘、糜二夫人所唱："推车来到第四关，馆驿店内把身安，二嫂店内去安身，关羽打开兵书看。"① 这"二嫂"与其说是剧中人自称，不如说是来自叙述者的他称。四川南充傩坛戏之"三十二天戏"中有《杨泗将军》，其主角传说为陕西汉中人氏，14 岁入江中斩杀龙精，因镇水降妖有功被玉皇大帝封为江神。上场后，杨泗将军唱道："杨泗将军喜嗦，驾龙船哟喜嗦，手提钺斧喜喜嗦，呀哟嗬呵。乘风破浪喜嗦，战险滩哟喜嗦，威镇江湖喜喜嗦，呀哟嗬呵……三十二戏喜嗦，乘龙船哟喜嗦，吾掌桡舵喜喜嗦，呀哟嗬呵。下民弟子喜嗦，还愿信哟喜嗦，领受香烟喜喜嗦，呀哟嗬呵。"② 明显带有说唱叙事痕迹。考察中国民间演剧，诸如陕西跳戏、汉调二黄、山西铙鼓杂戏、安徽贵池傩戏之类也是把说唱本直接搬演，可见这种状况实有相当的普遍性，其跟学界熟知的"代言体"戏剧明显拉开了距离。对此，身为研究者的你又该作何评价呢？西部少数民族戏剧中，还有从释比唱经衍生的羌族释比戏。释比是有语言无文字的羌人社会中不脱产的巫师，作为祭神驱鬼仪式的主持者，他在唱经演戏时一人装扮多角，或为男角，或为女子，或演神灵，或装鬼怪，也是在叙事性说唱和角色化扮演之间跳入跳出，显示出民间演剧常有的灵活性③。刚刚出版的《羌族释比经典》中，收有释比戏唱本若干，可供读者参考。有鉴于此，研究神州大地上形形色色作为"小传统"文化的民间戏剧和少数民族戏剧，除了从实际出发尊重其本体和承认其价值，的确是无法时时都将中原汉区主流戏剧作为唯一美学标准。

同样道理，在音乐审美中，如果不从人类学讲的"主位"（emic）立场去欣赏少数民族地区的民歌，而是站在学院派式所谓高雅音乐、正统音乐的"客位"（enic）立场去评论其发声方式，难免会南辕北辙，因为在后者所谓"专业化"目光中，前者往往被视为"不科学"。当年有人以汉

① 曲六乙：《"三块瓦"集》，中国戏剧出版社 2001 年版，第 97、194—195 页。
② 吕子房：《南充地区的"傩坛戏"》，见《四川灯戏·四川傩戏》，该书由《中国戏曲志·四川卷》编辑部 1987 年 10 月编印，第 125 页。
③ 李祥林：《释比·羌戏·文化遗产》，《中外文化与文论》第 18 辑，四川大学出版社 2009 年版。

族音乐尺度衡量海南黎族民歌，不就认为其演唱"节奏不准音不准"么？而以殿堂里的美声唱法去要求大草原上蒙古族的"呼麦"，也会大大错位。前不久杨丽萍利用民族民间文化资源制作了一台《云南的响声》，对外宣传是"衍生态"打击乐舞，其中有许多奏出天籁之音的"乐器"在恪守正统人士的眼里恐怕都难以入流。因此，如何尊重作为"地方性知识"的民间文化并正视其价值，是习惯"大传统"思维者务必反思的。当年，郑振铎在《中国俗文学史》中说："'俗文学'不仅成了中国文学史的主要部分，且也成了中国文学史的中心。"① 即旨在提醒我们的文学史研究别忘了目光向下，别忘了非主流的民间存在的重要性，他说的"俗文学"即通俗的文学、民间的文学、大众的文学。要认真研究"大"、"小"传统的关系，从地位看，"大传统"属于占据主流地位的官方话语、精英话语，"小传统"属于处在非主流地位的大众话语、民间话语；从作用看，"大传统"引导现实文化的方向，"小传统"提供社会文化的基础。如果我们仅仅注意到一方而忽视了另一方，就难以把握社会文化的整体及实质。尽管从法国学者米歇尔·福柯讲的"话语权势"（the power of discourse）看，"大传统"居强势地位，是话语的制定者、发布者；"小传统"处弱势位置，是话语的聆听者、接受者，但是，这并不意味着后者除了被动服从、效仿前者便再无其他。须知，"小传统"虽"小"却根底深厚、分布最广、富有活力，其毕竟是社会文化的基础，它盘根错节在民众的生活实践中，从根本上支配着他们的心理及行为，既有顽强的纵向传承又有广大的空间流播。在整体社会文化结构中，既然"大传统"和"小传统"从来就并存共在，既然"大传统"文化终归要奠立在"小传统"文化基础之上而不是相反，那么，对于中国美学研究者来说，走下前者居高临下的宝座，深入下层民间，多多关注后者，尊重后者，便是题中应有之义。

　　1993 年，人类学家李亦园在谈到美籍华裔学者杜维明的"文化中国"理念时，认为后者是基于水平立场观察的模型，是一个从"大传统"出发提出的概念，也就是把关注目光更多地投放在了上层士大夫或士绅阶层的精致文化上。在他看来，中国文化的整体实乃由上层士绅文化和下层民间文化共同构成的，研究中国文化也不妨置身垂直立场，从"小传统"即民

---

① 郑振铎：《中国俗文学史》，上海人民出版社 2006 年版，第 15 页。

间文化出发去探寻"文化中国"的意义。以"小传统"为视点的这种研究与杜维明的模型并不冲突，二者是相互补充的①。这位人类学家的观点，有助于对于我们转换视角思考问题，从而避免美学研究上的不足。

形而下视野：从文字到器物

在人类发展史上，文字是告别蒙昧时代走向文明社会的标志。"形而下者谓之器"，较之形而下的器物，作为文明符号的文字书写无疑具有形而上色彩（美学这门学科在西方，原本也是从更加"形而上"的哲学分化而来）。因此，过去的中国美学史研究，首先注重的是历朝历代以文字书写的古代文献，或者说是以书面化文本呈现的学说、思想。行中人知道，研究中国美学史，在对象及材料选择上有广、狭之分。"所谓广义的研究，就是不限于研究已经多少取得理论形态的美学思想，而是对表现在各个历史时代的文学、艺术以至社会风尚中的审美意识进行全面的考察，分析其中所包含的美学思想的实质，并对它的演变发展作出科学的说明。"与之有别，"所谓狭义的研究，就是以哲学家、文艺家或文学理论家批评家著作中已经多少形成的系统的美学理论或观点作为主要研究对象，而对审美意识在社会生活和艺术中的种种具体表现，一般不去详论，只作为美学理论产生、形成的历史背景，加以必要的说明"②。或曰："美学史就应该研究每个时代的表现为理论形态的审美意识"③，也就是以范畴和理论为标志的美学史。作为新时期美学的重要成果，如李泽厚和刘纲纪的《中国美学史》、叶朗的《中国美学史大纲》、敏泽的《中国美学思想史》等，这些为美学界众所周知的通史著作基本上是循着狭义路子撰写的。经历了世纪转换，这种状况到了新千年在同类书籍中仍有见。当然，由于客观条件限制和主观目标设定，彼时学界如此取向也有其原因和道理。

文化人类学主张在书面文献之外关注出土文物、重视田野考察、留意口述材料，凡此种种，有助于我们的研究从单一走向多元、从平面走向立体、从静态走向鲜活。尤其是种种形而下的器物，无论来自考古还是来自

① 李亦园：《从民间文化看文化中国》，见《李亦园自选集》，上海教育出版社2002年版，第225—226页。

② 李泽厚、刘纲纪：《中国美学史》第1卷，中国社会科学出版社1984年版，第4—5页。

③ 叶朗：《中国美学史大纲》，上海人民出版社1985年版，第4页。

民间，能为我们弥补缺少文字或文字未载的遗憾。地下（文物）、纸上（典籍）、民间（风俗）结合的"三重证据法"，是学术界自 20 世纪 80 年代以来在国学传统的"二重证据法"（即王国维在《古典新证》中说的"纸上材料"和"地下材料"）基础上提出的。这是一种多层次、多视角、多维度寻求证据的文化考察方式，对于中华美学史研究，同样具有重要的方法论意义。回眸百年，这种方法实际上在闻一多、顾颉刚、郑振铎等有关神话、风俗的研究中已见运用，后来在当代学人关于诗经、楚辞、老庄、史记、山海经等的"文化密码破译"中得到发挥。这种多重取证的治学方法，能使我们避免视野褊狭和短视，从而在左右逢源中获得对事物及现象的更全面认识和更深刻把握。诚然，多年来学界对中国美学史的撰述，从发生到发展，从资料搜求到脉络勾勒，基本上循守从书本到书本的治学模式，其功绩不可抹杀，但也难免有这样或那样的缺失和遗憾。见诸文字的书面材料固然重要，但它毕竟只是载录人类文化史迹的一个方面（即便被认为是最重要方面），并非全部。别的不说，在号称具有"五千年文明"的泱泱中国，当我们试图从美学研究角度追踪夏、商、周三代时，如果把目光仅仅停留在文字典籍也就是书面化文本上，显然会局限不小。若是再去探视远古无文字时代（石器时代）的审美文化，呈现给今人的除了考古发掘的诸如石器、玉器、骨器、陶器、织物、贝壳、岩刻等实物，还能有什么呢？正因为如此，旨在"重建中国史前史"的苏秉琦格外看重考古实物，通过这种非文字的"物的叙事"去探求上古历史奥秘，比如他对七八千年前辽西地区玉器作为早期城邦式原始国家的礼器的文化研究，就给人启示多多。又，"读图时代"是人们对当今社会以看图取代读书态势的指说，实际上，在尚未发现系统化文字的远古社会，图像以及作为其载体的各种实物，不正是当时人们审美意识的最好体现么？

说起中华文明，人们常常讲到"三代"（夏商周）。诚然，三代之前，在黄河流域中原之外，原本以为史前文化不发达的地区如今已发现了颇为发达的史前文化（如长江下游的良渚文化、辽河流域的红山文化），但夏商周毕竟是中华文明走向繁盛的极重要时期。然而，令人遗憾的是，长期以来传世文献记载的中国历史的确切年代，只能上推到西周晚期的共和元年（公元前 841 年）。再往前溯，便岁月茫茫，史实渺渺，历史纪年难以考证。不必讳言，跟古代埃及文明、两河流域文明早已建立起年代学标尺相比，这是中华文明研究的一大缺憾，也是国人长久的"心病"（如今被列为国家重大科研项目的"夏商周断代工程"，将众多学科的专家汇聚起来，目的就是要为中华早期历史建立年代学标尺）。究其原因，盖在记载上古历史的文献资料太少（尤其是迄今不见有系统化文字发现的夏代），这难免让习惯依赖书面文本的研究者感到无从下手。两千多年前，孔子就曾感叹："夏礼，吾能言之，杞不足征也；殷礼，吾能言之，宋不足征也。文献不足故也。足，则吾能征之矣。"（《论语·八佾》）可见，早在距离商朝灭亡仅约 700 多年的春秋时期，有关夏商二朝历史的资料便已存世不多，以致孔老夫子有"文献不足"、难以稽考之叹。今天我们研究三代审美意识，除了文字记载，不得不将目光盯在虽然"形而下"却多姿多彩的器物上，也是因为在历史远离我们数千年的那个时代，留给后人并经考古学和历史学验证的文字遗存物终归是太有限。在此，要像先前我们对待历朝历代美学那样仅仅以凝结各种思想学说的"形而上"的书面文本作为考察对象，当然不能说是最佳选择。不过，好在历经岁月磨洗的过去时代毕竟留下了可供观照和把玩的物质性东西，通过与这些物质文化遗留物"对话"，我们仍有机会去触摸那个遥远岁月的审美趣味和审美观念的脉动。于是，将出土的石器、陶器、甲骨、玉器、青铜器、建筑遗迹等实物同传世的《易经》、《尚书》、《周礼》、《诗经》、《左传》、《国语》等文献结合起来，三代的文学、音乐、舞蹈、建筑、服饰、宗教的大致风貌便闪烁眼前，为我们探视中华审美意识及美学思想的早期形态提供了可能。

一旦走出以书面文献为唯一取向的刻板化传统，将我们的学术视域放大放宽，就会发现，随着国内考古学、历史学、人类学、民族学、民俗学等领域的新成果不断推出，作为审美文化资源的诸如此类"形而下"的器物（或称"物质文化遗产"）在中国九百六十万平方公里土地上其实有许许多多，既发掘自地下又存活在民间，既见于中原大地又见于华夏周边，犹如霞霓在天绚丽多彩，期待研究者用慧眼观照。比如，西部地区的三星堆遗址和金沙遗址，作为长江上游地区古蜀文明的产物，年代大致同于黄河流域的商周时期，出土的石雕、玉器、青铜器、黄金制品等大批器物所体现的审美意识跟中原文化亦是有同有异，对之我们的美学研究恐怕不能漠然置之。自古以来，四川就被视为"不与秦塞通人烟"的蛮夷之地，作为当地原住民的古蜀族本来有自己的语言文字（古籍有"蜀左言"的记载，出土文物上也有今人莫辨的"巴蜀图语"，而外来移民接踵入川并逐渐成为川人主体是在秦国灭蜀国以后且经历了漫长岁月），但早已失传，而年代久远的三星堆、金沙遗址的众多器物也不见于汉文书籍记载，成为遗失在"正史"之外的存在。可是，偏偏从这些器物中透射出来的审美光芒，是那么耀人眼目，惊动天下。又如，在多民族中国，在非汉族的55个民族中，许多族群原本是有语言无文字的，他们的审美心理、审美意识、审美观念往往就凝结并表现在他们丰富多彩的物质文化遗产中（如羌族碉楼、苗族银饰、佤族木鼓、东巴图经、裕固族头面、布依族蜡染、赫哲族桦皮器具等）。即使是在有文字的族群当中，就美学思想的体现而言，非文字性的器物（如服饰、建筑、用具、食物等）作为人类文化的创造物，也从方方面面弥补着书面化文本的不足。今天，我们要重写本土美学史，要还原名副其实的具有本土特色的"中国美学"体系，对此没理由视而不见。明白这点，转过眼来瞧瞧当今兴起的"审美人类学"研究、"审美文化史"研究、"多民族美学"研究乃至"日常生活审美化"研究，当不难看出中国美学领域在发生从"形而上"到"形而下"的学术转向。在这种从"上"到"下"的视点挪移中，在这种从中心到边缘的视域拓展中，步入21世纪的中国美学不断寻求着新的学术生长点，并且有着不小的待开发潜力。

（原载《百色学院学报》2010年第5期）

多民族视野中的彝族诗学与中国文论

　　中国是 56 个民族共居的国家，对中国文化的考察离不开多民族视角。就文论及美学而言，从多民族视角研究中国历史上的非汉族群诗学，具有重要的现实意义。从时间维度讲，"彝族诗学与中国文论"这话题应包含古代和现代两个层面，但本文把着眼点仅仅放在彝族传统诗学与中国古代文论的对读上，其他问题留待以后或他人来说。之所以作此选择，一是古代诗学和现代诗学有较大的分野，就二者作比较研究是个很大的话题；二是彝族传统诗学与中国古代文论已是既定形态，加之中国古代文论研究迄今仍可谓是"显学"，论述起来对象容易把握且有现实意义；三是在传统与古代的范围中，以"中国"冠名的古代文论研究领域迄今对彝族传统诗学仍关注不够，其中有不少问题值得学术界反思①。毋庸讳言，在汉学主位的中原传统诗学或文论视域中，作为族别"他者"的非汉族群诗学长期被边缘化，人们对之的关注和研究有待加强。② 在中国文学批评史上，中原汉语诗学固然自古发达且成就斐然，非汉族群的诗学成果也古已有之，

---

　　① 诚然，就汉语诗学历史及汉语诗学体系言，历史上对古代文论做出贡献的也有彝族身份的学人，如清代中叶文论家李云程，其著《古文笔法百篇》（又称《古文快笔》、《古文笔法》）是对汉语写作理论、古文系统理论的总结，其中不乏见解。但是，这不属于本文讨论范围。

　　② 举个例子，2009 年 11 月中国古代文学理论学会第十六届年会在成都召开，全国各地代表来了不少，从提交的 100 余篇论文看，以新时期三十年来中国古代文论研究为中心，大家就中国文论与中国思想、古代文论的现代转换、中外文论比较等展开了讨论，但基本上无涉中国文论的多民族视野和多民族构成这话题（见会议编印的论文集）。再看出版物，翻开 2005 年问世的《中国文学批评史》（中华书局）、《中国文学理论批评史》（北京大学出版社），不见有涉及非汉族群诗学及文论的专门章节。同类著作，还有 1993 年学林出版社的《中国古代文学原理》、1996 年广西师范大学出版社的《中国古代文论教程》、1995 年中华书局的《中国古典文学研究史》、2006 年东方出版中心的《20 世纪中国古代文学研究史·总论卷》，等等。往前追溯，这种状况由来已久，1979 年上海古籍出版社出版的四卷本近 160 万字的《中国历代文论选》，在学术界有广泛影响，即立足汉语诗学文论。凡此种种，例子甚多，理应反思。

而且各具特色和价值。其中，彝族诗学便是代表之一，是值得重视的中国本土资源。聚居中国西南部的彝族是有文字的民族，也是诗学智慧发达的民族。古往今来，这个民族不但创造了丰富多彩的文艺作品，而且留下了凝结思想成就的诸多文献典籍。彝族民间叙事长诗《卖花人歌》即云："彝家的故事能填满山谷，彝家的古经就象那瀑布，三天唱满一面坡，九天唱满一个湖。"① 种类多样的彝文古籍中不乏诗学方面的精彩论著，犹如举娄布佗在《诗歌写作谈》里所言："从那古时起，彝地人世间，著书藏书多，诗文论著多。"其中，尤具代表性的有《彝族诗文论》、《彝语诗律论》等。

《彝族诗文论》作者举奢哲是古代大毕摩、大作家，他知识渊博，著述宏富，著有《祭天大经书》、《祭龙大经书》、《做斋大经书》等系列经书，以及《黑娄阿菊的爱情与战争》、《侯塞与武佐》、《降妖捉怪》等文艺作品，被彝人世代敬奉，彝文古籍即云："古时的人间，知识大无边。有知识的人，他来安天门。天上知一半，地下全知道。天门他来开，地门他来管，有知识的人，宇宙他来管……先贤举奢哲，他来传知识。他是什么人，至尊的大师。"② 根据彝族"盐仓"家谱记载，举奢哲生活的时代为清康熙三年（1664）往上推六十六代，大致为魏晋南北朝时期，也就是跟汉语诗学系统的《文心雕龙》作者刘勰、《诗品》作者钟嵘等的时代相近。举奢哲的《彝族诗文论》是彝族古代文论奠基之作，用五言诗写成，共包括"论历史和诗的写作"、"诗歌和故事的写作"、"谈工艺制作"等五个部分，从立足文艺创作的实际出发，就想象和虚构、作品的内容及作用、文艺的审美功能和教化功能等问题展开论述，触及诗文理论中若干根本问题，不乏真知灼见。比如，对诗的作用，他的概括是：既可"唱来颂君长，唱来赞君长"，又可"唱来骂君长，唱来恨君长"，是表达人们对统治者爱与憎的社会情绪的风向标；还可以在日常生活中把它当作"相知的门径，传情的乐章"，是人与人之间交流情感、表达爱意的媒介与工具。又如，说到"诗"、"史"的异同，人们往往会想到欧洲文艺美学史上赫赫有

① 文中所引彝族诗文论除加注者外，参见举奢哲、阿买妮等《彝族诗文论》，王子尧等译，贵州人民出版社 1988 年版；买买提·祖农、王弋丁等主编《中国历代少数民族文论选》，新疆人民出版社 1987 年版；彭书麟等主编《中国少数民族文艺理论集成》，北京大学出版社 2005 年版。

② 《物始纪略》（第一集），四川民族出版社 1990 年版，第 77—82 页。

名的《诗学》，想到古希腊哲学家、美学家亚里士多德对此的精彩论述。其实，在东方诗学领域，被族人尊称"先师"的举奢哲也以其经验之谈，谆谆提醒从事写作的人：叙述历史务必事事求真，诗歌创作需要驰骋想象，二者遵循着不同的写作规律。他是这样说的："所以历史家，不能靠想象。不像写诗歌，不像写故事。诗歌和故事，可以是这样：当时情和景，情和景中人，只要真相像，就可做文章。可以有想象，夸饰也不妨。"为此，他针对故事创作的真实与虚构问题提出"须有六成真，可有四成虚"，或者有"七成真实，三成想象"，认为如此方可"把人写活，把事写真"。这位彝族学者尽管生活年代晚于古希腊哲人，但由于地域和语言的巨大界隔，若是简单套用比较文学中的"影响研究"来观照二者恐怕很难。在笔者看来，从尊重言说者的"主位"（emic）立场出发，二位诗论家观点接近实际上是各有其文化发生土壤的"英雄所见"。换言之，东方世界的举奢哲和西方世界的亚里士多德，他们作为诗学家在对各自民族的文化的深刻体验和感悟中，阐发了有关"诗"、"史"异同的重要观念。

　　"诗歌叙天文，诗歌叙地理"①，这是彝族先民自古就有的诗学认识。彝族文化史上，传授知识、论诗写书的伟大先哲除了举奢哲，还有著名的女经师和女诗人阿买妮。追溯历史，文字、农耕乃至医药的发明在彝民心目中跟女性相关，彝族经籍《物始纪略》、《西南彝志》便记载彝文创制于远古女性中心时代，并且极力称赞"女性有知识，女性有智慧"。时代近于举奢哲的阿买妮甚至被彝民尊奉为传播知识、文化的"女神"，称为"恒也阿买妮"（恒也在彝语中有"天上"之意）。她不仅有《独脚野人》、《猿猴做斋记》、《横眼人和竖眼人》等作品传世，其中《彝语诗律论》尤其是她在彝族诗学方面的重要成果，大而言之，也是她对整个中华文艺美学的重要贡献。翻开《彝语诗律论》，我们看到，既写诗又论诗的阿买妮从创作美学入手，阐述诗歌的体式和声韵，探讨作者的学识和修养。凡此种种，堪称论述到位，见解精辟，而且从头至尾都是一边举诗歌创作例子一边讲诗歌创作理论，既有实践针对性又有理论提升性，由此体现出理论和实践联系的论诗原则，相当可贵。今有研究者指出，该书无论从理论内容还是从理论形态的精湛程度看，《彝语诗律论》"都堪称是一部优秀的彝

---

① 《物始纪略》（第一集），四川民族出版社1990年版，第223页。

族古代诗学著作"①。此外，立足当代，从"性别"（gender）和"民族"（ethnic）这两大学术热点切入中国文学批评史和中国文艺美学史，以冷静、客观的目光透视多年来学界对此历史的传统表述和惯性书写，就会发现一种"缺席/在场"的怪异现象。所谓"缺席"，是说长期以来在中国文论史的书写中，女性批评和少数民族批评大多是在视域之外并且缺少席位和话语权的；所谓"在场"，是说女性批评和少数民族批评尽管常常被遗失在主流化书写的史著之外，但自古以来二者的客观存在是任何人也抹不去的。长期以来，思维定式使然，在历史形成的男性本位和汉族中心的话语框架中，作为性别"他者"的女性批评和作为族别"他者"的少数民族批评在传统中国文论体系中同处边缘地位，造成了中国文论史在书写上的某种偏向。中国古代文学批评及理论研究史成为独立学科的标志是 1927 年陈钟凡的《中国文学批评史》问世，1997 年北京师范大学出版社出版的《回顾与反思——古代文论研究七十年》便是以此为学科起点。后者分别从资料整理、史的编撰、专题与范畴研究以及大陆和港台、古代与现代等方面为读者梳理了古代文论研究的历史与现状，所涉及的本土古代文论信息不可谓不广，但令人遗憾的是，书中并不见有关于女性文论的专门章节②。明乎此，再来看彝族女性作者阿买妮的诗学，其在中国文学理论发展史上的成就和价值绝不可低估。

《文心雕龙》在中国文论史上影响深远，"风骨"作为其中名篇是刘勰"把汉魏以来品评人物的'风骨'概念，取其精神，加以改造，移用于文学"③ 的成果，而"骨"亦是贯穿华夏古典美学体系的核心范畴之一，"两汉人物品鉴重骨法"④，诗歌、绘画等也时时讲"骨格"、"骨力"。值得注意的是，在中原传统美学之外的彝族阿买妮的诗学论著中，也屡屡有见"骨"范畴的使用，不但表述自成系统，其美学含义亦别具特色，如："举奢哲说过：'每个写作者，在写诗歌时，声韵要讲究，人物要写活。诗

---

① 巴莫曲布嫫：《鹰灵与诗魂——彝族古代经籍诗学研究》，社会科学文献出版社 2002 年版，第 220 页。

② 关于中国文学史上女性批评的"缺席/在场"问题，参见收入本书的《徘徊在缺席和在场之间——中国文学批评史上的女性声音》一文。

③ 《中国古代文学理论辞典》，吉林人民出版社 1985 年版，第 443 页。

④ 《中国美学范畴辞典》，中国人民大学出版社 1995 年版，第 659 页。

文要出众，必须有诗骨，骨硬诗便好，题妙出佳作。'"又如："文章讲音美，诗贵有硬骨；无骨不成诗，无音不成文。"在她看来，"诗骨从旨来"，"写诗抓主干，主干就是骨"，创作者要根据不同内容确立不同的诗"骨"，所谓"诗骨如种子，种子有各样，各样种不同"，同理，"诗骨各有异"，"因诗而不一"，切忌笼统划一。作品是有机的整体，"骨"与"肉"相对，"骨肉紧相连，整体不能分"，诗人务必处理好二者关系，否则，"只有骨头在，没有血肉身，写出的诗文，骨立就差了"。按照彝族诗学的观点，这"骨"是关系作品能否传世的命脉所在，它决定着作品的艺术生命力，"诗若无骨力，任你写得多，再多也无用，后传没有根"。因此，这位女性诗学家再三强调诗歌要有"骨力"。放宽视野，对"骨"的看重又是彝族文化的极重要特征之一，非唯体现在其传统诗论里，也投射在其民间画学中。以出自毕摩之手的民间美术为例①，他们在仪式活动中绘制的神图、鬼板就是以线条来"画骨"作为其构图的主要方式。2012 年 4 月，笔者参加四川省第五批省级非物质文化遗产项目传承人评审会，读到凉山彝族自治州美姑县毕摩绘画传承人刷日拉都的材料，其中介绍其技艺特点时即指出，"抓住'骨'的本质特征，以'线条'为主要造型，舍其外形轮廓，画物之'骨'像。体现出拙稚古雅、浑然天成的韵味，又富有力感"②。在彝族同胞的审美意识中，"'骨'凝聚了对象的灵性与血脉，只要抓住了'骨'便切中并概括了对象的根本；'骨'连带着对象的'血亲'与'近亲'，只要画出了'骨'，便把握并超越了对象以及与对象发生关联的'类群'之全部和整体"③。尊重"地方性知识"的当代人类学提醒我们，对于任何一个族群，对于任何一种文化，只有尽可能尊重当地人

---

①　目前，在第二批四川省非物质文化遗产名录中，已列入传统美术类的有"毕摩绘画"，是由凉山彝族自治州美姑县申报的。彝语毕摩，"毕"指祭祀、诵经，"摩"义为长老。毕摩既是彝族传统社会中主持宗教仪式的祭司，又是文字、书籍等的掌握者，用今天的话来说，或可谓是彝民族当中的知识分子。

②　第五批省级非物质文化遗产项目代表性传承人推荐表《毕摩绘画·刷日拉都》，凉山州美姑县文化馆 2011 年 10 月编制。

③　巴莫曲布嫫：《神图与鬼板——凉山彝族祝咒文学与宗教绘画考察》，广西师范大学出版社 2004 年版，第 132 页。该书中有专章"'画骨'风格与文化传承"，言及彝族民间绘画的"根骨"意识和"画骨"传统，可供读者参考。务必指出，从画论角度看，来自彝族的这种"画骨"理论自有其民族文化内涵及特色，倘若简单搬用汉族绘画美学中的"画骨"学说去阐释，是会错位的。

的"主位"立场，结合其"在地性"语境，关注其"在地性"生成，才能把握其"在地性"特征，认识其"在地性"价值。在族群意识上注重血脉根基的彝族文化中，"骨"以及"根"作为彝族传统诗学范畴，有其族群文化及习俗的特有积淀和本位内涵，因此，研究者对其特性应予分辨，不可简单套用汉语诗学去识读。

"天地有万物，万物都有根"①，凉山彝族克智说辞中有此语句。对万事万物之根脉的看重是彝族文化一大特征，如《彝族创世志》云："白雁迎土根，青鸿迎地根，兹吐迎女根，凤凰迎男根。胆肺人的根，身躯人的根。舅家的住地，所有根源到。"② 翻开彝文古籍《物始纪略》第一卷，我们看到，紧接在"天地的产生"之后，便是"风的根源"、"雾霭的根源"、"万物的根源"、"种植的根源"、"医药的根源"、"女权的根源"等重要篇章，关于"根源"的叙事占了其中相当大的篇幅。"寻根"成为彝族诗学传统，盖在彝族文化本身有强烈的"寻根"意识，《指路经》所昭示的"魂归祖界"即是彝人心目中的永恒意象。"彝族是一个崇拜知识，喜欢思考，用诗思维的民族，对一切事物都要寻根问底，探索其渊源，寻究其来历，这种寻根思维，正是彝族古代文学的指归。"③ 他们深信，"万物有根源"，"有根枝叶茂"，"有源水才深"，并且再三告诫"叙根别错乱"④。反映在彝族诗学中，"根"这范畴屡屡出现，如"文根"、"诗根"、"音根"、"书根"等，佚名《彝诗史话》讲"彝诗书之根，书根要讲音，音要讲音根"、"写诗要抓根，根要诗中有；有根诗有体，无根诗不生"，举娄布佗《诗歌写作谈》称"谈诗要寻根，有根方为上。彝诗无根底，不算好诗章"。彝族诗学中这"根"，又是与"骨"范畴密切关联的，基于其族群生活及文化中特有的血统观念。至于阿买妮《彝语诗律论》讲的"诗有多种角，诗角分短长"、"韵协声调和，诗角更明朗"，这"角"就更是有关彝族格律诗的又一独特诗学范畴，其含义有待学界深入阐发。在多民族中国，在民族与民族之间长期文化互动的语境中，少数民族诗文论有跟汉族诗文论相通之处，与此同时，也不乏其自我文化积淀和族群特色的话

① 《中国彝文典籍译丛》第 2 辑，四川民族出版社 2006 年版，第 195 页。
② 《彝族创世志》（艺文志），四川民族出版社 1991 年版，第 23—24 页。
③ 王明贵：《彝族古代文学总观》，《民族文学研究》1999 年第 3 期。
④ 《物始纪略》（第一集），四川民族出版社 1990 年版，第 256—257 页。

语系统，对此异质性特征我们应该充分尊重，切忌作简单化的"大一统"式对待，更不可戴着有色眼镜视而不见。

"以诗论诗"是本土诗学传统。说起中国诗歌美学史上的"以诗论诗"，人们首先会想到唐代司空图的《二十四诗品》（该诗学论著的作者归属迄今仍未全然定论，此处暂从传统的说法），视为该体式诗论的开先河者。其实，在非汉族群中，诗性智慧本是他们天然所擅长。这种被当今学术界称为"后设诗歌"（metapoem）的以诗歌评论诗歌的形式，在他们当中并非鲜见。如五言诗体是彝族诗歌的主流，举奢哲在《论历史和诗的写作》中讲："彝族的语文，多是五字句，七言却很少，三言也如此，九言同样是，也是少有的，五言占九成，其余十之一。"举奢哲、阿买妮等用彝族五言诗体写就的诗学著作，无疑属于该类型，但跟通常认为是生活在晚唐的诗歌美学家司空图相比，他们的时代更早。以诗论诗在其他彝族诗学家笔下亦见，如生活年代大约为南宋时期的布麦阿钮，其著《论彝诗体例》曰："诗文有各种，各种体不同，各有各的风，各有各的骨，骨肉各有体，血肉各有分。诗歌有多样，各样与差别。""诗中各有主，主体各不同，题由主所出，骨肉紧相连。""万类诗中出，各各显圣灵。性质各不同，四季乃分明。"不同的文艺作品有不同的骨，犹如彝人内部有"黑骨头"和"白骨头"之分，彼此是混淆不得的，这是诗文创作和诗文审美不可忽视的关键问题。彝族以诗论诗也很有特点，例如佚名的《论彝族诗歌》云："对于诗歌呀，诗歌体又多，文体各有类，类在诗美妙。谈到诗美妙，美妙在哪里，怎样才美妙？我来说一说。妙在有文根，根在扎得深，深在知识富。知识靠积累，积累靠钻功。钻攻在刻苦，刻苦在勤奋……"从修辞方式看，由于上下句之间使用了连珠体，让人读起来朗朗上口，不但有奇妙的形式美，而且便于诵读和记忆。

彝族传统诗学中，有名有姓的作家理应重视，佚名论著也不可忽略。如今被定名为《彝诗史话》的篇章，出自古籍《实勺家谱》（实勺乃古时彝族最显赫的部族之一），其篇幅不算短，其中论述了彝族诗学开山祖师举奢哲、阿买妮的业绩，是不可多得的彝族古代文论史料。类似篇章还有上述佚名的《论彝族诗歌》，其中对彝诗之"体"的分析以及对如何写好这些"体"的论说，对于创作者甚有参考价值。除了专篇，彝族说诗论文道艺的言语又不时闪烁在其传世文献的字里行间，如水西土语区的《西南彝志》中有"论歌舞的起源"、"论尼伦的歌场"、"论天地的歌场"等篇章，涉及远古彝家"哎哺"（天地、阴阳、男女）社会也就是原始时期的文艺起源及仪式呈现，其中《哎哺歌师找对手》记述："我俩是慕施，以歌诗相会……读诗文也可，歌雅颂也行……广阔斋场里，平坦舞场上，歌诗又论文，论文又读史。"① 所谓"慕施"，指歌师、歌手，他们能说擅唱，是彝族民俗活动中的重要人物。乌撒土语区的《彝族创世志》里亦有"没有引歌笙，歌师难开口"、"但无引歌灯，歌师难开口"之类，还记述了歌师请东南西北中五方"歌神"的仪式过程："你若是歌神，请下歌场来，下来设歌场。""你若是歌神，请下歌场来，下来执歌事。"② 克智（又译"克哲"）是凉山彝族民间文学瑰宝，常见于婚娶场合，带有论辩色彩，男女两家参加婚礼者各自选出己方思维敏捷、知识丰富、能说会道的人作为代表，一边对坐饮酒一边展开针锋相对的舌战，有进攻有防守，其论辩内容海阔天空、包罗万象，或叙事或抒情，或讲史诗或引谚语，使用的语言通俗易懂，脍炙人口，富有音乐感。作为彝族社会流传广泛的诗体口传文学，克智说辞中谈到这种二人竞赛式的民间文艺对听众有巨大吸引力时云："大地的人们，个个来听词，七天不放牧，七天不吃饭。"③ 如此谈论文艺的审美感染力，堪与汉语诗学中讲的孔子闻《韶》乐"三月不知肉味"相媲美。云南楚雄彝族谚语中的"访故事如深山里寻菌，编戏如金沙江里淘金"、"山上没有千姿百态的杂木，春天就没有万紫千红的花朵；世上没有形形色色的人，台上就没有各色各样的戏"，则是对创作实践的经验总结，透露出朴实的美学观念。

彝族诗学发达，跟他们自古有本民族文字并且世世代代重视知识、重视文化的优良传统不无关系。尽管彝族社会重根骨意识讲阶层区分，但在他们看来，天地间万事万物，地位没有高过"知识"的，哪怕是掌管天下的君权："世间谁为大，世间知识大，君是第二名，臣是第三名。"④ 因为，"有了知识后，知识代代传。用知识祭祖，用知识祭天，用知识祭祀，用知识诊病，知识收妖魔。有了知识后，君用它掌权，臣用它司令，工用它

① 罗曲、李文华：《彝族民间文艺概论》，巴蜀书社 2001 年版，第 372 页。
② 《彝族创世志》（艺文志），四川民族出版社 1991 年版，第 295、281、299—300 页。
③ 马布都、沙玛瓦特等编译：《凉山彝族克智精粹》，四川民族出版社 2005 年版，第 65 页。
④ 《物始纪略》（第一集），四川民族出版社 1990 年版，第 60 页。

造物，子用它孝父，女用它敬母，探索大小路，条条通大道"。在彝民看来，"世上无知识，一切都没有"，"有了知识后，人间很繁荣"。知识不但指引着为君为政之道，而且成就着百工技艺，规范着礼仪风俗，协调着人类生活，繁荣着人类社会，创造着人类文明。总而言之，"人有知识后，用来管宇宙，用来造树林，用它来种地。知识传开后，人人靠知识。世上的人们，代代都聪明。知识是金门，知识是银门，知识是铜门，知识是铁门，四门都有了，世间永流传"①。作为彝族诗学的鼻祖，举奢哲、阿买妮正是为彝族人民"传知识"的"大先贤"；被定名为《物始纪略》的彝文古籍中，有名为《传知识》的专篇，这绝非偶然。今天，世人都非常熟悉近代西方学者讲的"知识就是力量"，却不知在中华本土，古老的彝文典籍中老早就说过"学呀学文化，知识出力量，脑筋变聪明，人人都心灵"②。这种尊知识重文化的理念，千百年来成为彝人生活中根深蒂固的族群意识，无疑推助着彝族文明史上本民族诗学系统的不断丰富和发展。

转换视角看历史，超越长踞中心却不免狭隘的传统中原诗学观，从非汉族群的"主位"立场出发关注彝族以及长城内外、大江南北诸多非汉族群的诗学资源（古代的和现代的），并且在族际比较的视野中展开对后者内涵的发掘和阐释，这对于我们以多元互动的文化理念深化整体意义上的中国文艺理论研究，完善整体意义上的中国诗学史、文论史书写，乃至进行当代意义上的"中华话语"的文论体系建构，都具有重要学术价值和现实意义。诚然，过去长期由于语言和地域的距离，"我国少数民族大多分布在边疆，同经济、文化发达的中原地区相距甚远，在地理位置上具有'边疆性'；而在文化上，汉文化是中原地区的主流文化，汉族文学占主导地位，进入中原地区的文学作品必须是汉文的。这就造成大部分少数民族文学作品进入不了中原地区，在文化上具有'边缘性'"③。迄今有关中国古代诗学史的撰述基本上是以汉语为表达媒介的，而少数民族语言写作的诗学典籍被译成汉语甚晚，众多研究者难以顾及后者也就自然。但是，也不能不看到，从《彝族诗文论》、《彝语诗律论》等译为汉文出版的 20 世纪 80 年代到经历了世纪转换的今天，已经 20 多年过去了，如此局面再延

---

① 《物始纪略》（第一集），四川民族出版社 1990 年版，第 58、77—81 页。
② 同上书，第 109—110 页。
③ 梁庭望、张公瑾：《中国少数民族文学概论》，中央民族大学出版社 1998 年版，第 223 页。

续下去是没有道理的。既然诸多族群的血缘维系着中华民族大家庭，诸多族群文化相激相荡的交流融合铸就了中华民族文化的整体，冠以"中国"之名的文学理论、文艺美学研究就不能长久滞留在单一族群视域中，其历史的书写也理应在汉民族诗学与其他民族诗学的多元观照中免除缺失，走向完善。

[原载《四川大学学报》（哲学社会科学版）2013 年第 6 期]

徘徊在缺席和在场之间

——中国文学批评史上的女性声音

当今中国，性别意识空前觉醒，性别研究（gender studies）日渐深入，女性批评作为群体崛起在文坛上，这事实有目共睹①。倘若把目光投向古代，从性别视角出发考察中国文学批评史，不能不注意到一个现象，这就是女性批评的缺席和在场。所谓"缺席"，是指女性批评在文学史书写的主流视域中大多缺少席位；所谓"在场"，是指女性批评在文学史实践的历史空间中原本实际在场。今天，认真检讨这种矛盾现象，对于我们完整把握古代中国文学批评史，以及对于当代中国女性文学批评的健康发展，不无重要意义。

一

按照女权/女性主义批评的观点，英文"history"（汉语译为"历史"）是由"his"（他的）和"story"（故事）组成的，从构词上就标示出历史叙事中的男性优先原则。一部中国古代文学史，也长期在主流化表述中被男性笔墨所书写着。以戏曲艺术为例，迄今所知有作品传世的女剧作家首见于明末。检索相关书目，傅惜华的《明代杂剧全目》（1958）著录杂剧523 种，其中有姓名可考者 349 种，无名氏作品 174 种；他的《明代传奇全目》（1959）中，作家姓名可考的传奇作品 618 种，无名氏作品 332 种，合计 950 种；阿英的《晚清戏曲小说目》（1954）中，辑录了晚清戏剧共161 种。三书合观，有明代女性剧作家 6 人，她们是秦淮名妓马守真、吴

---

① 李祥林：《性别理论·学术研究·当代批评》，《晋阳高专学报》2003 年第 1 期。

兴名妓梁小玉、女道士姜玉洁以及名门闺秀叶小纨、梁孟昭、阮丽珍；有晚清女性剧作家 2 人，她们是闺阁淑媛吴藻、刘清韵。明清两朝，女剧作家无论在人数还是在剧作数量上都跟男剧作家相去甚远。

中国历史上，不同的艺术品种有着不同的文化位置。在正统的目光中，诗文代表主流，位高名显，是"经国之大业"；小说、戏曲归属小道，身卑势弱，被"鄙弃不复道"。追踪史迹可知，"较之诗文创作，戏曲作家在群体性别阵营上的女性弱势很明显，尤其是在古代。从外部看，历史上的诗文女作家不在少数，但戏曲女作家寥若晨星；从内部看，女角戏向来为戏曲艺术所重，写戏并写得成就赫然的女作家在梨园中却属凤毛麟角。究其原因，盖在传统的男主女从的男性中心社会里，女子受教育的权利通常处于被剥夺状态。大势若此，即使像中国古典戏曲这滋生于俗文化土壤且跟边缘化境遇中的女性多有瓜葛的产物，也概莫能外。以后人整理出版的《中国十大古典喜剧集》、《中国十大古典悲剧集》和《中国十大古典悲喜剧集》为例，整整 30 部古今流传的名剧竟无一直接归属女性名下，就分明指证着一个别无选择的性别文化事实。在古代戏曲史上，女作家尽管不能说没有，却屈指可数，散兵游勇，影响甚微，难成什么大气候，加之'边缘人'的角色身份自出生起就被社会所牢牢铸定，其人其作其成就亦大多囿于闺阁绣楼的狭窄天地，根本无法跟为数众多名声远播的男作家比肩，更谈不上什么名彰位显彪炳史册"①。就这样，在戏曲文学写作领域，两性差异俨然。

整体言之，由于女性群体的弱势化和边缘化，由于男性本位社会对女性才能、女性写作的怀疑、遮蔽和排斥，女性作家及作品长期处在文学史的地平线之下，甚至成为缺少叙述的章节。在古代，较之女性创作及其历史述说的弱势化，对于女性批评之历史书写的空白化更见突出。兹以中华书局、吉林文史出版社、文化艺术出版社、中国社会科学出版社分别出版的《中国美学史资料选编》（1980）、《中国古代文学理论辞典》（1985）、《古典戏曲美学资料集》（1992）、《中国古典戏剧理论史》（1993）四书为例，前三者属于工具资料书籍类，末者重在古典剧论历史梳理，这些著作为学界所熟悉，但书中均不见"第二性"作为戏曲批

---

① 李祥林：《作家性别与戏曲创作》，《艺术百家》2003 年第 2 期。

评家的身影①。2001 年复旦大学出版社出版的《中国文学批评史新编》，是这方面的权威著作之一，内容提要也言及该书"注意吸收学术研究的新成果"，在这部 1065 千字的著作中，关于宋元明清戏曲批评和曲论屡有述说，但仅仅在第五编第六章（清代前中期戏曲批评）介绍吴仪一（吴人）时提及"坊刻《吴吴山三妇合评还魂记》等书中也附有吴氏曲论片段"，对三妇评点《还魂记》（即《牡丹亭》）则未置一语。再看同行学人中使用频率甚高、由中国戏曲研究院校点编辑的《中国古典戏曲论著集成》（1957），全书十册，从《教坊记》到《今乐考证》，共收入唐、宋、元、明、清 48 种专门论著，也没有一部出自女性之手。至于《中国大百科全书·戏曲曲艺》分卷（1983），列出古今"戏曲研究家及论著"共 55 条，但属于女性的仅仅"冯沅君"一条。冯氏生于 1900 年，卒于 1974 年，著有《南戏拾遗》、《古剧说汇》等，作为戏曲学者的她属于现代。难道，古代中国女性在戏曲批评领域，就是一个"失声"或"无语"的群体么？

　　类似情况在诗文论方面也差不多。作为独立学科出现的中国古代文学批评及理论研究史，是以 1927 年陈钟凡的《中国文学批评史》问世为标志的，1997 年北京师范大学出版社出版的《回顾与反思——古代文论研究七十年》即以此为学科起点。作为对中国古代文论的"研究之研究"，《回顾与反思》分别从资料整理、史的编撰、专题与范畴研究以及大陆和港台、古代与现代等方面为读者梳理了古代文论研究的历史与现状，其中涉及的古代文论信息不可谓不宽广，但遗憾的是，我们没有见到有关女性文学批评的专题章节。同类状况也见于 1995 年中华书局出版的《中国古典文学研究史》。不能怪这些综述性论著有所疏漏，而是长期以来中国古代文论研究原本在这方面少有发掘所致。诚然，1981 年人民文学出版社出版的《中国文学理论批评史》（敏泽）对李清照的《词论》有专节介绍并指出这是"我国文学理论批评史上第一篇妇女作家的文论"，但仅此而已，

---

① 谭帆、陆炜的《中国古典戏剧理论史》在 1993 年初版之后，于 2005 年由华东师范大学出版社出版了修订本。十余年后问世的新版，体例基本保持原态，明显不同之处是增加了三篇文章作附录，其三乃是《论〈牡丹亭〉的女性批评》。显然，在当代"性别研究"潮流的触动下，该书作者意识到了这部古典剧论史著的不足，但因全书结构不好大动，才以此权宜处理作为弥补。此外，倒是 1995 年安徽教育出版社出版的《中国戏剧学通论》（赵山林著）中有"吴仪一及其三妇的戏曲评点"一节，尽管文字不多，但指出了三妇合评本是"《牡丹亭》各种评本中一种较有影响的本子"、"有其自身的独特价值"，惜未得到文学批评通史撰写者的重视。

历史上更多女性的批评声音尚未进入其叙述视野。在 2005 年、2006 年由北京大学出版社分别出版的《中国文学理论批评史》（张少康）、《中国文学批评史》等书中，情形依然。很明显，这不单单是某个作者或某部著作的问题。

二

中国古代文学史上，不但有女性从事创作，而且有女性染指批评。作为批评家，女性也有出色贡献。1957 年商务印书馆出版的《历代妇女著作考》（胡文楷编著），收录"自汉魏以迄近代，凡得四千余家"，即为我们提示了这方面的重要信息。戏曲批评方面，据研究者统计，经明清妇女评论的剧作已知有 28 种，其中尤以《牡丹亭》着墨最多，成就和贡献也最大[1]。汤显祖这部闪耀着人文光辉的剧作自诞生起，就赢得红粉知音青睐，"闺阁中多有解人"。明末建武女子黄淑素在《牡丹亭记评》中写道："《西厢》生于情，《牡丹》死于情也。张君瑞、崔莺莺当寄居萧寺，外有警寇，内有夫人，时势不得不生，生则聚，死则断矣。柳梦梅、杜丽娘当梦会闺情之际，如隔万重山，且杜宝势焰如雷，安有一穷秀才在目，时势不得不死，死则聚，生则离矣。"这位女评论家将《牡丹亭》和《西厢记》对比，如此解读《牡丹亭》中情可使生者死、死者复生之叙事，别具慧眼和心得。剧中，杜丽娘死而复生之初，柳梦梅迫不及待地要与之交欢，被前者委婉拒绝。柳以日前的云雨之情相讥，丽娘解释说："秀才，比前不同。前夕鬼也，今日人也。鬼可虚情，人须实礼。"她再三表白自己依旧是豆蔻含苞的处女之身。黄淑素指出，"丽娘既生，厥父尚疑其为鬼，先生造意，岂独以杜宝为真迂呆哉？非也，总以死作主，生反作宾也"，认为这种"死作主，生作宾"的写法，正反映出杜丽娘还魂后在现实中所遭遇的矛盾与尴尬。

一般来说，女性读《牡丹亭》，多不免聚焦在跟个人身世和女性命运相关的"情爱"二字上，但也不限于此，黄淑素评论就还涉及该剧结构主线、故事情节、人物性格和语言等，其曰："至于《惊梦》、《寻梦》二出，

---

① 华玮：《性别与戏曲批评——试论明清妇女之剧评特色》，《中国文哲研究集刊》第 9 期，（台北）"中研院"中国文哲研究所 1996 年版。

犹出非非想;《写真》、《拾画》,埋伏自然;《游魂》、《幽媾》、《欢挠》、《盟誓》,真奇险莫可窥测;《回生》、《婚走》,苦寓于乐,生寓于死,其白描手段可乎?……"① 又,清代安徽女子程琼亦醉心汤氏此作,尝自批《牡丹亭》,名《绣牡丹》,后来她与丈夫合作的签注、评点本《才子牡丹亭》(重刻时又名《笺注牡丹亭》)即以此为底本,事见史震林《西青散记》卷四。在《批才子牡丹亭序》中,她说:"我请借《牡丹亭》,上方合中国所有之子史百家,诗词小说为縻,以饷之。"《才子牡丹亭》的评点文字在篇幅上超过《牡丹亭》原剧五六倍,全书引述广泛,涉及诗、词、曲、小说、佛老、医学、风俗、制度等方方面面,尤其是对"情"、"色"的思考和大胆议论,表现出不寻常的批评意识。"秀外慧中"(《西青散记》评语)的程琼深知《牡丹亭》是女儿们所爱,她说"作者当年鸳鸯绣出从君看,批者今又把金针度与人矣"②,希望借此评点来帮助女性读者理解作品。有研究者指出,该书堪称古代戏曲第一奇评,尽管其内容精芜并存,但书中"对历史、思想史、科举制度、妇女问题都有一些精到的见解",其承续晚明文学传统,批判假道学,张扬真情和人性,"它批判的深刻和尖锐,即使在今天读来也不免感到震惊"③。该书刊行不久即遭禁毁,存世极稀,近年来才逐渐引起海内外学界关注。

"看古来妇女多有俏眼儿"(《牡丹亭·淮泊》)。明清女性就《牡丹亭》剧发表评论的尚有俞二娘、冯小青、洪之则等,她们对该剧的解读确实"多有俏眼儿",其中成就大者有《吴吴山三妇合评牡丹亭还魂记》。吴吴山,姓吴名人,字舒凫,生于清顺治十四年(1657),钱塘文人,"三妇"指其早夭的未婚妻陈同及前后二妻谈则和钱宜。痴迷《牡丹亭》的三个女子,曾在剧本上留下一行行凝聚其心血的评点文字,从故事到人物到场景,从关目到宾白到版本,妙见时出。在其眼中,"人生谁不梦一场,但梦中趣不同耳"(《道觋》批语),因情成梦的"《牡丹亭》,丽情之书也。四时之丽在春,春莫先于梅柳,故以柳之梦梅,杜之梦柳寓意焉",她们称赞该剧"引丽情而归之梦,最足警醒痴邂"(《惊梦》批语)。又

---

① 徐扶明:《牡丹亭研究资料考释》,上海古籍出版社 1987 年版,第 88 页。
② 阿傍(即程琼):《批才子牡丹亭序》,载蔡毅辑录《中国古典戏曲序跋汇编》(二),齐鲁书社 1989 年版,第 1237 页。
③ 江巨荣:《〈才子牡丹亭〉的历史意蕴》,《南京师范大学文学院学报》2002 年第 2 期。

说，"儿女、英雄，同一情也"、"情不独儿女也，惟儿女之情最难告人"（《标目》批语），从这"最难告人"之情入手，该剧可谓是替痴情男女写照的"一部痴缘"（《言怀》批语），剧中主角是"千古一对痴人"（《玩真》批语）。三妇评论在道学家处难免有"非闺阁所宜言者"之斥，但作为女性戏曲批评的杰出篇章，赢得了同性别支持者的共鸣。"临川《牡丹亭》，数得闺阁知音"，曾教钱宜学习诗文的李淑说，"合评中诠疏文义，解脱名理，足使幽客启疑，枯禅生悟，恨古人不及见之，洵古人之不幸耳"，她为三妇之合评能"流布不朽"深深感叹（《三妇评本牡丹亭跋》）。为三妇评本题记的顾姒指出："百余年来，诵此书者如俞娘、小青，闺阁中多有解人……惜其评论，皆不传于世。今得吴氏三夫人合评，使书中文情毕出，无纤毫遗憾；引而伸之，转在行墨之外，岂非是书之大幸耶？"在她看来，"文章有神，其足以传后者，自有后人与神会"（《题三妇评本牡丹亭》）。自称"睹评最早"的女戏曲家林以宁（曾创作《芙蓉峡》传奇）也说："今得吴氏三夫人本，读之妙解入神，虽起玉茗主人于九原，不能自写至此。异人异书，使我惊绝。嗟乎！自有天地以来，不知几千万年，而乃有玉茗之《还魂》；《还魂》之后，又百年余，而乃有三夫人之评本。"（《三妇评本牡丹亭题序》）[①] 康熙三十三年（1694）付梓的三妇评本，尤可辩驳地确证着中华文学史上女性批评不同凡响的声音。当然，明清时期介入戏曲批评的女性不限于此，如清代创作剧本《繁华梦》的王筠也留下题剧、观剧诗多首（见《西园瓣香集》卷中），涉及的剧目有《桃花扇》、《红拂记》、《郁轮袍》以及当时流行的折子戏，在明清女性戏曲批评中独具特色，如《读〈红拂记〉有感》："披卷舒怀羡古风，侠肠偏出女英雄。而今多少庸脂粉，谁解尘埃识卫公。"又如，吴梅《顾曲麈谈》第四章亦言及洪昇女儿校点《长生殿》事，云："昉思有女名之则，亦工词曲，有手校《长生殿》一书，取曲中音义，逐一注明，其议论通达，不让吴山三妇之评《牡丹亭》也。"此外，涉足剧评的女子还有浦映渌、王筠、张藻、林以宁、徐钰、归懋仪、程黛香、汪端等。

诚然，《吴吴山三妇合评牡丹亭还魂记》是"中国历史上第一部出版

---

① 关于吴吴山三妇等明清女性评论《牡丹亭》，详见李祥林《戏曲文化中的性别研究与原型分析》第八章"《牡丹亭》及明清女性接受"（台北：国家出版社 2006 年版）。

的女性文学批评著作"①，但在中国文学史上，女性作为批评家发出自己的声音还要早得多，而且是自成体系和相当专业化。研究中国古代文论史，族别和性别问题是今人共同关注的。有如女性批评，少数民族文学批评在本土也曾长期被置于主流化视域之外②。然而，少数民族文学批评在多民族中国的历史上，不但古已有之，而且独具特色。比如，彝族有自成体系的古老文明和文字经典，"彝族以举奢哲、阿买妮的诗文论为开端，从中古到魏晋南北朝、唐宋至近古的元、明、清，目前已经发现、整理出版的文艺理论论著就达 12 家 16 卷之多"③。举奢哲是彝族古代大经师，也是著名的诗人、思想家、政治家、史学家和教育家，约生活在魏晋南北朝至隋朝期间，其著《彝族诗文论》是彝族古代文艺理论的奠基之作。阿买妮是古代彝族著名的女经师、女诗人、思想家、教育家、文论家，由于她对彝族文化贡献巨大，历代毕摩和彝族民众都非常敬重她，甚至把她神化，称为"恒也阿买妮"。这"恒也"即天上、上天的意思，也就是说她是天神、天女。据彝族"盐仓"家支谱系记载，其世系是清康熙三年（1664）往上推 66 代，大约相当于魏晋时期，她跟举奢哲大致同时代。④ 除了有《独脚野人》、《奴主起源》、《猿猴做斋记》、《横眼人和竖眼人》等作品，见于彝文古籍著录的《彝语诗律论》是这位彝族女学者在文艺理论上的杰出贡献，用五言诗体写成，2000 余行。在这部比李清照《词论》更早而且篇幅远非后者能比的诗学著作里，诗人兼诗歌理论家的阿买妮从创作美学角度讨论了彝族诗歌的体式和声韵、作者的学识和修养等重要问题，见解精辟，论述到位。例如，强调音韵之于诗歌的重要性："如要写诗文，须得懂声韵。写者不知声，作者不懂韵，诗文难写成。"强调学识之于创作的重要性："写诗写书者，若要根柢深，学识是主骨。学浅知闻陋，偏又要动笔，那么你所写，写诗诗不通，押韵韵不准。"不仅如此，自称"我和举奢哲，写下不少诗"的她，通篇都是在边举诗歌创作例子边讲诗歌创作

① ［美］高彦颐：《闺塾师——明末清初江南的才女文化》，李志生译，江苏人民出版社 2005 年版，第 75 页。

② 李祥林：《少数民族·文论及美学·中国特色文化》，《西藏大学学报》2001 年第 1 期。

③ 冯育柱、于乃昌、彭书麟主编：《中国少数民族审美意识史纲》，青海人民出版社 1994 年版，第 386 页。

④ 巴莫曲布嫫：《鹰灵与诗魂——彝族古代经籍诗学研究》，社会科学文献出版社 2002 年版，第 216—217 页。

理论，体现出理论与实践联系的论诗原则。

不可否认，阿买妮的《彝语诗律论》无论从理论内容还是从理论形态的精湛程度看，"都堪称是一部优秀的彝族古代诗学著作"[①]，其对彝族诗歌发展有着深远影响。值得注意的是，在多民族中国文化史上长期的族群发展及交往中，少数民族诗文论一方面有跟汉族诗文论相通之处，另一方面也保持自身不乏特色的话语系统，对其异质性特征我们理应尊重。在阿买妮的《彝语诗律论》中，读者可以看到"风"、"骨"等范畴的使用，但其美学别具含义，如论诗歌之"骨"云："诗文要出众，必须有诗骨，骨硬诗便好，题妙出佳作。""诗有诗的骨，诗骨如种子，种子各有样，各样种不同。""写诗抓主干，主干就是骨，主骨抓准了，体和韵相称。"这彝族诗学范畴之"骨"是以彝族传统文化中固有的"根骨"意识为基础的，具有本民族话语系统中的美学含义，若是不加分辨地简单套用汉族诗学范畴之"骨"去解读，难免错位。又如，布麦阿钮《论彝诗体例》中的"诗中各有主，主体各不同。题由主所出，骨肉连相紧"，这"主"、"题"两个范畴也不同于人们寻常所见，前者乃指主干、主体或主脑，即诗歌中所写的客观对象或事物（如咏山则山是主，咏水则水是主），后者则指题旨、题目或题材，即由此对象或事物所生发出来的情感、意向、行为及情节、意义等。至于阿买妮讲的"诗有多种角，诗角分短长"、"韵协声调和，诗角更明朗"（彝族格律诗中的"三段诗"分为三角：首段叫头角，二段叫中角，末段叫尾角），这"角"就更是彝族诗学的独特范畴[②]。此外，在中国文学批评史上，晚唐司空图的《二十四诗品》以诗歌形式评论诗歌而被学术界称为"后设诗歌"（metapoem），看看阿买妮等人撰写的诗歌理论著作，其跟这种以诗论诗的"后设诗歌"在体式上不也有某种接近、相通之处？

中国文学批评史上的女性声音，不仅仅见于上述。明清之际，山阴女子王端淑编辑四十余卷《名媛诗归》，并且对所录作家分别以优美文字进行评点，便向我们提供了女性作为文学批评家现身说法的历史信息。清代

---

① 巴莫曲布嫫：《鹰灵与诗魂——彝族古代经籍诗学研究》，社会科学文献出版社 2002 年版，第 220 页。

② 本文所引阿买妮、布麦阿钮的诗论，均见彭书麟、于乃昌、冯育柱主编《中国少数民族文艺理论集成》，北京大学出版社 2005 年版。

中期，江苏如皋女子熊琏著有《淡仙诗话》四卷，钱泳在《履园丛话》中对其"诗本性情"的真情立诗观就深表赞赏。出自女性之手的诗话类书籍，尚有沈善宝的《名媛诗话》、金燕的《香奁诗话》、陈芸的《小黛轩论诗诗》、杨芸的《古今闺秀诗话》，等等，这些著作对于保存、传播和研究女性文学尤有重要价值。再如堪称清代"文学娘子军"的随园女弟子，才学兼备、能文擅诗的她们，不但以其让人刮目相看的诗歌创作壮大了"性灵派"阵营，而且在诗文论方面也不乏见地，如金逸称"读袁公诗，取《左传》三字以蔽之，曰'必以情'"（《随园诗话补遗》卷十）；王倩仿司空图以诗论诗云"句一落纸，已滞于形，存乎诗先，灵台荧荧"（《论诗八章》）；归懋仪以诗论文曰"文章亦一艺，功因载道起，天籁发自然，名言醯至理"（《拟古》）；席佩兰对比诗名与功名，有"君不见杜陵野老诗中豪，谪仙才子声价高。能为骚坛千古推巨手，不待制科一代名为标"之语（《夫子报罢归，诗以慰之》）；骆绮兰从女子"身在深闺，见闻绝少"而"又无山川登临，发其才藻"出发，反思了"女子之诗，其工也，难于男子"的社会现实（《听秋馆闺中同人集序》）；还有出自这些女子笔下的各种论诗诗（如席佩兰《与侄妇谢翠霞论诗》）、评戏诗（如潘素心《题〈长生殿〉传奇》）、题画诗（如孙云凤《题席佩兰女史拈花小照》）)[1]，凡此种种，均值得我们留意。事实上，女性对批评界未必全然陌生，有学者在分析清代女性写作中完颜恽珠的《国朝闺秀正始集·例言》时指出："这些东西告诉我们，妇女们非常通晓当时人们论辩中的概念，并使用它们作为自己评论文学、刊行作品、编选文集和执笔写作时手中的武器。"[2]

诸如此类，涉及诗学、词学、剧学等多方面，今天的文学史论研究者再没有理由视而不见。拨开千载缭绕的云雾，超越单一性别视野的局限，用心去发掘被遮蔽的女性文学批评资源，追寻历史上女性文学批评的声音，将历朝历代女性文学批评的言论搜集起来、整理成书并深入研究，将有助于我们整体还原中国文学批评史的真实面貌。

---

[1] 随园女弟子的言论及诗文，请参见王英志《袁枚暨性灵派诗传》，吉林人民出版社 2000 年版。

[2] [美]曼素恩：《缀珍集——十八世纪及其前后的中国妇女》，定宜庄、颜宜葳译，江苏人民出版社 2005 年版，第 126 页。

三

古代中国文学史上，原本在女性写作中就不可多得的女性批评，因种种缘故多有丢失或被遮蔽。汤显祖时代，有娄江女子俞二娘，秀慧能文词，尤其酷嗜《牡丹亭》，不但悉心捧读，而且饱研丹砂，蝇头细字，密密批注，"往往自写所见，出人意表"，这个闺中女子"幽思苦韵，有痛于本词者"，乃至为丽娘故事"惋愤而终"（事见张大复《梅花草堂笔记》，张乃汤显祖同时代人，彼此多有书信往来）。《牡丹亭》作者得知此事后，动情地写下《哭娄江女子二首》，诗云："昼烛摇金阁，真珠泣绣窗。如何伤此曲，偏只在娄江？""何自为情死？悲伤必有神。一时文字业，天下有心人。"娄江乃今江苏太仓，聪秀的俞家女子以心血批注的《牡丹亭》，不见传本，甚是可惜。正如清代顾姒所叹："百余年来，诵此书者如俞娘、小青，闺阁中多有解人！……惜其评论，皆不传于世。"（《题三妇评本牡丹亭》）历史上，导致女性从事文学批评者有限以及女性的批评"不传于世"的因素甚多，但下述两点，无疑跟男性中心社会的抑扬有关。

第一，对女性才能的怀疑。女性才能在男性化的历史叙述中，向来是一个令人疑惑的存在。有两句流行的话从止、反两方面指证着这点：一是贬语"头发长，见识短"，这是对女性才能的直接否定；二是褒语"女子无才便是德"，这是以表面褒扬方式来达到对女性才能的间接否定。在男主女从社会中，男子垄断文化而女性不得染指被视为天经地义，"通文墨"从来属于男性专利，那是他们立身处世、闯荡天下、入仕求官、光宗耀祖的"敲门砖"；这"砖"对于家门内"从父"、"从夫"乃至"从子"的女儿们当然用不着，古语所谓"聪明男子做公卿，女子聪明不出身"，即是这种现实写照。连身为女性的汉代班昭在《女诫》中也说："夫云妇德，不必才明绝异也；妇言，不比辩口利辞也……"唯此，"妇道无文"，远离文章、远离写作是女儿家的本分。生来"弄瓦"的女子命定该在家中成天围着灶台转，她们除了做"懵妇人"（如冯梦龙抨击"无才是德"时所言），还会有多大能耐呢？中国古代文艺史上，尽管也有像陶贞怀这样的女作家在《天语花》自序中就弹词创作发表过"感发惩创之义"的文艺观点（这种观点不比那些高谈"文章乃经国之大事"的男儿们差），但总的来说，在性别观念刻板化的世俗眼光下，即使有不寻常的笔墨或言论出自"第二性"，也往往影响范围有限，更有甚者，还会被疑心为另有暗中捉刀之人，如清凉道人《听雨轩赘记》中所言。有感于此类现象，高彦颐谈到中国古代女子剧评时指出："《牡丹亭》的读者和评论者是经常受到怀疑的，如我们已经看到的，《吴吴山三妇合评牡丹亭还魂记》最初便是出于谈则的谦逊，而在其丈夫吴人的名义下于私人间流传的。重新在三妇名下发行，便遭遇到了不信任。吴人为三妇提供了一个详细的辩护，但也承认拿不出书面证据。他解释，在两次不同的偶然事件中，陈同和谈则的手稿都毁之一炬。厌烦了对三妇文字真实性做无休止的辩解，他便听任了永远不能说服每一个人这样的事实存在……"①

第二，对女性写作的排斥。在男性主流社会语境中，女性写作作为女才的体现，总体上不但得不到鼓励，而且要受到排斥。在封建时代官方力倡理学的背景下，女儿们以大胆言"情"的目光赞美《牡丹亭》，这毕竟是有离经叛道色彩的。当年，对吴人刊印三妇评论，就有人说三道四："康熙间武林吴吴山有《三妇合评牡丹亭》一书……鄙见论之，大约为吴山所自评，而移其名与乃妇，与临川之曲，同一海市蜃楼，凭空驾造者也。从来妇言不出阃，即使闺中有此韵事，亦仅可于琴瑟在御时，作赏鉴之资，胡可刊版流传，夸耀于世乎？且曲文宾白中，尚有非闺阁所宜言者，尤当谨秘；吴山欲传其妇之文名，而不顾义理，书生呆气，即此可见也。是书当以不传为藏拙。"② 在道学家的诫尺下，"有非闺阁所宜言者"的女性评论被视为违逆妇道的不良产品，其丈夫刊印她们的评论也是悖礼之举；即使退一步讲，女性作为跟"家门外"社会绝缘的"家门内"群体，其写作也不过是"家门内"的消闲之物（所谓"绣余之作"），若跨出闺阁绣楼拿到"家门外"去广泛传播是万万不可以的。在权力话语的主宰下，男性化书写对女性笔墨的覆盖乃至删节，导致女性其人其作在历史上总是载之甚略乃至湮没不彰，对此不满的清代陈芸在自序《小黛轩论诗诗》中就指出："嗟夫！妇女有才，原非易事，以幽闲贞静之

---

① ［美］高彦颐：《闺塾师——明末清初江南的才女文化》，李志生译，江苏人民出版社2005年版，第102页。

② 清凉道人：《听雨轩赘记》，载王晓传辑录《元明清三代禁毁小说戏曲史料》，作家出版社1958年版，第289—290页。

枕，写温柔敦厚之语，芘经以二南为首，所以重《国风》也。惜后世选诗诸家，不知圣人删诗体例，往往弗录闺秀之作。"这种现象，普遍存在于古代文学史上。"自恨罗衣掩诗句，举头空羡榜中名"（鱼玄机《游崇真观南楼睹新及第题名处》）、"磨穿铁砚非吾事，绣折金针却有功"（朱淑真《自责》），古人这几句诗，从受压抑的女性心理角度讲述出女性写作受拒斥被边缘化的状况。

回眸百年中国现代史，你会发现，以女性创作为视点的"中国女性文学史"已出版多部，但迄今尚无一本"中国女性文学批评史"。其中缘由何在，从事文论研究和性别研究的学人们应该好好琢磨。我想，除了上述原因，若是再做深入透视，对女性批评史的关注之所以远远迟于对女性创作史的关注，恐怕跟社会观念上某种将男女二分绝对化的性别本质主义（gender essentialism）陈见亦不无瓜葛，这就是所谓男子代表理性而女子代表感性、男子擅长逻辑思维而女子偏重情感体验。这种人为的划分，并非基于平等意识，而是带有等级制色彩的，犹如世界各地谚语"好女人没有大脑"（荷兰）、"女人只有半边大脑"（阿拉伯）、"铜头男子胜过金头女子"（哈萨克）、"智慧于男人，好比情感于女人"（日本）等所言①。文学批评话语，文学理论构建，主要涉及理性思维、逻辑论析，在排斥"第二性"的传统社会观念中，此乃男子汉大丈夫所擅长的，所以文学批评史理所当然地要奉他们为主角；至于女子，大多数由于性别预设和教育分工而过早闭塞了她们这方面才能，即使少数人有此言说和声音，要么是被视为对男性话语的鹦鹉学舌，要么是被看作人微言轻而不登雅堂，被权力话语划归"弱智"阵营的她们自然进入不了史家笔下的文学批评正史。这种情况不免使人联想到自然科学领域，当代女性主义科学批评运用"gender"概念考察和反思科学话语中的性别轨迹，质疑了主流科学的男性化倾向，分析了阻碍女性进入科学研究领域的原因，发现历史上流行一种建立在两性等级制上的二分法，即把理性与情感、智慧与自然等对立起来，并在隐喻结构中将理性、智慧归结为男性的而将情感、自然归结为女性的。按照性别批评，这种基于性别成见的本质主义两分观务必受到批判，这种把认

① ［荷］米尼克·斯希珀：《千万别娶大脚女人——世界谚语中的女人》，张晓红、朱琳译，新星出版社 2007 年版，第 77—79 页。

知才能仅仅标榜为"男性思维"的偏见也务必唾弃，因为科学研究没理由在性别上设防，这里本该是"男性和女性共同施展各自认知才能的领域"①。今天，对于中国文学批评史，我们同样需要这种以质疑主流化男性传统为前提的重新认识、叙述和书写。

[原载《南开学报》（哲学社会科学版）2014 年第 4 期，人大复印报刊资料《文艺理论》2014 年第 10 期转载]

---

① ［美］伊夫琳·福克斯·凯勒：《性别与科学：1990》，载李银河主编《妇女：最漫长的革命——当代西方女权主义理论精选》，生活·读书·新知三联书店 1997 年版，第 189—190 页。